Os Pecados do Vaticano

Soberba, avareza, luxúria, pedofilia: os escândalos e os segredos da Igreja Católica

Claudio Rendina

Os Pecados do Vaticano

Soberba, avareza, luxúria, pedofilia: os escândalos e os segredos da Igreja Católica

Tradução
Aderbal Torres

GRYPHUS

Título original
I peccati del Vaticano

Tradução
Aderbal Torres

Capa
Victor Burton

Editoração eletrônica
Editoriarte

Revisão
Leandro Salgueirinho / Maria Clara Jeronimo / Gilson Soares

1ª edição — 2012
2ª edição — 2013

Adequado ao novo acordo ortográfico da língua portuguesa

CIP-BRASIL. CATALOGAÇÃO-NA-FONTE
SINDICATO NACIONAL DOS EDITORES DE LIVROS, RJ

R328p
2. ed.

Rendina, Claudio, 1938-
Os pecados do Vaticano : soberba, avareza, luxúria, pedofilia : os escândalos e os segredos da Igreja Católica / Claudio Rendina ; tradução Aderbal Torres. — Rio de Janeiro : Gryphus, 2013.
358p.: il

Tradução de: I peccati del Vaticano
Inclui bibliografia
ISBN 978-85-60610-95-2

1. História eclesiástica. 2. Igreja Católica — História. 3. Papado — História. 4. Igreja Católica — Clero — História. 5. Cidade do Vaticano — História. I. Título.

13-1748 CDD: 262.136
CDU: 272-732.2

GRYPHUS EDITORA
Rua Major Rubens Vaz, 456 — Gávea — 22470-070
Rio de Janeiro — RJ — Tel.: (0XX21) 2533-2508
www.gryphus.com.br — e-mail: gryphus@gryphus.com.br

SUMÁRIO

PRÓLOGO

"De Roma a Igreja fique proclamado,
Cai no pântano os poderes confundido,
Se enloda a si e o fardo seu pesado."

Dante Alighieri, *Purgatório* (XVI, 127-129)

"Sonhei uma Igreja na pobreza e na humildade,
que não depende das potências desse mundo."

Carlo Maria Martini, *Diálogos noturnos em Jerusalém*

O Vaticano, ou mesmo a Cidade do Vaticano, é o símbolo territorial da Igreja Católica sob a autoridade do papa e está juridicamente ligado àquela entidade moral de direito público que é a Santa Sé. Contudo, falar de Vaticano em referência à Igreja Católica é pouco, seja pela sua estrutura, de cuja direção participam congregações, tribunais, comissões, secretariados, além de dioceses, prelazias, institutos e sociedades de vida apostólica, sejam pelas pessoas envolvidas na vida desse mini/máxi Estado, representantes da "santa casta", como cardeais, bispos, prelados, sacerdotes, freiras, diáconos e até administradores e empregados laicos. O Vaticano não está sequer circunscrito "àquele tanto de território", como Pio XI qualificou os 44 hectares em Roma definidos, em 1929, pelo Tratado de Latrão, uma vez que possui ramificações além da Cidade do Vaticano, entre dioceses, basílicas, abadias e um imenso patrimônio imobiliário. E a sua própria história não está limitada aos oitenta anos de existência, mas se alinha tanto em direção às situações terrenas do Estado Pontifício quanto àquelas espirituais nascidas com a própria instituição da Igreja. "Tu és Pedro e sobre esta pedra edificarei a minha Igreja", disse Jesus ao apóstolo Pedro, como narra o Evangelho de Mateus (v. 16, 18), naquele local onde a Igreja designa um povo enquanto "coletividade", que se forma após a morte de Jesus, em Jerusalém, e de onde a imagem dela se irradia em diversas "assembleias" locais, entre as quais Roma. É o conceito-base de uma Igreja universal ou "católica", identificada no Vaticano, que se transformou em sede do papa, que é, segundo a tradição, indicado como descendente de Pedro e tido — mesmo sem nenhum fundamento histórico — como o primeiro bispo de Roma.

O Vaticano tem, na verdade, dois mil anos. Portanto, na base da Igreja e da "santa casta" estão as regras milenares da chamada moral cristã, que definiram sua instituição e o comportamento de seus ministros eclesiásticos, desde sua origem até hoje. Ater-se a estas regras significa viver conforme os ensinamentos de Cristo — ou segundo a interpretação que a Igreja deu a eles — para ser um cristão verdadeiro e, em sentido mais restritivo, um católico. Contudo, apesar das divisões criadas internamente pelos cismas, reformas e contrarreformas, das diversas explicações dos sacramentos e da revelação divina nos dogmas, que determinaram uma diferenciação das doutrinas eclesiásticas, a Igreja, em sentido amplo, continua unida na mensagem originária de Cristo.

Acontece, porém, que sua santidade comprometeu-se ao longo do tempo, pois a "santa casta", que a dirige e controla, incorreu em ações de caráter terreno desalinhadas com a espiritual doutrina cristã, caindo em pecado ou mesmo na transgressão da lei divina, segundo a interpretação catequista dada pela mesma Igreja. Algo certamente compreensível, uma vez que papas, cardeais, bispos, sacerdotes, freiras, diáconos e membros laicos da vida apostólica são seres humanos e, como tais, são naturalmente levados a pecar, tanto quanto os que estão fora, os assim chamados fiéis. Mas acontece que, enquanto a "santa casta" nunca reconheceu os seus pecados, os pecadores fiéis, ao contrário, foram afetados pela excomunhão, distanciados da Igreja e por fim condenados à morte. Um destino que se abateu também sobre os representantes da "santa casta", condenados por eclesiásticos mais acreditados, em muitos casos pecadores, mas inquestionáveis na sua autoridade acima de qualquer suspeita.

Com base nessas questões, este livro se propõe a examinar a obra pecaminosa da Igreja, nos seus dois mil anos de existência, à luz dos dez mandamentos, dos sete sacramentos e dos aristotélicos sete pecados capitais, mediados por Tomás de Aquino, e dos chamados sete pecados capitais do terceiro milênio, assinalados como tais pela Santa Sé, no decorrer de 2008.

Esses mesmos pecados nos farão percorrer a história da Igreja, seguindo um caminho pecaminoso, que parte do consentimento do poder terreno, combinado de maneira profana ao espiritual, aos valores de uma teocracia contaminada pela soberba da infalibilidade. Marcada por sua luta pelo trono papal e articulada na hierocracia, ou mesmo na gestão do poder, dividido entre os membros da hierarquia eclesiástica.

É o caminho da "santa casta" da Igreja, no qual foram evidenciados certos aspectos próprios do poder que age em nome da riqueza, praticando algumas atividades pecaminosas, como o tráfico de relíquias, a venda de indulgências e dos títulos eclesiásticos, a comercialização de mausoléus, capelas e a cobrança pelos serviços fúnebres e sacramentos religiosos, além de seus eventuais cancelamentos. São pecados revisitados através de eventos e dados históricos, e ligados aos pecados paralelos, capitais ou não, que levaram a Igreja à guerra e ao genocídio, determinando o massacre dos muçulmanos, dos cristãos e cátaros nas santas cruzadas, as perseguições aos judeus, a caça às bruxas e aos hereges e o extermínio dos índios. Pecados que, sem dúvida, se ligam uns aos outros, podendo ser unificados no místico número sete, exatamente como são apresentados no livro. Uma classificação que combina mandamentos e pecados capitais de ontem e de hoje: Falso Testemunho, Avareza, Luxúria, Gula, Homicídio, Soberba e Preguiça. Assim, em última análise, permanece válida a representação da Igreja que nos ofertou Dante, em seu *Purgatório* (XXXII, 142-150), em referência aos históricos sete pecados capitais:

> Daquele plaustro santo, assim mudado,
> Nos ângulos cabeças irromperam,
> Três no timão e uma em cada lado.
>
> Essas, como as de boi, armadas eram;
> Uma só ponta as quatro guarnecia:
> Monstros iguais já nunca apareceram.
>
> Qual penhasco em montanha excelsa, eu via
> No carro nua meretriz sentada,
> Lascivos olhos em redor volvia.

Em resumo, uma história do Vaticano ao avesso, uma anti-história da Igreja, ante a qual soa ainda mais irônica a decisão do *Dictatus Papae*, emitida por Gregório VII, em março de 1075, como base da ideologia teocrática e até hoje jamais revogada: "A Igreja romana nunca errou e jamais em futuro errará, como testemunha a Sagrada Escritura."

NOTA DO AUTOR

Os *Pecados do Vaticano* nasce de uma revisitação histórica da Igreja de Roma, ou mesmo do Vaticano e da "santa casta", a partir de uma narrativa centrada na problemática teológica dos sacramentos, dogmas e mandamentos que encabeçam os pecados. Aconteceu que a análise dos sete pecados emblemáticos se desenvolveu entre o inevitável salto no tempo, mais ou menos extenso, pelo qual volta e meia passei a conduzir o leitor, com base em referências históricas, a fim de preencher algumas lacunas.

Nos capítulos relativos a cada pecado, fez-se uso de termos próprios da teologia e do mundo eclesiástico, acompanhados de informações explicativas e, eventualmente, encontrados no *Glossário do Vaticano,* localizado no apêndice da edição. No *Apêndice* também estão reportadas as propriedades territoriais e imobiliárias do Vaticano, uma antologia essencial de textos conciliares e de poesias relativas a pecados e pecadores da Santa Sé, além da lista de papas, antipapas e de supostos maçons do Vaticano.

Falso Testemunho

"Não darás falso testemunho" é o oitavo dos dez mandamentos, mas constitui o primeiro pecado do Vaticano e se manifesta em uma longa série de falsidades. É o pecado que determina, antes de tudo, a crença da Igreja de Roma em ser "mãe e líder de todas as igrejas". Isso está ligado à falsificação da estrutura da Igreja, na capital do antigo império, no fim do século I, movida pelo mito da figura de Pedro como predestinado por Jesus, a guiar a Igreja conforme a frase escrita no Evangelho de Mateus [v. 16, 18]: "Tu és Pedro e sobre esta pedra edificarei a minha Igreja". As provas da veracidade de tal afirmação derivam de algumas relíquias e da identificação dos lugares de Roma onde o apóstolo teria vivido, sido prisioneiro e, portanto, morrido. Resultaria também o reconhecimento de Pedro como o primeiro bispo de Roma, de acordo com a indicação da mais antiga lista dos bispos romanos, escrita por Irineu de Lyon — na verdade não é nada além de uma recomposição de fatos do século II —, na qual o primado permanece, até hoje, aprovado e relatado oficialmente no Anuário Pontifício, documentação canônica da Santa Sé. Contemporaneamente, dá-se à Igreja de Roma o poder terreno — que se origina das propriedades de terras, fruto de doações dos fiéis, com a construção de basílicas subterrâneas e mausoléus nas catacumbas —, que vem oficializado com a grandiosa doação territorial que a Igreja teria recebido do imperador Constantino, fundindo a sua gestão com a sucessiva constituição do Sacro Império Romano e baseando seu governo nos chamados "Falsos Decretos".

No plano religioso, a Igreja também elevou à glória altares santos inexistentes ou não dotados de virtudes especiais. Desde sua origem, proclamou um grande número de relíquias como autênticas, sem a possibilidade nem o desejo de uma verificação científica, e sem considerar a evidente futilidade de tantas.

Também cabe em falso testemunho a condenação da Maçonaria, prevendo excomunhão pelo pecado de ingressar nessa sociedade secreta. Acontece que, de fato, segundo pesquisa jornalística, muitos representantes da Santa Sé foram inscritos na Maçonaria, e sobre eles jamais foi aplicada a excomunhão; nem dessa notícia houve o desmentido.

E, mais uma vez, o Vaticano pecou por perjúrio, espalhando seu dinheiro das missões no paraíso fiscal das míticas Ilhas Cayman.

São Pedro é a rocha da Igreja de Roma

A figura de Pedro é relatada como uma "rocha" da Igreja de Jesus somente no Evangelho de Mateus: "Tu és Pedro e sobre esta pedra edificarei a minha Igreja". Na verdade, considera-se que a frase foi "composta após o sofrimento do povo palestino, ou mais tarde, pelo povo de Mateus", como observa o teólogo católico Hans Kung. Esse evangelho, na verdade, não foi escrito por Mateus, mas por um cristão anônimo, no final do primeiro século, justamente para dar a Pedro a propriedade da igreja que ele estabeleceu e para que fosse reconhecido como o primeiro bispo de Roma. O que constitui uma falsidade.

De fato, da presença de Pedro em Roma não se tem qualquer indicação no *Novo Testamento*. Deduz-se apenas que ele estava junto aos outros 11 apóstolos, à frente do povo de Jerusalém. Transferiu-se com certeza para Antioquia (*Turquia*), onde efetivamente organizou a igreja além de, provavelmente, o fazer também em Corinto, muito antes de chegar a Roma. Assim relatam a chamada *Epístola de Clemente*, escrita em 96, e Inácio de Antioquia, em meados do ano 110. Só chegou, portanto, em Roma para morrer, não tendo tempo suficiente para criar e dirigir a Igreja como epíscopo.

De fato, nem São Paulo o nomeia entre os cristãos que saúda na *Carta aos Romanos,* do ano 59, nem os *Atos dos Apóstolos* o mencionam quando dão notícia da chegada de Paulo, em 61.

Pedro sofreu o martírio no ano 64, em Roma, durante a perseguição de Nero, mencionada por Tácito. Esse último também nos faz entender que havia uma sociedade classificada como "pessoas odiadas por seus ritos maus, comumente chamadas de cristãos", certamente preexistentes à chegada de Pedro. Assim, de acordo com o que é obtido a partir da carta de Clemente, sabemos que Pedro "se dirigiu a um merecido lugar de glória entre nós", terminando crucificado no Vaticano ou no monte Janículo, de cabeça para baixo — segundo nos contam os escritos apócrifos —, por um desejo manifestado por ele mesmo, pois se sentia indigno de morrer como Cristo.

São Pedro viveu e esteve preso em Roma

Uma falsa lenda que antecedeu à morte de Pedro é difundida por ele mesmo, na pitoresca história narrada nas *Constituições Apostólicas,* do fim do século IV. Sua presença é evidenciada pela pedra mantida na Igreja de Santa Francisca Romana, no Fórum Romano, sobre a qual ficariam gravados os sulcos dos joelhos de Pedro, de quando ele rezava a Deus para punir a soberba de Simão Mago, o qual dizia voar. Lembra-se São Pedro:

> *Eu conheci Simão em Cesareia e o levei a declarar-se vencido, em confissão pública. Depois do Oriente, ele veio para a Itália e chegou a Roma; aqui começou a luta contra a Igreja, fazendo muitos irmãos perderem a fé com as seduções da sua arte mágica. Um dia, convidou o povo a ir ao anfiteatro ao meio-dia e me chamou também, pois havia prometido voar. Todos os olhares estavam fixos sobre ele. No meio tempo, eu rezava em meu íntimo. Eis que, sustentado pelo demônio, elevou-se ao céu e disse: "Eu me elevo ao céu e farei chover a bênção sobre vós." As pessoas aplaudiam e o saudavam como a um deus. Eu, com meu coração e as minhas mãos voltadas ao céu, rogava a Deus, por Jesus Nosso Senhor, que golpeasse o orgulho daquele impostor. Humilhasse o poder dos demônios que seduzem os homens arrastando-os à morte, fizesse cair aquele infame vergonhosamente e lhe fizesse quebrar o pescoço, mas mantendo-o com vida. E assim, exclamei, olhando Simão: "Se eu sou um verdadeiro homem de Deus, o verdadeiro apóstolo de Jesus, o doutor da sincera piedade e não um impostor como você, miserável Simão, ordeno às forças do mal, que são cúmplices da sua perversidade e que o sustentam nesse voo, a lhe abandonarem imediatamente. Caia dessa altura e venha ouvir a risada da multidão seduzida por seu prestí-*

gio." Apenas terminadas aquelas palavras, Simão, abandonado pelos demônios, cai, abruptamente, no anfiteatro. Sofreu fratura em uma perna e o deslocamento dos dedos dos pés. A multidão agora dizia: "O único Deus verdadeiro é aquele anunciado por Pedro!" E um grande número de pessoas repudiou os ensinamentos de Simão.

Outras histórias confirmadas pela Igreja, com base nas relíquias, contam a coincidente presença do apóstolo Paulo na mesma prisão que Pedro, a Prisão Mamertina. No começo da escada que conduz à cela inferior do cárcere Tuliano*, uma inscrição medieval sobre o mármore recorda, de fato, que "Nesta pedra Pedro bateu com o rosto / empurrado pelos algozes, e o milagre permanece". E, em cima, a pedra apresenta um sulco, que lembra realmente o molde de uma cabeça. No cárcere Tuliano há ainda outra inscrição, essa também posterior à data da prisão, por trás da ruína de uma coluna de mármore: "Esta é a coluna onde estavam amarrados os santos apóstolos Pedro e Paulo, quando converteram, em seus santíssimos martírios, os guardas da prisão", ou seja, Processo e Martiniano, "e outros XLVII à fé em Cristo, os quais batizaram com água dessa fonte miraculosamente derramada." É tudo invenção, mesmo que ditadas por uma intensa fé. Além do mais, as correntes que teriam aprisionado Pedro seriam aquelas mantidas em San Pietro in Vincoli**, em uma urna de bronze dourada. Segundo a tradição, o apóstolo teria usado duas correntes diferentes "na prisão", uma em Jerusalém e a outra justamente em Roma: colocadas na urna e entrando em contato teriam sido milagrosamente soldadas para formar uma única corrente de 38 elos. Todo o episódio foi canonizado pela consagração, naquela prisão, do oratório de São Pedro em Cárcere, sob a igreja de São José dos Carpinteiros, consolidado na Capela do Crucifixo.

Pedro e Paulo, em fuga da Prisão Mamertina, ainda prosseguiram juntos ao longo da via Ostiense*** até o *praedium Lucinae*, sede de um sepulcro, tendo ali se separado. O local foi posteriormente consagrado pela construção da chamada Capela da Separação, erguida no ano 300, à esquerda da basílica de São Paulo e depois dedicada ao Santo Crucifixo, onde ficou até 1568, quando foi demolida e reconstruída no lado oposto, perdurando até 1910, ano de sua demolição definiti-

---

*Nome dado ao cárcere mais antigo de Roma.
**Igreja de Roma, dedicada a S. Pedro e S. Paulo.
***Estrada que ligava o porto de Óstia a Roma.

va. Um baixo-relevo representava a cena da separação com uma lápide que agora se encontra na igreja da Santíssima Trindade dos Peregrinos:

NESTE LOCAL SE SEPARARAM SÃO PEDRO E SÃO PAULO
ANDANDO AO MARTÍRIO, DISSE PAULO A PEDRO
A LUZ ESTEJA CONTIGO, FUNDAMENTO DA IGREJA
E PASTOR DE TODOS OS ANJOS DE CRISTO
E PEDRO A PAULO, VÁ EM PAZ PREGADOR
DOS BONS E GUIA DA SAÚDE DOS JUSTOS

Pedro teria prosseguido na fuga em direção à Ápia, perdendo a *fasciola**, o curativo que cobria a ferida no pé, que seria relembrada no título da igreja dos Santos Nereu e Aquiles, chamada *in Fasciola,* já no século V e, como tal, venerada. Um outro testemunho viria da minúscula igreja de *Domine, quo vadis*?: construída lá onde Cristo teria aparecido a Pedro em fuga. À pergunta do apóstolo "Senhor, aonde vai?", teria respondido: "A Roma, para ser novamente crucificado", determinando o retorno de Pedro sobre seus passos e a aceitação do martírio.

A existência das tumbas dos santos Pedro e Paulo

Mesmo confirmadas pelas declarações de três papas, são falsas: a existência da tumba de Pedro, no Vaticano, ou mesmo na Necrópole vaticana; a de Paulo, na Necrópole ostiense; além da descoberta dos restos mortuários deles. A indicação genérica original nos oferece o presbítero romano Gaio, no início do século III, em uma carta escrita de Roma ao eremita Próculo: "Vá para a colina do Vaticano, pela estrada de Óstia, e você encontrará a *desordem* daqueles que fundaram esta cidade", isto é, respectivamente os sepulcros de Pedro e Paulo. Por outro lado, faz-se referência à colina e à estrada e não aos subterrâneos da colina e da estrada.

A Necrópole vaticana está, de fato, nas encostas da colina Vaticano, abaixo das Grutas Sagradas da basílica de São Pedro. É um enorme sepulcro utilizado entre os séculos I e IV, por pagãos e cristãos. A tumba do primeiro papa se encontraria alinhada ao local sobre o qual surge, na basílica, o atual altar da Confissão, lá onde se

* Do latim fasciae, faixa, ligadura, tira, atadura.

abre um modesto ambiente que os arqueólogos denominaram Campo P, limitado por um fundo de "parede vermelha". Encostado, surge um simples monumento formado por dois nichos sobrepostos, separados por uma laje de mármore, apoiada em duas colunas; é um santuário funerário do século II, ornado no século III. Foi colocado aqui como sinalização da tumba original de São Pedro. Na direita, sobre o muro coberto de grafismos, distingue-se uma inscrição grega: *"Petr(os) eni"*, isto é, "Pedro está aqui".

Tudo isso é fruto das escavações efetuadas entre 1939 e 1950, e retomadas em 1953 pela arqueóloga Margherita Guarducci. Escavando, eis que aparece uma série de três altares, erguidos em sequência vertical, construídos à "memória" por volta de 320, pelo imperador Constantino, a fim de guardar o túmulo. Neles, recobertos depois por uma laje de mármore, deveriam estar os ossos do apóstolo, enterrados até hoje, na terra. Mas, ao contrário, quando a laje de mármore foi quebrada, a tumba estava vazia. Após 19 séculos, era compreensível que os ossos tivessem desaparecido. Pio XII, em 23 de dezembro de 1950, nos fins do Ano Santo, anuncia ao mundo o achado da tumba de Pedro, apesar da ausência de qualquer relíquia e cinzas: "A gigantesca cúpula se alça exatamente sobre o sepulcro do primeiro Bispo de Roma, do primeiro Papa: sepulcro de origem humilíssima, mas sobre o qual a veneração dos séculos adiante, com maravilhosa sucessão de obras, ergue o Templo máximo da Cristandade". Se não era um falso testemunho, era, contudo, uma declaração fantasiosa que pretendia assegurar ao Vaticano — enquanto protetor da tumba de Pedro, reconhecido como primeiro papa — a supremacia da Igreja de Roma.

Na verdade, o corpo de Pedro foi removido da sepultura original em 258, durante a perseguição de Valeriano, indicada apenas pela carta do presbítero Gaio como sendo a Necrópole vaticana, genericamente, junto àquela de Paulo. Ambos foram transferidos para locais *ad Catacumbas*, ao cemitério posteriormente chamado de São Sebastião, para serem guardados ao abrigo de eventuais profanações. Silvestre I, sessenta anos depois, teria levado os dois corpos ao local primitivo da sepultura e, assim, a de Pedro teria voltado ao seu local na Necrópole vaticana, e a de Paulo ao Sepulcro ostiense. Mas, sobre aquela transposição temporária de 250, há outra história. Alguns cristãos orientais que consideravam Pedro e Paulo seus conterrâneos teriam vindo a Roma e roubado os dois cadáveres para levá-los ao Oriente. No caminho *ad Catacumbas*, um violento temporal teria assustado os ladrões. Na espera de um momento mais oportuno, para levar a cabo a operação, decidem esconder o roubo no cemitério. Mas, parece que os cristãos de Roma, percebendo o sacrílego furto, conseguiram não se sabe como pôr as mãos novamente sobre os restos de Pedro e Paulo que haviam sido pegos, temporariamente, daquele local. A sepultura foi recoberta depois com a construção de um altar, base da *basilica Apostolorum*, erguida no século IV. Foi instituída também uma festa dos apóstolos, celebrada a cada ano, sobre aquela tumba. Por volta de 350, quando as relíquias de Sebastião, mártir do tempo de Diocleciano, foram transferidas de lá, determinaram o nome definitivo. Isso demonstra que a celebração do local, em honra aos dois apóstolos, já estava esquecida.

E agora há de se perguntar: os corpos de Pedro e Paulo, à época, já haviam retornado à Necrópole vaticana e ao Sepulcro ostiense? Ou talvez nunca tivessem sido movidos dali? E ainda: não é plausível supor que os dois corpos tenham sido perdidos? Ou se deve dar mais crédito a um desmembramento dos cadáveres, para a formação de várias relíquias? Portanto, o fim dos corpos está envolto em mistério e, se não foram mesmo perdidos, decerto não restaram íntegros; por consequência, com a distância dos séculos, uma análise dos "restos sagrados" seria bastante árdua. Sem contar que, como indica Jaques Collin de Plancy, em seu *Dicionário das Relíquias e das Imagens Miraculosas*, de 1822, não existe igreja importante, não só na Itália, como também na França e na Inglaterra, que não possua qualquer relíquia dos dois santos, como "dedos e dentes, a arcada dentária e a barba, o cérebro, várias gotas de sangue". E as cabeças dos dois mártires, guardadas em um relicário de prata dentro do altíssimo baldaquino de São João de Latrão, seriam elas então verdadeiras?

Ainda em 1962, diversos anos depois da descoberta do sepulcro de Pedro, eis que da Necrópole do Vaticano saem os ossos com fragmentos de tecido, terra, pedaços de gesso vermelho, fios de prata e moedas medievais. Tudo isso dentro de uma caixa de sapato, encontrada em um buraco das grutas. O antropólogo Mario Correnti, terminando o exame dos ossos, em junho de 1963, chegaria a declarar: "O esqueleto é de um indivíduo do sexo masculino, entre os 60 e 70 anos", enquanto a análise de resíduos de solo e tecido revelaria que a pessoa, no momento do enterro, havia sido envolta em um pano de cor púrpura, que o gesso era daquele "muro vermelho" e a terra, do santuário.

Em 1965, Guarducci se sentiria em condições de declarar que aqueles são os restos de Pedro, tirados do santuário e colocados em um armário para preservá-los de infiltrações. Mas, somente ela, entre os arqueólogos, acreditaria. Até que o papa Paulo VI avaliaria a descoberta, em 1968, declarando que "as relíquias de Pedro foram identificadas de modo convincente". Uma autêntica falsidade. Além de tudo, não se compreenderá jamais qual a relação com as moedas medievais e os fios de prata. É legítimo exprimir também, sobre um plano doutrinário, a constatação de um falso testemunho, do momento em que Paulo VI, na circunstância, não falou *ex cathedra*.

O fato se repete com o apóstolo Paulo, no que diz respeito ao sarcófago, situado sobre o altar-mor da basílica a ele dedicada. O sarcófago veio à luz após uma série de escavações, concluídas em 2006, sob camadas de argamassa e concreto, a um metro e trinta centímetros abaixo da pavimentação da basílica e sob uma laje de mármore sobre a qual está escrito "*PAOLO APOSTOLO MART*". A laje remonta, porém, ao século V, evidentemente construída quando os eventuais restos mortuários de Paulo teriam sido de novo roubados dali, em 318. Escondidos pelos seus contemporâneos nas catacumbas de São Sebastião, como os restos de Pedro, ou mesmo dispostos como lembrete sem aqueles restos, então depredados e sobre os quais teria sido construída a basílica. Na laje se distinguem três aberturas, uma redonda e duas retangulares, que levam a três poços comunicantes, os quais, na Idade Média, eram utilizados para criar relíquias com o contato, inserindo tiras de pano. Embaixo da laje foi identificada a tumba verdadeira, um cubo de bronze. Na sua cobertura há uma fenda redonda, na mesma direção da laje superior.

Em 28 de junho de 2009, coincidentemente ao final das celebrações do Ano Paulino, Bento XVI faz uma histórica declaração, como aquela feita para Pedro, quarenta anos antes. "No sarcófago que jamais foi aberto, em tantos séculos", declarou o papa Ratzinger, "foi realizada uma pequena perfuração para introduzir uma espécie de sonda, mediante a qual foram revelados traços de um precioso tecido de linho colorido de púrpura, laminado de puro ouro, e de um tecido de cor azul, com filamentos de linho. Foram encontrados também restos de incenso vermelho e de substâncias proteicas e calcárias, além de pequeníssimos fragmentos ósseos, submetidos a exame de carbono 14 pelos cientistas que desconhecem sua procedência. São resultados aparentes de uma pessoa vivida entre o primeiro e o segundo séculos." Daí a afirmativa do papa de que se tratam dos "restos mortuários do apóstolo Paulo". Resta o fato de que se Paulo morreu em Roma — e isso já não é certo — junto a Pedro, no martírio, em 64 ou mesmo em 67, conforme a tradição, logo, não pode ter vivido "entre o primeiro e o segundo séculos". Assim, nos encontramos novamente diante de um falso testemunho ou de uma falsa declaração de Bento XVI, como aquelas referentes a Pedro, feitas por Pio XII e Paulo VI.

A cátedra de São Pedro está no Vaticano

Desde 1666, a cátedra está na radiante *Gloria,* de Bernini, da basílica de São Pedro. Não se percebe porque está inserida em um ostensório de bronze dourado, sustentada por colossais estátuas dos santos doutores da Igreja: Agostinho, Ambrósio, Atanásio e João Crisóstomo. É a cátedra do alto da qual São Pedro, segundo uma tradição oral, fundou, em 22 de fevereiro de 42, a Igreja de Roma. Tanto que, no calendário litúrgico, a festa da Cátedra de Pedro recai naquela data. Antes de tudo, podemos entender que a fundação da Igreja de Roma, por parte de Pedro, é um falso testemunho, como já afirmado a propósito da consideração "São Pedro é a rocha da Igreja de Roma". Por outro lado, a cátedra é uma cadeira em tronco de acácia com apenas 1,36 m de altura, 0,85 cm de largura e 0,65 cm de profundidade. Mesmo sendo reforçada por uma armadura de carvalho, sobreposta no século XII, a cátedra começou a dar os primeiros sinais de deterioramento por sua fragilidade e por estar corroída pelos caçadores de relíquias. Pouco importa que em baixo-relevo, gravado na frente da cadeira, em 18 painéis de marfim, dispostos em três filas, esteja retratada a *Fadiga de Hércules*, que nada tem a ver com o espírito apostólico de uma cátedra episcopal. É lógico que no tempo de Pedro aquelas eram as representações da mitologia pagã! Era então considerada uma relíquia sacra. De fato, em 1867, Pio IX, para festejar dignamente o centenário do martírio de São Pedro, que então se considerava ocorrido em 67, quis que a cátedra fosse exposta por um ano à veneração dos fiéis, sobre o altar da Capela Gregoriana da basílica vaticana. E assim, naquela circunstância, dois estudiosos, Garrucci e De Rossi, perceberam que a cátedra era formada por duas distintas cadeiras inseridas uma na outra. Sobre a barra superior descobriram o retrato de um soberano tido como semelhante a Carlos, o Calvo. Os estudiosos o juntaram ao painel de marfim, retirado do assento de São Pedro, proveniente de outro móvel do primeiro século e usado em outra época, no assento. Em suma, salvou-se a santidade da relíquia. Mas, entre os anos de 1968 e 1974, uma comissão de cientistas, presidida pelo monsenhor Michele Maccarone, desmentiu tanto a origem pagã da cátedra quanto a sacralidade da relíquia em referência a São Pedro. Os estudiosos revelaram, além de tudo, que o assento é um só, e aquele externo é uma simples gaiola, ou seja, a cátedra é, na verdade, um trono real de idade carolíngea, como indica o retrato de Carlos, o Calvo. O mesmo vale para o painel de marfim pertencente àquele período. Carlos teria levado o trono consigo a Roma para a sua coroação imperial, em 25 de dezembro de 875 (circunstância também pouco provável), presenteando-o ao papa João VIII. Por certo, aquela cátedra não é o trono de São Pedro e jamais foi usada por ele. Resta o fato de que a Igreja manteve, no calendário litúrgico, a festa da Cátedra de São Pedro, mais do que tudo porque "simboliza a autoridade do bispo de Roma", como disse Bento XVI, no *Angelus,* em 22 de fevereiro de 2009. Essa cátedra jamais usada por São Pedro é, essencialmente, um símbolo, mas não uma relíquia sagrada.

A Igreja de Roma é "mãe e líder de todas as igrejas"

As lendas sobre Pedro, reconhecidas pela Igreja de Roma, teriam sido criadas pelo povo da cidade, como histórias verdadeiras, no que se referem a lugares e relíquias consideradas sacras. Elas dão crédito ao fato de que Pedro, o primeiro dos apóstolos nomeado por Jesus, teria sido o guia daquele povo. Legitimando o resultado da primazia do primeiro bispo de Roma e identificando, na cidade, aquela como sendo a igreja-mãe do cristianismo. É o que se lê na inscrição gravada na frente da basílica de Latrão, a catedral de Roma: "*Omnium urbis et orbis ecclesiarum mater et caput*", ou seja, "mãe e líder de todas as igrejas da cidade e do mundo". E isso é falso.

O nascimento da Igreja de Roma remontaria à origem da própria comunidade apostólica. Instituída na capital do Império Romano como *ekklesia* — termo usado também nos evangelhos, como tradução do hebraico *qahal*, que na Bíblia designa a assembleia de Deus — sob o comando de um "epíscopo", palavra derivada do grego *episkopos*, que significa guardião, daí o termo "bispo". Então, o primeiro bispo teria sido Pedro, ainda hoje reconhecido como o primeiro papa. Na verdade, a Igreja de Cristo nasceu de um desejo popular, democrático, que se constituiu em torno da figura dos seus apóstolos. Considerando-a uma comunidade de cristãos semelhantes como irmãos e irmãs, sem uma autoridade dominante e sem uma hierarquia que tivesse como líder um apóstolo ou um discípulo de "pedra". Além do mais, os apóstolos que formam as igrejas não são somente os 12 originais, mas os primeiros afiliados deles. Qualificados como pregadores e fundadores das comunidades, sem que para isso fossem considerados "chefes" ou mesmo "ministros", mas sim "servidores", que é a tradução do termo *diakonoi*, em linha com o conceito expresso, inúmeras vezes, pelo próprio Jesus: "Aquele que desejar ser grande entre vós, seja o vosso servo" (Mateus 20, 26; Marcos 10, 43 e Lucas 22, 26). Não existe, portanto, na Igreja original, uma hierarquia de valores entre os seus pregadores e fundadores, mas sim uma democrática obra de serviço. De hierarquia mesmo fala-se apenas a partir do século VI, por obra de um teólogo que se disfarça como sendo Dionísio, discípulo de Paulo. Identificado como o Pseudodionísio, cunhou pela primeira vez o termo "hierocracia" para significar a gestão do poder por parte da "santa casta".

Em particular, a assembleia religiosa romana aparece nos moldes da constituída inicialmente em Jerusalém, como uma comunidade surgida após a morte de Jesus e em sua referência, uma vez que ele mesmo não a havia fundado. A igreja de Jerusalém foi proposta em diversas comunidades locais, que juntas constituíram uma comunidade completa ou mesmo uma Igreja universal ou católica. É Jerusalém a "mãe e líder" da primeira cristandade, ao menos até a sua destruição, no ano 70. Da mesma forma como "a história da comunidade primitiva não é a história de romanos nem gregos, mas, acima de tudo, a história dos judeus que", como observou o teólogo Hans Kung, "transmitiram à igreja nascente a língua, as ideias e as teologias hebraicas, deixando assim um marco inesquecível sobre toda a cristandade". Após a morte do protomártir Estevão, os judeus-cristãos se refugiam em Antioquia, a terceira cidade do império, e constituem, com judeus e pagãos, a primeira comunidade cristã mista. Assim, a expressão "igreja católica" é usada pela primeira vez em torno do ano 90 por Inácio, bispo de Antioquia, sucessor de Pedro, na sua *Carta ao Povo de Esmirna*. Na segunda metade do século II, em Antioquia, se formou justamente o *kleros*, que significa "sorte" e indica um grupo escolhido "com sorte", por Deus, para definir a comunidade eclesiástica, constituindo de fato a primeira hierarquia de uma igreja. Na liderança está um *episkopos* ou "epíscopo", na função de supervisor e guardião, da qual deriva o "bispo", aquele que preside as funções litúrgicas e administra o batismo. Guia um colégio de *presbyteroi*, os "anciãos", termo do qual deriva padres, os que celebram a eucaristia e conduzem os catequizados ao batismo. Há também os *diakonoi* na função de 'servidores' que cuidam da administração.

Apenas na metade do século II, um *kleros* semelhante se constitui, em Roma, com o bispo Anacleto. Antes disso, não há nas antigas fontes menção de um bispo conduzindo a Igreja de Roma. É um falso testemunho "a lista mais antiga de bispos romanos, escrita por Irineu de Leão, segundo o qual Pedro e Paulo transmitiram o ministério episcopal para um certo Lyon", como nos lembra Hans Kung, porque é "uma reconstituição do século II". Somente durante o bispado de Calisto I, a Igreja de Roma tira vantagem em reunir um *kleros* para dar a ela o crédito de "líder" de todas as Igrejas, pelo menos na sua estrutura, pois, enquanto "mãe", não pode ser jamais. Com Calisto I, o *kleros* romano registra uma junta de subdiáconos, acólitos, exorcistas, leitores e ostiários, tantos que se chega a contar 155 clérigos. Fortalecido por esses, Calisto se atribui um papel "monárquico", como destacou o historiador alemão Bernhard Schimmelpfennig, mesmo se "não justificado ainda com a sucessão petrina*". Tendo permitido matrimônio entre nobres mulheres e escravos cristãos, "que podiam causar problemas na vida civil, como o perigo do aborto, a prevenção à concepção e a exclusão dos filhos à herança... limitou o número dos chamados 'pecados mortais'... e reservou a si a absolvição de alguns tipos de pecados". Em suma, o chefe da Igreja de Roma permite que os fiéis pequem, endossando o falso com o cancelamento de alguns "pecados mortais".

Por outro lado, a supremacia da Igreja de Roma encontraria a sua confirmação na obra do imperador Constantino (306-337), ao qual é atribuída a fundação da basílica lateranense, definida "Vértice e cume de todas as igrejas". Portanto, reconhecida como catedral do bispo de Roma. Qualificada posteriormente, em meados do século XII, com a inscrição esculpida, na frente do pórtico da antiga fachada: "Mãe e líder de todas as igrejas por decreto papal e imperial"; confirmada na bula do papa Gregório XI, em 23 de janeiro de 1372, em Avignon.

O poder terreno da Igreja de Roma

O poder terreno assumido pela Igreja de Roma e que permanece vivo até hoje, em um Estado, é um falso testemunho da mensagem totalmente espiritual de Jesus, extraída de duas das suas frases: "Dai a César o que é de César e a Deus o que é de Deus" (Mateus, 22, 21) e "O meu reino não é deste mundo" (João, 18, 36). O

---

*Os papas são considerados sucessores de Pedro. (N. do T.)

falso testemunho do caráter político assumido pela Igreja de Roma, junto ao espiritual, com relativa primazia no mundo, se origina, portanto, de outros dois falsos relatos elaborados pela própria Igreja, nos *Actus Silvestri*. Conhecidos também como Atos Silvestres, surgem novamente no fim do século IV e no *Constitutum Constantini*. Os dois testemunhos foram imortalizados nos afrescos da capela, anexa à igreja-fortaleza dos Quatro Santos Coroados, em Roma, no ano 1248, pelo papa Inocêncio IV [1243-1254], no momento da luta contra o imperador Frederico II. Constituem uma autêntica encenação feita para demonstrar a superioridade do poder da Igreja de Roma sobre aquele império.

Os *Actus Silvestri* contam, acima de tudo, a vida de Silvestre, primeiro como presbítero e depois como o sucessor de Melquíades no trono papal [314-335], destacado pelo ministério pastoral e por suas obras de caridade. Até quando não se verifica mais perseguição aos cristãos com uma lei editada por Constantino, que na realidade nunca foi emitida. Silvestre então foge de Roma e se esconde no monte Soratte. Ocorre, porém, que o imperador contrai lepra e, para curá-lo, os sacerdotes do Campidoglio lhe recomendam um banho com sangue de crianças. Tratamento que o imperador recusa por ter se apiedado com o pranto das mães. À noite, lhe aparecem em sonho dois personagens que se apresentam como Pedro e Paulo, os quais o aconselham a recorrer ao bispo Silvestre, fugido da perseguição para o monte Soratte e que será capaz de curá-lo. Ao acordar, Constantino envia três mensageiros a Soratte para que tragam Silvestre à sua presença. A este, então, Constantino conta o sonho da aparição das "duas divindades Pedro e Paulo". Silvestre fá-lo entender que não se tratavam de deuses, porque Deus é um só, mas de dois dos seus servos, qualificados como apóstolos. Incrédulo, Constantino, com a intenção de identificá-los, pergunta ao bispo se há uma imagem dos homens. Sabe-se lá como, Silvestre pega um quadro dos dois, mostra-o a Constantino, que os reconhece, ficando assim comovido e confessando "com grande alarde diante de todos os seus governadores, que foram aqueles mesmos que viu em seu sonho".

Silvestre decide colocá-lo em uma banheira e, após a terceira lavagem, livra Constantino de toda a lepra. Por gratidão, o imperador não teria mais perseguido os cristãos, mas aberto todas as suas igrejas ao culto e concedido a maior doação de terras e bens à Igreja de Roma e ao seu máximo representante, o próprio bispo Silvestre, como descendente do apóstolo Pedro. Então, Silvestre impõe a Constantino uma semana de jejum como penitência pelas execuções dos cristãos. Depois disso, no palácio imperial de Latrão, o imperador foi colocado de novo na banheira, dessa vez valendo como um batismo. Recebeu a santa crisma enquanto uma luz ofuscante invadiu a banheira e um som estridente ecoou. Saindo redimido da água, Constantino declarou ter tido uma visão de Jesus que lhe inspirou uma série de leis a favor dos cristãos. Dentre essas leis, a concessão do primado no mundo à Igreja de Roma e ao seu bispo e que "em todo o império os sacerdotes o reconhecerão como líder". Assim, Constantino vai até o local onde foi sepultado Pedro ou "*ad confessionem apostoli Petri*", presumivelmente na área do Vaticano. Lá manda erguer um altar como base para a basílica, dedicada ao primeiro bispo de Roma. No dia seguinte, inicia-se a construção de outra basílica na região de Latrão, com uma fonte batismal onde naquele ano seriam batizados 12 mil homens, além de mulheres e crianças. Trata-se da catedral de Roma, nomeada como "*Omnium urbis et orbis ecclesiarum mater et caput*" ou "mãe e líder de todas as igrejas da cidade e do mundo".

Essa história vem contada, novamente, na primeira parte de outro documento, conhecido como *Constitutum Constantini*, como confissão definitiva. Contém justamente a passagem da cura da lepra do imperador, graças a Silvestre I, a sua conversão e a sua profissão de fé, como aparece nos *Actus Silvestri*. É confirmada a autoridade transmitida mediante a simbólica concessão das chaves, de Deus a Pedro e deste aos seus sucessores, "elegendo o príncipe dos apóstolos e os seus vigários como nossos protetores ao lado de Deus".

A segunda parte é indicada como *donatio*, da qual ganhou nome todo o documento. Nele, Constantino confere a Silvestre I e a seus sucessores poderes de soberania terrena sobre Roma, suas províncias e sobre todas as localidades na Itália, além dos poderes imperiais no Ocidente. Transformando-as, assim, em propriedades da Igreja. O *donatio* foi apresentado como consequência da decisão de Constantino de "transferir o nosso império e o poder do reino nas regiões orientais. Edificar em um ótimo lugar, na província de Bizâncio, uma cidade com o nosso nome e estabelecer ali o nosso império". Também porque "onde foi constituído pelo imperador celestial o principado dos presbíteros e o chefe da religião cristã, não é justo que naquele lugar o imperador terreno tenha poder". Está subentendido que o papa, soberano espiritual da Igreja e dos territórios italianos que constituirão o Estado Pontifício, jamais comandará o poder imperial, mas poderá concedê-lo a um soberano laico cristão que julgar conveniente. Terá ainda a função de defensor dos territórios da Igreja e será, portanto, coroado como imperador, "abençoado pelo Senhor", daquele que virá definido como Sacro Império Romano.

É uma lei sacrossanta aplicada pela primeira vez em 25 de dezembro de 799/800, com a coroação de Carlos Magno, a cargo de Leão III e imortalizada no mosaico do triclínio*, no palácio de Latrão. De um lado está representado Cristo que, sentado, concede a São Pedro as chaves, símbolo do poder religioso, e a Constantino o estandarte, símbolo do poder político; do outro lado, São Pedro, também sentado, dá a Leão III o pálio** e a Carlos Magno outro estandarte. Na liderança dos dois detentores do poder, está São Pedro, com o qual vai identificada a *Mater Ecclesia*, concessora do poder ou mesmo a própria face do poder. Um mosaico que não se perderá com a demolição do antigo Latrão, mas que só reaparecerá em 1743, na obra de Ferdinando Fuga, por desejo do papa Bento XIV (1740-1758), em memória eterna do poder da Igreja. Por sete séculos os soberanos da Europa contestarão a benção imperial, em uma sucessão de guerras e revoltas mesmo contra os papas. Tanto que, em 1246, no auge da luta pelo papado, com Frederico II de Svevia***, o papa Inocêncio IV (1243-1254) se preocupará em eternizar aquela doação em uma série de afrescos, no oratório de São Silvestre, na igreja dos Quatro Santos Coroados. Os afrescos tinham a tarefa de demonstrar que o papa detém o poder de conceder o título imperial a quem ele julgar conveniente, segundo o seu indiscutível juízo, porque aquele império pertence à Igreja de Roma.

Todos esses fatos constituem uma sacrossanta falsidade. Entre os anos de 1433 e 1440, o documento de Constantino é considerado realmente falso após o estudo *De concordantia catholica.* Apresentado ao Concílio da Basileia, em 1433, o cardeal humanista Niccolò Cusano denuncia "a ambiguidade dos argumentos". O humanista Lorenzo Valla no *De falso credita et ementita Constantini donatione declamatio*, de 1440, denuncia abertamente a falsidade, evidenciando o latim usado como sendo o medieval e não o do século IV — no qual teria sido redigido —, salientando além disso uma série de incoerências históricas. Mesmo assim, supõe-se que a sua escrita tenha sido realizada em Roma, na cúria, em um período de tempo que vai do reino de Pepino, o Moço****, ao de Carlos Magno, ou seja, no período preparatório da estruturação do Estado da Igreja e do Sacro Império Romano.

---

*Antiga sala de jantar romana, com três leitos para os convidados. (N. do T.)

**Manto branco ornado com cruz negra, como símbolo de união com a Igreja. (N. do T.)

***Antiga região alemã, fronteiriça com a Itália. (N. do T.)

****No original, Pepino o Breve, pai de Carlos Magno. (N. do T.)

Além disso, existem dois dados históricos que qualificam o falso testemunho do texto. Constantino foi batizado somente na hora da morte, pelo bispo ariano, na cidade de Nicomédia. Isso antes do advento de Silvestre I e depois do Édito de Milão, em junho de 313. Constantino já havia doado à Igreja de Roma uma sede episcopal, oferecendo-a ao bispo Melquíades [311-314] "*in domo Faustae in Laterano*", isto é, na casa da imperatriz Fausta, sua segunda esposa. O bispo realizou um concílio de 2 a 4 de outubro de 313, com a permissão do imperador. Ao mesmo tempo, foi iniciada a construção da basílica de Latrão, primeiramente dedicada ao Salvador, cujas estruturas originais foram definidas pelo próprio Constantino. Possivelmente, teria sido Melquíades o primeiro a beneficiar-se do chamado *donatio* de Constantino e não Silvestre I, a quem deram as sucessivas "doações". Assim, como toda lenda relativa à lepra e ao batizado de Constantino, devesse ser atribuída ao papado de Melquíades. Atribuí-la a Silvestre I se deve ao fato dele ter sido, realmente, um fantoche de Constantino, o qual se considerava acima da Igreja. Chamado "bispo dos bispos", segundo uma definição popular, enquanto presidia os concílios de Arles, em 314, e de Niceia, em 325, a cujas assembleias episcopais Silvestre I nem esteve presente.

Os Decretos do Estado da Igreja

As leis que definem o Estado da Igreja datam da metade do século IX e se chamam *Decretos de Pseudo-Isidoro*, mas foram classificadas como "falsas". São cartas atribuídas aos papas, desde Clemente I [88-97] a Gregório I [590-604], encontradas junto aos decretos dos concílios em um texto único, elaborado entre os anos 847 e 852 nas dioceses de Reims, por um tal Isidoro Mercator e um grupo de escribas. Porém todos manipulados para contrariar a jurisdição civil dos soberanos europeus, graças ao conteúdo jurídico conferido à obra. O trabalho de falsificação foi realizado durante o pontificado de Leão IV [844-855], mas o primeiro papa a tirar vantagem disto foi Nicolau I [858-867].

Trata-se de uma verdadeira coleção de direitos canônicos, cujas leis, escreveu o historiador Ferdinand Gregorovius, "colocavam o poder imperial muito abaixo da dignidade dos papas e até dos bispos. Elevavam ao mesmo tempo o papado muito acima destes últimos, fazendo-os completamente independentes das decisões dos sínodos provinciais. Conferindo-lhes mais direitos de juízo supremo contra os cidadãos e os bispos, cujo ofício e autoridade, fora da área de influência do imperador, vinha a ser submetida à vontade do papa. Em outras palavras: eles conferiam ao pontífice a ditadura no mundo eclesiástico". Constituíam, em definitivo, a exaltação da teocracia e a afirmação da supremacia do poder da Igreja de Roma.

Com leis similares, para um soberano era ainda mais "difícil valer as acusações contra os bispos", como percebeu o historiador alemão Franz Xaver Seppelt. O papa terminava por "ser o forte protetor e defensor dos bispos", que "deviam se refugiar junto ao papa como a uma mãe, para que pudessem ser sustentados, defendidos e livres" da autoridade civil dos soberanos. Portanto, tudo estava interligado à imagem de São Pedro, visto como símbolo da *Mater Ecclesia*, ao qual toda autoridade religiosa e laica deveria se submeter. Assim, como observou outro historiador alemão, Walter Ullman, "para o papado, o Pseudo-Isidoro foi uma dádiva do céu, porque a obra continha exatamente aquela linguagem jurídica que a instituição postulava há muito tempo". Em essência, foi uma documentação fundamental e irreversível, apesar da sua falsidade, para a criação de um Estado clerical e para ligar diretamente a concessão terrena do poder da Igreja à sua administração.

Esse código foi aplicado pelos papas, conscientes de que se tratava de uma falsidade, mesmo depois que o pastor calvinista David Blondel, em 1628, demonstrou que aquelas leis dos pontífices, feitas nos primeiros séculos, continham, na verdade, citações de juristas de séculos posteriores. O seu estudo, *Pseudo-Isidorus et Turrianus vapulantes*, desmascarou a falsidade dos Decretos de Pseudo-Isidoro. A denúncia foi despudoradamente ignorada pela Igreja de Roma e as leis não foram revogadas. Continuaram a ser aplicadas até mesmo no tribunal da Inquisição e no civil e constituíram a base legislativa do Estado Pontifício, até 1870.

O Estado da Igreja como teocracia e hierocracia

A concessão teocrática e a hierocracia do Estado da Igreja, isto é, de um Estado cuja fundação foi concebida por Deus à Igreja e sua administração confiada aos representantes do clero, é um falso testemunho. Une-se a algumas indicações presentes na *Doação de Constantino* e nos *Falsos Decretos*, que constituíram respectivamente a base do poder terreno e das leis, e se origina das mais antigas possessões territoriais da Igreja de Roma.

De fato, além da aplicação dos dois falsos documentos legislativos, há a posse, por parte da Igreja de Roma, de lotes territoriais em várias zonas da Itália. Encabeçam as antigas doações, onde foram erguidas igrejas e abadias, elevadas em nome de Deus, baseadas na concessão teocrática da propriedade e administradas pelo clero cristão, em uma verdadeira hierocracia, contra os godos e lombardos e em nome do imperador do Oriente, que era, politicamente, o proprietário das terras, em 536. O início da constituição do Estado da Igreja surge em 72. Uma precisa estrutura administrativa formada quando o rei Liutprando, lombardo e católico, conquista parte dos territórios da Itália central bizantina e doa aos "beatíssimos apóstolos Pedro e Paulo", na pessoa do papa Gregório II (715-731): o castelo de Sutri, com as fortificações laciais* de Bomarzo, Orte, Amelia e Blera. Forma-se assim o *Patrimonium Petri*, primeiríssimo núcleo do poder terreno da Igreja que se amplia com outros territórios doados por Liutprando ao papa Zacarias (741-752). Esse último institui o *domus cultae* ou "casas cultivadas", organizações agrícolas de várias culturas confiadas a colonos, que constituíram a economia do *Patrimonium Petri*, sob o nome de *Ducato Romano*.

Estevão II (752-757) contrariamente ao rei lombardo Astolfo, que se apropria de alguns territórios pontífices e dos bizantinos Exarcado e Pentapoli**, pede ajuda a Pepino, rei dos francos, mostrando-lhe o *Constitutum Constantini* (ver *O poder terreno da Igreja de Roma*), com base no qual reclama as terras presenteadas por Constantino como um "direito" do representante de Cristo na Terra. Pepino concorda e, em 6 de janeiro de 754, no castelo real de Ponthion, faz um juramento solene de uma *Promissio Carisiaca,* ou seja, "Promessa de doação de Pepino", que no entanto se perdeu no tempo. Propositadamente perdido para não colocar em discussão a sua autenticidade, uma vez que esse documento também é pouco acreditado. Refere-se a um território enorme, segundo a indicação que dá. Chamado *Liber Pontificalis,* foi redigido pelos sacerdotes da cúria, do fim do século IX ao ano de 1464, no qual se fala do dono da "Córsega e das cidades e terras postas ao sul, de uma linha que vai de Luni a Parma, passando por Reggio, Mântua e Monselice. Compreendendo a Tuscia lombarda*** e o Exarcado de Ravena, além de Veneza, Ístria e os ducados de Spoleto e Benevento. Esse território vastíssimo em toda a

---

*Referente ao Lácio, região da Itália central. (N. do T.)

**Territórios bizantinos na Itália. (N. do T.)

***Atual região da Toscana. (N. do T.)

sua extensão jamais pertencerá ao Estado Pontifício. Contudo, o tratado de Quierzy fundamentalmente decide que a conquista do reino lombardo, por parte dos francos, seja concedida a São Pedro como patrimônio adquirido para a Igreja de Roma, assim como aqueles já pertencentes ao imperador bizantino, isto é, o Exarcado e Pentapoli. A *Promissio* tem sua consagração oficial em 28 de junho de 754, em Saint Denis. Estevão II conduz a solene "bênção" de Pepino, de sua esposa Bertrada e dos dois filhos, Carlos e Carlos Magno. Pepino é reconhecido "rei por graças de Deus". A crisma da graça divina dá força ao "sangue" santificado para excomungar qualquer um que tente eleger um rei cuja estirpe for diferente daquela carolíngia. Além disso, o papa confere a Pepino e a seus filhos a dignidade de *patricius Romanorum*, título que santifica a promessa de Ponthion.

Em agosto de 754, Pepino chega à Itália e se encontra com Astolfo, em Susa*. Desconfiado, promete, sob juramento, a restituição do Exarcado e Pentapoli "aos romanos", assim como os territórios pontifícios ocupados. De quais territórios se trata? Além dos já conhecidos, o *Liber Pontificalis* lista, por cidade, um número mais modesto do que o presumivelmente estabelecido em Quierzy. São Pedro se torna proprietário de Ravena, Rimini, Pesaro, Cesena, Cattolica, Fano, Senigallia, Jesi, Forlimpopoli, Forlì, Castrocaro, Montefeltro, Arcene, Monte de Lucaro, Serra dos Condes, Castelo de San Marino, Sarsina, Urbino, Cagli, Canziano, Gúbio, Comacchio, Narni, Roma e o território ao redor, ou seja, a Campanha. As chaves das cidades vêm depositadas juntas a um novo documento de "Doação de Pepino", sob Confissão de São Pedro, e tudo se transforma em propriedade eterna da Igreja de Roma. No verão de 756, o Estado Pontifício, teoricamente, se inicia. Continua a crescer desde então, com o sucessor de Astolfo, Desidério, duque da Toscana, que presenteia o papa com algumas cidades ainda lombardas como Bolonha, Ímola, Ósimo, Âncona, Faenza e Ferrara. Mas tudo em teoria, porque Desidério faz incursões nos territórios da Igreja. O fato novo se percebe com Carlos Magno, filho de Pepino. Ele vence a guerra contra o rei lombardo Desidério e o obriga a ceder ao papa Adriano I (772-795) os territórios prometidos por seu pai. Com o reconhecimento do domínio sobre toda a Itália e algumas províncias que, na verdade, não lhe pertenceram nunca, tais como a Córsega e Veneza, definem a "Doação de Carlos Magno". Esse documento também foi perdido, igualmente como a doação de Pepino. A esse ponto, a Igreja recebe de verdade os ducados de Spoleto e Toscana,

*Cidade italiana, da região do Piemonte. (N. do T.)

bem como Viterbo, Orvieto, Soana, Pentapoli e o Exarcado, constituindo assim um grande território. Carlos Magno se coroa rei da Itália e tem o direito da tutela desse território. Adriano, por outro lado, se ocupa em fazer uma organização mais eficaz da Campanha romana. Prossegue na instituição do *domus cultae* e subdivide o patrimônio em seis territórios: Silvia Candida na via Aurelia; Galeria, em Clodia; Calvisianum e Santo Egisto em Ardeatina; San Leucio, em Flamínia, e Capracorum, no território de Veio; esse último com propriedade concedida à sua própria família, como um ato de nepotismo [ver *Avareza*]. Ocorre que, em defesa desse Estado da Igreja, organizado territorialmente, está a reconstituição do império, que é propriedade da Igreja, como indicado no *Constitutum Constantini* [ver *O poder terreno da Igreja de Roma*].

É assim que o poder terreno da Igreja de Roma se define no comando do papa Leão III [795-816], com a coroação imperial de Carlos Magno e a criação do Sacro Império Romano, na noite do Natal de 799/800. A Igreja assume a estrutura de um Estado religioso liderado pelo papa, não limitado às igrejas e abadias, mas estendido aos territórios que o compõem, como estrutura teocrática e hierocrática ou mesmo fundada por Deus e guiada pelo clero. Com esse escopo, é governado e administrado com base nas leis eclesiásticas, que serão definidas nos Decretos pseudo-isidorianos, com finalidade religiosa e civil. Paralelamente à frente da Igreja, ressurge no ocidente o império a ela presenteado por Constantino. Não pode ser comandado pelo papa, ocupado como soberano eclesiástico e que, por isso, vem concedido a um soberano laico com o título de imperador, ou seja, a Carlos Magno e a seus futuros herdeiros. O imperador é coroado pelo papa como "abençoado" pelo Senhor, em defesa da Igreja e de um governo de ordem política transnacional, destinado a ser nacional e, portanto, colocado em uma condição subordinada à autoridade religiosa.

A partir de agora, portanto, fica aberto o debate a respeito da verdadeira superioridade do poder papal sobre o imperial, segundo os entendimentos da Igreja de Roma. A questão prossegue, causando uma série de confrontos militares entre os representantes dos dois poderes. Por outro lado, a Igreja de Roma teve meios de fazer ouvir sua voz a favor da superioridade do próprio poder, em outras ocasiões, como no *Dictatus papae* ou "Prescrição papal". Redigida por Gregório VII [1073-1085] em 1075, na forma de documento, reassume em 27 pontos a ideologia teocrática. O conceito fundamental expresso é o da supremacia da Igreja de Roma e do seu bispo sobre outras igrejas e o império. Uma afirmação de caráter político-

-eclesiástico baseada, na prática, no *Donatio Costantini,* o qual enuncia uma série de falsidades. Em particular:

> A Igreja Romana foi fundada por Deus e somente para Ele. Apenas o papa tem o direito de criar novas leis, de fundar novas comunidades e de destituir os bispos sem a necessidade das decisões sinodiais. Apenas ele tem o direito aos símbolos imperiais. Apenas ele põe os pés para o beijo dos príncipes. Apenas seu nome é invocado em todas as igrejas. O seu nome, papa, é único em todo o mundo. Ele tem o direito de destituir os imperadores. Ele pode escolher os fiéis da sua confiança para condenar os injustos poderosos. Sem a sua autoridade, nenhum capítulo e nenhum livro são canônicos. A sua sentença é inapelável. Ele não pode ser julgado por ninguém. A Igreja Romana nunca errou e jamais errará, como testemunha a Sacra Escritura. Se o papa romano é eleito canonicamente, torna-se santo pelos méritos de São Pedro. Católico é somente aquele que está de acordo com a Igreja Romana.

Dois séculos e meio depois, o conceito não muda: Bonifácio VIII, em 1302, com a bula *Unam Sanctam* leva às extremas consequências os posicionamentos teocráticos enunciados por Gregório VII. Reitera, em termos dogmáticos, que "no poder da Igreja estão distintas duas espadas, a espiritual e a terrena. A primeira vem conduzida pela Igreja e a segunda, para a Igreja. Uma pelas mãos do sacerdote, a outra pelas mãos do rei, mas em conformidade com a indicação do sacerdote", pois "o poder espiritual deve regular e julgar o poder terreno". Portanto, "quem se opõe a esse poder supremo espiritual, exercitado por um homem mas derivado de Deus, na promessa de Pedro, se opõe ao próprio Deus. É, contudo, necessário que cada um, desejoso de sua salvação, se sujeite ao bispo de Roma". Assim define o conceito que a esfera do poder eclesiástico deva expandir-se até absorver o poder terreno dos soberanos. A soberania papal não pode conhecer limites, sendo "*plenitudo potestatis*", por sua origem divina, reafirmando, às claras, as declarações do *Dictatus papae*, de Gregório VII.

Naqueles mesmos anos, Dante anuncia no *Purgatório* [XVI, 106-112] a inconciliabilidade dos dois poderes:

> Bens sobre o mundo havendo derramado,
> Tinha Roma dois sóis, que alumiaram
> O caminho de Deus e o do Estado.

Um ao outro apagou, e se ajuntaram
Do Bispo o bago e do guerreiro a espada:
Por viva força unidos, mal andaram.

Enquanto no *Paraíso* [IX, 133-138], condena a materialidade das leis criadas com exclusiva vantagem do clero:

O Evangelho, por ela abandonado
E os doutores, às páginas usadas
Das Decretais estão muitos se aplicando.

O papa e os cardeais, nisto engolfadas
Tendo as ideias, Nazaré esquecem,
Que viu do Arcanjo as asas desdobradas.

Sobre essa base nasce e amadurece, na Idade Média, o Estado Pontifício. Na segunda metade do século XI, com a chegada dos normandos na Itália meridional e na Sicília, suas posses se estendem. Gozando de um feudo que durará mais que todos os outros, através dos Angiovinos, Aragoneses e Bourbons, com muita vassalagem e afluxo de benefícios nas casas da *Camera Domini Papae*. A extensão territorial permanece íntegra até 1860, reduzindo-se ao Lácio, e anulada em 20 de setembro de 1870, mas reconstituindo-se territorialmente nos 44 hectares da Cidade do Vaticano. O reconhecimento internacional acontece em 20 de fevereiro de 1929, graças aos Pactos de Latrão, definidos com o Estado italiano, sob o comando de Pio XI [1922-1939].

Esse é o novo Estado Pontifício, mesmo sem sua soberania, que ao contrário é atribuída à Santa Sé. É essa a pessoa jurídica de direito público que exercita a soberania sobre o Vaticano, que não é uma organização originalmente jurídica, como qualquer outro Estado, mas derivada. A Santa Sé é inseparável da própria pessoa do pontífice romano, que de qualquer trecho de território onde resida, será sempre o chefe da Igreja Católica universal.

À Cidade do Vaticano, propriamente dita, vão somados os bens dentro de Roma. Pertencem à Santa Sé, desde 20 de setembro de 1870, os seguintes imóveis: basílicas e palácios apostólicos que não foram apropriados por parte do Reino da Itália no momento da conquista de Roma. Os imóveis de Castel Gandolfo, referentes ao Palácio Pontifício e à Vila Barberini. As basílicas de Loreto, Assis e Pádua. O território de Santa Maria da Galeria, em Cesano. Os santuários e conventos além dos imóveis em diversas zonas de Roma. Todos esses imóveis são "com privilégios de extraterritorialidade e isentos de expropriação e impostos", benefícios que são negados em Roma, exceto às empresas de construção. Ao contrário, são mantidos há 80 anos para as construções da Santa Sé, tais como hospitais, casas de repouso, abrigos e conventos. E ainda os bispados, abadias e igrejas com as casas paroquiais anexas, em diversas partes do mundo, como está mais especificamente indicado no *Apêndice*.

Trata-se definitivamente de um Estado muito mais extenso e que não é limitado aos 44 hectares da Cidade do Vaticano. Uma dimensão que ramifica-se pelo mundo em uma imensa propriedade imobiliária. É defendida por uma série de acordos assinados com as diversas nações, para a proteção de vantagens de natureza financeira que a Santa Sé vem recuperando. Isto quer dizer que ainda existem, no Estado da Igreja, as caracterísiticas próprias daquele poder terreno original e que jamais acabou.

Soa, portanto, muito pequena a definição que Paulo VI [1962-1978] disse de si mesmo na Assembleia Geral das Nações Unidas, em 1965: "Está diante de vocês um homem como vocês; ele é seu irmão e, entre vocês, representantes de Estados soberanos, um dos menores. Revestido talvez, se assim quiserem considerar, de uma minúscula e quase simbólica soberania terrena, todavia livre o bastante para exercitar a sua missão espiritual, para assegurar a todos que tratam com ele, a sua independência a qualquer soberania deste mundo. Ele não tem nenhuma força terrena, nem ambição alguma de competir com vocês. Nada temos a pedir... além de um desejo de exprimir e permissão para perguntar, aquilo que podemos servir a vocês no que nos é dado fazer, com desinteresse, com humildade e com amor."

E assim também não foi convincente a definição que o cardeal Agostino Casaroli, no papel de secretário do Conselho para Assuntos Públicos da Igreja, em 1984, falando pelo Vaticano, qualificando-o como "um insignificante pedestal, mas sobre o qual pairam as asas destinadas a cobrir o mundo inteiro, um poder independente e soberano: respeitado e estimado, ou mesmo suspeitado e combatido, mas que se impõe por sua estatura, por sua influência, por sua história." Querendo dizer que a soberania terrena do papa é puramente simbólica e dando a entender, da mesma forma, que é um serviço necessário à missão religiosa.

Resulta ainda em falsa declaração aquela feita por João Paulo II ao mesmo cardeal Agostino Casaroli, em 27 de fevereiro de 1988: "O Estado da Cidade do Vaticano é soberano, mas não possui todas as características comuns de uma comunidade política. Trata-se de um Estado atípico: ele existe por uma garantia conveniente ao exercício da liberdade espiritual da Sede Apostólica. Assegura um meio de independência verdadeira e visível da mesma, na sua atividade de governo a favor da Igreja universal. Assim como para sua obra pastoral, voltada a todos os gêneros humanos. Ele não possui uma sociedade própria para a qual o seu serviço tenha sido constituído. Nem tampouco baseia-se sobre formas de ações sociais que geralmente determinam a estrutura de outro Estado".

Em última análise, uma consequência do falso testemunho que levou à concepção política da Igreja foi, ao longo de dois mil anos, a luta pelo trono pontifício. Foi articulada em uma série de outros pecados, que vão do assassinato à guerra — com eleições de antipapas e surgimento dos cismas —, à condenação à morte, à simonia*, ao comércio; pecados aos quais se refere por uma documentação mais específica.

A veneração de relíquias falsas

A veneração das relíquias ou mesmo dos restos mortuários, ou ainda, de objetos que estiveram em contato com o corpo de Jesus, de Maria ou dos apóstolos, além dos santos e beatos, foi permitida pela Igreja. Contudo, deve ser dirigida somente àquelas guardadas em lugares sagrados e que tenham sido autenticadas. As mais antigas tiveram a aprovação no Concílio de Trento, que em sua 25ª sessão condenou os que afirmavam não ser devida a veneração às relíquias. Sobre elas, todavia, surgiram inúmeras e sucessivas dúvidas, ficando também como assunto de culto nas igrejas.

Sobre a autenticidade delas faz referência o *Código de Direito Canônico*, que diferenciou as relíquias físicas entre "ilustres", ou seja, o corpo, a cabeça, o braço, o coração, a língua, a mão, a coxa, o sangue; e "secundárias" ou objetos. Estabeleceu também que devem obter a declaração de autenticidade de um especialista, com deliberação de um cardeal e que não podem ser alvo de comércio.

*Venda de indulgências. (N. do T.)

Há, ainda, o tráfico de relíquias. Em geral se limita a uma simples imagem ou santinho, enriquecido com um pequeno fragmento de relíquia presa, adquirível por uma oferenda, nas sacristias das igrejas. Emblemático é o caso da Água de São Pantaleão. Retirada de um poço, existente ainda hoje, na sacristia da igreja de Roma, dedicada ao santo mártir sob o comando de Diocleciano, em 305. Nessa água foram reconhecidas propriedades terapêuticas especiais e era oferecida aos fiéis no dia do aniversário do santo, em 27 de julho. Mas, hoje, fechada a cisterna por motivos higiênicos, resta a tradição de distribuir a água benta, embora se trate da água de Trevi.

Existe uma verdadeira e ostensiva venda *on-line* de relíquias, como aquela das mil e tantas línguas de Santo Antônio e pós de Santa Rita de Cássia. Até em lojas de artigos religiosos, como a venda de fragmentos das vestes de João Paulo II, que ainda não foi beatificado e nem é santo, encontrados em uma loja na via Mascherino, em Roma, a dois passos do Vaticano.

Tudo isso acontece porque a maior parte das relíquias provoca uma série de fetiches que a Igreja tinha tolerado, amplamente, até o Concílio Vaticano II. Em alguns casos atuais, concedendo, mesmo se não autênticas, que sejam objeto de veneração. Sem contar que para algumas dessas foram mantidas as indulgências, com base apenas em uma reza especialmente dirigida a elas. Isto significa que a Igreja confirmou o falso testemunho do sagrado.

O fenômeno remonta ao século XVI e está ligado também à famosa "venda das indulgências", cujas verdadeiras coleções de relíquias estava sob o comando dos bispados. Frederico, o Sábio, da Saxônia, ostentava uma coleção de 5 mil relíquias com 127.799 anos de indulgência, e Alberto de Brandemburgo, 8.933 relíquias com milhões de anos de indulgência.

O culto das relíquias em forma fetichista nasce já nos primeiros anos do cristianismo e determina a circulação de uma quantidade e uma variedade notáveis, sobretudo no que diz respeito a Jesus. Dele, uma dúzia de prepúcios e gotas de sangue; da Virgem, gotas de leite e véus. Dos apóstolos, as cabeças de São Pedro, São Paulo, São Marcos e Santo André. E mais vários fragmentos da Santa Cruz, pregos e espinhos. Mas a primeira manifestação de fetichismo está ligada a Prudência e Praxedes, ou mesmo às igrejas dedicadas a elas, em Roma. Santa Prudência teria surgido na casa do senador Prudente, em lembrança à hospitalidade que lhe teve São Pedro. Um evento pouco provável, dado que sua presença em Roma é limitada a um brevíssimo período. O altar-mor da igreja se apoia em um sarcófago onde está conservada uma mesa de madeira sobre a qual Pedro teria celebrado a missa. Santa Praxedes teria sido construída em volta de um poço, dentro do qual escreveu o arcebispo Romeu Panciroli, "essa nobre Santa Virgem de Roma, à imagem da sua Santa Irmã Prudência, fazia com que colocassem os Corpos e os Sangues dos Mártires assassinados no monte Esquilino, aqui perto, assim como em outros lugares, chegando mesmo ao número de 2.300, como demonstram as lápides no chão, vizinhas à parede". Hoje estão murados na parede. O lugar exato onde fica o poço está indicado, atualmente, por um disco de pórfiro*, no centro da basílica, construída por desejo de Pascoal I (817-824). Em 1223 chega a essa igreja a Coluna do flagelo de Jesus, trazida diretamete de Jerusalém pelo cardeal Giovani Colonna, ligado ao papa Honório II. Não será submetida a nenhum exame científico, pois virá autenticada pela tradição. Está guardada em um relicário de bronze dourado, aqui e ali arranhado, e com os fragmentos se tornando relíquias. Tem uma forma cônica que se restringe a três quartos para alargar-se no alto; tem 63 cm de altura, 40 cm de diâmetro e a boca de 20 cm, enquanto o ponto mais estreito mede 13 cm. Portanto, no máximo, poderia se tratar de um pedaço de coluna, sendo muito baixa em relação à altura de Jesus.

Nas catacumbas, até o início do século IV, se acumulam relíquias. As ossadas de cristãos sepultados, muitos dos quais mártires das várias perseguições, mas também dos pseudomártires, são guardadas pelos *fossores*, que além de atuarem como coveiros, expõem à veneração dos fiéis os ossos dos defuntos, dos quais é muito mais árduo estabelecer a identidade e a santidade. Os *fossores* não são eclesiásticos, mas homens empregados em certas funções pelos diáconos e presbíteros. Considerados artesãos, especialistas no uso da picareta, na prática de esculpir gravuras e nas pinturas, eles constituíam uma autêntica corporação. Deles provêm as relíquias que concedem aos eclesiásticos, por uma venda "abençoada", ossos e indumentárias dos mártires. É assim que Santo Agostinho (354-430) faz a sua acusação, denuncia os monges que recolhem aquelas relíquias e os condena (*De civitate Dei*, XXII, 13).

O fato novo, no início do século IV, vem daquele grande recolhimento de relíquias de Santa Helena. Dona de uma hospedaria, mãe de Constantino e de fé ariana, descobre testemunhos de várias naturezas, especialmente da verdadeira Cruz de Jesus. Ainda hoje as encontramos, em número bastante reduzido, na Capela

---

*Espécie de mármore. (N. do T.)

das Relíquias da igreja romana da Santa Cruz, em Jerusalém. Encontramos apenas três pedaços de madeira, um prego (de 12,5 cm, mas incompleto) e uma parte do cartaz da cruz (INRI, *Iesus Nazarenus Rex Iudeorum*). A estes se juntam: dois espinhos da coroa; o dedo de São Tomás, que duvidava de Cristo ressuscitado; fragmentos da coluna do flagelo; fragmentos da gruta da manjedoura e do Santo Sepulcro; uma das trinta moedas de Judas; a esponja embebida no vinagre, servida para saciar a sede de Jesus; a pedra onde Jesus sentou e perdoou Madalena; além de uma parte da cruz do "bom ladrão".

Ainda nos anos da descoberta de Santa Helena, Cirilo de Jerusalém indica diversos gravetos da cruz para serem distribuídos em várias igrejas. De nada vale a declaração do gaulês Vigilâncio (nascido em Toulouse, em torno de 370) de que as relíquias são pó e os mártires não têm poder de intercessão. Suas palavras causaram apenas a irritação de São Jerônimo, que em 406 escreve o tratado *Contra Vigilantium* para justamente exaltar aquele pó. É um texto que dá início a um debate interno na Igreja, culminando com as declarações de falsidade a respeito das relíquias, em 825, expressas pelo espanhol Cláudio, bispo de Turim, que acaba excomungado pelo sínodo de Paris.

Tudo isso favorece o aumento do número e dos tipos das relíquias. Por proximidade aos ossos dos mártires, recolhem-se cabelos, unhas, fragmentos de pele e roupas com fúria fetichista. Nesses casos, de pouco servem as declarações de autenticidade que a Igreja concede para algumas, repudiando certos excessos do culto, todavia ainda vivos. O tráfico das relíquias tem no comando, historicamente, o diácono romano Deusdona, que viveu no início do século IX, perto da igreja de São Pedro em Cárcere e provável curador da catacumba dos Santos Pedro e Marcelino. Ele põe dentro do luxuoso relicário dos dois santos, um companheiro deles, o mártir Tibúrcio, e disso faz comércio. Trata os "clientes" com grande profissionalismo, comportando-se como mercador viajante, entre uma catacumba e outra, levando consigo a lista das disponibilidades e com muitas amostras na bagagem.

A partir do século XI — com a Campanha romana em condições perigosas devido aos ataques dos bandidos, às invasões dos sarracenos e à malária —, as catacumbas são abandonadas. Leva cinco séculos para que o interesse por esses lugares subterrâneos renasça, graças aos membros da Academia Romana. No final do século XV, empenham-se nas suas redescobertas, com intenções humanistas, mas sem qualquer técnica arqueológica. Nesse meio tempo acontece, sob pena de excomunhão, a proibição de "tocar ou remover os esqueletos".

Particular incentivo ao interesse pelas catacumbas vem do Oratório dos Filipinos, com as procissões às Sete Igrejas e aos cemitérios subterrâneos. Dessa iniciativa nasce o estudo de Antonio Bossi, autor de uma monumental *Roma subterrânea*, que suscita a curiosidade dos visitantes e exploradores. Mas o renascido interesse acaba por trazer de volta a caça às relíquias. Os saques não conseguem ser impedidos nem mesmo com a instituição, em 1672, da função de "guardião das relíquias sagradas e dos cemitérios", a cargo de Clemente X. O entusiasmo dos arqueólogos credenciados, como Bottari, Boldetti, Seroux d'Agincourt, falsos pesquisadores de antiguidades, contribui para piorar a situação. Durante a escavação, eles separam as inscrições das esculturas, destruindo da mesma forma como fazem os caçadores de relíquias. Uma situação que permanecerá até a metade do século XIX, denunciada pelo mesmo Giuseppe Gioachino Belli, em uma famosa estrofe do soneto de 1833, *As catacumbas*:

> Naquele sacro labirinto, quem acreditaria,
> encontram-se relíquias de um inteiro cemitério,
> aqui se encontra uma perna e ali uma mão,
> lá um osso sacro, uma mandíbula e um pé.

Será graças a Pio IX que nascerá uma consciência civil pela tutela das catacumbas, com a instituição de uma Comissão de Arqueologia Sacra, em 1852, reorganizada em 1925, por Pio XI, ampliando os poderes sobre todas as catacumbas da Itália.

Agora, na curva da metade do milênio, o escandaloso tráfico de relíquias chegou a níveis incontroláveis. Multiplicaram-se além da conta aquelas referentes a Jesus, à Virgem e aos protagonistas dos evangelhos. Entre os 12 prepúcios de Jesus, o mais acreditado está guardado no *Sancta Santorum* do palácio de Latrão. Foi posto ali pelo papa Leão III, que o recebeu de presente de Carlos Magno, no Natal de 799, mas foi roubado por um soldado mercenário alemão , em 1527, e que, inexplicavelmente, o deixa em Calcata, uma cidade da província de Viterbo. Ali fica exposto à veneração dos fiéis, na igreja dos Santos Cornélio e Cipriano. É levado em procissão pela festa da Circuncisão, até 1970, quando um pároco denuncia o furto de dentro da redoma onde estava, assim como as joias que a decoravam. Novamente reaparece e, mesmo com a festa da Circuncisão de Jesus tendo sido abolida pelo Concílio Vaticano II, é levado em procissão outra vez, até 1983, quando a relíquia é roubada de novo.

O *Sancta Sanctorum* é, por excelência, o reino das relíquias, como atesta a presença do Prepúcio de Jesus. Não só dele. Antes de tudo se acessa a Escada Santa que é, talvez, a maior preciosidade das relíquias, enésimo fruto do recolhimento de Santa Helena. Está dentro do edifício construído por Sisto V, em 1588, para conservar justamente a capela de São Lourenço, onde estão o *Sancta Sanctorum* e a escada de honra do antigo Patriarcado Lateranense. É composta de 28 degraus de mármore, revestidos de madeira para evitar o impacto. Trata-se da escada que, segundo a tradição, encontrava-se no palácio de Pôncio Pilatos, em Jerusalém, e que Jesus Cristo subiu nos dias do seu processo. Vinte e oito degraus que Santa Helena teria feito chegar a Roma juntamente com duas colunas e três portas do mesmo palácio pretoriano. O imperador teria presenteado o papa Silvestre I, colocando-os no antigo Patriarcado. Tudo isso é transmitido por tradição, pois não existe nenhum documento histórico que o ateste.

A escada foi logo objeto de especial veneração, com os fiéis que a subiam rezando de joelhos, conforme uma devoção propagada por séculos, até hoje. Foi Inocêncio XIII, em 1723, que revestiu os degraus desgastados, deixando uma abertura na parte anterior de cada um. Em 1854, por ocasião de alguns trabalhos de reestruturação total, feita por Francesco Azzurri, foram fechados os dois pares de arcadas laterais, transformando o pórtico em um átrio. A escada termina no corredor de frente para a capela de São Lourenço ou mesmo do *Sancta Sanctorum*. Esse nome evoca aquele atribuído pelos judeus à parte do templo de Jerusalém onde era guardada a Arca Sagrada. Fora o já citado Prepúcio do Menino Jesus, surgem: as sandálias de Jesus, cuja autenticidade foi negada por um exame realizado pelo historiador jesuíta Hartmann Grisar; o divã da Última Ceia, mesmo que mais provavelmente devesse se tratar de uma espécie de banco; algumas pedrinhas da coluna na qual Jesus foi amarrado e flagelado (fazendo conexão com a de Santa Prudência); a vara com a qual foi espancado na cabeça coroada de espinhos e parte da esponja que, cheia de vinagre e fel, lhe foi ofertada enquanto estava na cruz. Há ainda as relíquias que não pertencem a Jesus: como as cabeças de Santa Inês e de Santa Praxedes, em duas redomas de prata, enquanto as cabeças de São Pedro e São Paulo foram transferidas para São João de Latrão, em 1368. Existem sérias dúvidas sobre a autenticidade dessas cabeças, considerando os problemas ocorridos aos cadáveres dos dois apóstolos.

Em relação a Jesus, as relíquias referentes ao seu nascimento se destacam sempre em Roma, na basílica de Santa Maria Maggiore. Na capela ao centro da nave direita estão algumas pedras do estábulo, um pouco de feno sobre o qual dormiu o Menino Jesus e fragmentos da manta. Também no altar da Confissão, em uma urna de prata, obra de Luigi Valadier, está guardada a manjedoura, onde foi colocado Jesus. Teria sido levada de Belém para Roma durante o pontificado de Teodoro I (642-649). Embora haja indicações de que outras mantas se encontram na catedral de Aachen.

Ainda em Roma e sempre por Jesus, as relíquias escavadas por Bernini são expostas nas pilastras que sustentam a cúpula da Basílica de São Pedro, debaixo dos nichos das estátuas. Há outros fragmentos da Cruz e o Pedaço da Lança com a qual Jesus foi perfurado, doado a Inocêncio VIII, em 1492, por Bajazet, filho do sultão Maomé II. Ainda haveria o pano com o qual, segundo uma pitoresca tradição, uma piedosa mulher chamada Verônica teria enxugado o rosto de Jesus, ficando impressa sua imagem. Essa relíquia, desde a Idade Média, até o século XIX, foi venerada como uma das *Maravilhas* de Roma. Tal como se lê em *As Coisas Maravilhosas da Alma da Cidade de Roma*, publicado em 1588 "com Privilégio do Sumo Pontífice": "toda vez que se mostra, confere aos habitantes de Roma, que estão presentes, 3 mil anos de perdão, 6 mil anos aos que vêm de perto e 12 mil anos àqueles que vêm de países longínquos, 40 mil aos demais e a remissão de terça parte dos pecados". A devoção por essa relíquia também é lembrada por Dante Alighieri, no *Paraíso* (XXXI, 103-111):

> Como quem da Croácia se destina
> A ver Santo Sudário em romaria,
> Por fama antiga da feição divina;
>
> Devoto a contemplar se não sacia,
> Dizendo em si: "Jesus, meu Deus piedoso!
> Tal semblante o vosso parecia!

O episódio referente ao rosto de Jesus, enxugado por Verônica, vinha lembrado na sexta estação da Via Crúcis, até 1991, quando foi substituído por João Paulo II, pela estação "Jesus é flagelado e coroado de espinhos". Isso porque, na verdade, jamais existiu uma mulher chamada Verônica. O nome deriva das palavras greco-latinas *Vera ikon*, ou seja, "Verdadeira Imagem", e foi composto, propositadamente, para justificar a existência da relíquia.

O cancelamento da passagem de Verônica, na Via Crúcis papal, foi a queda de um mito que, obviamente, pôs em dúvida também a autenticidade do rosto que teria sido impresso naquele véu. Por outro lado, ao contrário do *Santo Véu* da basílica vaticana, vai registrado aquele guardado no santuário de Manoppello, na província de Pescara, dirigido pelos frades capuchinhos. Trata-se de um véu de linho branco transparente, com 17 x 24 centímetros, no qual está impresso o vulto de um homem sofrido que, "milagrosamente", aparece de vez em quando a quem se aproxima para olhá-lo. Segundo o jesuíta alemão Heinrich Pfeiffer, professor de iconologia e história da arte cristã da Universidade Gregoriana de Roma, que examinou a relíquia por 13 anos, trata-se do "autêntico véu de Verônica". Parece com aquele que por um tempo se encontrava na basílica vaticana — que agora, porém, não o guarda mais. Pfeiffer considera que durante a reforma da basílica de São Pedro, iniciada por Paulo V [1605-1621], a capela onde estava guardado o véu de Verônica foi demolida e o véu roubado, em 1608.

Surgiu também um relatório escrito, em 1646, pelo padre capuchinho Donato di Bomba, referindo-se a uma senhora Marzia Leonelli que, para resgatar o marido da prisão, teria vendido, por 400 escudos, o véu de Verônica. Presenteado por sabe-se lá quem a Donato Antonio de Fabritiis, que por sua vez o teria dado aos padres capuchinhos de Manoppello, em 1638. Desde então, o véu de Verônica teria ficado em Manoppello. Assim sendo, o que vem a ser aquele rosto sobre a placa de ouro, na basílica de São Pedro? Um engano. De fato, Heinrich Pfeiffer recuperou um escrito do falecido monsenhor Paul Kriegh, dos capítulos dos Cânones de São Pedro. Ele documenta como foi fixado, nessa placa de ouro, um véu usado, coberto por outro, onde está delineado um vulto desbotado no qual mal se vê a barba de Jesus. Portanto, falso. Para continuar a falsidade daquela antiga relíquia, em 31 de agosto de 2006, Bento XVI vai visitar Manoppello, honrando, com a sua presença, o autêntico véu de Verônica e renegando aquele da basílica de São Pedro.

O *Santo Véu* de Verônica liga-se a uma outra famosa imagem de Jesus, a da *Santa Mortalha*, conservada na catedral de Turim. Teria sido o lençol no qual foi envolto o corpo de Jesus, durante o sepultamento. Não seria autêntica, porque a datação com o método do carbono 14 daria sua existência no século XIV. Ainda sobre Jesus, faz-se referência a uma outra relíquia singular: o seu *sangue*. Teria escorrido da ferida provocada pela lança de Longinos, que o recolheu numa ampola e, não se sabe por quê, o teria levado para Mântua, onde está guardado na catedral. Mas também uma redoma na basílica do Sangue Sagrado de Bruges guardaria outro sangue de Jesus.

Em Roma ainda há outro pano tingido pelo sangue de Jesus, na igreja de São Nicolau na Prisão; um pedaço da mesa de madeira da Última Ceia de Jesus com os apóstolos se encontra em cima do tabernáculo do altar do Sacramento a São João de Latrão.

Na companhia desses estão as relíquias da Virgem: desde os seus cabelos, espalhados em várias igrejas italianas, até os seus seios, entre os quais um na igreja de São João em Besançon; das unhas conservadas em Maillezais*, em Poitou, até o seu leite conservado por meia Europa em ampolas especiais.

É simplesmente um absurdo conceber a existência de uma relíquia como o leite, uma substância que se deteriora e desaparece com o tempo. Mas, nas convicções dos fiéis, resta intacto nos numerosos lugares onde é objeto de culto. Justamente por isso Lutero observava: "Não há cidade, por menor que seja, ou convento decadente de monges ou de freiras, nos quais não se mostrem, alguns mais, outros menos, o leite da Virgem Santa. Há tanto que, se a Virgem tivesse sido uma vaca ou amamentado por toda a vida, dificilmente poderia ter produzido em tamanha quantidade." Inúmeros frascos foram relatados por Colin, em 1821, em cinco igrejas de Roma, entre os quais, particularmente, aquele na basílica de São Marcos, onde se dizia "dê leite às amas que o pedem". Todavia, esses frascos, que tinham o aval da Igreja, não existem mais.

Ainda em relação ao leite da Virgem, há o relato da existência da Fraternidade do Santo Leite, em Montevarchi**, uma congregação laica de homens e mulheres que tinham a tarefa de tomar conta de uma relíquia do Santo Leite da Virgem, ou mesmo de uma gota do leite cristalizado que se acreditava derramado dos lábios do Menino Jesus, durante a fuga no Egito. A relíquia teria sido doada à igreja de São Lourenço pelo conde Guido Guerra, como uma compensação pela ajuda concedida a Carlo d'Angiò, na batalha de Benevento, em 1266, contra o rei svevo*** Manfredo. A fraternidade promovia o culto e organizava uma festa anual em homenagem à Virgem, de 8 a 10 de setembro, com atos litúrgicos e manifestações

---

*Província francesa. (N. do T.)

**Província italiana, da Toscana. (N. do T.)

***Natural da Svevia, região histórica alemã. (N. do T.)

que honravam as artes e os ofícios. Ainda hoje, mesmo com o desaparecimento da congregação, em 1875, a festa da Madonna, chamada "do Perdão", tem grande participação do povo. Uma procissão da relíquia do Santo Leite, sendo assim venerado com autorização da Igreja.

À Virgem foram atribuídas numerosas Vestes, Blusas e Sapatos em diversas igrejas na Itália e na França. Tudo, ainda hoje, objeto de fé sem nenhuma proibição por parte dos bispos das diversas dioceses. Curiosa é a existência de um Anel Nupcial que a Virgem teria recebido de São José. Objeto de disputa e guerra entre as cidades de Perúgia e Chiusi, mas concedido depois à capital da Úmbria, por Inocêncio VIII, em 1485. Desde aquele ano, esse anel maciço, esculpido em ônix, foi trancado com cerca de 11 chaves em uma caixa-forte, colocada por trás de uma grade de ferro, dentro de um precioso relicário, ainda guardado na catedral de Perúgia. São José, por outro lado, não ostenta menos relíquias que a Virgem, e que estão sempre juntas com as da sua esposa. Assim é com a sua Camisa, venerada em Santa Maria de Licódia, junto com o Véu da Virgem, ambos conservados em um relicário do século XVIII e objeto de uma procissão no último sábado de agosto, na festa do patrono, que aconteceu até 1980.

Um caso singular em termos de variedades de relíquias é o do Sangue de São Pantaleão. Ao contrário do desaparecimento de uma ampola que estava guardada na igreja dedicada a ele, em Roma (já conhecida pela água terapêutica), outro se mostra bem conservado na catedral de Ravello. Coagulado em uma ampola, se liquefaz no dia 21 de julho de cada ano, no curso de uma solene procissão. Outras três estão nas igrejas de Montauro, Vallo della Lucania e Martignano. Nessa última cidade, acredita-se no Sangue de São Pantaleão, guardado em uma ampola de vidro, dentro de um relicário em madeira, revestido de prata, pela salvação dos seus habitantes após um tremendo furacão, em 1718. Evento relembrado a cada ano, no dia 16 de novembro, com a queima de uma "focara", ou seja, uma grande fogueira, pela salvação do perigo. Religião e folclore em uma clássica mistura de sacro e profano.

Esse fenômeno não poderia deixar de evocar outro, bem mais famoso, que tem a ver com o Sangue de São Januário. De 16 a 19 de setembro, anualmente, acontece em Nápoles a festa de São Januário, culminando com a celebração da missa solene, na catedral. Nesses três dias se recitam súplicas e ladainhas em napolitano, enquanto se espera que o arcebispo mostre a ampola com o sangue liquefeito. Caso o milagre aconteça, são disparados alguns tiros de canhão, do

Castelo do Ovo. Também se pode assistir ao evento em outra data. No dia 16 de dezembro ocorre uma festa para recordar a intervenção do santo padroeiro da cidade, durante a erupção do Vesúvio, em 1631.

Sobre o santo padroeiro de Nápoles se aguarda a exclusão do calendário litúrgico [ver *O culto dos santos que não são santos*], decidida pelo Concílio Vaticano II, depois recolocada à parte após a reação contrária dos napolitanos, ligados por uma milenar devoção ao santo e às suas relíquias, guardadas na Capela Real do famoso Tesouro de São Januário. A Igreja, porém, afirmou que a dissolução do sangue não é um milagre, mas sim um fato inexplicável sob um ponto de vista científico. Diz também que é muito grave, pois manter viva a fé das pessoas por um evento não milagroso é reprovável por parte da Igreja. É mesmo um pecado. Contudo, para definir a consistência biológica do sangue, precisaria tirá-lo, e a Igreja não o permite, justificando-se com a declaração de que uma análise invasiva poderia causar dano, tanto à ampola quanto ao líquido nela contido.

O culto de santos que não são santos

Em 1969, em consequência do Concílio Vaticano II, o *Calendário Romano Litúrgico* sofreu inúmeras mudanças, com a anulação de muitos santos. Trata-se, principalmente, de santos populares, objeto de grande devoção, graças também às relíquias que os teriam mantido vivos em suas lembranças. Como relatado no assunto específico, a desconsagração de certas relíquias significa o reconhecimento, por parte da Igreja, de um falso testemunho de santidade, concedida a pessoas que não mereciam, ou, em outros casos, que até nunca existiram, sendo uma verdadeira empulhação aos fiéis. Contudo, muitos desses pseudossantos foram imortalizados pela pintura e escultura. Tiveram igrejas em sua homenagem, que mesmo depois não mudaram de nome. Isso tudo consiste em um fato grave, porque demonstra a permanência, no povo, do culto de certos santos que não o são, determinando a continuidade de um pecado milenar por parte da Igreja, na qualidade de falso testemunho. De fato, registra-se uma ostentação da santidade de certos não-santos com a celebração de atos religiosos que acontecem nas igrejas dedicadas a eles, e com a prática de um conjunto de orações específicas, tanto para eles quanto para suas relíquias. É o caso de Verônica, Januário e Pantaleão, lembrados no tópico que trata, justamente, das falsas relíquias. O mesmo vale para Eusébio, Cristóvão, Catarina de Alexandria, Margarida de Antioquia e Constância. Seria mais correto avisar aos fiéis, com um cartaz dentro das igrejas, que consagração é feita por tradição a certas pessoas, mas que não são mais reconhecidas como santos da Igreja.

Santa Verônica, em referência à falsa relíquia que a imortalizou, traz também o falso já no nome. De fato, ela não aparece nos quatro evangelhos e nem nos *Atos dos Apóstolos*. Segundo a abençoada tradição da Igreja, até 1969, era ligada à anônima hemorróissa*, da qual se fala no Evangelho de Lucas (8, 43-48). "Uma mulher que sofria de hemorragia há 12 anos e que ninguém conseguia curar", escreve o evangelista, "aproximou-se às costas de Jesus e lhe tocou a bainha da túnica e imediatamente o fluxo de sangue parou." Jesus disse: "Quem me tocou?" Enquanto todos negavam, Pedro respondeu: "Mestre, a multidão te toca e te esmaga por toda parte". Mas Jesus disse: "Alguém me tocou. Senti que uma força saiu de mim." Então a mulher, percebendo que não podia ficar escondida, veio à frente, tremendo e jogando-se aos seus pés, e declarou, diante de todo o povo, o motivo pelo qual o havia tocado e como tinha sido curada. Ele lhe disse: "Filha, a tua fé te salvou, vá em paz!". O episódio também é contado nos apócrifos *Atos de Pilatos* (cap. 7), aonde vem referido o nome grego da mulher, Berenike, que em latim se transforma mesmo em Verônica.

Dando um novo peso a essa figura, temos o bispo Eusébio de Cesareia (265-340), que na sua *História Eclesiástica* (VII, 18) diz que Berenike, nativa de Edessa, na Síria, viveu em Cesareia de Filipo, na Palestina, e que em testemunho disso existia, na frente da sua casa, um conjunto de bronze representando uma mulher de joelhos, com as mãos esticadas, na direção de um homem de pé, envolto em um manto, evidentemente, Jesus. Aos seus pés crescia uma planta de cujas folhas acreditava-se obter um remédio que servia para qualquer doença. A notícia é relatada também pelo escritor Sozomeno (primeira metade do século V), de cuja *História Eclesiástica* viríamos saber que a estátua fora roubada durante a perseguição de Juliano, o Apóstata (331-363).

À frente dessa notícia, quer a tradição que Verônica tenha feito os votos de sua vida para a difusão da palavra de Jesus, na Europa, nas vestes de um apóstolo feminino. Largando, não se sabe por quê, em Roma o véu que a teria deixado famosa e prosseguindo pela França, onde teria convertido os gauleses ao cristia-

*Mulher que sofre com fluxo de sangue constante.

nismo. Nesse ponto a tradição dá um reforço especial na sua vida, como esposa de Zaqueu, unida a ele na obra do apostolado e morta como eremita em Soulac, onde assume o nome francês de Venice ou Venisse. Proclamada santa padroeira da França, assim como dos mercadores de linho, dos fotógrafos e das lavadeiras, é lembrada pela Igreja oficialmente, no calendário litúrgico, em 12 de julho. Esse tem sido o modo oficial de autenticar a santidade de uma mulher que, na verdade, jamais existiu, reservando-lhe uma posição de destaque na basílica de São Pedro e imortalizando-a na estátua de Francesco Mochi, em 1632, para guardar o Santo Vulto.

Outro famoso santo cancelado foi Januário, cuja fama está relacionada à relíquia do seu sangue, em Nápoles. É o padroeiro da cidade que, na catedral dedicada a ele, guarda as relíquias e duas ampolas de sangue em um precioso relicário. Um museu especial com um enorme "tesouro", fruto dos ex-votos provenientes de papas e soberanos. O seu culto seria documentado pelos *Atos Bolonheses*, dos séculos VI-VII, e pelos *Atos Vaticanos*, dos séculos VIII-IX. Ricos de fatos aventureiros e fantásticos com outros personagens, demonstram o quanto de responsabilidade cabe à Igreja na exaltação do seu culto, sob bases fantasiosas.

Conta-se que Januário, bispo de Benevento, em 305, teria estado com o orador Desidério e o diácono Festo, em visita pastoral a Pozzuoli. Ali se juntaria a eles Sossio, o diácono de Miseno*, interceptado na estrada por ordem de Dragônzio, governador da Campânia. Januário, juntamente com Festo e Desidério, vai visitar o prisioneiro a fim de interceder junto a Dragônzio. Porém, como resposta, o governador condena todos os quatro a serem devorados pelos ursos no anfiteatro de Pozzuoli. No dia seguinte, por causa da amnésia do governador, a pena é suspensa, mas, em seguida, Dragônzio ordena que os quatro sejam decapitados. A condenação foi executada no Fórum Vulcani, atual cratera de Pozzuoli. A mesma sorte teve o diácono de Pozzuoli, Prócolo, dias depois, assim como Eustáquio e Acúrsio, dois leigos que ousaram criticar aquela sentença de morte. Pelos *Atos* viemos saber que no local do suplício ergueu-se uma igreja em homenagem ao martírio de todos eles. O corpo de Januário foi sepultado no Campo de Marte, talvez para identificar a zona de Fuorigrotta**. O bispo de Nápoles, Giovanni I, entre 413 e 431, transferiu as relíquias do santo para a parte inferior das catacumbas

*Cabo no litoral de Nápoles. (N. do T.)
**Região agrícola de Nápoles.

napolitanas de Capodimonte, que assumiu então o nome do santo e virou um centro de culto ativíssimo.

Os *Atos Vaticanos* trazem outras histórias que têm contribuído para mistificar a figura de Januário. Conta-se que o bispo teria estado com os seus companheiros em Nola*, onde o juiz Timóteo o teria torturado e o jogado em uma fornalha ardente. Porém, Januário teria saído ileso enquanto as chamas alcançavam os pagãos, responsáveis pela fornalha. Em seguida, Timóteo fica doente e Januário o teria curado, para depois o ingrato e traiçoeiro juiz arrastá-lo ao anfiteatro a fim de que fosse devorado pelas feras. Novamente, Januário teria se salvado da mesma forma como o profeta Daniel, para depois encontrar a morte pela decapitação.

O príncipe de Benevento, Sicone I, cercando Nápoles no ano 831, aproveita para se apossar dos restos de Januário e os leva para sua cidade, colocando-os na catedral, chamada agora de Santa Maria de Jerusalém, lá ficando até 1154, quando o normando Guilherme I, o Mau, toma a iniciativa de transferi-lo para a abadia de Montevergine. Mas lá a devoção dos fiéis é voltada, sobretudo, a São Guilherme. Já em Nápoles, o culto a São Januário é vivíssimo por conta da presença de suas relíquias: a cabeça e o sangue. E de onde vem o seu sangue?

Segundo a tradição, teria sido recolhido logo após a decapitação por uma certa Euzébia, que o colocou em duas ampolas, tornando-se um atributo iconográfico de São Januário. Todavia, a história de Euzébia é de origem recente. Aparece pela primeira vez em 1579, nas *Vidas dos Sete Santos Protetores de Nápoles*, do canônico napolitano Paolo Regio.

O primeiro relicário, em prata dourada, contendo a cabeça e as ampolas com o sangue do santo, remonta a Carlos II de Angió (1248-1309). Feita pelos mestres ourives franceses Stefano Godefroy, Guilherme de Verdelay e Milet d'Auxerre, a relíquia é exposta para veneração pública em 1305. Seu filho, Roberto de Angió (1278-1343), por sua vez, transporta a redoma de prata onde estão as duas ampolas, mas a lembrança da primeira liquefação do sangue é de 17 de agosto de 1389, durante uma procissão solene organizada por causa de uma grave carestia.

Em 1497, as relíquias foram transferidas de Montevergine, na catedral de Nápoles, graças aos esforços do arcebispo Alessandro Caraga e do irmão cardeal Oliviero, que manda construir, embaixo do altar-mor, a cripta chamada Capela do Succorpo. A Capela do Tesouro, ao contrário, foi erguida somente em 1646, fruto do

* Cidade da Campânia, no sul da Itália.

desejo dos napolitanos sobreviventes de uma terrível peste, que se abateu sobre Nápoles, entre 1526 e 1529.

Em 25 de fevereiro de 1964, o cardeal arcebispo Alfonso Castaldo executa o reconhecimento canônico das relíquias: os ossos foram encontrados, bem guardados em uma urna de forma oval que tem gravada a inscrição "*Corpus Sancti Jannuarii Ben. E.P.*". Um reconhecimento científico, realizado em 7 de março de 1965, pelo professor G. Lambertini, estabelece que o corpo ao qual pertencem os ossos é de um homem jovem (de idade aproximada dos 35 anos) e de estatura muito alta (1,90 m). Nenhuma inscrição o indica, no entanto, como pertencente a São Januário. Assim, seu culto foi suspenso em 1969, com o cancelamento no calendário litúrgico. Embora, considerando a sua popularidade e a fé dos napolitanos na liquefação do seu sangue, manteve-se o culto no âmbito do calendário local.

Outro santo ligado à relíquia de sangue, e como tal já citado no tópico relativo, é Pantaleão, que aqui vem sinalizado entre os excluídos do calendário porque foi reconhecido como não autêntico. Era considerado um mártir da perseguição de Diocleciano, em 305, em Nicomédia. O seu próprio nome grego é Pantaleimon, que significa "Todo compaixão" e foi esse nome que originou a lenda de sua vida. Dizia-se que era um médico que exercia a profissão sem pedir pagamentos. Como o seu sangue foi parar nas cidades italianas de Montauro, Vale de Lucânia e Martigniano, relatado no tópico das falsas relíquias, é um mistério. Ainda mais porque o Concílio Vaticano II não reconheceu sua santidade. Tudo isso não foi o bastante para cancelar a devoção popular a esse santo, que oficialmente nunca existiu. Na Sardenha, São Pantaleão é o nome de uma parte da cidade de Olbia, onde lhe dedicaram uma igreja, paróquia desde 1895. Anualmente, ocorre por lá uma festa de três dias, de 27 a 30 de julho, com espetáculos e danças. Há muito tempo São Pantaleão se transformou em um local de férias da elite, descoberto por artistas, influenciado pela fama internacional do vizinho Porto Cervo, bem no meio da mundana costa Esmeralda. Naturalmente, a Igreja se conteve para não excluir o nome de São Pantaleão como santo e menos ainda da parte de Olbia, para não criar problema à sua rica economia atual.

São cerca de 16 os santos que aparecem no *Calendário romano litúrgico*, sob o nome de Eusébio, que estão à frente de várias cidades italianas. Aquele venerado em Roma, e lembrado em 14 de agosto, foi cancelado em 1969. Trata-se de um presbítero que viveu no século IV e cujas histórias foram proferidas pelos específicos *Atos de Eusébio*. Conta que pregou publicamente contra o papa Libério (352-366) e fundou uma paróquia chamada pelo seu nome *Tytulus Eusebii*, na região de Ésquilo. Em sua homenagem, uma igreja foi construída por Honório III (1216-1227) na atual praça Vittorio Emanuele II, de onde sobressai o campanário. Por Gregório IX (1227-1241) o edifício recebeu uma arquitetura romântica no seu interior, enquanto a fachada foi edificada somente em 1771. Nesse meio tempo a igreja foi decorada com afrescos. Em torno da nave central vem representada, em 1759, a *Glória de Santo Eusébio*, por Anton Raphael Mengs, que entre os anjos imortalizou o rosto da sua amada. Podia ser um sinal da falsidade do santo glorificado, porém, ao contrário, foi preciso esperar mais de duzentos anos para que Eusébio fosse excluído e o Vaticano cancelasse o culto a ele dedicado, declarando falsos também os seus *Atos*. No entanto, não passou a dedicar a igreja a outro santo, até porque teria de retirar a sua glória paradisíaca do teto. Em 17 de janeiro, em frente a ela, realiza-se a bênção anual dos animais, desviada da igreja de Santo Antônio Abade, por motivos de tráfego.

Um santo muito amado pelo povo é Cristóvão, dito como mártir no *Martirológio* romano*, cujo culto de santificação foi atestado no fim do século V. Era um jovem bárbaro, de estirpe cananeia e cristão convertido, que se ocupava em atravessar um rio caudaloso, com os peregrinos nas costas, por puro espírito de caridade. Um dia, transporta um menino que se revela como sendo Jesus. É um santo popularíssimo e se mantém como tal mesmo após o seu cancelamento, no calendário litúrgico, em 1969. Em muitos lugares, também depois da Igreja ter negado a sua existência, continuaram a venerar o protetor dos motoristas e a ter uma imagem sua presa ao espelho retrovisor do carro ou impressa no chaveiro e adesivos com a invocação "Proteja-me!". De fato, mesmo diante do cancelamento, Cristóvão prossegue sendo festejado no dia 25 de julho em algumas localidades das quais é ainda padroeiro. São elas: Ozzano, na província de Bolonha; Recigliano, na província de Salerno, cujo brasão possui a efígie do santo; Montresta, na província de Oristano, com festas de 27 a 29 de abril. Além disso, Cristóvão é copatrono de Maruggio, na província de Taranto, junto com São João Batista e de Banchette, na província de Turim, junto a São Tiago. Mais árduo ainda é tentar retirar o seu patronato de Fubine, na província de Alessandria. Mantido vivo por um dito popular latino: "*Magno Fubinae gaudent honore Sancto Cristoforo Protectore*", ou seja, "Goza Fubine de uma grande honra, pois São Cristóvão é seu protetor".

* Lista dos mártires da Igreja Católica. (N. do T.)

E o que dizer de Catarina de Alexandria? Até 1966 era considerada, por tradição milenar, uma princesa egípcia, convertida ao cristianismo. Ao imperador Maximiliano, que lhe impõe cumprir sacrifícios aos ídolos pagãos, Catarina se contrapõe com a sua recusa, declarando estar disposta a defender sua fé diante de qualquer sábio. O soberano escolhe então cinquenta filósofos que não só ficam confusos ante a doutrina da jovem, mas que se convertem e sofrem a condenação à morte. Catarina é enviada a uma prisão e deixada sem comida para que morra de fome. Porém, ela se salva, nutrida milagrosamente por um pombo. Igualmente inútil é a tentativa de esmagá-la em uma roda dentada, pois os pregos se arredondam ao tocar a pele macia da mártir. Por fim, vem a ser decapitada e levada por um anjo ao monte Sinai, onde deixa o seu corpo.

Nada há de verdadeiro nessa história fascinante, embora mantida viva pela presença de relíquias da santa em um monastério ortodoxo no monte Sinai. Em Roma, permanece sempre muito popular, como indica a presença do seu nome em diversos provérbios meteorológicos: "Por Santa Catarina neve na espinha[*]", "Por Santa Catarina um passo de galinha[**]" e por fim "O mesmo tempo que fizer no dia de Santa Catarina fará no dia de Natal[***]". O 25 de novembro, *dies natalis* da santa, era também o dia em que os flautistas chegavam à cidade. Os romanos o consideravam o início oficial do inverno. Começavam a preparar a casa para uma nova e longa estação fria e para a festa que já estava próxima. Em Roma, no ano 1544, foi consagrada a igreja de Santa Catarina dos Funari[****], cuja capela maior contém a representação do martírio e da sua glorificação. Realizada por Livio Agresti, a obra é acompanhada por outra, de Federico Zuccari, que representa a vida da santa nas quatro paredes laterais.

Evidentemente, tudo vai ser considerado falso, mas é óbvio que, para quem se põe a rezar nessa igreja, o pensamento corre, automaticamente, para certas imagens. Esplêndidas representações da ex-mártir podem ser admiradas também na basílica de São Clemente. Numa delas, a jovem está representada no momento em que argumenta sobre as verdades cristãs na presença dos sábios escolhidos pelo imperador Maximiliano. Seus dedos se curvam um após o outro para enumerar a verdade da fé, mas, segundo uma antiga tradição popular ro-

---

[*] *Pe' santa Caterina la neve su la spina.* O frio do inverno se aproxima. (N. do T.)

[**] *Pe' santa Caterina un passo di gallina.* Indica um fragmento mínimo de tempo. (N. do T.)

[***] *Er medesimo giorno Che fa er giorno de santa Caterina lo fa er giorno di Natale.*

[****] Funari eram os fabricantes de cordas. (N. do T.)

mana, com esse gesto Catarina não faz outra coisa além de contar os dias que separam o seu aniversário do Natal. É a imagem que se encontra imortalizada também por Pinturicchio, nos quartos do apartamento Bórgia, no Vaticano. Tudo falso e a Igreja é a culpada por ter aproveitado certas representações da sua santidade, alimentando o culto popular.

É de se considerar mesmo um horror o atestado de santidade dado à Constância (cerca de 318-354), a filha de Constantino, o Grande, esposa do primo Annibaliano, e depois de Gallo, o meio-irmão de Juliano, o Apóstata. Não é certo que fosse cristã, mas ariana e, portanto, herege. Vem descrita por Marcelino como uma fúria em carne e osso, uma mulher que provocava a violência do marido Annibaliano. Apesar desse juízo negativo, o seu estado de santidade é exaltado nos *Atos de Santa Inês*, até ter sido imortalizada no chamado Mausoléu de Santa Constância, na via Nomentana, em Roma, anexo à basílica de Santa Inês, hoje uma paróquia. Foi justamente Constância quem mandou construir esse anexo. Serviu como tumba para o pai, a irmã Helena e para ela mesma. Parecia mesmo grande devota da Santa Inês. Em 17 de março de 1256, Alexandre IV consagrou o altar, recolocando nele algumas relíquias em uma laje de mármore: cabelos da Virgem, partes das vestes de Jesus e os restos dos santos Saturnino e Sisinio. Todas essas relíquias, até então não reconhecidas, contribuíram para desfazer o estado de santidade da titular. A decoração não possui um tom propriamente cristão. Tem motivos florais intervalados por cupidos e bichinhos de gosto pagão. Entre os desenhos, sobressaem-se duas figuras, representando Constância e Annibaliano. Ao contrário, quem tem um caráter mais sagrado são os mosaicos das duas abóbadas laterais, com a *Entrega das Chaves* e o *Redentor que dá o Evangelho*, enquanto no nicho da frente se encontra um sarcófago. Cópia do original em pórfiro que está nos Museus Vaticanos. No entanto, os registros da cidade romana dedicaram o nome dela à igreja, tanto assim que ocorrem também as denominações de praça e via de Santa Constância. Isso deu muito mais do que a fama de santidade para uma mulher que não pôde ser excluída do calendário litúrgico, em 1969. Teria bastado que aquela igreja fosse reconhecida pelo Vaticano como um mausoléu, eliminando a qualificação de santa à sua candidata e, então, excluindo-a do calendário e avisando aos fiéis e aos não fiéis. Como isso não aconteceu, o mausoléu foi indicado como "lugar intermediário de culto" da paróquia de Santa Inês. Constância continua assim a ser considerada, popularmente, uma santa.

Outra santa depenada de notoriedade é Margarida de Antioquia. Segundo a *Paixão* de um grego chamado Teotimo, nasce em 275, filha de um sacerdote pagão, cuja mãe morreu no parto. Foi dada a uma ama de leite, pastora, secretamente cristã, que educa a menina na sua religião. Quando é retomada pelo pai, a jovem revela a sua fé cristã e o pai a expulsa. Por conta disso, Margarida volta para sua ama de leite, que a adota e a conduz ao rebanho do pastor. Enquanto pastoreia, é notada pelo prefeito Olário, que tenta seduzi-la, mas ela o rejeita em nome da sua fé cristã. Com raiva, o prefeito a denuncia como cristã e assim Margarida termina na prisão. Lá, dizem, ter-lhe-ia aparecido o demônio em forma de dragão que a engole. Mas, armada com uma cruz, Margarida lhe rasga a barriga e sai viva. Processada por ser cristã, durante o seu interrogatório, uma pomba aparece e deposita sobre sua cabeça uma coroa. Porém, esse fato não impede que o júri a condene a vários suplícios. Tendo resistido, acaba sendo decapitada em 20 de julho de 290, com 15 anos de idade. No século X, um certo Agostino di Pavia furta o seu corpo para levá-lo à sua própria cidade. Porém, quando chega em Montefiascone, morre, deixando a relíquia naquele lugar. No entanto, são inúmeras as cidades italianas e francesas que exaltam as suas relíquias.

A sua santidade foi cancelada em 1969. De nada valeu a pena a existência de uma declaração de Joana D'Arc afirmando que, entre as "vozes" celestiais que ouvia, estava a de Margarida, junto àquela do arcanjo Miguel e de santa Catarina de Alexandria. E mesmo diante do fato que, junto aos excluídos Cristóvão, Pantaleão e Catarina de Alexandria, fosse contada entre os 14 "santos auxiliares", os quais seriam invocados nos momentos difíceis, legitimados por Nicolau com indulgências especiais. Os outros eram: Acácio, contra a enxaqueca; Bárbara, contra os relâmpagos, a febre e a morte; Brás, contra a dor de garganta; Ciríaco, contra as obsessões diabólicas; Dionísio, contra a dor de cabeça; Egídio, contra o pânico e a loucura; Erasmo, contra as dores abdominais; Eustáquio, contra os perigos do fogo; Jorge, contra as infecções de pele; e Vítor, contra a hidrofobia e a epilepsia. Todo o grupo foi depenado. E pensar que Andrea del Sarto imortalizou Margarida de Antioquia na catedral de Pisa; no bairro de Trastevere, em Roma, ainda há uma igreja dedicada a ela. Consequentemente, há quem ore por ela, até por desconhecer a sua exclusão.

A condenação da Maçonaria

A partir de 1738, ano de publicação da carta apostólica *In eminenti apostolatus specula*, do papa Clemente XII, a Santa Sé condenou a Maçonaria ou as "sociedades dos Pedreiros Livres ou ainda Francs Maçons ou outras denominações", reconhecendo-a como contrária a Deus e à Igreja, através de uma regra precisa: "Proibimos a todos e a cada fiel de qualquer estado, grau, condição, ordenação, nobreza ou superioridade, sejam Leigos ou Clérigos, Seculares ou Regulares... de se inscreverem e se agregarem a essa... sob pena de excomunhão a todos os contraventores." A excomunhão foi confirmada em 1751, com a constituição apostólica *Providas Romanorum Pontificum* de Bento XIV e, em 1884, com a encíclica *Humanum genus* de Leão XIII. Além disso, o cânone 2335, do *Código de Direito Canônico*, confirma a posição da Igreja contra a Maçonaria. E mais, em 19 de julho de 1974, a Congregação para a Doutrina da Fé, dirigida pelo prefeito Franjo Seper, confirma que o cânone 2335 estará sempre em vigor. E ainda é preciso considerar que estamos diante de um falso testemunho.

Em 12 de setembro de 1978, pouco depois do início do breve pontificado do papa João Paulo I [3 a 28 de setembro de 1978], na revista O.P. [*Osservatore Politico*], do jornalista Mino Pecorelli, afiliado à loja maçônica P2, aparece uma lista [reproduzida integralmente no apêndice deste livro] de 112 pressupostos "maçons vaticanos". Estamos lidando com cardeais, bispos, prelados, sacerdotes, professores de academias pontifícias e empregados da Santa Sé, sinalizados com suas siglas de afiliados e o ano de inscrição. A começar pelo presidente do IOR [Instituto para Obras Religiosas], Paul Marcinkus [inscrito em 21 de agosto de 1967, matrícula 43/649]. Ao seu lado distinguem-se os cardeais Jean-Marie Villot, secretário de Estado da Santa Sé [inscrito em 1966, matrícula 041/3] e Agostino Casaroli, ministro do Exterior da Santa Sé [inscrito em 1957, matrícula 41/076]; padre Roberto Tucci, diretor da Rádio Vaticana [inscrito em 1957, matrícula 42/58] e monsenhor Virgílio Levi, vice-diretor do jornal *Osservatore Romano* [inscrito em 1958, matrícula 241/3], Donato De Bonis, braço direito de Marcinkus [inscrito em 1968, matrícula 321/02] e Pio Laghi, núncio apostólico na Argentina [inscrito em 1969, matrícula 0/538]; além de ninguém menos que o padre Giovanni Caprile [inscrito em 1957, matrícula 21/014], diretor da revista *Civiltà Cattolica*. Muito particularmente no Vaticano se confrontam duas facções: uma maçônica moderada, denominada "Máfia de Faenza", na chefia de Agostino Casaroli, Achille Silvestrini e Pio Laghi; a outra, integralista, sob o comando de Paul Marcinkus e monsenhor Luigi Cheli, membros da Opus Dei. De fato, o elemento católico de ligação com a Maçonaria é a Opus Dei, que, apesar de todo o seu empenho para elevar-se à religião, revela-se na verdade uma seita.

Poderia se esperar um desmentido por parte do Vaticano, do contrário aos maçons do Vaticano deveria abater-se a excomunhão. Mas nenhuma das duas coisas se verifica. Apenas no apêndice da edição italiana do livro *Maçonaria e Igreja Católica*, de José A. Ferrer Benimeli e Giovani Caprile, publicado em 1982, é o próprio padre Caprile, certamente por ser filiado à Maçonaria, quem declara que a lista é "compilada e publicada com grosseira falsificação". Dessa forma, tirando proveito do fato dele mesmo estar indicado como "diretor da *Civiltà Cattolica*", enquanto insiste em dizer que é somente um colaborador. Obviamente não se pode dar como suficiente a sua declaração para que se considere aquela lista falsa. Em todo caso, a difamação da Santa Sé será vingada com o assassinato de Peccorelli, em 20 de março de 1979.

Tudo isso é uma prova clara de que a condenação da Maçonaria pela Santa Sé é um falso testemunho. Nenhuma excomunhão aconteceu por isso. De qualquer modo, essa constatação vem de encontro ao que declarou o novo prefeito da Congregação para a Doutrina da Fé, Joseph Ratzinger, que no dia 17 de fevereiro de 1981 reiterou a validade da excomunhão aos pertencentes à Maçonaria. Enquanto isso, a infame lista foi confirmada em 11 de junho do mesmo ano, pela agência de Peccorelli, "com informações grosseiramente inventadas", sempre segundo o padre Giovanni Caprile.

No outono de 1983, no Vaticano, a Maçonaria ainda estava sob processo, dela novamente se ocupando a Congregação pela Doutrina da Fé, outra vez com uma nota de Joseph Ratzinger, no dia 26 de novembro, que não fala, porém, de excomunhão, mas de "pecado grave" e também da proibição de receber os sacramentos. O insólito vem confirmado pelo *Novo Código de Direito Canônico*, anunciado no dia seguinte por João Paulo II. Fortalecido, o Grande Oriente da Itália do Palácio Giustiniani enviará a Karol Wojtyla a honra da Ordem de Galileu; é muito, e o papa a rejeitará.

De qualquer forma, a lista dos "maçons vaticanos" jamais foi desmentida, nem os tais foram excomungados. Portanto, concluímos novamente que a condenação à Maçonaria, por parte da Igreja, deve ser considerada um falso testemunho, por não estar sendo aplicada.

A Missio sui iuris das Ilhas Cayman

A *Missio sui iuris** das Ilhas Cayman recai, segundo a denominação dada pela Santa Sé, entre as circunscrições eclesiásticas nos territórios de missões. É um falso testemunho, porque não é de fato uma *missio*, mas o depósito final de todas as finanças da Santa Sé. É dirigida pelo cardeal Adam Joseph Maida, arcebispo de Detroit, não menos que um membro do IOR, com a qualificação de superior. Como tal, destina-se a um autêntico depósito das finanças pontifícias, centro financeiro *offshore*. A sede fica em Walkers Road, Grand Cayman, 1102 (fone 345.949-6797; fax 345.945-2594; e-mail *ignatius@candwy*). É comprovado que ali residem um só sacerdote, um só diácono e três homens, membros de três institutos religiosos. Para os 5.541 católicos (dos 52.465 habitantes), não existe uma igreja paroquial, mas unicamente os lugares para culto dos três institutos. Pode-se dizer que os imóveis não têm uma estrutura predominantemente eclesiástica, mas é de se imaginar que seja um tipo de Fort Knox. É um lugar onde os missionários não conseguem criar seguidores e tampouco estão interessados nessa tarefa. Estão empenhados somente na tutela do dinheiro. A essa *missio* faz-se referência também no capítulo dedicado ao pecado da *Avareza* (v.).

---

*Tipo raro de missão autônoma, em área com poucos católicos. (N. do T.)

AVAREZA

A *Avareza*, no sentido de ganância e desejo de possuir, é um dos sete pecados capitais de antiga tradição da Santa Sé. Identifica a desenfreada ambição expressa pelo poder terreno e encontra correspondência na *Riqueza Superior*, que a Santa Sé, na atualização da sua ética cristã, classificou como um dos sete pecados capitais do terceiro milênio. A avareza é o pecado cometido desde a origem da Igreja, que, bem prometida a Deus na sua formação, desobedece ao aviso de Jesus: "Não podeis servir a Deus e ao Dinheiro*". Esse comportamento, segundo a afirmação de Jesus, "Quão dificilmente entrarão no reino de Deus os que têm riquezas" (Marcos 10, 23), é, portanto, causa de desgraça espiritual.

A avareza é o símbolo de uma cadeia de pecados que identifica a riqueza como objeto de culto e desejo insaciável. Por conta dela, criou-se na Igreja uma *administração financeira*, terrena, contrária àquela totalmente espiritual da comunidade concebida por Jesus. Ele ordenou aos apóstolos "que nada tomassem para o caminho, senão somente um bastão; nem alforje, nem pão, nem dinheiro no cinto; mas que calçassem sandálias, e que não vestissem duas túnicas", como se lê no Evangelho de Marcos (6, 8-9).

Na história da Igreja, o amor pela riqueza envolve os eclesiásticos em vários níveis e em grande número, como denuncia Dante no seu *Inferno* (VII, 46-48):

> Os que então de cabelos despojados
> Clérigos, papas, cardeais hão sido,
> Pela nímia avareza subjugados.

---

*A Mamon, no original, o deus pagão do dinheiro. (N. do T.)

Além disso, para se manter e enriquecer, a Igreja utilizou meios contrários à moral cristã. Pecou por tráfico: aquisição e venda de encargos civis da Santa Sé, não somente com Casas de Crédito e Penhor, mas também com venda de moedas e selo. Pecou por simonia: aquisição e venda de nomeações eclesiásticas de monsenhor, bispo, cardeal e da própria eleição papal; das indulgências e bençãos; de imagens e símbolos sagrados.

No meio entre tráfico e simonia está o pagamento de sacramentos como a cerimônia de matrimônio e sua anulação, bem como os funerais. Ainda há a gestão lucrativa do jogo de azar da Loto, condenado como "diabólico" em tantas bulas, mas depois adotado.

Esses comportamentos pecaminosos favoreceram o desenvolvimento do *Nepotismo*, aquela prática colocada em ato, pelos papas, desde a Idade Média a fim de favorecer os parentes, concedendo-lhes renda, título eclesiástico e bens terrenos. O fenômeno é visto na própria soberania do pontífice e na sua evolução histórica. Passa pela ditadura de famílias com sobrenomes importantes, mas se aplica também a todos os privilégios concedidos na forma de clientelismo aos prelados e membros de ordens religiosas. Também se beneficiam os comerciantes, banqueiros, economistas, representantes de associações políticas e espirituais secretas, seitas como a Camorra, a Máfia e a Maçonaria, na qual estão afiliados vários representantes do Vaticano (v. *Falso Testemunho*), apesar do seu caráter anticatólico.

Para favorecer o nepotismo, a Igreja chega a se apropriar de bens alheios, ou seja, comete *latrocínio* e pratica *fraude.* Somam-se a isso os ilícitos tráficos bancários, com bastante *usura*. Pecados a ser considerados como parte da avareza. Todos à frente na fundação de lugares de custódia do dinheiro, que vão desde o *Vestiarium* à Câmara Apostólica, até os verdadeiros e próprios bancos e relativo centro financeiro *offshore* (v. também *Falso Testemunho*). Fonte de lavagem de dinheiro à sombra da sociedade, com a constituição de um enorme patrimônio imobiliário. Nele estão incluídos palácios, casas de amparo, hotéis, igrejas que ampliaram enormemente o Estado da Cidade do Vaticano, em Roma e na Itália, de um modo geral, e sobre os quais a Igreja não paga impostos. A Santa Sé falha em outros dois mandamentos, como o *X — Não cobiçar as coisas alheias*, que é o ponto de partida da avareza, e o *VII — Não roubar*, que, ao contrário, está no topo dos pecados praticados.

De qualquer modo, o Vaticano chegou a se justificar por sua riqueza, creditando, descaradamente, a Jesus e aos apóstolos a possessão dos bens na bula *Cum inter nonnullos*, emitida em 2 de novembro de 1323 por João XXII, o papa "banqueiro" de Avignon. A bula faz referência ao citado no Evangelho de João [13,29], onde Judas está indicado como aquele que tem um "fundo comum", com o qual se compra a comida e se administra as oferendas e esmolas. Isso justificaria a posse de qualquer bem por parte de Jesus e dos apóstolos. Ao mesmo tempo, a bula, que por outro lado nunca foi revogada pelos papas sucessivos, condena como heresia a afirmação de que Jesus e seus apóstolos foram pobres. Condenação que é dada em particular aos Franciscanos, voltados à pobreza pregada por Jesus e pelos apóstolos.

A riqueza excessiva da primitiva Igreja de Roma

A riqueza é uma condição constante da Igreja. A ética apostólica requer a posse de bens com o objetivo do cumprimento das obras de caridade, mas, na verdade, desde as origens, a Santa Sé acumula dinheiro, fruto das doações e propriedades, e permite que este seja desperdiçado por papas perdulários e em obras de duvidosas utilidades. É um pecado que vimos ser praticado na primitiva comunidade de Roma, cujas propriedades, ignoradas pelo governo imperial até o ano 313, se acumulam com objetivo de construir uma espécie de comunismo cristão. À frente disso estavam as igrejas subterrâneas, estabelecidas nas terras doadas pelos ricos romanos convertidos, especialmente mulheres. São os chamados *títulos* concedidos aos presbíteros, com a ajuda de diáconos e subdiáconos. Esses, por sua vez, recolhem nas humildes igrejas as ofertas em dinheiro que deviam servir como doações em favor dos pobres, viúvas e órfãos da comunidade, como sinal de amor ao próximo, ensinado por Jesus. No entanto, o afluxo abundante de dinheiro provoca a ganância dos diáconos, muitos dos quais se arriscam. É ao pecado de uma riqueza exagerada que se refere Hermes, irmão do bispo de Roma, Pio I [144-155], em seu tratado *O Pastor*. Ele conclama os irmãos de fé a colocarem um freio no relaxamento dos costumes. Em particular, refere-se "àqueles que ocupam os primeiros lugares" na contravenção, que são os "envenenadores", ou seja, pessoas da classe sacerdotal que mostram um desvio da pureza originária, gozando de uma condição de riqueza que, inevitavelmente, favorece o mau costume.

São Cipriano, com o seu testemunho, nos oferece uma imagem escandalosa da comunidade na época do bispo Fabiano [236-250]: "Todos estavam tentados a acumular bens; esqueça o que os cristãos fizeram no tempo dos apóstolos e aquilo que eles deveriam, realmente, fazer; ardiam de um desejo insaciável de riqueza e pensavam somente em juntar dinheiro".

Com a publicação do Edito de Milão, em 313, que instaura a liberdade de qualquer culto religioso, a comunidade de Roma se expõe definindo-se como Igreja reconhecida pelo Estado. O imperador Constantino de fato presenteia o bispo Melquíades com a *Domus Faustae in Laterano*, primeiro edifício do Patriarcado Lateranense, ou seja, a residência do bispo de Roma, qualificado como "patriarca" da Igreja do Ocidente. Logo em seguida, são construídas as estruturas iniciais da basílica lateranense, para as quais a *Doação de Constantino* indica que o imperador teria "levado nas costas, para a sua fundação, 12 caixas de terra, segundo o número dos apóstolos". Por parte do imperador chegam, sucessivamente, grandes doações e ofertas em dinheiro para Silvestre I [315-355], assim como a primeira estrutura das basílicas de São Pedro e São Paulo.

No *Liber Pontificalis* está relatada uma longa lista de altares, relicários e vasos, com procurações de rendas fundiárias às três basílicas, avaliadas em 13 mil denários de ouro por cada edifício sagrado. Algumas dessas propriedades são até "ultramarinas", ou seja, além do Mediterrâneo, sendo assim distribuídas: Antioquia, Alexandria e ao longo do Eufrates para São Pedro; o Egito, Tiro e Tarso, para São Paulo. Há também doações de territórios e dinheiro por parte de grandes personalidades do império. Por conta disso, para gerir os frutos de certas doações, foi criado o *Vestiarium*, termo que parece aludir a um guarda-roupa, mas que constitui a forma mais antiga de "custódia do dinheiro", um tipo de caixa-forte.

O afluxo de dinheiro nas caixas da Igreja impulsiona o bispo a instituir uma máquina administrativa, nos moldes daquela do Império Romano, chamada *Fiscus*. Era da responsabilidade dos presbíteros alocados na diocese, ou mesmo dos cardeais responsáveis pelas basílicas, fazer chegar o dinheiro ao bispo. Essa administração tem um percurso fechado, ficando bem diferente daquela governamental do imperador e sendo a base da concessão terrena das propriedades da Igreja. Portanto, tornar-se bispo de Roma significa possuir aquele dinheiro, ou seja, ser rico. Assim nascem os contrastes entre bispos, presbíteros, diáconos e representantes da aristocracia e da corte imperial, que travam uma verdadeira luta para levar, ao trono pontífice, um homem de confiança.

É o que se verifica em 366, com a morte do bispo Libério. Duas facções distintas elegem, ao mesmo tempo, o próprio bispo, nas pessoas de Ursino e Damásio, confrontando-se em uma batalha na basílica de Santa Maria *ad Nivem*, da qual surgiu Santa Maria Maggiore. A vitória de Damásio (366-384) deixa por terra 137 mortos. Esse foi o primeiro caso de uma eleição papal comandada, evidentemente, pelo tráfico, finalizada com a conquista do trono no aspecto material da sua soberania (v. *Tráfico e simonia na eleições pontifícias*). "Não há do que se admirar", comenta o historiador Ammiano Marcellino, "que um prêmio assim fraudulento acenda o desejo de homens maliciosos e determine as lutas mais ferozes e obstinadas. Uma vez conseguido o posto de bispo, goze-se em santa paz a fortuna assegurada pelas doações das matronas, e participe-se de banquetes com um luxo que supera ao da mesa imperial."

É uma autêntica "Dolce Vita" do século IV. Confirma São Jerônimo, secretário de Damásio e revisor do texto, em latim, da Bíblia que denuncia sem meias palavras a degeneração dos costumes eclesiásticos: "Há alguns que se fazem consagrar diáconos e padres somente para visitar, livremente, as mulheres." São Jerônimo se refere sempre à tentativa feita por Damásio de converter o prefeito de Roma, Pretestato, que lhe responde: "Sem dúvida, mas quero ser escolhido bispo de Roma!" Em todo caso, a riqueza da Igreja é uma das causas determinantes da luta pela conquista do trono papal e da consequente criação dos antipapas e dos cismas, que serão examinadas no capítulo dedicado ao pecado da *Soberba* (v.).

O nepotismo das origens à Idade Média

O nepotismo é a prática pecaminosa de favorecer parentes do papa com a concessão gratuita de títulos eclesiásticos, propriedades, renda e encargos remunerados, constituindo senhores e donos dos territórios da Santa Sé ou ligados a eles. A primeira tentativa de atuação em algo semelhante remete ao bispo Símaco (498-514), que, no concílio de São Pedro, em 1º de março de 499, divulga um decreto que permite a um papa eleger o seu sucessor, provavelmente, um parente. Mas não passa de uma tentativa, porque os presbíteros honestos o convencem a anular tal decreto. É, porém, um sinal de uma mentalidade difusa, desde os primeiros tempos, aquela de conceder o trono papal como propriedade de família, tanto que o decreto vem a ser emitido, novamente, em 532, pelo bispo Bonifácio II

(53-532). Roma estava sob domínio dos godos, mas, de novo, os honestos presbíteros reagiram e o decreto foi queimado.

A partir de 752 o nepotismo toma pé, com o pontificado de três papas: Estêvão II (752-757), considerado um grande estrategista político por meio da transcrição do *Constitutum Constantini* e pela redação da *Promessa de Doação de Pepino* — atos fundamentais para a formação do Estado da Igreja —, seu irmão Paulo I (757-767), que consolida o laço com Pepino, e Estêvão III (768-772), sobrinho dos dois anteriores. Esse último autoriza o espancamento e a cegueira do antipapa Constantino e, sobretudo, aprova o repúdio da Lombardia, tão desejada por Carlos Magno. Tal ação permitirá ao rei franco guerrear contra os lombardos e definir o Estado Pontifício. Na perspectiva da sua constituição, o nepotismo se afirma como um fenômeno inverso à própria soberania do papa, pois nasce do predomínio de uma família, sob o trono pontifício, em um autêntico regime oligárquico e aristocrático. Apoia sua afirmação na base de uma aliança com os francos e, portanto, com o futuro imperador Carlos Magno. É o que se verifica com Adriano I (772-795), o precursor do nepotismo medieval. Na verdade, é a sua família, proprietária de um palácio na via Lata, em Roma, e de inúmeros bens terrenos, que realiza a eleição do próprio representante. Adriano, por consequência, enriquece os seus parentes com os mais importantes serviços de Estado, nomeando-os aos cargos mais altos da Igreja. O tio Teodato, já cônsul e duque, se transforma em *primicerius**, enquanto os sobrinhos Teodoro e Pasquale são nomeados *iudices*, ou seja, "ministros do palácio", superintendentes da *Camera Domini Papae*. Além disso, Adriano concede Capracorum, uma *domus culta* localizada no território de Veio, à própria família.

Ao final do século IX, o nepotismo amadurece com o triunfo dos Spoletini, sob a liderança de uma mulher, Ageltrude, a primeira das "putas desavergonhadas" daquele tempo, conforme a denominação dada pelo bispo Liutprando de Cremona às nobres damas do poder medieval. O seu nome está ligado ao famoso "processo do cadáver" ou "processo do papa morto", Formoso (891-898), culpado por não ter coroado o imperador Lamberto, filho de Ageltrude. O processo imposto a Estêvão VI (896-897), conseguido por ela que fosse eleito, é uma prova de como os cardeais, bispos e dignitários eclesiásticos da cúria romana, como juízes do papa, tinham se submetido a Ageltrude.

---

*Termo eclesiástico dado aos chefes dos colégios, um posto importante na administração da Igreja romana. (N. do T.)

Após os Spoletini, a partir do século X, sucedem no controle os condes de Túsculo, com a liderança do chefe de família Teofilatto, no papel de senador, duque e *magister militum**. Também acumulava o título de *sacri palatii vestararius*, ou seja, administrador no posto de um cardeal. Ao seu lado a esposa Teodora, como senadora e *vestarissa***, também dedicada às finanças, em uma verdadeira depredação da Câmara do Tesouro do papa, localizada no palácio de Latrão, com cofres e baús. Ela é a nova "puta desavergonhada", verdadeira dominadora da cúria que eleva sua filha Marozia à amante do próximo papa, Sérgio III (904-911). Ao nepotismo se aproxima então o pecado da *Luxúria* (v.). Marozia, também uma "puta desavergonhada", transforma-se em uma autêntica dominadora do trono pontifício. Apropria-se tanto do poder político e financeiro da Igreja de Roma que chegou a ser chamada de *papisa* pelo povo. A Igreja atravessa um período de anarquia com a eleição papal do filho de Marozia e Sérgio III, João XI (931-935). Anarquia esta que se prolonga de 932 a 954 com outro filho de Marozia, Alberico II, o qual, na função de *vestararius* e príncipe de Roma, governa ao mesmo tempo que outros papas-fantoches até o advento ao trono papal do próprio filho Otaviano, com o nome de João XII (954-964). Esse último era príncipe e papa, sem jamais ter sido presbítero e cardeal. É a exaltação sem limites do nepotismo e da indecência da Igreja de Roma (v. *Apêndice*).

Passado o ano 1000, voltam à ribalta os condes de Túsculo, que consideram o trono papal propriedade da família. É o que concretizam, em 1012, com Teofilato, filho do conde Gregório e irmão de Romano, consagrado com o nome de Bento VIII (1012-1024). Isso depois de um vitorioso confronto armado com os Crescenzi, que tinham se preparado para investir em Gregório, destinando-o ao papel de antipapa, todavia, sem sucesso. Então, o conde Gregório se autodenomina prefeito naval e o irmão Romano é eleito cônsul e senador de Roma. Com a morte de Bento VIII, é a vez do irmão Romano que, eleito com votos comprados e extorquidos, tendo recebido ou não as ordens sacras, é consagrado papa com o nome de João XIX (1024-1032), mas mantendo o cargo de senador, enquanto o irmão Alberico tem o título de cônsul.

E continua. Após a morte de João XIX, em 1032, o novo chefe de família dos condes de Túsculo, Alberico III, corrompe os eclesiásticos da Santa Câmara e con-

---

* O equivalente ao comandante em chefe militar do Império. (N. do T.)

** Vestarissa (fem) / vestararius (masc), controlavam o vestiarium (v. nota anterior). (N. do T.)

segue eleger seu filho, Teofilatto, com o nome de Bento IX [1032-1044], enquanto o outro filho, Gregório, é eleito senador. Entre o final de 1044 e o início do ano seguinte, uma revolta popular, guiada pelos Crescenzi, cassa João XIX de Roma, substituindo-o por Silvestre III. Esse fica no trono somente 22 dias. É deposto pelos condes de Túsculo, que retornam de surpresa a Grottaferrata* e reassentam Bento IX, que, em 10 de abril de 1045, dá início ao segundo pontificado. Porém, após apenas 21 dias, Bento IX abdica e vende o seu trono ao arcipreste** Giovanni Graziano, que assume como papa com o nome de Gregório VI [1045-1046]. Todavia, a aventura pontifícia de Bento IX não acaba aqui. Em outubro de 1047, com a morte de Clemente II [1046-1047], sucessor de Gregório VI, corre com os seus familiares para Roma e reconquista o trono papal pela terceira vez. Depois de um ano, no entanto, acaba cassado pelo imperador Henrique III e se retira no monastério de Grottaferrata, em Frascati. É preciso destacar que Bento IX ainda hoje é oficialmente reconhecido três vezes papa, no Anuário Pontifício, comandado pela Secretaria do Vaticano.

Na metade do século XII, o nepotismo entra "legalmente" na estrutura administrativa da Santa Sé, com o nascimento da Câmara Apostólica, guiada pelo *camerarius*, ou seja, o cardeal camerlengo, com funções de tesoureiro. Obviamente, o encargo é assumido por um familiar do papa e, para ajudar o camerlengo, são nomeados os clérigos de câmara, que atuam como subsecretários. São eles: o vice-camerlengo, que geralmente também é governador de Roma; os ouvidores, para as dúvidas diversas; e em seguida o tesoureiro geral, que controla as entradas e saídas. Um autêntico Ministério da Fazenda. São, em grande parte, familiares do papa que criam uma organização nepotista de controle do trono.

O fenômeno do nepotismo se faz mais evidente com a formação do conclave, para a eleição do papa, em Viterbo, entre 1268 e 1271. Na ocasião, é instituído o cargo de marechal da Santa Igreja Romana, o guardião do conclave que tem o dever de vigiar a clausura dos cardeais. A tarefa oficial é confiada ao chefe de família dos Savelli, que dispõe de um batalhão de mercenários admitidos pessoalmente. Dessa forma, os Savelli aumentam o seu prestígio sobre as outras famílias aristocratas, mantendo-se no posto até 1652, quando são substituídos pelos Chigi. Além disso, aos Savelli é concedida também a jurisdição criminal de Roma, no pa-

*É uma sé da Igreja Católica. [N. do T.]

**Na antiga legislação eclesiástica, assistente ou substituto do bispo. [N. do T.]

lácio da família, chamado Corte Savella, localizado na via Monserrato. Isso com muita vantagem financeira para a manutenção das prisões, anexas ao tribunal. Elas foram mantidas até 1637, quando eles venderam seu feudo aos Borghese.

Com a criação da Câmara Apostólica, a influência da família aristocrata ligada ao papa reinante se faz sempre mais forte, provocando guerras civis entre Orsini e Colonna, Savelli e Caetani, bem como entre famílias próximas aos soberanos da França, Inglaterra e Alemanha. Essas famílias, parentes distantes dos Crescenzi e dos condes de Túsculo, também exercitam a sua influência entre os cardeais, autênticos "príncipes" da Igreja, substituindo definitivamente os simples bispos na função colegial do governo, em torno do papa, no vértice da hierarquia da Igreja. Entre as famílias romanas, porém, se inseriam os Angioni, de Nápoles, tendo o seu peso político com Carlos I, de Angió. Feudatário pontifício como rei de Nápoles e Sicília, que sob Gregório X [127-1276] assume o cargo de senador, absorvendo os benefícios eclesiásticos. Mas, em defesa de uma autonomia "romana" da Igreja, o papa seguinte, Nicolau III [1277-1280], cujo nome de batismo era Giovanni Gaetano Orsini, promulga a constituição *Fundamenta militantis ecclesiae*. Ela define o vértice da estrutura política do Estado Pontifício, em grande parte destinada a ficar eternamente em função da hierarquia de uma família patriarcal, ramificada desde o soberano pontífice aos cardeais em uma filiação direta do nepotismo para um definitivo enriquecimento dos parentes do papa.

De fato, Nicolau III, após ter nomeado cardeal o seu tio Matteo, beneficia os parentes na mesma função de chefes de governo de território. Como no caso da Romanha, com a nomeação dos sobrinhos Latino Malabraca como legado papal e Bertoldo Orsini como conde da nova província do Estado Pontifício. Além de eleger o irmão Matteo Rosso senador, cargo no qual se sucederam os Colonna, os Savelli e os Caetani, em uma gestão bem romana do poder nepotista. Por fim, até cinco meses antes de morrer, o papa Orsini continua a favorecer os parentes. No consistório* de 12 de março de 1278, nomeia cardeais os sobrinhos Latino e Bertoldo.

Os Orsini são os primeiros a usufruir desse organograma da Cúria, abrindo caminho às outras famílias que se afirmarão em volta do próprio papa primo, tio e pai, enriquecendo visivelmente. Como faz também o papa Nicolau III, que não hesita em buscar luxo e magnificência à custa da Igreja. O mesmo se verifica com os

---

*Assembleia de cardeais, presidida pelo papa. [N. do T.]

Savelli, em torno do papa da família, Honório IV [1285-1287]; com os Colonna, como fiduciários de Nicolau IV [1288-1292], desprovido de parentes; e com os Caetani, com o próprio papa Bonifácio VIII [1294-1303].

A Igreja como banco de Avignon

Um período no qual a Igreja de Roma exalta a sua riqueza, de maneira desmedida, está entre 1308 e 1377, na corte de Avignon, lá onde o nepotismo entra em crise. A Câmara Apostólica, apesar da submissão do papa ao rei da França, mantém a sua estrutura financeira. Graças a esse autêntico Ministério da Fazenda, a cúria aparece, na verdade, como uma verdadeira máquina de fazer dinheiro. Assim resulta no *Liber taxarum Camerae Apostolicae*, no qual se faz referência, principalmente, às taxas cobradas aos bispos por sua nomeação e consagração, tal como gratificações que os bispos e padres devem aos empregados da corte. Em seguida vieram os dízimos, os anuênios, as intervenções, os direitos de espólio, ou mesmo de saque da casa de um bispo falecido, as doações de caridade e os impostos. Um papa emblemático da riqueza que aflora na corte de Avignon é João XXII [1316-1334], apelidado "papa banqueiro". A sua constituição *Ex debito* define como objeto de reserva pontifícia todos os benefícios perdidos pelos bispos titulares, por deposição, privação, renúncia ou transferência a outro benefício. A esses se juntam as rendas provenientes dos feudatários da Igreja, na Itália, como os Este, os Della Scala e os Visconti, perfazendo um total de 23 mil florins anuais, fora o Óbolo* de São Pedro, imposto direto recolhido na Inglaterra, Dinamarca, Suécia, Noruega, Polônia, Boêmia, Croácia e Dalmácia.

Por todos esses recursos foi criada uma estrutura bancária com vários sistemas de caixa, causando pressão contínua sobre os devedores. No exercício dessa prática de acúmulo de receita há uma linha de eclesiásticos cobradores, chamados *collectores*. São frequentemente enviados às várias dioceses, onde se encontram os *subcollectores* e uma multidão de escrivães e agentes de câmbio. Esses últimos utilíssimos para a troca de moeda corrente da diocese em peças de ouro francesas, em moedas de libra tornesas ou florins. Os *collectores* também têm direito de excomungar os eventuais não pagadores com uma deci-

*Doação dos fiéis à Igreja, nos dias de São Pedro e São Paulo. [N. do T.]

são provisória, que depois vem anunciada, diretamente, de Avignon. Enfim, absorvem a tarefa de transferir o dinheiro recolhido para Avignon, pessoalmente ou através de agentes do banco.

O controle do dinheiro é realizado em Avignon por um clérigo da câmara, encarregado pela administração dos bens, que examina a última declaração escrita pelos empregados. Somente então é emitido um recibo, na base do qual o *collector* será remunerado. Ao contrário, se irregularidades são encontradas e as contas não fecham, o *collector* é submetido a um processo por desfalque, o que implica confisco de seus bens e sua prisão. Em certas circunstâncias, a cúria de Avignon demonstra toda a sua ganância na vingança sobre os *collectores*, dos quais não aceita justificativa alguma. Os desastres provocados pelas guerras e epidemias nas dioceses e consequente crise econômica não parecem preocupar de modo algum a Igreja.

Toda essa riqueza, nos 72 anos dos sete pontificados que se sucederam em Avignon, vem dividida à metade entre o papa e o colégio cardinalício. É facilmente reconstituível com base nos documentos sobreviventes da complexa gestão administrativa. Basta considerar quanto cada papa fez para se capitalizar e, uma vez deduzidas as despesas da corte, quanto deixou de herança ao sucessor. Assim, Clemente V (1305-1314), que chega a possuir 1.040.000 florins de ouro, deixa a João XXII apenas 70.000 florins. João XXII, que tem 4.100.000 florins, repassa 750.000 ao sucessor Bento XII (1334-1342), mas, segundo o cronista Giovanni Villani, ele deixou mais de 18 milhões, fora os 7 milhões de objetos preciosos, enquanto Galvano Fiamma fala de 22 milhões de florins e Mattia di Neunburg, de 17 milhões. Essas cifras impressionantes confirmariam que ele é o verdadeiro "papa banqueiro", aquele que exerce uma gestão meramente materialista do pontificado, mas que não o impede de instituir a festa da Santíssima Trindade. Clemente VI (1342-1352) opera, ao contrário, em estreita economia. De fato, deixa somente 300 mil florins para Inocêncio VI (1352-1362), cujos proventos anuais são, em média, de 253.600 florins, todavia, em grande parte, exauridos pela guerra na Itália. Esse é um problema que envolve também os sucessores, Urbano V (1362-1370) e Gregório XI (1370-1378), que mesmo assim conseguem levar adiante a construção do palácio dos papas. São grandiosas as despesas com móveis para os quartos, o vestuário e a manutenção de padrão luxuoso da corte, vivido entre festas e banquetes. Situações essas que voltam, verdadeiramente, ao pecado da *Soberba* (v.).

O nepotismo entre furtos e fraudes, camorra e contraespionagem

Depois da residência da Santa Sé, em Avignon, observa-se um declínio na prática do nepotismo, por conta do caráter essencialmente francês do pontificado. A partir do século XV, dirigiram-se para Roma os banqueiros florentinos e luqueses que desenvolvem a prática de empréstimo e câmbio. Os papas pedem aos banqueiros empréstimos para a economia do Estado, mas também para fins particulares, como financiamentos para os parentes e a manutenção da corte, bem como para usufruto próprio. Para tomar o empréstimo, colocam à venda nomeações cardinalícias e episcopais, muitas indulgências e até escritórios da Cúria a presbíteros e leigos. Esses, por sua vez, estão envolvidos com os banqueiros para conseguir dinheiro emprestado a fim de comprar os tais escritórios e pagar depois com o salário e os benefícios. Os banqueiros, se não entram com o empréstimo com muito interesse, são compensados com a assinatura de contratos para a cobrança de impostos e dízimos, além de associações comerciais no Estado Pontifício e, por fim, títulos de nobreza com bastante propriedade territorial.

Nasce, assim, um nepotismo clientelista, paralelo àquele familiar, forte na sua base financeira, mas essencial para uma vital renovação. Essa nova forma de nepotismo resulta em uma ligação entre famílias aristocratas e banqueiros, da qual também fazem parte os cardeais, prelados e representantes de ordens religiosas, nem sempre devido a parentesco com o papa reinante. Contudo, todos empenhados em enriquecer entre furtos e fraudes. Essa situação caracteriza a nobreza laica e clerical pontifícia, em uma contínua evolução, do século XV ao XIX. Nobreza que conta entre os seus componentes os Della Rovere, de Sisto IV (1471-1484) e os seus 15 sobrinhos, entre os quais sobressai Pietro Riario, filho de um cunhado. Ele encarna a figura emblemática do cardeal renascentista que vive à custa da *magnificentia* principesca no próprio palácio apostólico, adjacente à basílica dos Santos Apóstolos. Na sua corte, que tem mais o aspecto daquela de um príncipe laico, entre dançarinas e mancebos registra-se também a presença de ricos comerciantes e banqueiros, salientando o caráter eclético do nepotismo imperante.

Esse luxo nepotista termina sendo muito caro ao sucessor Inocêncio VIII (1484-1492), que casa sua filha Teodorina Cybo com o banqueiro Gherardo Usodimare, promovido a tesoureiro pontifício, primeiro representante do nepotismo bancário no topo da Santa Sé. O nepotismo concretiza-se no filho Franceschetto

Cybo, que, nomeado conde de Anguillara e governador da Igreja, chega a perder no jogo, em uma única noite, 60 mil escudos para o cardeal Raffaele Riario, os quais aplica na construção do palácio que se transformará na sede da Chancelaria, revertendo a dívida, indiretamente, aos cofres do Santo Pontifício. Entre outras coisas, sob o papado de Inocêncio VIII nota-se o primeiro escândalo financeiro da Santa Sé, ou melhor, o primeiro de conhecimento público. Estoura no colégio dos *plumbatores*, que emitem bulas papais falsificadas para um lucrativo comércio e, por isso, terminam na forca.

Com Alexandre VI [1492-1503] e os Bórgia, para os quais se devem referir também os pecados da *Luxúria* e *Homicídio* [v.], aparece o banqueiro de Siena Agostino Chigi. Ele emite uma série de grandes empréstimos de dinheiro à família do papa, em troca dos quais os banqueiros obtêm, acima de tudo, o monopólio do grão no Estado Pontifício. O principal comprador é o pontífice, para encher os depósitos e depois os estoques de sal do seu Estado. Em seguida, as pedreiras de Tolfa e Le Lumiere, para extração do alume. A afirmação do banqueiro de Siena não acaba aqui. Ele atinge o máximo com Júlio II, da família Della Rovere [1503-1513], sobrinho de Sisto IV, que encarna a exaltação máxima do nepotismo, manifestado, entre outros, com a concessão à sua família do poder político de Urbino. Júlio se alia a Agostino Chigi, que assume o papel de banqueiro nacional para o Estado Pontifício. Empregado inicialmente no saneamento financeiro feito pelos Bórgia e no empréstimo em dinheiro que faz em favor da Câmara Apostólica e que lhe retorna juros milionários, aumentando a sua já fortalecida atividade. Júlio II, seguindo suas orientações, obtém em combate com Alfonso D'Este as salinas de Comacchio, que, logo em seguida, transfere-lhe a propriedade; e a de Nápoles, dada em contrato pelo rei, graças a intermediação do papa. Ainda recebeu o chamado "alume da Santa Cruzada", protegido da concorrência da Turquia, graças a uma bula que proíbe os cristãos "de fabricar, comprar ou vender alume produzido" fora do Estado Pontifício, sob risco de excomunhão para quem contrariar tal prescrição. E não é tudo: para mascarar a finalidade comercial e lucrativa dessa operação, uma ordem do camerlengo da Igreja de Santa Romana afirma que "os proventos do alume são destinados em benefício dos pobres e daqueles que, pelos desumanos turcos, foram expulsos do solo pátrio e pedem asilo à Sede Apostólica". A esse ponto, Agostino Chigi termina por se transformar em um benfeitor e Júlio II sente quase como uma obrigação a necessidade de pagar seus débitos com ele. Associa-o à família Della Rovere, concede-lhe o direito de usar o sobrenome e de assumir o brasão. O nepotismo clientelista e o familiar viram, definitivamente, um só.

O sucessor, Leão X [1513-1521], consegue legitimar o nepotismo no V Concílio Lateranense, em 1514, apagando a trilha pecaminosa que até então o seguia, mas por certo, não a excluindo dos cânones religiosos. Empenha-se em dar a cidadania romana aos próprios parentes e a inseri-los na nobreza romana, enquanto os Médici já são os nobres de Florença. Para alcançar seus objetivos, precisa encarar altos custos e, sobretudo, deve levar adiante os trabalhos da nova basílica de São Pedro. Assim, resolve incrementar os lucros com a *Venda das indulgências* [v.], o que, no entanto, não resulta suficiente para cobrir o saldo negativo das finanças da Santa Sé. Então, Leão X cria a fundação dos Soldados de São Pedro, jovens emergentes da nobreza romana, progenitores longínquos da Guarda Nobre do século XIX. É a primeira vez que os nobres pagam uma nomeação, por volta de mil florins de ouro, valor sobre o qual garante, contudo, um benefício de 10%. Mas nem mesmo essa instituição consegue sanar os cofres pontifícios.

Clemente VII [1523-1534], primo de Leão X, leva os Médici novamente para o centro das atenções e renova a prática nepotista no trono papal, mantida pela venda dos chamados "Montepios"*. São institutos com fontes de renda, como o imposto sobre a farinha ou sobre o azeite de oliva, entre os quais está o Monte di Pietà, elevado a instituto de empréstimo sobre penhor, fundado em 1539, por Paulo III [1534-1549]. Ainda hoje na ativa com o nome de Banco de Roma. Os empréstimos em dinheiro são concedidos com o penhor de objetos não somente preciosos como também de outros gêneros. Prática essa que gera uma forma institucional de agiotagem [v. *Agiotagem*].

Com o papa Farnese, o nepotismo parece não ter mais freio. Nomeia cardeal quatro de seus sobrinhos e institui o cargo de cardeal-sobrinho na pessoa de Alessandro, um grande mecenas. O cardeal-sobrinho é, na prática, o secretário de Estado e dirige as mais importantes estruturas administrativas. "Serve como referencial para toda a rede clientelista", como escreve o historiador Sandro Carocci, e "acumula riquezas e posses que são transferidas por meio de herança aos irmãos laicos", em uma constituição efetiva do poder nepotista. Foi o que aconteceu com os Della Rovere com Júlio II. Na ocasião, o filho de Paulo III Farnese, Pier Luigi, se transforma em duque de Castro, juntamente com Nepi, Ronciglione e Caprarola,

*Monte[i] em italiano. [N. do T.]

até a conquista do ducado de Parma e Piacenza. Uma vez morto Pier Luigi, todas essas propriedades passam para seu filho Ottavio, o qual terá também o palácio e a ex-Villa Chigi, em Lungara, intitulada depois de Farnesina.

A situação na estrutura e nos Montepios não muda com Júlio III [1550-1555], especialmente em referência a um filho do papa, Fabiano — guardião dos maus do Vaticano —, o qual foi adotado pelo irmão Baldovino, com o nome de Inocêncio, para assim poder ser elevado a cardeal e em seguida ser o secretário de Estado. Uma vergonha do nepotismo, desprezado pela cúria que o apelidava de "cardeal montepiano". O fato é que este tem uma ligação estreita com a classe burguesa comercial e não menos com as cortesãs e seus respectivos protetores [v. *Luxúria*], juntos aos quais se compromete também em relação financeira, dando vida a uma autêntica camorra. Conduz, naturalmente, uma vida de vícios, mesmo depois da morte do pai-papa, até ficar envolvido em um *Homicídio* [v.] e acabar na prisão.

A partir da metade do século XVI, o nepotismo, ainda abrangendo os parentes do papa, se afirma, por completo, na forma do clientelismo com a concessão de rendas, títulos eclesiásticos e poderes terrenos a padres, membros de ordens religiosas e empreendedores. Fora os representantes de associações políticas secretas e separatistas como a camorra e a Maçonaria. Na verdade, com Paulo IV [1555-1559], nascido como Gian Pietro Carafa, o nepotismo se torna uma prática de tipo *camorrista*, sobretudo no que diz respeito aos três filhos do irmão Giovanni Antonio Carafa. Em particular com Carlo, um aventureiro irresponsável de vida desregrada, o qual o tio absolve *motu proprio* "por todo tipo de roubo, sacrilégios, furtos, depredações, ferimentos, mutilações, espancamento, homicídios e qualquer outro delito, mesmo superiores aos listados, que possa cometer", elevando-o a cardeal da diocese de Nápoles e nomeando-o secretário de Estado. Com o cardeal Carlo Carafa, a *Luxúria* [v] está na ordem do dia e, junto aos irmãos, pratica o *Homicídio* [v.] e não despreza a ligação com a camorra.

Com Pio IV [1559-1565], o nepotismo impera sempre entre os vários Serbelloni, Hohenems e Borromeo, revestindo-se, porém, de santidade com o cardeal Carlo Borromeo, que se apropria do palacete romano de Villa Giulia, na via Flaminia, e o presenteia à irmã Anna pelo casamento com Fabrizio Colonna. Pio V [1566-1572], santo como é, cassa os sobrinhos do Estado Pontifício. O nepotismo se faz militante em ações de contraespionagem, funcionando até o século XIX, em oposição às atividades criminais de várias associações secretas que surgem às margens da Igreja ou penetrando em seu interior; da já ativa camorra à Maçonaria, que se difundirá no século XVIII. Uma ação de contraespionagem que se liga, portanto, ao Santo Ofício, à sua atividade inquisidora e às condenações à morte, questões que examinaremos no capítulo sobre o pecado do *Homicídio* [v].

Com Gregório XIII [1572-1585] e os Boncopagni, retorna o pacífico nepotismo familiar no bem-estar das propriedades de Vignola, Sora, Arce e Arpino e em tantas residências principescas em Roma, como no Palácio Sora, uma alternativa àquela dos duques e dos condes, além de uma prestigiosa vila na Ilha de Liri. Tudo em detrimento das finanças, a partir do ponto em que a venda de alguns latifúndios produz lucros escassos. São as propriedades dos senhores feudais para os quais o papa contesta a autenticidade da posse, confiscando e impondo uma taxa para reapropriação. Os proprietários se defendem contra os ladrões, recusando-se a pagar. O uso das finanças, acima de tudo, é votado na ação de contraespionagem, que vai adiante na Inglaterra e na França [v. *Homicídio*].

Ao contrário, Sisto V [1585-1590] faz respirar ar novo nas finanças, apesar dos proventos substanciosos aos seus Peretti, cortando o roubo e constrangendo os proprietários dos latifúndios a pagar. Portanto, retoma em grande estilo a venda dos escritórios, confiando a um judeu português, João Lopez, fugido de Lisboa para não ser processado pelo Tribunal da Inquisição. Papa Sisto vê nele o novo Calisto, um gênio da usura, e o reabilita dentro da classe nepotista, pois o considera apto para aquele tipo de venda, mesmo que muitos escritórios não possuam uma finalidade concreta. Tanto que de tempos em tempos são fechados e ativados, numa sucessão de vendas. Por conta das vendas e dos juros, o papa Peretti acumula dinheiro e institui, no Castelo de Sant'Angelo, os novos cofres do Vaticano. Enormes caixões nos quais, com a sua morte, deixa 5 milhões de escudos em ouro — que foram bem guardados, depositados em um banco — e a recomendação ao colégio cardinalício de fazer uso somente em casos excepcionais. Assim se define a Câmara do Tesouro, ainda hoje visível no mausoléu de Adriano, base daquela que se pode definir como um tipo de nacionalização dos depósitos ou mesmo um Fort Knox renascentista. Essa reserva pontifícia durará pouco. Pega de assalto pelos sucessores para a manutenção do próprio nepotismo, jamais será reconstituída.

No século XVII, o deus dinheiro prevalece em tudo e para tudo na estratégia do poder papal, em uma prática do nepotismo que supera o caminho estritamente familiar e leva sempre mais à frente uma paralela hierarquia clientelista. Alinha cardeais, bispos e funcionários das congregações para chegar aos párocos das dioceses e aos sacerdotes das várias ordens. Uma ramificação de encargos entre os irmãos, sobrinhos e parentes, amigos de família e servo. Uma verdadeira filiação em roupagem de congregação. É uma família "aumentada", capaz de inserir-se nos vários setores da economia pontifícia, pela qual muitos se dizem banqueiros e administradores. O nepotismo não é considerado obra do diabo, no que diz respeito ao dinheiro, porque o mal é visto em consideração apenas no caso de bruxarias e heresias. O dinheiro é abençoado por Deus.

Nessa perspectiva do nepotismo, Clemente VIII [1592-1605] enriquece os seus Adobrandini; Paulo V [1605-1621] os seus Borghese e Gregório XV [1621-1623] os seus Ludovisi. Com Urbano VIII [1623-1644], a afirmação nepotista alcança o seu ápice com a exaltação da família Barberini. Com a renda das nomeações, concedidas gratuitamente, compra numerosos feudos no Lácio e o esplêndido palácio dentro de Roma, com uma magnífica biblioteca e um extraordinário acervo de obras-primas. Contudo, Urbano VIII foi tomado por uma dor de consciência e, em 1640, encarrega uma comissão cardinalícia para decidir se é pecado o quanto ele fez de favores aos seus familiares. A comissão declara que tudo é lícito ao soberano pontifício e o nepotismo é "obra da Divina Providência".

Com Inocêncio X [1644-1655] e os Pamphilj, está de volta à cena uma mulher, Olimpia Maidalchini, cunhada do papa, que um bispo novinho não teria hesitado em classificar, como certas mulheres medievais, uma "puta desavergonhada". É o emblema das apropriações indevidas do dinheiro do Estado. Especializada em fazer saques às caixas pontifícias efetuando vários furtos e grande protagonista da apropriação de doações e preciosidades durante o jubileu de 1650, fato que reaparece em *Exploração financeira do Ano Santo* [v.]

Na segunda metade do século XVII, a economia do Estado Pontifício está em crise e não encontram um remédio adequado para sua cura. Continua a insistência na venda dos escritórios e Montepios, com um nepotismo sempre vivo e sem uma mente capaz de reequilibrar as finanças. Desvia-se entre empréstimos bancários e impostos, estando apenas em condição de desfrutar, quando há, do Tesouro, sem capacidade de renová-lo. É a era dos Chigi com Alessandro VII; dos Rospigliosi com Clemente IX [1667-1669]; dos Altieri com Clemente X [1670-1676]; dos Odescalchi com Inocêncio XI [1676-1689] e dos Ottoboni com Alessandro VIII [1689-1691]. Até que o puro Inocêncio XII [1691-1700] resolve acabar com o nepotismo, jurando com os cardeais sobre a constituição *Romanorum decet Pontificem*, escrita por Giovanni Francesco Albani, o futuro Clemente XI [1700-1721]. Os seus Pignatelli não põem os pés no Vaticano. Inocêncio XII encarrega Celestino Sfondrati de compor um folheto para divulgar, com bases históricas, os efeitos nocivos derivados do desmedido amor dos pontífices pelos parentes. Nasce daí o *Nepotismus theologice expensus, quando nepotismus sub Innocentio XII abolitus fuit*. Deve valer como obra de meditação para os próximos papas e os seus parentes, para que não pratiquem o pecaminoso nepotismo. Embora isso não ocorra para os Albani de Clemente XI e os Conti de Inocêncio XIII (1721-1724). Tudo por causa da Guerra da Sucessão Espanhola que, apesar da neutralidade do Estado Pontifício, registra a anexação de Mântua e do ducado de Parma e Piacenza por parte da Áustria, o que significa para a Igreja a perda dos benefícios feudais. Os papas Albani e Conti não as convencem a reagir e não encontram solução para recobrir tais perdas. É preciso recorrer a uma outra forma de nepotismo.

O nepotismo clientelista na forma de congregação, em substituição ao tradicional, amadurece envolvendo famílias "aumentadas" em diversos segmentos da sociedade, através da camorra. Essa, na verdade, está de volta à casa, o Vaticano, sob o comando de Bento XIII (1724-1730), com a repugnante figura do cardeal Niccolò Coscia. Filho de um barbeiro, primeiramente foi a Benevento como secretário, quando era arcebispo e, em seguida, levado a Roma e ordenado cardeal. Aqui lhe confia todos os negócios financeiros do Estado Pontifício. Assim que Coscia põe o dinheiro nas mãos, age como um autêntico camorrista, concede cargos a amigos e conterrâneos, ou seja, a nata da camorra beneventana. Com a morte do seu pai, foge para Caserta e depois para Nápoles, mas Clemente XII (1730-1740) o excomunga, lhe retira o arcebispado e o processa por omissão. Deportado de Benevento, termina preso no Castelo Sant'Angelo. Sai de lá em 1740 para participar do conclave, pois não havia perdido o título de cardeal. O novo papa, Bento XIV (1740-1758), o perdoa e assim Coscia se retira para Nápoles, desculpado, "carregado de ouro e de pública condescendência", segundo uma indicação do historiador português José de Novaes, em sua narrativa pontifícia, de 1821.

Mas os escândalos prosseguem. No papado de Clemente XIV (1769-1774), o conde Nicola Bischi, prefeito de Annona, recebe do papa 90 mil escudos para comprar grãos e vender abaixo do preço durante a carestia de 1771. Ao contrário, Bischi o vende no mercado negro, trabalhando nele com outros dois agiotas, os desclassificados Giorgi e Lovatti. Entre outros, os 90 mil escudos foram emprestados ao papa pelo banqueiro judeu Coen. O delito acontece em um clima europeu, contra o papa, para a difusão da Maçonaria na Itália, com a abertura de lojas em Florença, Bolonha, Nápoles e Roma, sendo determinante para o fim da Companhia de Jesus, em 1773. E assim, Bischi, devendo administrar os bens dos jesuítas, rouba a seis mãos com mais outros dois agiotas, monsenhor Bontempi e um frade chamado Francesco. Certamente não fica impune. Com a morte do papa, foi processado e condenado a devolver os ganhos ilícitos, porém é ajudado, em parte, pelo rei da Espanha, que havia se apropriado dos bens espanhóis dos jesuítas.

Depois dessa aventura jurídica, o nepotismo perde parte do seu valor para a Santa Sé. Gradativamente, chegam menos tributos dos feudos e bispados. Ao sinal do Iluminismo, nacionaliza bispados e conventos, até a queda da autonomia política do próprio Estado Pontifício, com Napoleão. Com a Restauração, sob o pontificado de Pio VII [1800-1823], para derrubar o recém-nascido movimento carbonário e opor-se à Maçonaria, retoma as atividades do serviço religioso de contraespionagem, inventado pelo papa Ghislieri.

Em 1801, nasce a Guarda Nobre, que acolhe os representantes da nobreza, dando assim saída para uma instituição que, seja puramente ideologia, pretende manter o nepotismo apenas no âmbito governamental e aristocrático. É uma ilusão, pois, na redefinição do Estado Pontifício, o nepotismo clientelista se aninha nas finanças da Santa Sé e se ramifica entre os extratos da burguesia empreendedora, assim como na camorra, mas ficando de fora motivações políticas liberais.

Um novo escândalo estoura em 1820. Monsenhor Tiberio Pacca, governador de Roma e presidente das duas Ripes*, com jurisdição comercial e criminal nas margens do Tibre, sobrinho do cardeal secretário de Estado, Bartolomeo Pacca, tendo muitos débitos, dá um desfalque na administração, falsificando a assinatura do tio, e foge de Roma.

Com Gregório XVI [1831-1846], o déficit orçamentário se agrava e, para enfrentá-lo, o tesoureiro cardeal, Mario Mattei, recorre a sete empréstimos no banco Rothschild de Paris, pondo em uma crise maior ainda as finanças pontifícias. Depois de outra administração negativa, gerada pelo cardeal Antonio Tosti, chega o monsenhor Giacomo Antonelli. Ele pensa em resolver os problemas de caixa pedindo um novo balancete ao grande contador, Angelo Galli. Um trabalho que não serviu para nada, pois as finanças continuam em crise. E então, por quais

* Ripes, equivalem às comunas italianas nas províncias de Ancona e Macerata. [N. do T.]

méritos Antonelli chegou àquele posto tão prestigiado? Porque é a ponta emergente da ainda viva camorra.

O povo o chama "o bandido" por ter nascido em Sonnino, cidade dos bandidos, e porque seu tio, Cesare Antonelli, terminou na prisão por bandidagem, em 1817. O tesoureiro, mesmo na crise, consegue arrancar dinheiro junto aos que já tinham posto as mãos nas economias de Gregório XVI, graças a um acordo tácito com a camorra. Nas costas do administrador, há o barbeiro do papa, Gaetano Moroni, ajudante da câmara e também gerente particular do cofre pessoal de Gregório XVI. É um tipo de eminência parda: acolhe subornos e regalias, além de dinheiro extra, como aquele proveniente de uma casa lotérica, bem como da administração das salinas de Cervia. Conseguiu um enorme poder econômico e todos precisam passar por ele para receber uma graça do papa. Vive com mulher e filhos no palácio apostólico do Vaticano até a morte do papa, que, no testamento, lhe deixa como último presente 4 mil escudos e tantos livros valiosíssimos de colecionador.

Novamente, o cavalheiro Moroni se mete em um escândalo. Denunciado por perturbação nas páginas do jornal *Le Flandre Libérale,* em 1877, ele apresenta denúncia ao tribunal civil de Gand. No entanto, a sentença não lhe é favorável. Na prática, o juiz declara que as acusações do artigo não fazem nada mais do que repetir tudo o que pode ser lido em diversos livros e revistas — assinados por Angelo Aurelio Bianchi e Giuseppe Gioachino Belli — que nunca estiveram em discussão; portanto, a queixa de Moroni é rejeitada.

Nesse meio tempo, o camorrista Antonelli ganha autoridade. O papa Pio IX (1846-1878) o põe no prestigioso lugar de tesoureiro, o nomeia cardeal e, em seguida, secretário de Estado. Assim, o camorrista acumula dinheiro nas costas do papa e o deposita nos bancos de Paris e Londres, em vez de no romano Banco do Espírito Santo, porque nos outros países há juros maiores. Com o passar dos anos, adquiriu rubis, esmeraldas e brilhantes, com uma despesa anual média de 30 mil liras, dando corpo a uma coleção muito invejada pelos joalheiros romanos. À frente dele, a camorra se espalha através de nepotismo com os seus irmãos. Filippo é presidente da Banca Romana; Angelo, em Paris, joga na bolsa o capital de Giacomo e Luigi é conservador em Campidoglio. Todavia, depois de 1860, o papa e o camorrista ficam impotentes diante das perdas eclesiásticas, até que, com o Estado Pontifício reduzido ao Lácio, as finanças agonizam. Pio IX é forçado a contar ainda mais com o Óbolo de São Pedro, cujo afluxo em Roma foi reorganizado, em 1859, pelo escritor Charles Forbes de Tryon, conde de Montalembert (v. *A venda das in-*

dulgências). Uma vez coletadas em Roma, as ofertas são desviadas para a comissão cardinalícia *Ad pias causas*, um tipo de instituição econômica sugerida por Antonelli, progenitora do futuro banco pontifício, que prevê depositá-las no Banco Romano. Através do Banco Romano registra-se uma saída de 75 mil escudos, certamente não por uma *pia causa*: é o dinheiro para a compra do palácio Marescotti, na via da Pinha que, com uma manobra da camorra, Antonelli faz a retirada. Um palácio que constitui a primeira propriedade construída pela Santa Sé, em Roma, mas que desde 1870 não lhe pertence mais.

À frente dessa singular compra imobiliária distingue-se a iniciativa de monsenhor Xavier de Merode, desde 1886 um grande doador de Pio IX. Justamente pela possibilidade da perda de Roma, movimenta-se para fazer o projeto de reedificação da cidade com o mote "Hausmaniser Rome".Trata-se de uma operação genial que compreende a compra de terrenos com a arrecadação das esmolas e a construção de edifícios destinados a constituir um capital quando Roma substituir o Estado italiano. O monsenhor concentra a sua atenção na zona de Termini e no vale de San Vitale, onde manda abrir a Estrada Pia, que virará via Nazionale. Inicia a construção de prédios entre as futuras vias Torino, Firenze, Modena e Napoli. Portanto, nos primeiros anos de 1870, compra a Vila Altoviti e diversos terrenos aos Prati di Castello, de frente para o Porto de Ripetta e em outras localidades. Parece uma obra maluca, na previsão do englobamento de Roma no Reino da Itália. Será, ao contrário, uma fonte de capital inesperada pela Santa Sé, porque o Estado italiano comprará os terrenos de via Nazionale e do futuro quarteirão do Celio, dando início à especulação imobiliária na metade do século XX.

O Banco do Vaticano e a evasão de divisas: da máfia à Maçonaria

Depois da Porta Pia, com uma gestão diferente das finanças, nasce o banco Vaticano. Foi rejeitada a Lei das Garantias, que teria assegurado ao papa a soma anual de 3.225.000 liras e o reconhecimento de algumas propriedades. Contudo, no Reino da Itália funciona o pagamento de salário aos párocos, ou seja, a côngrua (v. *Sacerdotes e freiras assalariados*). O cardeal Antonelli, no momento em que o Vaticano é isolado das propriedades e das dioceses, projeta relacionar as economias da Igreja com o mundo financeiro externo, laico, criando relações com bancos não italianos, como já havia feito para si e seus irmãos. Transforma-se no primeiro representante do nepotismo bancário do Vaticano. Composto por prelados da Cúria e desenvolvido por economistas e banqueiros laicos, que comprometem as finanças vaticanas na evasão de divisas internacionais entre máfia e Maçonaria.

O cardeal Antonelli usa o dinheiro do Óbolo de São Pedro para abrir, em primeiro lugar, uma conta junto à Société Générale e, em seguida, no Banco da Inglaterra. Assim, com a morte de Antonelli, em 1876, o patrimônio da Santa Sé pode ser avaliado em 30 milhões de liras, entre depósitos e valores imobiliários. O novo administrador, o cardeal Giovani Simeoni, se diferencia de Antonelli por investir em títulos do Banco. Sistema que será adotado, com fins de especulação, pelo monsenhor Enrico Folchi, a quem o papa Leão XIII [1878-1903] confia a gestão econômica.

As "poupanças" do papa e do monsenhor Folchi são investidas e, ao fim de dois anos, encontram-se nos cofres vaticanos transações em valores próximos a 2,5 milhões de liras. Acontece, porém, que, à margem dessas aventuras bancárias, o príncipe Rodolfo Boncompagni Ludovisi, em 1880, projeta, com a Sociedade Geral Imobiliária, o loteamento das terras romanas da família, para construir um novo quarteirão entre a Porta Pinciana e a praça Barberini. Primeiro laico a intrometer-se nas finanças vaticanas, o príncipe obtém empréstimos do Vaticano, sem garantias, com os quais compra algumas ações da Imobiliária. Porém, o valor das ações cai e o príncipe contesta os valores dos empréstimos. Dessa maneira, acontece no novo Estado do Vaticano o primeiro *crack* econômico. Na verdade, a Santa Sé perde quase um milhão para recuperar o seu crédito.

A virada acontece em 1887, com a fundação de um banco dentro da Cidade do Vaticano, com o objetivo de desfrutar diretamente das especulações, mesmo junto aos institutos de créditos italianos. Chama-se COP — Comissão para as Obras Pias, na realidade, denominação italiana da comissão cardinalícia vaticana *Ad pias causas*, à frente de uma Administração para as Obras Religiosas. São denominações que mascaram o que é verdadeiramente um banco, com sede no ex-escritório da censura pontifícia. O seu dever é o de transformar em título ao portador as doações de imóveis e de ouro.

Para a COP, no entanto, serve uma referência bancária fora do Vaticano. Leão XIII a encontra no Banco de Roma, onde abre uma conta particular com 3 milhões e empenha outros tantos em ações. Essa é uma operação que envolve vários representantes da aristocracia papal. Apenas um ano depois, em 1890, acontece uma crise na Bolsa que provoca perda nos ganhos em títulos e ações. Consegue-se salvar somente os 3 milhões do papa. Folchi se demite. Ele foi a primeira vítima do tráfico bancário do Vaticano.

O papa confia a COP ao "Encarregado especial", cardeal Mario Moceni, enquanto o Óbolo de São Pedro é administrado diretamente por Leão XIII, que quer tentar novas especulações. Foi estimulado a fazê-las por Ernesto Pacelli, membro do conselho municipal de Roma e presidente do conselho de administração do Banco de Roma, passando a ser o conselheiro do papa para operações bancárias no mercado italiano. É uma espécie de diabo tentador, e o papa Pecci não resiste. São novos investimentos que essencialmente se transformam em grandes empréstimos, concedidos pelo papa a Pacelli, pelo banco por ele presidido e, portanto, por seus interesses particulares. Assim, o que cresce não é o portfólio do Vaticano, mas sim a fortuna financeira da família Pacelli, com a afirmação do seu nepotismo bancário. Um sobrenome que estaria na vanguarda até os anos 1960, graças à retomada da antiga prática do nepotismo por parte do papa Pio XII (1939-1958). Os seus três sobrinhos, Carlos, Marcantonio e Giulio, teriam controlado as finanças vaticanas entre pareceres legais nas várias administrações da Santa Sé e no controle societário, em partes, das propriedades do Vaticano. Três diabos secretários de Mâmon.

O novo papa Pio X (1903-1914) se mostra favorável a uma extensão do raio de interesse da COP, em toda a Itália, pela gestão dos legados pios*. Com esse objetivo, muda a comissão que a administra, da cardinalícia para a prelazia, com o monsenhor Nazareno Marzolini na liderança a partir de 1910. Ele passa a ser o "Encarregado especial" da comissão. Fora isso, o nome do banco passa a ser COR (Comissão das Obras Religiosas), que mesmo assim é uma nomenclatura enganosa, no sentido da caridade, pois mascara as verdadeiras finalidades de especulação do instituto. De fato, sob a indicação de Ernesto Pacelli, o banco incrementa a sua atividade na compra de imóveis e investe o dinheiro em títulos ao portador.

Logo se registra um conflito entre Ernesto Pacelli e o papa, por causa de alguns jornais de inspiração católica, controlados por banqueiros romanos, que fomentam a disputa entre a Igreja e a Itália. Fazem parte da Sociedade Tipográfica Editorial Romana, fundada, entre outros, com capital da Santa Sé. Pio X, favorável a

*Doações de bens à Igreja. (N. do T.)

uma frente unida dos católicos por ele dirigida, não pode tolerar a ação de controle de Pacelli. Em 1912, acontece a separação e Pacelli retira do conselho administrativo da sociedade os homens do Banco de Roma.

O novo papa, Bento XV [1914-1922], ao contrário, parece confiar em Ernesto Pacelli e o convida novamente para as suas funções e segue o seu conselho de sustentar o valor das ações. No entanto, acontece que a falta de apoio dos bancos católicos obriga o papa a ceder as ações do Banco de Roma e as pertencentes à administração da Santa Sé. Por causa da guerra ítalo-turca, o Banco de Roma entra em crise. O instituto investiu na Líbia um grande capital para o aprovisionamento do exército italiano, sem receber lucros e perdendo quase todo o seu investimento. Isso fez com que o papa voltasse a lançar mão apenas da fonte do Óbolo de São Pedro.

Por consequência, em 1916, Ernesto Pacelli é afastado da presidência e para o seu lugar é nomeado Carlo Santucci, terceirista franciscano, advogado, conde pontifício e senador do Reino, representante de um novo filão do nepotismo bancário. O papa, por outro lado, deseja empenhar-se financeiramente na assistência aos feridos e prisioneiros da Guerra Mundial. É apoiado em sua benéfica obra pelo cardeal Pietro Gasparri, camerlengo e secretário de Estado, além de prefeito dos palácios apostólicos.

Na direção desses movimentos bancários da Santa Sé, de 1914 a 1920, constituem-se diversos bancos católicos, com os quais a Santa Sé entra em contato intermediado por Carlo Santucci. A obra assistencial desejada por Bento XV procede à ligação da COR com esses bancos e continua depois do fim da guerra, estendendo-se aos pobres mesmo fora da Itália. Pondo fim, em parte, à sombra do deus Mâmon que paira sob o banco do Vaticano. A COR, presidida pelo monsenhor Carlo Cremonesi, com a assistência do monsenhor Alberto Di Jorio, a partir de 1920, envia ajuda em dinheiro aos camponeses russos, vítimas da carestia nos primeiros anos da Revolução Bolchevique. O mesmo faz aos agricultores chineses, atingidos pela grande calamidade em 1921. Uma operação humanitária, destinada a ser interrompida pelo seu sucessor.

Pio XI [1922-1939] herda os cofres vazios. Os 50 milhões/ano necessários à Santa Sé para sustentar-se não são mais cobertos pelas entradas de patrimônio e tampouco pelo Óbolo de São Pedro. Assim, em 1923-24, a Santa Sé, com intermediação de Carlo Santucci, recorre a empréstimos em bancos externos. Pio XI reorganiza a administração com *motu proprio,* em 16 de dezembro de 1926, fundindo duas sessões administrativas em uma única geral, criando a Administração dos Bens da Santa Sé, confiando-a a economistas renomados, eclesiásticos ou não, fornecendo todo o necessário à atividade da congregação e cuidando do desenvolvimento da infraestrutura com a relativa contabilidade e a apresentação de balanço. É a nova definição de nepotismo bancário.

Mas os novos ventos para as finanças vaticanas chegam pelos Pactos Lateranenses. Assinados em 11 de fevereiro de 1929, no palácio de Latrão, pelo cardeal Gasparri, em nome do papa, e por Benito Mussolini, em nome do rei Vittorio Emanuele. Os Pactos Lateranenses constituem, antes de tudo, o reconhecimento da entidade nacional da Santa Sé, dando consistência histórico-política à concepção teocrática e hierocrática do Estado da Igreja. Sua fundação se baseava sob um *Falso Testemunho* (v.), ou seja, sob o conceito de que tivesse sido concebida por Jesus. Os Pactos Lateranenses definem também a convenção financeira que regulamenta as relações entre a Santa Sé e o Estado italiano. O pagamento de sessenta anos de atrasados, em razão do quanto foi definido pelas "garantias", se resolve com o empenho da Itália "em pagar, à Santa Sé, o montante calculado pelo tratado, a soma de 750 milhões de liras italianas, e a conceder, ao mesmo tempo, uma renda consolidada de 5% ao portador do valor nominal de 1 bilhão de liras".

As vantagens financeiras são tão visíveis que Pio XI, poucos dias depois da confirmação dos Pactos Lateranenses, com o *motu proprio* de 7 de junho de 1929, institui uma Administração Especial para as Obras Religiosas, dita, em forma abreviada, "La Speciale". Foi confiada ao engenheiro financeiro Bernardino Nogara, irmão de um bispo. Nogara aceitou o cargo com a condição de ser livre de qualquer escrúpulo religioso nas suas manobras financeiras e de poder investir os fundos do Vaticano em qualquer lugar do mundo. As suas condições são aceitas e, como consequência, a Igreja o absolve de todos os pecados cometidos em nome do dinheiro. Pecados dos quais, naturalmente, a própria Igreja é culpada. Graças à estratégia de Nogara, o nepotismo bancário se amplia. Aumentam as especulações e as operações na Bolsa com a compra de empresas que desenvolvem atividades, definitivamente, estranhas à moral católica: "Produtos como bombas, carros-tanque, armas e contraceptivos", destacou David Yallop, "podiam ser condenados no altar, mas as ações que Nogara comprava ajudaram a encher novamente as caixas-fortes de São Pedro." Nogara é apelidado "o banqueiro de Deus", um tipo de enviado da Providência, dedicado a multiplicar o capital da Igreja, seja como benfeitor, mas também, claro, como beneficiário de parte daquela riqueza, da qual não é lícito saber a identidade. Seguramente um sacrilégio, mas bastante significativas são as palavras com as quais sua morte será celebrada pelo cardeal Francis Spellman, "o cardeal dos milhões": "Depois de Jesus Cristo, a coisa mais importante que aconteceu à Igreja Católica foi Bernardino Nogara."

Mesmo porque Nogara não agiu sozinho. Ele envolveu personalidades laicas da Santa Sé nessa grandiosa operação financeira, a começar pela fundação da empresa de seguros *Praevidentia*. Nela participam os senadores fascistas Stefano Cavazzonni, Giuseppe Bevione e Giovanni Marinelli, secretário administrativo do Conselho Nacional Fascista, além de um dos sequestradores de Matteotti, o conde Franco Ratti, sobrinho de Pio XI. Nogara destaca a Italgás, fazendo entrar no conselho administrativo, como vice-presidente, o advogado Francesco Pacelli, irmão do cardeal Eugênio, novo secretário de Estado e futuro papa Pio XII. É a base de um relacionamento estreito entre a Santa Sé e o regime fascista, em seguida incrementado com o ingresso dos homens da Santa Sé nos conselhos de Breda, Dalmine, Reggiane, Ferrorotaie, Società Elettriche Italia Centrale, Società Agricola Lombarda di Milano e Officine Meccaniche Reggiane. E onde os Pacelli estão sempre presentes, com os sobrinhos do secretário de Estado, Carlo, Marcantonio e Giulio, que representam a nata do nepotismo bancário. Em 1935, Mussolini precisou de armas para a guerra na Etiópia e uma grande quantidade veio fornecida pelas Officine Meccaniche Reggiane. Assim, o Vaticano se faz, indiretamente, causador de morte.

Constituiu-se um nepotismo bancário bastante amplo, no qual as identificações católicas aparecem mesmo ofuscadas, o que aumenta o seu caráter pecaminoso aos olhos de Mâmon. A Santa Sé não se limita a participar das atividades financeiras de vários gêneros e dá vida a iniciativas próprias, como a Sociedade Romana de Financiamento e o Instituto Central de Crédito. Dessa maneira, consegue combater o *crack* no qual se encontram envolvidos os bancos católicos, nos anos trinta, como o Banco de Roma e o Banco do Santo Espírito.

O advento ao trono pontifício de Pio XII não traz mudanças na posição financeira da Santa Sé, que ainda vê os banqueiros vaticanos em coligações com as estruturas bancárias e as empresas italianas. O conde Franco Ratti, presidente do Banco Ambrosiano, entra também nos conselhos de administração do Banco Nacional de Agricultura, do Instituto Italiano de Crédito Fundiário e do monopólio das fibras, a SNIA, da qual será vice-presidente após a Segunda Guerra Mundial. A Santa Sé acaba se encontrando ligada à Alemanha e à Itália nos fundos bancários para os armamentos, renovando uma operação de morte. Na verdade, Franco Ratti também preside as indústrias bélicas, ou seja, Officine Meccaniche Reggiane, a Companhia Naval Aeronáutica e o Grupo Caproni.

Com a guerra, as diversas obras pias e congregações religiosas estão em dificuldade econômica. Necessitam de uma renovação em suas gestões. Então, em 27 de junho de 1942, Pio XII troca a denominação de COR para IOR — Instituto para as Obras Religiosas, concedendo também uma nova sede, na ex-torre de Sisto V, junto à Porta Sant'Anna. Não se trata unicamente de uma mudança de nome. A escritura que o constituiu determina que o instituto deve prover a guarda e a administração do capital destinado às obras religiosas, como a construção de igrejas, escolas e missões. Renova-se, assim, na sigla e na finalidade do banco, a fórmula equivocada que permite o afluxo de dinheiro mesmo por organizações laicas. A única condição é a de que o destino de certos fundos seja em caráter religioso. Sem contar que a Santa Sé, em sua posição de neutralidade, pode manter contato mesmo com nações em guerra e apoderar-se da lavagem de dinheiro, o que será uma característica peculiar do IOR. A passagem do dinheiro por vias "obscuras" está tutelada por vantagens concedidas pela lei italiana. De fato, em 31 de dezembro de 1942, uma circular do Ministério da Fazenda inclui o IOR entre os órgãos englobados na denominação de Santa Sé, e como tal, isento da taxação dos dividendos das ações. Em plena guerra, em 1944 foi fundada a Pontifícia Obra de Assistência (POA), que é o canal de escoamento daquele dinheiro.

Durante a guerra, a atividade do IOR está envolta em mistério. Segundo uma declaração não muito profissional do procurador do banco, Franzo Grande Stevens, a documentação é destruída a cada dez anos. Mas "outras documentações existem na Alemanha", refere-se o ensaísta Tony Braschi, "e junto aos arquivos americanos, que demonstram a transferência nazista dos fundos ao IOR, pelo Reichsbank, e outros do IOR aos bancos suíços, controlados pelos nazistas". É uma lavagem de dinheiro que constitui para a Santa Sé um pecado no pecado, fruto do nepotismo ramificado em território estrangeiro e não abençoado por Deus, até porque sob o domínio dos nazistas.

Em todo caso, tudo parece consentido aos banqueiros do IOR, a começar por Bernardino Nogara, por considerar Massimo Spada secretário administrativo. O mesmo fez com Luigi Mennine e Pellegrino de Strobel, especialmente levados ao conselho administrativo como personalidades de grande prestígio financeiro. Graças a eles o Vaticano compra, logo após a guerra, fortes participações acionárias em empresas italianas como a Generale Immobiliare, a Condotte d'Acqua, a Italcementi e a SIP, bem como em seguradoras como a RAS. Para os cargos de poder de certas empresas são nomeados os parentes do papa, Carlo, Marcantonio e Giulio Pacelli, mais os membros da Guarda Nobre. O nepotismo bancário continua a se reforçar.

Ao fim da guerra, chegam também as relações com as economias internacionais. Vai-se dos Rothchild, de Paris e Londres, ao Crédit Suisse, na pessoa de Henry de Maillardoz, e aos bancos americanos, como Morgan Guarantee Trust, Chase Manhattan, Continental Illinois National Bank, The Bankers Trust Company, de Nova York, e não faltam compras e vendas de títulos em Wall Street.

Em consequência disso registra-se a ampliação internacional do nepotismo na Santa Sé. O vice-presidente do Bankers Trust Company, Andrew Maloney, assumirá o cargo de conselheiro para Negócios Econômicos e Sociais da representação da Santa Sé junto à ONU e Henry de Maillardoz ficará no comando da "Speciale". Com eles se abre uma nova filiação nepotista duradoura no Vaticano, como testemunhará, no ano 2000, a presença de Solange de Maillardoz nos escritórios da Santa Sé, no papel de responsável pelo Serviço das Relações Internacionais da Rádio Vaticana e do Fundo de Solidariedade para o Ano Santo; e, em 2008, a presença do reverendo Robert Maloney entre os membros da congregação para os Institutos e Sociedades de Vida Consagrada.

Em cada caso o tráfico financeiro do IOR, à época, implica especulações feitas com muita cautela. Na verdade, o Banco Vaticano no pós-guerra não fica diretamente envolvido com os seus banqueiros nos escândalos italianos daquele tempo.

Com a morte de Bernardino Nogara, o novo papa João XXIII nomeia Henry de Maillardoz para a presidência da "Speciale", enquanto para presidir o IOR é escolhido Massimo Spada. Esses são os símbolos do nepotismo bancário daqueles anos, inseridos no mundo da economia e da indústria italiana, do lado de fora do Vaticano. Quem não fica de fora é Giulio Pacelli, posto na qualidade de vice-presidente da Sociedade Italiana para o Gás. Eis que, em 1960, ingressa no conselho de administração do IOR Michele Sindona, um economista siciliano mafioso, conselheiro do arcebispo de Milão, Giovanni Battista Montini. É ele que faz o Vaticano comprar participações na Montecatini e no milanês Banco Privado Financeiro, fazendo girar os 40% das ações. É o advento da máfia no nepotismo da Santa Sé.

Com Paulo VI no trono pontifício, o sucessor de Massimo Spada no IOR é Luigi Mennini, na função de diretor executivo, ao lado de Pellegrino de Strobel, enquanto o presidente é o cardeal Alberto Di Jorio. Mennini acumula ainda as funções de conselheiro administrativo da Congregação para o Clero e de presidente da *Peregrinatio Romana ad Petri Sedem* — órgão que custeia as peregrinações a Roma —, além de fazer parte do conselho de administração de diversas instituições bancárias e firmas empreendedoras. Entre elas a Imobiliária e a Società Gestione Immobile Roma, que administra os imóveis da Santa Sé dentro de Roma. Mennini é o segundo homem da Santa Sé que representa uma relação das economias vaticanas com o Estado italiano.

À frente do IOR, Paulo VI dá início a uma profunda operação de atualização da tutela dos bens de propriedade da Santa Sé: em 15 de agosto de 1967, promulga a Administração do Patrimônio da Sede Apostólica [APSA] na qual conflui "La Speciale", que jamais concluiu os deveres firmados após a assinatura dos Pactos Lateranenses. A APSA passa a ser o banco central do Vaticano, trabalhando na administração dos bens da Santa Sé, destinados a dar os fundos necessários à execução das funções próprias da Cúria Romana. O IOR mantém o caráter de banco privado, como guardião do dinheiro, mas, em março de 1968, Paulo VI dá vida à Prefeitura dos Negócios Econômicos da Santa Sé, um escritório de controle das várias ações vaticanas, sobreviventes aos balanços de comissões e secretariados relativos às entradas e saídas e aos balanços preventivos.

No organograma da Cidade do Vaticano, quem chefia o governo é uma comissão de cardeais. Em 1969, o cardeal Jean-Marie Villot era o presidente e o cardeal Sergio Guerri, o diretor executivo, mas, na verdade, no fim de 1958, o governo praticamente tem como líder um laico, o conde Enrico Pietro Galeazzi. Ele assume o papel de diretor-geral dos Serviços Técnicos. Todos esses cargos são confirmados por Paulo VI. Já o conde, terceiro homem laico de importância no Vaticano, no entanto, teve sua indicação arquitetada pelos palácios apostólicos e pela basílica de São Pedro, como membro da Comissão para Proteção dos Monumentos da Santa Sé. Além disso, Galeazzi, a partir de 1968, preside a Imobiliária Geral, a maior empresa de imóveis e construção dos anos 1960 e 1970. Autêntica fortaleza do Vaticano no momento em que a Santa Sé está lotada de homens, entre conselheiros e prefeitos, como Luigi Mennini, que também é delegado especial para o IOR, e Luigi Quadrani, entre outros, secretário da seção extraordinária da APSA. Dois outros prefeitos também estão no quadro da APSA, Guglielmo Mollari e Francesco Falsini, como contadores. Tudo isso também explica por que a Imobiliária acaba sendo investigada na compra e venda dos imóveis da Santa Sé, dentro de Roma, nos anos 1970. Um pecado relacionado, de qualquer modo, ao nepotismo na lavagem de dinheiro.

O quarto homem de maior importância nas finanças vaticanas do fim dos anos 1960 é o marquês Giovanni Battista Sacchetti. Paulo VI, no quadro de uma minirreforma geral da Cúria, o nomeia delegado especial, um possível e útil peão no relacionamento da Santa Sé com o Estado italiano. Sacchetti de fato não é menos que Spada e Mennini no que diz respeito à função empreendedora, sendo presidente honorário do Banco do Santo Espírito e membro do conselho da Imobiliária, além de presidente de diversas empresas, entre as quais e não por acaso, a União Cristã Empreendedora e Dirigente.

Ao lado dos quatro homens laicos e relevantes do nepotismo bancário vaticano se encontra monsenhor Paul Marcinkus. Eclesiástico americano, trabalhou na Secretaria do Estado, estando em contato com Montini, e seguiu os passos do cardeal Spelman. Na verdade ligado aos Cavalheiros de Colombo e à Opus Dei, relacionou-se continuamente com o mundo dos negócios romano. Paulo VI, em 1969, o nomeia secretário do IOR e, dois anos depois, presidente. Marcinkus se porta como promovedor das iniciativas financeiras e empreendedoras, confiado por monsenhor Donato De Bonis com a genérica qualificação de "prelado", grande interlocutor com a política e a economia em Roma.

Marcinkus, em 1971, estreita amizade com o homem de negócios americano David Mattew Kennedy, presidente do Continental Illinois National Bank de Chicago e ministro do Tesouro no governo Nixon. Leva adiante os seus tráficos bancários com Michele Sindona, que tem o seu centro de negócios nos Estados Unidos, onde tira vantagem dos laços com a máfia. É um grande especialista em bancos *offshore*, ideal para transitar com eurodólares livres de taxas. Precisa evitar investimentos na Itália para não incorrer em pagamento de impostos, ingressando em participações com empresas no exterior. Então se alia a Sindona nas desventuras que levam o IOR a maquiar a sua etiqueta de "instituto religioso". Por exemplo, o banco passa novamente a controlar o Instituto Farmacológico Serono, do qual o Vaticano tem grande participação. De lá sai a pílula anticoncepcional Luteolas, vendida regularmente em farmácias e cujo uso é condenado por Paulo VI, na encíclica *Humanae Vitae*, de 25 de julho de 1968.

A vergonha maior do nepotismo bancário, sob o comando de Sindona, se manifesta quando o banqueiro siciliano, "com seus três bancos: Banco Privado Financeiro, Finabank e Banco União", escreveu o juiz Ferdinando Imposimato, "estabelece acordos com os bancos públicos Banco de Roma, Crédito Italiano e Banco Comercial. Sob pressão de homens do poder, os bancos nacionais efetuam notáveis depósitos e pagamentos nos institutos de Sindona. Dessa forma, ele acumula os milhões dos bancos públicos em seus cofres. Sua habilidade estratégica sobre os circuitos financeiros se baseia na intermediação do IOR, que, com a sua presença, age como fiador. O Banco Vaticano, na verdade, pode executar qualquer operação financeira e movimentar capital em todo o mundo, fora de qualquer controle."

É o que acontece quando Sindona, em 1971, põe Marcinkus em contato com Roberto Calvi, novo presidente do Banco Ambrosiano, que vem, automaticamente, afiliado ao nepotismo bancário. O trio funda, em sociedade, um banco no paraíso fiscal das Bahamas, o Cisalpine Overseas Bank, no qual podem transferir os fundos negros ou provenientes de operações ilegais, ou seja, dinheiro "sujo". No conselho administrativo desse banco está Licio Gelli, chefe da P2, isto é, Propaganda Due, uma loja secreta da Maçonaria. Como vimos, resultam nos 112 homens "presumivelmente inscritos" do Vaticano [v. *Apêndice*]. Nesse ponto do nepotismo bancário, competem de maneira definitiva a Maçonaria, os serviços secretos e a máfia. Mesmo se toda essa filiação conseguisse ficar de algum modo "encoberta", revelaria um falso testemunho, por tudo que condena a Santa Sé [v. *A condenação da Maçonaria*].

Os problemas para o IOR começam em 26 de abril de 1973, quando Marcinkus é interrogado por William Lynch, presidente da Organised Crime and Racketeering Section do Departamento de Justiça dos Estados Unidos, e por William Aronwald, vice-presidente da Strike Force, do distrito sul de Nova York, a respeito de um caso de lavagem de dinheiro e obrigações falsas, provenientes da máfia nova-iorquina e terminando nos cofres vaticanos. Trata-se de uma movimentação de 950 milhões de dólares. Naquela ocasião foram efetuadas algumas prisões entre os representantes da máfia local e Marcinkus foi solto por insuficiência de provas.

É o início do escândalo que continua ao longo de 15 anos. Crônica negra que se mostra policianesca e vergonhosa para o nepotismo bancário da Santa Sé, com rastros de fraude e assassinatos em nome de Mâmon. Em 1974, foi emitido um mandado de prisão para Michele Sindona por crime contra a ordem econômica. O economista se refugia em Taiwan e de lá vai para os Estados Unidos, onde é acusado, pelo governo americano, de ser o responsável pela falência do Franklin Bank. Dois meses depois, é condenado pelo tribunal de Milão a três anos e seis meses por violação das leis bancárias. É preso nos Estados Unidos, mas sai da prisão pagando fiança.

Roberto Calvi, por sua vez, prossegue na expansão da atividade do IOR no exterior, com ilícitos na América do Sul, China, Suíça e Bahamas, transferindo somas estratosféricas para contas secretas em nome de Licio Gelli, Pippo Calò, Francesco Pazienza, Umberto Ortolani e Flavio Carboni. Todos que constituem a cúpula do nepotismo bancário do Vaticano, em ligação com elementos da Maçonaria, com o grão-mestre Armando Corona. Calvi passa a membro do conselho de administração do Kreclietebank Luxembourg e a loja maçônica luxemburguesa o aceita entre os seus sucessores. Isso tudo não conseguirá, contudo, evitar o súbito recuo. Depois de ter perdido grande capital do Banco Ambrosiano para os cofres do IOR, Calvi se depara com uma dívida colossal de cerca de 3 trilhões de liras, dos quais não tem condições de dar conta, em 1978, durante uma inspeção feita pelo Banco da Itália no Ambrosiano.

Em 1978, com a eleição pontifícia de Woytila, se reforça a posição de Paul Marcinkus. O presidente do IOR se sente em crédito com o papa, porque, nos Estados Unidos, acobertou um escândalo dos padres poloneses da Filadélfia que tinham realizado fraudes. O dinheiro chegou na Polônia e foi usado para financiar o Solidariedade, grupo de oposição ao regime comunista. Marcinkus continua a traficar com Calvi, apesar de Sindona ter acabado preso e o Banco Ambrosiano estar sob investigação.

Há uma série de acusações contra os líderes do IOR. Em março de 1979, a procuradoria de Milão repassa para a Guarda de Finanças* o processo do Banco da Itália. Vêm à tona violações de lei sobre evasão de divisas sob responsabilidade de Roberto Calvi. Em fins de julho, Sindona é acusado de ser o mandante do assassinato de Giorgio Ambrosoli, liquidante de um dos bancos do economista siciliano, ocorrido em 12 de julho, em Milão, por William Joseph Aricò. Foi solicitada a extradição do mafioso na Itália.

Sete dias depois do atentado ao papa, Roberto Calvi é preso por ordem da magistratura milanesa, por transferência ilegal de capital ao exterior. Foi condenado a quatro anos com a suspensão da pena na espera de sucessivas instâncias. Assim, foi solto e pôde retomar o contato com Marcinkus. Fez lançar pelo IOR "cartas de patrocínio" em seu favor, nas quais se reconhece que o débito das empresas

---

*Corpo militar de polícia tributária do Estado italiano. (N. do T.)

panamenhas acima de 1,2 milhão de dólares é da competência do Banco do Vaticano. Porém, Marcinkus obtém uma carta de fiança e a solução dos problemas de endividamento do IOR, em 30 de junho de 1982.

Paralelamente, ocorrem as histórias financeiras ligadas de algum modo à Santa Sé. Em abril, Calvi e Sindona são incriminados pela procuradoria de Milão por fraude pluriagravada; Calvi foge para Londres. Lá, o banqueiro tenta, em vão, uma série de contatos com economistas para liberar um "fundo secreto" de 2,2 milhões de dólares, constituído por conta do IOR e da Opus Dei. Em 17 de junho, Calvi foi achado enforcado debaixo da ponte Blackfriars, em Londres. O médico legista declarou tratar-se de suicídio, mas ninguém acreditou. Os administradores extraordinários do Banco Ambrosiano, nomeados pelo Banco da Itália, pedem aos chefes do IOR que saldem os débitos do banco, avaliados na ordem de 1,2 milhão de dólares. Marcinkus, Mennini e De Strobel se recusam. Em setembro de 1982, Licio Gelli é preso na Suíça; escapa e se refugia na América do Sul, para retornar à Itália em 1988, com a garantia de não ser punido pelos crimes para os quais foram emitidos os mandados de prisão. Contudo, foi posto em liberdade por motivo de saúde.

Os Estados Unidos concederam a extradição para a Itália de Michele Sindona, em março de 1984. Foi transferido para o presídio de Regina Coeli, em Roma, e depois para Voghera. O mandado de prisão emitido contra ele fala "de provas documentais de operações irregulares, efetuadas por Sindona, por conta do Vaticano". Então, em 24 de maio de 1984, a Santa Sé assina, em Genebra, um acordo que a permite sair, definitivamente, do problema. Paga *una tantum* aos credores do Banco Ambrosiano, a título de "contribuição voluntária", a soma de 243 milhões de dólares, mais ou menos 420 milhões de liras, em troca da renúncia a todas as ações legais contra ela.

Porém, passado um ano, em março de 1985, são presos, nos Estados Unidos, Francesco Pazienza, por associação mafiosa e contribuição na falência do Ambrosiano; e na Itália, Pippo Calò, ligado ao bando da Magliana* e indiciado como um dos mandantes do homicídio de Calvi. Pazienza é extraditado para a Itália. O mafioso puxa o tapete do cardeal Pietro Palazzini, prefeito da Congregação para as Causas dos Santos, e do monsenhor Hillary Franco, "sacerdote menor" junto à Congregação do Clero, como mediador do tráfico de Calvi. Este último é acusado de ter assi-

*Nome dado pela imprensa italiana à organização criminosa romana. (N. do T.)

nado um cheque de 20 milhões, na verdade jamais descontado, pois na sua conta bancária não havia fundo suficiente para pagar aquela cifra. O monsenhor declara ter caído em uma armadilha. Os dois prelados foram expulsos, sem sequer alegarem a imunidade diplomática.

Nesse meio tempo, conclui-se a história judiciária e a vida de Sindona. Em março de 1986, o banqueiro siciliano é condenado à prisão perpétua. Morreu três dias mais tarde no presídio de segurança máxima, em Voghera, após beber café com cianureto. Oito dias depois, em 1º de abril, foi achada a pasta de Roberto Calvi, "comprada do senador Giorgio Pisanò, membro da Comissão Parlamentar de Inquérito da loja maçônica P2. Naturalmente desconhecem-se os vendedores, contudo apontados mais tarde como sendo Flavio Carboni e o bispo tchecoslovaco Pavel Hnilica. Daquela pasta saem, dentre outras coisas, várias chaves de cofres, dois passaportes, fotos de família dos banqueiros, além de um apelo desesperado enviado por Calvi ao traficante Flavio Carboni, ao monsenhor Hillary Franco e ao cardeal Pietro Palazzini. As cartas, publicadas na *Panorama* de 13 de abril de 1983, contêm também acusações contra Maricinkus, Mennini, o cardeal Agostino Casaroli, secretário de Estado, e também ao monsenhor Achille Silvestrini, ministro do Exterior do Vaticano. Esses últimos são acusados pelo banqueiro de fazerem parte de "um complô que, com a conivência de forças laicas e anticlericais nacionais e internacionais, visa modificar o atual sistema de poder no interior da própria Igreja".

Em fevereiro de 1987, o juiz instrutor do tribunal de Milão, Renato Bricchetti, emite um mandado de prisão contra Paul Marcinkus e Pellegrino de Strobel, isto é, os chefões do IOR, apontando graves responsabilidades do Banco Vaticano no *crack* do Banco Ambrosiano. São presos ainda Alessandro e Luigi Maria Mennini, filho e sobrinho de Luigi Mennini, ex-tesoureiro do IOR. Porém, para os dois representantes da Santa Sé a imunidade diplomática fala mais alto. O nepotismo eclesiástico bancário não pode ser processado. Os procuradores do ministério público Luca Tescaroli e Maria Monteleone, no capítulo *Roberto Calvi e o Banco Ambrosiano como Renovadores da Cosa Nostra*, denunciam o papel do padre Agostino Coppola, pároco de Carini e administrador do seminário de Montereale, irmão dos mafiosos Giacomo e Domenico Coppola, também parente do supermafioso Frank Coppola, conhecido como Três Dedos. O padre foi condenado com sentença irrevogável por chefiar uma "conta triângulo", junto ao BNL — Banca Nazionale di Lavoro*

*Banco Nacional do Trabalho (N. do T.)

de Palermo, onde eram efetuadas movimentações financeiras ligadas ao Ambrosiano e "parte desse dinheiro era investida no Banco Vaticano", segundo o testemunho do colaborador da justiça Francisco Marino Mannoia.

A Santa Sé, frente a essa situação de colapso, põe em prática uma reestruturação. Cria um Conselho de Superintendência cujo presidente, em 1989, é Angelo Caloia, encarregado de economia política da Universidade Católica de Milão e membro da Opus Dei. O Banco Vaticano entra novamente em balanço unificado, mesmo que cada filial possa operar autonomamente. A partir desse ponto, o Vaticano se considera fora de todas as sucessivas histórias judiciárias, que, desde os anos 1990, marcam uma série de escândalos financeiros, entre processos e denúncias, quase sempre sob responsabilidades eclesiásticas e laicas do nepotismo bancário.

Com a previsão de um desastre econômico mundial e a desvalorização da moeda, em 1992, o IOR faz tudo o que é necessário para a compra de uma grande quantidade de marcos alemães, envolvendo diversas ordens religiosas na operação. O fato é denunciado pelo maçom Giuliano Di Bernardo, grão-mestre do Grande Oriente da Itália. Ele acusa de especulação o cardeal Rosario José Castillo Lara, presidente da APSA, da Pontifícia Comissão para o Estado da Cidade do Vaticano e membro da Comissão Cardinalícia de Supervisão sobre o IOR, afirmando que a Opus Dei "invadiu como um tumor a economia italiana e internacional", como se lê no jornal *La Stampa*, de 20 de setembro de 1992. Essa denúncia, obviamente, não foi aceita.

Em 23 de março de 1993, o tribunal de Roma condena Flavio Carboni a cinco anos e o bispo Pavel Hnilica a três anos pela receptação da pasta de Roberto Calvi. O prelado tchecoslovaco não vai preso por conta da imunidade diplomática. A procuradora Maria Monteleone pedirá a absolvição do monsenhor Pavel Hnilica, porque, quando estava de posse de alguns dos objetos contidos na pasta de Calvi, agiu por necessidade, para não comprometer o próprio João Paulo II. Querendo dizer com isso que seria preciso culpar o papa.

Em janeiro de 1994, há o escândalo do máxissuborno da Enimont. Vê-se o envolvimento da Santa Sé porque pelos cofres do IOR teriam passado 110 milhões, cálculo do jornalista da ANSA, Luigi Bisignani, através de uma série de bonificações bancárias junto a vários institutos de crédito, na Itália, Suíça e Luxemburgo. O tribunal de Milão requer à Santa Sé quantificar a cifra dos títulos transitados junto ao IOR. Angelo Caiola comunica ao tribunal que a comissão recebida pelo Banco Vaticano foi de "1.923.000 dólares em uma conta do IOR, a IOR Charity Fund, no Banco de Lugano". O tribunal contesta Angelo Caiola por falta de dados que justifiquem a soma de 14 milhões que, segundo o IOR, teriam sido sacados em espécie por Luigi Bisignani. Assim, na sentença afirma-se que os resultados "induzem a acreditar como provável que tenha sido paga ao IOR, pelas operações de negociações dos títulos, uma comissão mais alta do que o objeto de crédito, documentadamente acertado, na conta IOR Charity Fund, mas não é possível considerar estabelecido o modo de pagamento de um eventual saldo".

Diante desse novo fato judiciário, resta a comprovação da lavagem de dinheiro, entre os anos 1989 e 1993, como denunciará o jornalista Gianluigi Nuzzi, no livro *Vaticano Spa**, baseado nos arquivos do monsenhor Renato Dardozzi. Naqueles anos se verifica uma transferência de 275 milhões de euros em espécie e de 200 milhões de liras em títulos de Estado. Tudo isso seria finalizado, com o apoio da máfia, com a fundação de um partido de centro, destinado a substituir a Democracia Cristã. Em particular, o filho de Vito Ciancimino, Massimo, declarou: "As transações a favor do meu pai passavam por todas as contas e cofres do IOR."

Em novembro de 1994, na cela de segurança máxima do presídio romano de Rebibbia, o mafioso arrependido, Vincenzo Calcara, falando de lavagem de dinheiro, acusa Paul Marcinkus de ter "reciclado" 10 milhões, fruto de roubo e narcotráfico. Quem o contradiz é o cardeal Rosario Castillo, ex-dirigente do IOR. Segundo o que se lê no *La Reppublica*, de 17 de novembro: "As acusações não encontraram nenhuma resposta porque, conhecendo pessoalmente o arcebispo Marcinkus, tenho certeza de que não teria aceitado dinheiro suspeito de nenhum gênero e tampouco de pessoas desconhecidas. O arcebispo Marcinkus está nos Estados Unidos há muitos anos. Estou mais do que seguro de que alguém quer fazê-lo de bode expiatório para cobrir, quem sabe quais crimes, denunciados por um arrependido de cuja confiança, se sabe, deve-se ter bastante cautela." É uma defesa fraca e ridícula, sem contar que o arcebispo naquele momento ainda estava no Vaticano, escondido de alguma maneira, tendo voltado aos Estados Unidos somente em 1997.

Em 15 de outubro de 2003, os mesmos procuradores do ministério público pedem, novamente, o indiciamento de quatro pessoas, com a acusação de homicídio de Roberto Calvi. São elas: Giuseppe Calò, Ernesto Diotallevi, Flavio Carboni e Manuela Kleinszig. De acordo com a acusação, Calvi foi assassinado "para impedi-lo de chantagear os políticos institucionais da Maçonaria e do IOR, com os quais

*Spa equivalente ao S/A (Sociedade Anônima). (N. do T.)

havia realizado investimentos e financiamentos de visíveis somas de dinheiro, provenientes da Cosa Nostra".

A esse ponto, o Vaticano se põe de fora de toda essa pendenga judiciária. Ocupa-se somente em remontar o esquema financeiro e o relativo nepotismo bancário em todos os setores, seguindo adiante, tranquilamente. A Prefeitura dos Negócios Econômicos, presidida pelo cardeal Sergio Sebastiani, examina as relações sobre o estado patrimonial e econômico, bem como os balanços consultivos e preventivos das várias administrações pertencentes à Santa Sé. A APSA, sob a presidência do cardeal Attilio Nicora, é reconhecida pelo Fundo Monetário Internacional como instituto financeiro. Funciona como uma tesouraria e administra os salários dos empregados do Vaticano, os imóveis da Santa Sé e o complexo de ações e obrigações. Desde o ano 2000 está autorizada, pela União Europeia, a emitir 670 mil euros/ano, com a possibilidade de emitir outros 201 mil, por ocasião de concílios ecumênicos, Anos Santos ou Sé Vacante*.

O IOR mantém a estrutura de um banco cujas regras no relacionamento com as pessoas físicas ou jurídicas remetem ao Código de Direito Canônico. Desde setembro de 2009, é presidido por Ettore Gotti Tedeschi. Curiosa e hipócrita é a definição que o Anuário Pontifício lhe dá até hoje. Classifica-o, ambiguamente, entre os "Institutos Eclesiásticos de Educação e Instrução", ou seja, um instituto que promove "a guarda e a administração dos bens móveis e imóveis, transferidos ou confiados ao próprio instituto, pelas pessoas físicas ou jurídicas, destinados às obras religiosas ou de caridade". Lá onde por pessoas jurídicas se entende: os eclesiásticos, as congregações religiosas, paróquias, igrejas, fundações da Santa Sé, o clero de todas as ordens e graus e os laicos a serviço da Santa Sé, como dirigentes e empregados. A realidade é que nos cofres do IOR existe um autêntico tesouro, presumivelmente cerca de 2 toneladas em ouro e títulos do Estado, avaliados em 3 milhões de euros. Enquanto o fluxo de capital que entra pela porta do instituto não é inferior a 6 bilhões de euros.

Contudo, resta a atividade de transferência ilegal de dinheiro em um paraíso fiscal, segundo o modo já utilizado por Marcinkus, Sindona e Calvi. Trata-se da *Missio sui iuris* na Grand Cayman, das Ilhas Cayman, conforme vimos no pecado do *Falso Testemunho* (v.). Caso perdido como terra de missões, e aqui vai de novo assinalado que é administrada pelo cardeal Adam Joseph Maida, arcebispo de Detroit, com a função de Superior, um dos membros do atual órgão fiscalizador do

* Período entre a eleição de um papa ou quando da sua renúncia. (N. do T.)

IOR. No fundo, é ele o líder do nepotismo bancário, no que diz respeito à evasão fiscal, e de todo o tráfico monetário relacionado ao IOR.

O comércio fúnebre

É o mais antigo mercado sagrado operado pelo Vaticano. Nasceu dentro da primitiva santa comunidade cristã de Roma, com o bispo Calisto I (217-222), que inventou a sepultura paga dos cadáveres, antes de subir ao trono pontifício. Ainda pagão, atua como um agiota, um escravo liberto do banqueiro Carpoforo. Eis que, um dia, comete o erro de emprestar dinheiro a um judeu, que, por sua vez, reluta em pagar os juros. Certo dia, durante uma cerimônia, Calisto aparece na sinagoga para cobrar o pagamento. Os judeus apresentam uma denúncia contra ele por ter perturbado a cerimônia. O prefeito Fusciano ordena chicoteá-lo e o envia para trabalhos forçados na Sardenha, onde acaba junto a um grupo de cristãos condenados. A sua salvação vem de Márcia, uma das amantes preferidas do imperador Cômodo. Cristã, ela estava pronta a se sacrificar pela causa, como pediu o bispo de Roma, Vítor I (189-199). Ele a absolveu para que deixasse a vida pecaminosa, mas frutuosa, no momento em que passou a ser esposa de Cômodo e, claro, imperatriz. Naquele ponto, consegue a assinatura de Cômodo em uma lista para a liberação de todos os membros da comunidade cristã exilados na Sardenha, entre os quais Calisto. Esse, por sua vez, se converteu ao cristianismo pelo presbítero eunuco Jacinto. Uma vez desembarcado em Civitavecchia, foi chamado a Roma — indicado por Márcia, que garante as suas capacidades administrativas — pelo bispo Zeferino (199-217), confiando-lhe a gestão financeira da comunidade.

Calisto, já batizado e purificado, se empenha em renovar sua usurpação na única atividade que pode cobrar da comunidade, tomar conta das catacumbas, onde todo mártir cristão deseja ser sepultado com as bênçãos episcopais. Assim, organiza-as com estratégia empreendedora. Abre, no terreno sob a Via Ápia, doado pelas matriarcas cristãs, um grande cemitério subterrâneo. Dá a ele o seu próprio nome e cria uma verdadeira agência de pompas fúnebres. Forma o grupo de coveiros, com funções também de decoradores. Vende os nichos para as tumbas familiares e individuais, com bênção especial do bispo Zeferino. Essencialmente organizado, lança o serviço fúnebre religioso pago, ou seja, um comércio. O preço varia. Baixos-relevos e pinturas levam os preços às alturas, mas a finalidade sagrada da preparação do ambiente, para depositar o defunto e para a sua futura ressurreição, não causa hesitação por parte dos clientes. Depois, naquela catacumba, o defunto estará em companhia de ninguém menos que alguns dos cadáveres dos bispos romanos, naquela que se chamará a "Cripta dos papas". Em suma, a morte paga.

É uma iniciativa de clara exploração econômica, contra a qual o contemporâneo presbítero romano, Hipólito, primeiro antipapa [217-235], mas também posteriormente classificado como santo, lança o seu *J'accuse* em termos de puritanismo evangélico. "Não se devem fazer despesas excessivas pela sepultura no cemitério, porque ele pertence a todos os pobres; solicita-se, somente, o honorário dos escavadores das tumbas e o custo dos tijolos. Os salários dos guardiões serão pagos pelo bispo." Portanto, com uma igreja que exerce um ganancioso controle das sepulturas dos seus fiéis, até para um cristão da primitiva comunidade morrer mártir pode representar um luxo. As indulgências relativas às vendas de nichos tornam-se uma regra em toda Roma católica e está à frente dos espaços que, nas igrejas, são vendidos às famílias nobres para a construção, pagas por elas, das capelas com os seus referentes monumentos fúnebres. Então, são essas famílias que proveem o pagamento para a manutenção dessas tumbas, a qual, caso não houvesse, colocaria em risco a sua existência, mesmo tratando-se de lugares consagrados. É o caso, em Roma, da Capela Bórgia em Santa Maria del Popolo. Uma vez terminado o poder da família de Alexandre VI, em 1520, surgem os Chigi graças ao dinheiro do banqueiro Agostino. Mandam desfazer as tumbas de Juan Bórgia e de sua mãe, Vannozza Cattanei, amante de Alexandre VI, tanto que essa última acaba no subsolo da basílica de São Marcos, de onde, em 1948, reaparece apenas a lápide e que está murada no átrio da basílica.

Deve-se também ter em mente que o comércio fúnebre destina-se a não morrer junto àqueles cujos funerais são celebrados nas igrejas. Nos dias atuais, na Itália e em outras partes da Europa, a bênção da alma com a celebração da missa, em teoria, é gratuita, mas é obrigatória uma doação, que não pode ser inferior a 100 euros e pela qual não se dá recibo. As doações são, adequadamente, mais altas quando se pede por música e cantos. O pagamento se impõe também por uma missa em ação de graças. A propósito, em 2009 aconteceu que o sacristão da igreja romana de São Pio V, diante de um pagamento de 5 euros por parte de um fiel que pediu a celebração de uma missa, deixou claro que a "doação" deveria ser de 10 euros. O pagamento foi feito e, naturalmente, nenhum recibo foi dado. O comércio continua. O irônico é constatar que esse comércio não é admitido em caso de um suicida ou de um divorciado, ou seja, de uma pessoa tida como indigna de receber a bênção da Igreja. Mas até mesmo nessas condições não faltam exceções escandalosas.

Foi o que se viu no caso do chefão do bando da Magliana, Enrico De Pedis, sepultado na basílica de Santo Apolinário por concessão da Opus Dei, que supervisiona a basílica e o palácio. Foi notícia em todos os jornais, em 10 de julho de 1997, que os funerais do bandido morto em 1990 na via del Pellegrino, em um confronto entre bandidos rivais, foram realizados em San Lorenzo in Lucina pelo monsenhor Piero Vergari, reitor da basílica de Santo Apolinário, o que faz supor uma ligação do bandido com a Santa Sé. Todavia, tudo foi confirmado com interrogatório parlamentar, apresentado pelo honrado Mario Borghezio, sobre os motivos daquela sacra sepultura, graças ao qual se teve um comunicado por parte do gabinete de imprensa do vigário, esclarecendo que "foi o cardeal Ugo Poletti quem concedeu o nada-consta para a sepultura", de acordo com uma generosa oferta aos pobres da basílica. Acontece que esse túmulo só foi retirado em 2008, após uma sequência de recriminações por parte da opinião pública.

A agiotagem

À frente dessa prática temos a figura sinistra de Calisto I, que, antes de ser o secretário de Zeferino, soberano pontífice, foi agiota. Os problemas persistem nos meandros da atividade da Igreja. Em 443, o papa Leão I, com a carta *Ut nobis gratulationem*, condena a prática da usura por parte dos clérigos que, na época, constituíam uma classe rica. Evidentemente, a situação vai piorando com o crescimento demográfico e o desenvolvimento do comércio após o ano 1000. Tanto que o Concílio Lateranense II, de 1139, condena, junto à indulgência, também a agiotagem. No entanto, a condenação não é definitiva. Considera-se que a Igreja tem o controle do mercado agrícola e empreendedor não apenas no próprio Estado. Então, Gregório IX, através da carta *Naviganti*, de 1227, admite a legitimidade de um ganho pelo assim chamado "*periculum sortis*".

A criação dos Monti di Pietà* é determinante para a difusão do pecado da usura, mesmo que camuflado. O maior promotor da instituição é o frade fran-

*Posteriormente Banco de Nápoles. (N. do T.)

ciscano Bernardino da Feltre, que elabora o chamado "fundo de rotação", na base do qual um capital pode ser usado em garantia dos empréstimos concedidos, sem comprometer o patrimônio. Na prática, o empréstimo é concedido somente aos proprietários, com a garantia dos "penhores", constituídos por objetos de valor pertencentes aos clientes. Esses devem jurar que pegam emprestado para uso próprio e necessidades moralmente irrepreensíveis. É um modo ambíguo de contornar o impedimento, sabendo-se que a gestão dos Montepios é feita por eclesiásticos.

O primeiro Monte di Pietà nasce em Ascoli Piceno, em 1458, junto com a constituição *Regimini Universalis*, promulgada em 1455, por Calisto III, que admite um ganho por certos tipos de contrato. Com essa iniciativa, eis que no início do século XVI o dominicano Giovanni Eck, amigo do banqueiro Fugger, sustenta a legitimidade de um empréstimo com 5% de juros. Isso é agiotagem mesmo com a aprovação da universidade eclesiástica de Paris. Além de tudo, o empréstimo termina a cada três ou seis meses, renováveis, com juros aumentados, obviamente. Até que o Concílio Lateranense V, de 1515, com a bula *Inter multiplices*, aprova os juros obtidos pelos Monti di Pietà e, portanto, o juro é abençoado.

Em 9 de setembro de 1539, foi fundado o Monte di Pietà de Roma com uma bula expedida por Paulo III. O capital necessário ao funcionamento do instituto provém da caridade pública, dos legados ou da beneficência. Os empréstimos em dinheiro são concedidos com o penhor de objetos, não somente valiosos, mas também de outros gêneros. Atendem-se por normas abençoadas, pelas quais se confirma o término a cada três ou seis meses, renováveis com taxas de juros já consolidados em 5%. Com o tempo, o Montepio amplia suas atividades e se transforma na maior instituição financeira da praça romana, começando, em 1584, o recolhimento dos depósitos e adquirindo, no decorrer do século XVIII, a gestão da Depositeria della Camera Apostolica, isto é, o Tesouro do Estado Pontifício e da Casa da Moeda Pontifícia. Na prática, a atividade de usura acaba se entranhando no contexto das mais variadas atividades bancárias, que comportam também o depósito de grandes somas, com a definição de *Mons Pietatis et Depositorum*. Dessa forma, os juros sobre os empréstimos puderam ser reduzidos a 3%. A partir de 1603, o Montepio se estabelece e existe até hoje, em frente à praça chamada de Monte di Pietà, na zona da cidade onde agora se concentram as principais atividades comerciais e financeiras de Roma. Foi construída também uma esplêndida capela, obra de Maderno, que será sucessivamente ampliada, propriamente para evidenciar o caráter religioso de caridade do montepio e esconder, ainda mais, a usura operada dentro dele.

A disfarçada ação de agiotagem a ser seguida é usada na tentativa de abafar o problema. Precisa-se chegar a 1745 para que seja trazida à tona. Quem se encarrega disso é o escritor Scipione Maffei, na obra *O Uso do Dinheiro*, onde procura demonstrar que a agiotagem moderada é lícita e útil. Então, a Igreja intervém de maneira definitiva. Em 1745, Bento XIV, na encíclica *Vix pervenit*, confirma que não se pode ganhar dinheiro pelo simples empréstimo monetário, mas é legítimo obter os juros nos casos de "lucro cessante" e de "dano emergente", proibindo de considerar heresia a opinião dos que cobram juros em outros casos particulares. Querendo dizer com isso que a agiotagem não é permitida, mas é impossível eliminá-la. Resta, por outro lado, em vigor, a atividade de certas Casas de Penhora, muitas das quais se transformarão em bancos católicos.

A venda das indulgências

Segundo a definição do Código de Direito Canônico, as indulgências constituem "a remissão dos pecados, já perdoados quanto à culpa, que o fiel, devidamente disposto e a determinadas condições, compra com a permissão da Igreja, que, como ministra da redenção, distribui e aplica, com autoridade, o tesouro das graças de Cristo e dos santos". Na prática, as indulgências consistem na remissão das penas terrenas, devidas aos céus, porém canceladas com a penitência no sacramento da confissão ou reconciliação, como denominou, posteriormente, o Concílio Vaticano II.

Portanto, a venda das indulgências nasce como um próprio pecado, pois tem seu valor na "Tarifa de penitência", firmada na Igreja de Roma a partir do século VI. É chamada também de "Penitência insular", sendo conduzida por iniciativa de São Columbano nos monastérios da Irlanda, de onde se difunde por toda a Europa. Consiste em um rito de penitência chamado *Compositio*, ou seja, o resgate do pecado, estabelecido por um sacerdote confessor com o pagamento de uma soma em dinheiro ou a cessão de um terreno à diocese do confessor. Trata-se de lucrar ou mesmo de comprar a absolvição vendida pela Igreja. Para ajudar o sacerdote na escolha da penitência, estão listadas pela Cúria pontifícia nos *Libri tariffari*, que preveem para cada culpa uma específica modalidade de expiação que o pecador deve fazer para reaproximar-se de Deus. Os pobres expiam as culpas por procuração, através de um amigo rico que pode pagar pela intercessão, em aparente espírito de caridade. De fato, normalmente o amigo impõe ao penitente um reembolso com trabalho, até a sua escravidão. Essa prática cria, então, uma série de abusos, seja da parte do confessor, seja do fiador, e passa a ser um método para enriquecer a diocese e instituir os servos da gleba. Levando assim aos extremos a consequência das indulgências em relação ao clientelismo.

A tarifa da penitência assim definida está circunscrita às simples dioceses espalhadas na Europa, mas não chega em Roma, onde deveria estar a fonte dessa redenção do pecado. Uma hipótese poderia ser a de relacioná-la com a peregrinação que se faz a Roma, desde os primeiros séculos do cristianismo, para visitar as basílicas e a veneração das relíquias sagradas, ainda que não qualificadas como autênticas (v.) e expostas em festas especiais. O primeiro a ter um projeto sobre isso foi o rei dos anglo-saxões, Ina, que, tendo abdicado por volta de 720, foi para Roma. Lá, passou os últimos anos de vida como peregrino. Construiu uma casa para os peregrinos, base do futuro Hospício do Espírito Santo, a fim de oferecer hospedagem aos romeiros ingleses. Impunha a cada família do seu ex-reino uma taxa de um soldo ao ano. Essa taxa era chamada *Romscott*, isto é, "um trocado para Roma", ou mesmo um óbolo que o peregrino deve dar à Igreja de Roma. É uma fórmula pecaminosa, pois não é fruto de uma esmola espontânea. Está relacionada à visão das relíquias na cidade papal. O óbolo foi confirmado no ano de 757 pelo novo rei da Mércia, Offa II, que envia todo ano uma soma para a iluminação a vela da basílica de São Pedro e daí que assume o nome de "Óbolo de São Pedro". Mas Carlos Magno, depois do ano 800, o impõe como oferta obrigatória a todos os proprietários de terras, dando-lhe um caráter de imposto, seja mesmo em forma de esmola e, portanto, independente da visita dos peregrinos e da mostra das relíquias. É fato que a penitência tarifada foi incorporada pelo óbolo, tanto que, em paralelo, surge uma cotidiana absolvição dos pecados, chamada "confissão auricular", com uma penitência de caráter espiritual baseada em rezas e abstinências.

Em 1063, papa Alexandre II (1061-1073), com a bula *Incarnationis Misterium*, aliada ao Óbolo de São Pedro, introduz a prática da indulgência referente à peregrinação às relíquias e aos lugares sagrados de Roma, Santiago de Compostela e Jerusalém, com a obrigação do pagamento da esmola, objetivando obras de caridade.

As indulgências acordadas pelo papa e, graças a ele, automaticamente a Deus, nascem como parciais, ou seja, calculadas em dias, meses e anos, liberando em parte as penas terrenas devidas pelos pecados, e cada fiel deve ganhar para si. Assumem depois sua forma total com os Cruzados que sacrificam a vida pelo Santo Sepulcro. Por outro lado, a função de promulgar a indulgência, uma vez designada pelo papa, é concedida aos Franciscanos Observantes Estrangeiros, nas respectivas províncias da ordem.

Independentemente das indulgências, está sempre em funcionamento a "confissão auricular", que chega a ser imposta anualmente aos fiéis no IV Concílio de Latrão, em 1215, assumindo uma natureza sacramental com o Concílio de Trento.

Por volta de 1250, surgem as indulgências aos defuntos, ou seja, às almas do Purgatório "a modo de sufrágio". Parcialmente concedida a todos os fiéis, com o mesmo destino, as obras para construção de igrejas e de utilidade pública. Destinadas à diocese da qual faz parte o penitente, muito frequentemente se perde nos meandros do Estado Pontifício, no interior dos palácios episcopais, monastérios e paróquias. Ainda não é uma venda, mas está no caminho. Em 1330, com Bonifácio VIII, nasce a indulgência jubilar e o pagamento do óbolo diretamente à Igreja de Roma, prática mantida nos sucessivos Jubileus ou Anos Santos.

Em 12 de fevereiro de 1507, Júlio II, durante a construção da nova basílica de São Pedro, promulga a bula *Salvator Noster* com a qual determina, fora dos Anos Santos, indulgências especiais mediante uma oferta, com uma procuração para os bispos recolherem os óbolos ou esmolas nas diversas dioceses. É o dito "comércio sagrado", em verdade, um ato de simonia bem descrito por Franco Gaeta: "quando os pregadores colocavam em segundo plano o arrependimento, davam particular ênfase à indulgência e à oferta, reduzindo a "mercadoria sagrada" a qualquer coisa vendável por dinheiro, e rastreavam moedas por exigência mundana da Igreja e dos prelados".

Leão X (1513-1521), uma vez consagrado, entende ser oportuno abolir aquela indulgência, mas, sete meses depois, cheio de dívidas que não consegue saldar com a venda dos escritórios (v.), recoloca em função a bula de Júlio II. Declara que não será revogada a indulgência promulgada para financiar os trabalhos da nova basílica de São Pedro. O fato é que aqueles sete meses foram suficientes para o papa se dar conta de que não apenas a construção da basílica vaticana, mas também as festas da corte e as previsíveis obrigações militares, demandariam dinheiro. Por isso a confirmação da indulgência, fazendo exceção para Portugal, França e Borgonha, além do território do império. Porém, em 29 de outubro de 1514, foram incluídos nas indulgências os territórios de Savóia, Delfinato, Provença, Borgonha, Lorena e as províncias eclesiásticas germânicas, exceto Magdeburgo e Brandemburgo. Para comissário das indulgências, é nomeado o clérigo da Cúria, Giovanni Angelo Arcimboldi. Os seus poderes, a partir de 1515, foram estendidos até o bispado de Meissen, onde, na Páscoa de 1516, o clérigo nomeia o dominicano Johann Tetzel, como o seu representante.

A transferência de Arcimboldi para o norte da Alemanha, em dezembro de 1516, determina a passagem de Johann Tetzel ao serviço do príncipe eleitor Albrecht de Brandemburgo, que comanda também a província eclesiástica de Mogúncia e o bispado de Halberstadt, zonas essas estranhas às concessões de indulgência. Verifica-se um acúmulo de nobrezas eclesiásticas que poderia ser motivo de conflito entre os príncipes eleitores, mas o problema foi resolvido graças a um verdadeiro contrato comercial. Leão X, em 18 de agosto de 1514, vende a Albrecht o título de arcebispo de Mogúncia e Magdeburgo, e, portanto, também a administração do território de Halberstadt, pelo valor de 14 mil ducados, além de uma taxa extra de 10 mil ducados pelos outros três bispados.

O príncipe-bispo Albrecht, para fazer frente a essas despesas, contrai um empréstimo junto ao banco Fugger, ao qual deverá reembolsar 29 mil florins. Como fará para saldar o débito?, pensa o papa, que lhe concede a publicação da indulgência nas províncias eclesiásticas que Albrecht acabara de comprar e nas terras da casa de Brandemburgo, até então excluídas. Metade das receitas, deduzidas as despesas, irá para a Fábrica de São Pedro, a outra ao arcebispado, que assim poderá saldar a sua dívida.

Em 31 de março de 1515, Leão X emite a bula *Sacrosanti Salvatori et Redemptoris*, com a qual Albrecht de Brandemburgo e Johann Tetzel são nomeados, por oito anos, comissários pontifícios para conceder indulgências nos territórios pertencentes ao principado de Brandemburgo. Com a bula vem também, em 15 de abril de 1515, o *motu proprio* do papa ao cardeal arcebispo de Óstia, como diretor da Câmara e dos seus empregados, confirmando a concessão da prática da indulgência. Quem fica de fora é o imperador Maximiliano, que se vê excluído da manobra, até porque ele mesmo poderia ter nomeado bispo aquele príncipe. Assim, exige uma taxa de mil florins, por três anos, a fim de construir a nova igreja de São Tiago, em Innsbruck, ao lado do castelo imperial. Naturalmente, o príncipe Albrecht não pôde recusar e uma nova cláusula comercial foi confirmada por um decreto papal, em 14 de fevereiro de 1516. Somente após essa decisão poderia iniciar o comércio, coincidindo com a abertura do ano litúrgico. Então, foi adiada até janeiro de 1517, data histórica dessa particular venda de indulgências.

Johann Tetzel, de fato, sai de país em país, como um caixeiro-viajante, pregando a indulgência que ilustra com o refrão: "Como uma moedinha na caixa ressona, uma alma o purgatório abandona". Por outro lado, é uma falsa indicação, pois a indulgência não é para liberar as almas do purgatório. Será atribuída também a Leão X a promulgação de um tarifário com 35 artigos, cuja hipocrisia salta aos olhos pelo caráter absurdo de alguns, como: "Os sacerdotes que desejarem viver em concubinato pagarão 76 libras e um soldo". É verdade, portanto, que a pregação de Tetzel é audaciosamente marcada pela compra e venda. Tanto que um dos seus irmãos, Johann Lindner, o criticou de imediato por ele estar interessado apenas em recolher dinheiro. "Tetzel desenvolve maneiras impensáveis para conseguir dinheiro, faz muitas promoções, ergue dúzias de cruzes nas cidades e aldeias, pelas quais, no final, é visto pelo povo como escandaloso e desprezível, e o censuram por todo esse abuso."

A partir da denúncia daquela usura vergonhosa, surgem, em 1517, as 95 teses de Lutero, afixadas na porta da igreja de Wittenberg. Surgem, portanto, a Reforma e o conflito no seio da Igreja de Cristo. A resposta de Leão X está, inicialmente, no decreto *Cum postquam*, reconhecendo os abusos, mas confirmando o princípio da venda das indulgências. Era como se estivesse dizendo que, apesar de tudo, a prática da simonia é abençoada. Uma mudança acontece com o Concílio de Trento. Foi promulgado em 1563 um *Decretum de indulgentia* dando exclusivamente à Igreja a permissão de conceder indulgências e regular sua doutrina para eliminar qualquer abuso. Mas é sobretudo Pio V que em 1569 acaba com as "indulgências-esmolas" e estabelece a excomunhão contra os traficantes. É preciso dizer que ainda vigora a possibilidade aos fiéis de dar uma esmola por uma indulgência, dita como um puro desejo de espírito de ajuda para a conclusão das obras da Igreja. Nada acontece até o fim do Ano Santo de 1875, quando Pio IX inventa a *Indulgência escrita*, no momento em que o Jubileu é realizado "às santas portas fechadas". Do Absolutório Apostólico vem posto à venda um pergaminho contendo o pedido de indulgência plena *in articulo mortis* dirigido ao papa, assinado por no máximo 12 pessoas. O modelo "em branco", compilado com nomes e datas (escrito "antes de levá-lo à Sua

Santidade"), serve para conseguir indulgência apenas "por quem está presente em Roma, está por partir e não pode receber mais que uma".

Reingressa na venda das indulgências a instituição da *Bênção papal a pagamento*. Retorna em 1893 e é uma iniciativa da Esmolaria Apostólica, que concede as bênçãos papais, pedidas por qualquer motivo pelos fiéis do mundo todo, através de frases escritas por carta, com o logo da Santa Sé e o selo do papa reinante. Pode ser em um papel simples ou, preferencialmente, em pergaminho, e também é enviado pelo correio. O preço varia com o tempo e é, contudo, taxativo, mesmo se apresentado na forma de esmola ou mesmo óbolo. É um tipo de "venda do sagrado", mesmo em dimensões reduzidas.

De outro lado, precisamos analisar o ocorrido em 1º de janeiro de 1967, com a constituição apostólica *Sacrarum Indulgentiarum Recognitio*, de Paulo VI. Foi abolida a contagem de indulgências em dias, meses e anos, segundo um método que, na verdade, estava relacionado às "tarifas" dos livros penitenciais, precedendo o Concílio de Trento. Em setembro de 1999, é publicada a última edição do *Enchiridion indulgentiarum* (*Manual das indulgências*), com 116 páginas. Um tratado completo sobre o assunto específico, complementar às *Disposições para a compra da indulgência plena do Ano Santo 2000*, uma vez que, de qualquer modo, a venda das indulgências conflui para o Ano Santo (v. *A exploração financeira do Ano Santo*). Naquela circunstância, como alternativa à visita devocional, foi indicada a possibilidade de se comprar indulgência plena "mediante iniciativas que ajudem, de modo concreto e generoso, o espírito penitente", especialmente encomendada em um tipo de decálogo, dos quais cinco colocam o dinheiro em jogo. Mais exatamente: "V. Dar dinheiro aos pobres; VI. Dar dinheiro para obras de assistência à infância abandonada; VII. Dar dinheiro para obras de assistência à juventude em dificuldade; VIII. Dar dinheiro para obras de assistência aos idosos necessitados; IX. Dar dinheiro para as obras de assistência aos estrangeiros necessitados". Apesar da índole "espiritual" e de caridade no ato de "dar dinheiro", as disposições, em qualquer modo, fazem referência a uma venda de indulgência e têm o caráter de um tarifário.

Restou, no entanto, sempre ativo o Óbolo de São Pedro, independentemente do óbolo para os jubileus. Ocorrendo por toda a Europa, os terremotos e as guerras causaram dificuldades no afluxo a Roma. Além disso, com as reformas, foram perdidas as doações dos inúmeros reinos. Acontecia um sistema novo de organização da coleta. Na França, o escritor Charles Forbes de Tyron, conde Montalembert, em 1859, institui em Paris um comitê pela coleta do óbolo em forma de oferta-

-esmola, fazendo com que perdesse, sobretudo, a característica de imposto. Sua iniciativa foi apoiada na Áustria e no Reino da Itália, estendendo-se depois por outras nações europeias e fora do continente. Constitui-se, assim, em todas as dioceses, a *Obra do Óbolo de São Pedro*, consagrada por uma encíclica específica de Pio IX, a *Saepe, Venerabiles Fratres*, de 5 de agosto de 1875. A coleta ocorreu no mundo todo em 29 de junho, dia da festa dos santos Pedro e Paulo, ou então no domingo próximo à festividade, sendo depois enviada ao papa para que ele direcionasse seu uso nas obras mais oportunas, em favor do mundo católico.

Hoje, a coleta vai para o Escritório Administrativo da Secretaria de Estado, atuando em múltiplas atividades, dentre as quais a gestão do Óbolo de São Pedro, como uma verdadeira caixa utilizada exclusivamente para registrar as ofertas provenientes do mundo inteiro. As ofertas não compreendem unicamente aquelas específicas, recolhidas em ocasião da solenidade dos santos Pedro e Paulo (o 29 de junho), mas também das contribuições vindas dos Institutos de Vida Consagrada, Sociedade de Vida Apostólica e Fundações, assim como doações de simples fiéis. As ofertas dos fiéis são destinadas a assistir ao papa em sua missão apostólica e caridosa, relativas às obras eclesiásticas, às iniciativas humanitárias e de promoção social, como também ao sustento das atividades da Santa Sé. O escritório tem, por outro lado, uma conta-corrente junto ao Unicredit Banca d'Impresa (IT /04/B/03226/03202/000005329965 CIN-B, ABI-03226, CAB-03202, Swift-UCRIT2VRMX); no entanto, os pagamentos podem ser creditados diretamente no escritório, através da conta-corrente postal (nº 75070003), cartão de crédito com notificação via fax (06.6988.3954) e *on-line* (*e-mail*: obolo.sp@segstat.va). Sem contar que a oferta pode ser enviada diretamente ao papa: "Sua Santità Benedetto XVI-00120, Città del Vaticano".

Anualmente, o óbolo é apresentado à imprensa do Conselho dos Cardeais para o Estudo dos Problemas Organizacionais e Econômicos da Santa Sé, presidido pelo secretário de Estado, no *Balanço consultivo consolidado da Santa Sé e do Governo do Estado da Cidade do Vaticano*, com a indicação dos Estados de onde vem. Em 2008, o resultado foi cerca de 200 milhões de euros. Foi definido que o óbolo seria usado pelo papa para intervenções de caridade às populações de vários países do mundo, atingidos por calamidades naturais, para custear numerosas iniciativas das comunidades eclesiásticas do Terceiro Mundo e para ajudar as igrejas dos locais mais pobres. No entanto, não são indicados, especificamente, os beneficiários.

A exploração financeira do Ano Santo

As visitas às sepulturas de São Pedro e São Paulo, em Roma, acontecem aos milhares, assim como à exposição da *Veronica* e de outras relíquias, embora a maior parte delas seja fruto de *Falso Testemunho* (v.). Fora de Roma, há a peregrinação a Santiago de Compostela e ao Santo Sepulcro, em Jerusalém. A todos é assegurada a concessão de uma indulgência, como instituiu Alexandre II (v. *A venda das indulgências*) e nada mais. Quando Bonifácio VIII, em 22 de fevereiro de 1300, inventa o Ano Centésimo da Indulgência ou Jubileu, posteriormente chamado Ano Santo, garante a indulgência plena àqueles que, após terem se confessado e se arrependido dos próprios pecados fazem a peregrinação às basílicas de São Pedro e São Paulo (por trinta dias consecutivos, se cidadãos romanos, e por 15, se estrangeiros). Assistem à exposição da *Veronica* e ofertam o óbolo, ou seja, depositam suas doações nas duas basílicas visitadas. Esse é o ato final que os peregrinos devem cumprir para receber a indulgência plena. No rodapé da bula, para as igrejas longínquas, são adicionados três versos que passam a ser o refrão dos peregrinos em viagem a Roma: "*Annus centus Romae semper est iubileus. / Crimina laxantur cui poenitet ista donantur. / Hoc declaravit Bonifacius et roboravit*", isto é, "Cada ano centenário em Roma é sempre jubileu. / Os pecados são remidos, ao perdoado eles são retirados. / Assim estabeleceu e os validou Bonifácio".

É só especulação financeira, tanto que "a Igreja acumulou muito tesouro", como anota o cronista Giovanni Villani, dando corda aos que se divertem, modificando o refrão cantado pelos peregrinos "*Crimina laxantur*" (Os pecados são remidos) em "*Crimina taxantur*" (Os pecados são taxados). Giovanni Ventura acrescenta em testemunho que "dois sacerdotes recolhiam, dia e noite, as ofertas deixadas pelos peregrinos sobre o altar de São Paulo". No encerramento do Jubileu, no Natal de 1300, os cofres da Igreja estavam abarrotados com 50 mil florins de ouro. Bonifácio VIII os emprega na compra de imóveis e na fundação do Castel Giubileo na via Salaria, para servir como alojamento aos peregrinos dos futuros jubileus.

O Ano de Jubileu realizado em Avignon, com bula de Clemente VI (1342-1352), em 1350, é comandado pelo cardeal Annibale Caetani, que supervisiona a organização no Vaticano "cercado por uma multidão de prelados e escrivães [...] na aglomeração dos que buscavam a absolvição [...] e junto às milhares de pessoas que pediam para ser isentadas da excomunhão". De outra parte, "admitia e demitia funcionários, vendia, prometia e recusava absolvições", em uma autêntica gestão comercial do Jubileu. Esse comportamento é tão acintoso que provoca uma revolta popular, durante a qual o cardeal foi atingido por uma flecha, que acertou, porém, a sua mitra. A reação consiste na prisão e tortura de vários populares, depois do que o cardeal foge de Roma e, na estrada em direção a Nápoles, morre envenenado.

Urbano VI (1378-1389), percebendo as notáveis vantagens financeiras, reduz o intervalo jubilar para 33 anos, em referência à idade de Cristo, e o indica para 1390, embora os anos transcorridos sejam quarenta, mas não consegue gozar das vantagens, porque morre um ano antes. Tal decisão é confirmada pelo sucessor Bonifácio IX (1389-1404), dando concessões particulares de indulgências do Jubileu às igrejas das cidades dos que têm dificuldades para viajar, mas recomendando enviar para a Igreja de Roma o dinheiro que teriam gasto com a viagem e hospedagem na cidade pontifícia. Assim, foram enviados diversos mensageiros para recolherem o dinheiro em uma operação que assume a forma da "venda de indulgências".

Bonifácio IX, vendo os bons frutos recolhidos, dez anos depois promulga um novo Ano Santo, proclamando-o em nome dos cinquenta anos referentes àquele celebrado em 1350. Contudo, a bula da convocação não existe: talvez não tenha sido jamais escrita ou se tenha se perdido. Enquanto se conservou o documento de 15 de março de 1400, *Cum nonnulli*, com o qual o papa reserva para a Câmara Apostólica as ofertas doadas nas basílicas.

O Ano do Jubileu se transforma agora em uma exploração financeira. Martinho V (1417-1431) o edita para o ano de 1423, com base nos 33 anos de Cristo (em referência ao Jubileu de 1390), mas sem emitir uma bula. E o mesmo Martinho V concede a oportunidade de lucrar com o Jubileu aos soberanos que não estão em condições de viajar até Roma. Naturalmente, recomenda o envio das ofertas para Roma. Singular é a iniciativa do arcebispo de Canterbury, que indica um jubileu com indulgência especial para todos os que visitarem a catedral de Canterbury, com tanta repreensão do papa que não houve solução a não ser o envio das ofertas a Roma.

O Jubileu do ano de 1450, promovido por Nicolau V (1447-1455), está caracterizado pela Porta de Ouro, aberta em São Pedro, que foi murada para evitar depredação. Seja como for, dela não se tem mais notícias e é lógico supor que tenha sido derrubada e o ouro confiscado pela Cúria. Esse ano jubilar, por outro lado, foi muito positivo para o óbolo, a partir do momento em que o banqueiro florentino, Cosimo de Médici, na função de trocar moedas estrangeiras, como se refere Vespasiano da Bisticci, "teve em mãos mais de 100 mil florins da Igreja". Em 1475, foi concedido aos cidadãos de Bolonha e aos viajantes do norte lucrar com o jubileu nas igrejas bolonhesas de São Petrônio, Santo Antônio, São Pedro e São Francisco. Porém, somente a partir de 1º de maio, providenciando, naturalmente, a remessa das doações para Roma.

A exploração do Jubileu se renova com o ano de 1500, o primeiro indicado com a nomenclatura de Ano Santo, pela presença da Porta Santa em todas as quatro basílicas patriarcais. As ofertas são tão numerosas que vêm guardadas em especiais "caixas-fortes", colocadas próximas às Portas Santas. Sendo que desse dinheiro se apropria o filho de Alexandre VI, César Bórgia. Com indicação do papa, no fim do Ano Santo, o sobrinho cardeal Francisco Bórgia fixa, na Porta Santa de São Pedro, uma pepita de ouro no valor de 80 ducados e outra de prata no valor de 3 carlini*, dote particular de Alexandre VI para o seguinte jubileu de 1525. Dessas pedras fabulosas não se encontrarão pistas.

Para o Ano Santo de 1650, o desfrute é obra da cunhada do papa Inocêncio X, Olimpia Maidalchini. Ela dirige a organização recebendo salário até o fim da cerimônia de inauguração, com a abertura das Portas Santas. Em cada uma delas é guardada a caixa com as moedas e medalhas de ouro e prata do Ano Santo anterior. Terminam todas em sua casa. Nas celebrações seguintes, não se manifestam atitudes particulares de exploração financeira, à exceção do planejamento pontual de construções luxuosas nas obras públicas e religiosas. O mesmo com as peculiares atividades comerciais e de hospedagem. O que se vê, porém, é a emissão comemorativa das moedas, efetuada pela primeira vez em 1450, e dos selos, com a primeira emissão em 1925. Ambos, contudo, surgem com a finalidade financeira evidenciada na *Exploração financeira do mercado de selos e moedas* (v.). O que se lembra do Ano Santo de 1875, realizado "em Portas Santas fechadas", é a criação da *Indulgência escrita*, que surge, mesmo parcialmente, na *Venda das indulgências* (v). Assim, algumas *Disposições para a compra da indulgência plena para o Ano Santo 2000* são criticadas por conta da definição de um tipo de tarifário e, como tais, propriamente referidas na *Venda das indulgências* (v.).

* Do singular carlino, antiga moeda do Reino de Nápoles.

Particularmente, à margem das normas litúrgicas, destacam-se três instituições comerciais para o Ano Santo 2000 que evidenciam a exploração do evento sagrado. A primeira é o *Pão do Jubileu*, patrocinado pelo Vaticano após um acordo com a empresa belga Puratos, que fornece a farinha com símbolo do evento e receita aos padeiros italianos. Foi produzido durante 82 dias com o formato de uma grande rosa, com 12 gomos ao redor — simbolizando os 12 apóstolos em torno de Cristo — e é propagandeado como "o pão dos pobres". De fato, a inserção publicitária recita "Por cada pão que compre, 100 liras ajudarão a quem tem fome". O Vaticano determinou que "o pão está à venda por 3 mil liras o quilo", mas com diferente ponto de vista está o porta-voz das 30 mil fábricas italianas de panificação que denunciaram "estarem obrigadas a comprar as matérias-primas da Puratos, que vende a farinha necessária para produzir aquele tipo de pão a preços triplicados em relação à média do mercado". Devem pagar 10 mil liras. Por aquele preço, muitas famílias desistiram de ajudar aos pobres, o que deveria ser o objetivo jubilar daquela iniciativa comercial.

Outra ideia comercial para o Ano Santo 2000 é a *Caneta do Jubileu*. Quem patrocina é a fábrica Pineider, a mais refinada do setor, junto com os Museus do Vaticano. Oferece 999 exemplares com o emblema das chaves de São Pedro na ponta de ouro, a reprodução da cúpula de São Pedro com a coroa de platina na tampa e brilhantes nas frestas. É acompanhada por um conjunto para escrivaninha Luís XVI, trabalhado e decorado a mão, igual ao usado pelo papa. Preço: 18 milhões de liras.

Caráter mais religioso tem a produção de um elemento próprio para uso do peregrino de 2000. É um genuflexório e se chama *Devotum*. Foi construído com 18 pedaços de madeira maciça, portátil como bagagem de mão e pode ser montado em poucos minutos. Pesa cinco quilos e é acompanhado por uma almofada de veludo. É ideal para os peregrinos. Mas, por ser útil aos sacerdotes, a empresa Lavis de Trento ganhou o sinal positivo do secretário-geral do Comitê Central do Grande Jubileu 2000, monsenhor Crescenzio Sepe, pois "convida ao recolhimento e à oração". *Devotum* é o único produto de uma empresa italiana de móveis que obteve a licença do Fundo de Solidariedade do Grande Jubileu 2000. Custo: 700 mil liras.

Além desses, também são lembrados, ao lado dos 26 Anos Santos celebrados com intervalo de 25 anos, desde 1475, os dois Anos Santos extraordinários de 1933, no 19º centenário da morte de Cristo, chamado Primeiro da

Redenção, e de 1983, para os 1950 anos da morte de Cristo, chamado também de Redenção. Por fim, os 74 Jubileus extras, proclamados, a partir de 1560, por trinta pontífices, por ocasião dos próprios aniversários sacerdotais e episcopais ou por especiais eventos mundiais. Tiveram duração variável, de poucos dias a semanas, até um ano inteiro. O papa que mais os organizou foi Urbano VIII, responsável por nove Jubileus extraordinários, além de outro em 1625. Quem o segue nessa curiosa classificação é Leão XIII, com cinco, mais o natural de 1900. As celebrações jubilares do papa Pecci* coincidem, em 1879, com o primeiro ano de pontificado; em 1887, com as bodas de ouro de seu sacerdócio; em 1889, com os cinquenta anos da sua nomeação a bispo de Perúgia; em 1896, com seus 86 anos de idade, talvez por não estar seguro dos seus 90, que coincidem com o Ano Santo de 1900 e, em 1898, com as bodas de diamante da sua vida sacerdotal. A cada vez recebe presentes, como uma amostra para aquela Exposição Vaticana de 1888, incrementada, posteriormente, por doações extravagantes, entre as quais uma barca da cidade de Varazze e gigantescas pirâmides de garrafas de vinho. Todos os objetos estão registrados em um catálogo específico. A *Exposição Vaticana Ilustrada*, que passa a ser um periódico oficial da Comissão promotora, foi publicada de 1887 a 1890, em um total de setenta números. Contudo, no catálogo não estão indicadas as somas de dinheiro dadas diretamente ao papa.

A exploração financeira da bênção papal

A bênção do soberano pontífice é gratuitamente acessível a todos, na praça São Pedro, e pela televisão, no momento do *Angelus* dominical. No entanto, há quem deseje recebê-la personalizada por um matrimônio ou com outro objetivo, então, basta se direcionar à Esmolaria Apostólica, onde o responsável pelo setor é quem concede a bênção papal. Logo, não vem diretamente do soberano. É liberada com um diploma especial que traz, além do texto, a fotografia do pontífice, a assinatura do esmoler responsável (e não a do papa) e o timbre em relevo do Escritório da Esmolaria Apostólica. O custo é de 25 euros. Também se pode recebê-la fazendo um pedido às livrarias católicas, localiza-

* Nome de família de Leão XIII. (N. do T.)

das no entorno do Vaticano. Na essência, independente da taxa paga, não se recebe uma bênção papal, mas sim uma esmola. Isto porque quem assina é o esmoler e porque é fruto de uma esmola em forma de comércio.

A exploração financeira do jogo de azar e da Loto

Em 1644, o jogo da Loto difunde-se no Estado Pontifício por Gênova, onde a República o adotou com a gestão privada, assim como ocorreu depois em várias cidades, autorizadas com base contratual. De qualquer forma, joga-se escondido, pois, assim que o governo pontifício tomou conhecimento, declarou-o ilegal. Tanto que em 1666 Alexandre VII promulga uma bula de proibição do jogo clandestino, declarando-o pecado gravíssimo, com a excomunhão para os jogadores. Inicia-se então a perseguição ao jogo da Loto, destinada a durar setenta anos sob os diversos papas que se seguiram e que combateram o jogo, em guerra aberta, com uma série de bulas e excomunhões aos praticantes e gestores clandestinos desse divertimento diabólico. Assim é com Clemente X, em 1676; com Inocêncio XI, em 1685, e com Inocêncio XII, em 1696. Mas Clemente XI, ante o afluxo em massa dos cidadãos às loterias próximas das casas dos nobres, tolera-o, impondo, porém, a presença de um eclesiástico da Câmara Apostólica, no papel de juiz, com um tabelião e a vigilância de um guarda.

Como lembra Valesio em seu diário, na data de 17 de setembro de 1703, sobre a loteria realizada

> no pátio do palácio Panfilio, na praça Navona. Embaixo do pórtico duplo do dito palácio, que divide os dois pátios, formava-se um palco da largura do arco, sobre o qual, em uma cadeira de apoio, estava o juiz da Loto. Era D. Piancastelli, um dos procuradores da câmara. À sua direita havia uma mesinha onde o tabelião escrevia e de cada lado, sobre o palco, duas urnas com vidro ao redor. Em uma delas estavam os volantes com os nomes e na outra os volantes em branco, correspondente um ao outro, entre os quais estavam os premiados. Os volantes eram tirados por dois querubins e o que lia ao público era Matias "maluco", homem ridículo. Auxiliam nesse lugar, enquanto se joga a sorte, seis soldados do Castelo com adagas e espadas.

Evidentemente, o jogo clandestino da Loto continua em atividade, mesmo sendo proibido e motivo de excomunhão para os proprietários e os jogadores. No fundo o Estado o tolera, para ter um controle direto do seu desenvolvimento. Mas o consentimento de Clemente XI dura pouco. Em 11 de janeiro de 1704, o papa publica uma encíclica proclamando a total destruição das clandestinas "Lotos em Roma e em todo o seu Estado, querendo definitivamente colocar um freio na obstinada ousadia de tais contraventores e ministrar um remédio oportuno a essa já grave doença, conseguindo a inteira extirpação de um delito tão pernicioso". A encíclica dá bons frutos a Roma, mas, no resto do Estado Pontifício, parece que a Loto continua agindo mesmo a céu aberto. Tanto que, em 11 de janeiro de 1719, ordena a todos os bispos que proíbam qualquer jogo ambulante nas praças, durante a celebração das cerimônias religiosas nas igrejas.

Contudo, Clemente XI se dá conta dos motivos pelos quais ainda existe o jogo, em vida clandestina, no Estado Pontifício. Na primavera de 1720, confia o estudo sobre o jogo a uma congregação de teólogos e canonistas com a liderança do cardeal Giovanni Tolomei. Em fevereiro de 1721, a congregação chega à conclusão de algum modo fascinante, especialmente para o povo, de que é verdadeiramente impossível fazê-lo acabar. Portanto, recomenda o eventual "uso sob condições e cautelas, com regulamento proposto e sugerido por esta mesma congregação".

Em 19 de março morre Clemente XI e o novo papa, Inocêncio XIII, tomando o ato da sentença da congregação, decide retirar o veto àquele jogo que tanto apaixona os cidadãos. Em 8 de maio, o governador de Roma, cardeal Alessandro Falconieri, publica um ato que institui, oficialmente, o jogo de Loto em Roma e no Estado Pontifício e acaba com a clandestinidade. Parece agora tudo legal, mas eis que morre Inocêncio XIII e com isso todos os projetos são suspensos. O novo papa, Bento XIII, é totalmente contrário ao jogo diabólico e revoga o ato do antecessor. O governador de Roma, Antonio Banchieri, em 30 de março de 1725, impõe o veto ao jogo e penas severas, econômicas e físicas, aos transgressores.

Em 12 de agosto de 1727, Bento XIII promulga a constituição *Creditae nobis*, contra o jogo da Loto, na qual acrescenta, para todos os participantes do jogo, penas que suspendem *a divinis* os eclesiásticos e excomunga os leigos. Sobretudo, em 26 de julho de 1728, o jurista Girolamo Ercoli publica, "com aprovação eclesiástica", a dissertação *Do jogo da Loto*. Nela afirma "que é digno ser proibido totalmente e justo ser sob pena de excomunhão, com bula específica por Bento

XIII, em Roma e em todo o Estado Eclesiástico". É o código eclesiástico contra o jogo diabólico.

Claro que com isso chegou-se ao máximo da proibição, mais era impossível. Tanto que o novo papa, Clemente XII (1730-1740), entende não valer a pena todo aquele rigor. Para ele é oportuno legalizá-lo, desafiando o seu espírito diabólico e fazê-lo próprio do Estado, ou seja, santificá-lo. Em 12 de dezembro de 1731, com um *motu proprio*, decreta que a Loto seja introduzida, de uma vez por todas, na cidade de Roma e em todo o Estado Pontifício. A responsabilidade passa a ser da arquiconfraria de São Jerônimo da Caridade, sendo fiadora a Câmara Apostólica. A superintendência compete ao tesoureiro-geral e os ganhos vão para Tesouraria Geral, a livre disposição do papa, ou seja, para missões, hospitais, paróquias e famílias necessitadas. É uma maneira de fazer aquele jogo de azar parecer abençoado. Na essência, o Estado se encarrega do pecado que desde as origens era incumbido aos jogadores e o faz por ter se dado conta do óbvio ganho financeiro.

Gaetano Moroni, em seu *Dicionário de erudição histórico-eclesiástica*, nos informa que, de 14 de fevereiro de 1732 a julho de 1733, realizaram-se nove extrações, assegurando ao banco da Loto uma entrada de 1.050.000 escudos. Desse montante, nem metade retornou aos jogadores. Tão logo retiradas as despesas e a comissão dos licenciados da Loto, a Câmara Apostólica reteve um líquido de 418.745 escudos. Um autêntico negócio. Daquele ganho, 20 mil escudos vão para algumas comunidades religiosas; 50 mil ao Monte di Pietà; 80 mil ao hospital do Santo Espírito e o resto acaba nos cofres da Santa Sé para a renovação das igrejas e compras da Biblioteca Vaticana.

O jogo dá frutos especiais ao Estado Pontifício com papa Pio VI, que destina todos os ganhos para recuperar os pântanos de Pontina. As extrações aumentam, chegando a 48 no ano, divididas em 24 em Roma e 24 na Toscana. Na época, as bilheterias são confiadas aos camareiros dos papas, aos garçons dos cardeais e aos padres tesoureiros, constituindo a cúpula da administração geral, com sede no palácio Cesarini, chamada de Empresa. Em 1840, a administração da Empresa transfere-se para o palácio Pio Righetti.

No século XIX, em Roma, difundem-se entre o povo numerosos sistemas de jogatina, principalmente ligados a superstições religiosas, tolerados pela Igreja que, se não abertamente condescendente, tampouco os condena. Assim, da reza de uma novena a Santo Aleixo podem vir números certos e, ao fim do nono dia, se deve sair de casa à meia-noite e interpretar em números tudo o que se vê e se sente. Depois tem São Pantaleão que, no terceiro dia da novena, vai pessoalmente na casa do postulante para lhe escrever, de próprio punho, os números para jogar.

Um exemplo prático de certas superstições nos oferece Belli, no soneto romanesco *Uma bela devoção*, de 7 de dezembro de 1832, no qual aconselha, precisamente, à plebeia Ágata as práticas religiosas que deve fazer para ganhar um terno. A récita à meia-noite do *Kyrie eleison* e de uma Ave-maria, de joelhos, em frente a 13 imagens da Virgem e, depois de ter recitado o *Nos cum prole pia*, invocar os Reis Magos. Em seguida sair de casa e não responder a ninguém que a chamar pela rua. Ir a São João Degolado, recitar um *De profundis* pela alma do último condenado à morte e por fim comparar tudo o que faria sentido no *Livro da Arte*. Um tipo de "livro dos sonhos" que é "o famoso livro de relacionamento entre coisas e ideias mesmo abstratas e os números da Loto. Livro decorado com figuras horríveis de artes e ofícios, correspondentes a outras tantas numerações do jogo, lido como por milagre até pelos iletrados", como explica Belli. Em nota, acrescenta que "uma outra devoção" para ganhar na Loto é praticada pelas mulheres "descendo de joelhos [mesmo à noite] a longuíssima escada de Santa Maria de Aracoeli [...] e recitando, a cada degrau, um réquiem *aeternam* ou um *De profundis,* de acordo com a possibilidade ou o fervor da postulante".

Em definitivo, sobre esse jogo de azar, por parte da Igreja, não há somente a exploração econômica, mas também a condescendência com certas superstições populares, que certamente não fazem frente à fé religiosa. A Santa Sé nunca se preocupou em condená-la, tanto que a crença popular continuou a alimentá-la mesmo depois do 20 de setembro de 1870, na Loto do governo italiano.

A exploração financeira do mercado de moedas e selos

A venda de moedas, medalhas e selos tem como objetivo não somente o uso prático do meio de pagamento e franquia de uma carta, mas também a alegria dos colecionadores de moedas e filatelistas, constituindo uma notável fonte econômica para a Santa Sé. A Governadoria da Cidade do Vaticano, através do seu Escritório Filatélico e Numismático, está à frente dessa venda que, por mais que possa parecer uma atividade secundária, tem na verdade certa consistência. Será considerada uma autêntica atividade lucrativa. Um espaço de moedas novas e de preciosidades trazendo sorte como um trevo-de-quatro-folhas em um *boom* comercial, em particular, nos anos 1970 e 1980, mas incrementada a partir de 2000.

As moedas, cujos valores são fixados em um máximo de oito, já estão preparadas em estojos especiais para séries anuais completas, com uma emissão limitada a 100 milhões de liras, duplicadas durante a Sede Vacante e triplicadas a cada Ano Santo. A emissão anual das medalhas apresentadas oficialmente pelo papa, em 29 de junho, festa dos santos Pedro e Paulo, prevê desde os anos 1960, mil unidades de ouro, 8 mil de prata e 6 mil de bronze, todas numeradas e com certificado de garantia, pelo qual está prevista também uma confecção de luxo e um estojo de couro vermelho, limitado a 500 exemplares.

A venda de moedas continua sendo um legado da Santa Sé. Mesmo com o advento do euro e com a União Europeia tendo autorizado a APSA a emitir 670 mil euros/ano, prevalece o valor específico para colecionadores

O mesmo ocorre com a emissão dos selos. Mesmo se válidos para franquear a correspondência que parte da Cidade do Vaticano, são destinados muito mais ao mercado filatélico. A venda dos selos representa uma nova especulação. Desde 1964, com a construção do escritório dos correios, na Cidade do Vaticano, as emissões de selos têm aumentado em ritmo frenético, variando desde o tipo para cartas simples, aéreas, expressas e para encomendas de caridade e comemorações. Longas filas de compradores se formam em frente aos guichês dos correios quando acontece uma nova emissão, ainda que a maior parte dos clientes tenha constituído uma relação comercial com o Vaticano. Aproximadamente 25 mil deles estão incluídos em uma lista especial e o correio da Governadoria lhes envia, regularmente, notícias de cada novidade. Existem três pontos de venda de moedas e selos na Cidade do Vaticano: na Praça Santa Marta, na Praça Pio XII e perto dos Museus Vaticanos.

Das 400 mil séries para cada emissão dos anos 1950, chegaram, em 1964, a imprimir cerca de 2 milhões de séries, para cada emissão; passando aos 7,5 milhões, em 1965, produção recorde emitida por ocasião da visita de Paulo VI à ONU. Uma produção que resulta mesmo inflacionária, tanto que se deve até queimar parte da edição. Assim, diante de um perigo de inflação geral do mercado, desde 1966, o número das séries ordinárias para cada emissão voltou aos 2 milhões.

Emblematicamente indicativo do recolhimento anual por parte da Santa Sé, resta o dado dos anos 1960, que era de cerca de 300 milhões de liras. Ainda mais substanciosa foi a venda das séries comemorativas, pelas quais sobraram exemplares de 1967, relativos à comemoração do milagre de Fátima, do Congresso Mundial dos Laicos e Católicos em Roma e do Natal. A série de Fátima com valor facial de 280 liras, com a impressão de 2,3 milhões de cópias, causou um recolhimento de 644 milhões de liras; a série do Congresso dos Laicos, com valor facial de 170 liras e emissão de 2,4 milhões de cópias, trouxe um recolhimento de 560 milhões de liras. No total, as três emissões fizeram o Vaticano recolher, somente no ano de 1967, 1,628 bilhão de liras.

E continua crescendo até hoje, especialmente com o euro e as séries comemorativas que, uma vez esgotadas, aumentam de valor no mercado filatélico, com significativa especulação em uma venda futura. Não é à toa que 1,6 milhão de compradores sejam de ordens religiosas e entidades eclesiásticas, extremistas da hierarquia eclesiástica espalhados por todo o mundo, que revendem aquelas séries a filatelistas, obtendo um ganho futuro. Fica assim demonstrado que, na prática, é a Igreja ou mesmo a Santa Sé que sai ganhando dinheiro com a venda dos selos. O sistema vai bem até para quem deveria, ao contrário, controlar certa especulação de mercado, ou seja, a Governadoria, liderada pela administração particular da Cidade do Vaticano, dirigida em paralelo àquela da APSA e, digamos, teoricamente como uma estrutura própria.

A exploração financeira das peregrinações

No início das peregrinações em volta dos santuários, há dois institutos de transporte, ligados à Santa Sé, que constituem uma iniciativa apostólica, mas na verdade ocultam uma exploração, graças à vantagem econômica que se retira deles. A primeira instituição oficial para as organizações das viagens por trem, para os enfermos ou não, ao santuário de Lourdes, obviamente pagas, é a UNITAL (União Italiana de Transporte de Adoentados a Lourdes), posteriormente chamada UNITALSI (com o prolongamento da sigla referindo-se aos Santuários Internacionais), fundada em 1903 por Giovan Battista Tommasi e presidida em 1909 pelo monsenhor Lorenzo Ciccone, da arquidiocese de Milão. É uma organização capilar que deu grandes frutos à administração da Santa Sé, sem contar que já em 1904 o cinquentenário da definição dogmática da Imaculada Concepção da Virgem ofereceu a Pio X a oportunidade de renovar, em um documento solene, o nexo histórico entre aquele dogma e a aparição de Lourdes, já qualificado por Pio

IX. Um novo incremento à organização das viagens ao santuário, pelos enfermos ou não, ocorre em 1912, pela fundação da OFTAL (Obra Federativa de Transporte de Adoentados a Lourdes), a cargo de monsenhor Alessandro Rastelli, junto à arquidiocese de Turim. É outra iniciativa apostólico-administrativa para explorar. Tenha-se em mente que a UNITALSI, em 2003, pelo centenário da sua fundação, chegará a contar com 300 mil adeptos e voluntários que acompanham mais de 100 mil pessoas ao ano.

A UNITALSI tem a desvantagem de não depender diretamente do Vaticano e então eis que, em 1993, é instituído, sob iniciativa do cardeal Francesco Marchetti Selvaggiani, o Comitê Romano de Peregrinação, denominação modificada em 30 de janeiro de 1957 para Obra Romana de Peregrinação. Essa se qualifica como atividade institucional do Vicariato de Roma, administrativamente ligada à instituição financeira da Speciale e, a partir de 1989, com o novo estatuto, à APSA. É, de fato, presidida pelo cardeal vigário de Roma, atualmente Agostino Vallini, tendo como vice-presidente monsenhor Liberio Andreatta e, como administrador delegado, o reverendo Cesare Atuire. A obra, com sede em Roma, na Via Della Pigna, tem um aparato assistencial notável: conta com 900 sacerdotes e 400 animadores e assistentes para 130 mil peregrinos ao ano. A organização não está, sobretudo, limitada às viagens aos santuários em ônibus, trens e os chamados "trens brancos", mas se ocupa de turismo de verdade com a gestão do *city tour* dentro de Roma.

Esses passeios turísticos dentro de Roma, além de constituírem um fim impróprio da obra, não são peregrinações, mas sim um sinal de abuso. São de fato organizados a bordo de ônibus de dois andares, fornecidos pela Prefeitura de Roma, com motoristas, combustível e manutenção concedidos pela mesma prefeitura. Os trabalhadores que acompanham os turistas e vendem os bilhetes recebem uma compensação, completamente ilegal, de 1 euro para cada bilhete vendido. Cada bilhete custa 16 euros, e são comprados por cerca de 200 mil pessoas durante o ano. Isso é um índice bem claro da exploração do serviço oferecido pela obra, sobretudo porque emprega também trabalhadores na ilegalidade e usa os meios de transporte gratuitamente.

Até os peregrinos foram tocados, indiretamente, por um escândalo. Em setembro de 1993, Stefano Marenda, ex-secretário-geral da UNITALSI, e o irmão Pietro Paolo Marenda, consultor dos Assuntos Econômicos da Santa Sé, são interrogados em Turim por cumplicidade em corrupção. Aflora uma dívida de 250 milhões de liras emitidas pela editora Gilardi para ganhar o contrato de 40 bilhões na construção de uma sede do instituto turinense Galileo Ferraris. A corrupção incorporada por Vito Bonsingore era passada pelo banco da APSA em uma conta de Stefano Marenda. Nessa história se registra a intervenção do cardeal Ugo Poletti, ex-vigário de Roma e presidente da UNITALSI, que exclui a confusão "do modo mais categórico", como se lê no *La Stampa*, de 12 de setembro de 1993, salientando que "a UNITALSI naqueles anos nunca sequer passou perto de semelhantes suspeitas". A investigação será arquivada, com a absolvição dos irmãos Marenda, pois, segundo reportará o *La Stampa* de 11 de março de 1994, "na conta bancária da APSA não passou dinheiro proveniente de corrupção, mas apenas doações do construtor turinense Gilardi, em particular, com relação aos contratos que interessavam a sucursal romana da Gilardi".

A exploração político-financeira do sacramento do matrimônio

O sacramento do matrimônio, bem como a eucaristia e a extrema-unção, não deveria constituir uma despesa para quem o recebe. Ao noivo é imposta uma taxa a qual não pode recusar. Trata-se de pagar pelo uso da igreja e pela função do sacerdote celebrante. Despesa que oscila entre 250 e 450 euros, no máximo. Cifra pedida como "contribuição à paróquia" e que, portanto, não comporta nenhuma nota fiscal. O valor é exorbitante nas santas basílicas, enquanto diminui nas igrejas da periferia das cidades. É menor ainda nos dias de feriado, mas, aos sábados e nas datas festivas, alcança o máximo. O mobiliário da igreja geralmente é o mesmo dos dias normais, nada de especial é colocado além de um tecido adamascado que recobre o genuflexório dos noivos e a primeira fila dos bancos. A eventual decoração com flores, música e cantores deve ser paga pelos noivos, mesmo se os arranjos e os músicos forem indicados pela igreja, que garante o profissionalismo dos fornecedores e dos quais não é lícito presumir que a igreja ganhe uma comissão.

Mas a exploração maior do sacramento do matrimônio, por parte da Santa Sé, existe por conta da sua anulação. Liderado pelo Tribunal da Rota Romana, no romano Palácio da Chancelaria, trata-se de um antiquíssimo tribunal, existente desde o século XII. Foi organizado com um regulamento preciso, em 1331, obra de João XXII. O termo Rota é visto pela primeira vez em 1337 e passa a denominar, oficialmente, o tribunal em 1424, com Martinho V. Deriva de um banco circular sobre o qual sentavam os ouvidores, reunidos em juízo ou, talvez, por substituição de "a roda", ou mesmo "por turno", desses juízes. O tribunal mudou muito de sedes e foi objeto de uma importante renovação feita por Pio IV, em 1561, com a extensão do tribunal em todo o mundo. A moderna organização surge com as trocas sucessivas comandadas por Pio X, em 1908; por Paulo VI, em 1971; e por João Paulo II, em 1982.

Próximo ao tribunal funciona um especial *Studio Rotale* para a preparação dos advogados habilitados a defender junto à mesma Rota e para a formação dos juízes eclesiásticos. As motivações que são avaliadas para dar início a uma causa de cancelamento matrimonial são: hipersexualidade, psicose maníaco-depressiva, narcisismo, grave fraqueza sexual ou carência erótica, imaturidade psicoafetiva, personalidade paranoica, distúrbio antissocial de personalidade, síndrome de personalidade limítrofe, alcoolismo crônico e toxicodependência, distúrbio dissociativo por transe, exagerada dependência materna.

Os tempos dos processos são: dois anos para haver uma sentença em primeira instância que, se favorável à anulação, determina uma segunda instância com um processo de um ano; se ocorre uma terceira instância, são necessários outros dois anos até um prolongamento sucessivo que implica custos sempre mais altos. De fato, parte-se de 8 mil euros com a adição de mais 4 mil e, eventualmente, outros 3 mil e se chega a outras despesas com base no prolongamento do tempo para os advogados especiais, credenciados pela Rota. O custo de uma causa varia de 15 mil a 45 mil euros, com uma média estimada em 30 mil euros. Concluindo, a Santa Sé opera uma verdadeira exploração do sacramento do matrimônio, ou mesmo da sua anulação.

Sem considerar que às vezes as motivações sacramentais se entrelaçam com as políticas, cujas finalidades dificilmente podem justificar a anulação do casamento. Essa exploração política faz história desde o ano 771, com o repúdio de Carlos, rei dos francos, nas brigas com Desiderata, filha do rei lombardo, Desidério, por ter entrado em guerra com os lombardos, em defesa do papa Estevão III. O repúdio é abençoado pelo papa já no momento do matrimônio, com uma carta na qual determina que, na prática, aquele sacramento fosse considerado realmente um sacrilégio, porque Carlos, sendo *patricius*, havia jurado "ser um amigo dos amigos dos papas e inimigo dos seus inimigos", ou seja, dos lombardos. Portanto, "se alguém ousasse agir em contrário às nossas determinações, saiba que por obra do meu Senhor, o santo príncipe dos apóstolos, será preso pelo laço da excomunhão, caçado do reino de Deus e condenado a queimar no fogo eterno com o diabo e com a sua assombrosa pompa infernal, junto a todos os outros homens sem Deus". Uma frase que valia como sentença de anulação do matrimônio, por motivos políticos.

A exploração política retorna com a anulação concedida, em 1600, pelo papa Clemente VIII, ao ex-calvinista Henrique IV de Bourbon, por suas brigas com Margarida de Valois para poder se casar com Maria de Médici, seguindo sua renúncia ao protestantismo, graças à qual declarou que "Paris vale bem uma missa!". Na prática o papa não cometeu o erro de Clemente VII que, em 1533, havia negado a anulação a Henrique VIII, provocando a separação da Igreja Anglicana de Roma. Na verdade, por causa da concessão dada a ele, a França restou ligada à Santa Sé na fé católica, juntamente com a Espanha.

Nos tempos recentes ficou emblemática a anulação do casamento da princesa Caroline de Mônaco com Philippe Junot, em 1992. Iniciado em 1982 a pedido da princesa, o procedimento foi feito diretamente ao papa, como admite somente aos chefes de Estado e seus familiares o *Código de Direito Canônico*. O processo durou dez anos de estudos e juízos "canônicos". O casamento foi anulado pela "incapacidade do marido em assumir responsabilidades das obrigações conjugais essenciais, por causas de natureza psíquica". Uma sentença na qual influenciou a perícia psiquiátrica efetuada no incapaz Junot pelo professor Diego de Caro, mas que na realidade escondia motivações de natureza política.

A exploração econômica dos Museus Vaticanos

Os Museus Vaticanos foram instituídos pela Igreja de Roma para "manifestar ao mundo a grandeza da fé religiosa", como escreveu o vaticanista Enzo Romeu. Lá onde "sob o estímulo do humanismo, a Igreja recuperou o gosto pela arte pagã, prenúncio da experiência cristã e exemplo, à sua maneira, da grandeza que Deus pôs no homem, eternamente à procura da perfeição divina". Nesse sentido, até hoje os Museus Vaticanos constituem a ligação mais forte da Igreja de Roma com o mundo, colocando à disposição do público as coleções de arte. Isso não quer dizer que os Museus Vaticanos tenham sido criados com viés apostólico ou mesmo de ensinamento religioso. De concreto constituem uma instituição com fins lucrativos. O custo do ingresso é de 14 euros [9 euros, com desconto] para cerca de 4 milhões de visitantes ao ano, uma média de 40 pessoas por minuto. A fila para entrar se prolonga desde a avenida Vaticano, passando pelos baluartes da praça do Risorgimento até as colunas de São Pedro. Obtém uma arrecadação anual de mais de 50 milhões de euros. Vale salientar, na gestão gananciosa da administração, o fato de que o ingresso reservado com sessenta dias deve ser pago no ato, mesmo *on-line*, assim, a administração assegura os juros bancários à custa do visitante. Naturalmente, não se aceita desistência.

Por outro lado, é verdade que para determinadas coleções o montante não é suficiente para cobrir as despesas que implicam os salários dos cerca de 200 seguranças e das 300 pessoas especializadas, como técnicos e funcionários, além dos custos com restauração e o seguro das obras de arte [considerando que alguns seguros sejam possíveis]. Mesmo assim, nesse sentido, o lucro perde os seus benefícios. Justamente por isso parece inútil a manutenção de certos museus, enquanto seria extremamente apostólica, e um modo real de "manifestar ao mundo a grandeza da fé religiosa", a venda de todas as obras de arte. Uma arrecadação de gigantescas proporções [em bilhões de bilhões de bilhões de bilhões de euros] para destinar aos pobres do mundo todo. É o que se propõe em relação ao pecado da *Preguiça* [V.].

A exploração econômica dos Focolarinos

A *Opus Mariae* é uma sociedade de vida apostólica "cujos membros, sem votos religiosos, perseguem o fim apostólico, próprio da sociedade, e conduzem vida fraterna em comum". Nasceu em Trento, em 1943, a cargo de uma professora primária, Chiara Lubich, como fruto de algumas "visões" tidas após uma peregrinação a Lourdes, relativas a um presépio, a uma procissão de virgens e a Deus, em pessoa. A sociedade apostólica declarada com o nome de Movimento dos Focolares, em referência às células da vida comunitária dos associados, chamados focolarinos, teve a aprovação pontifícia em 1990. O objetivo do movimento é "dar testemunho do evangelho vivenciado através de uma experiência de trabalho concreto". Portanto, o primeiro passo prático foi fundar, em 1959, em Roma, uma editora graças às doações e ofertas, chamada Cidade Nova. Desde então, imprime todas as obras de Chiara Lubich e coleções valiosas de clássicos cristãos. Em todo o mundo, os focolares somam mais de 6 mil inscritos, além de uma multidão de 2 milhões de simpatizantes que sustentam o movimento com ofertas e doações. Por outro lado, as santas finalidades da "experiência de trabalho concreto" se contaminam com a fundação da sede central do movimento: Loppiano.

É uma cidadezinha construída pelo movimento, em 1964, na província de Incisa Val D'Arno, repleta de santuários, mas que com o tempo se transformou em um autêntico centro comercial. Os produtos são geridos dentro do escopo apostólico. Loppiano surge em alguns terrenos doados ao movimento pelo latifundiário Eletto Folonari. Assim, com o capital social, é construída a Cooperativa Loppiano Primeira, em 19 de maio de 1973. Em seguida, em 28 de dezembro de 1973, é comprada a fazenda Tracolle com algumas casas coloniais e uma velha cantina. Esses ambientes são restaurados pelos associados provenientes de várias partes da Itália com suas próprias famílias. Nos primeiros anos, viviam em Loppiano cerca de 200 pessoas, às quais se juntaram outras 600, vindas dos cinco continentes. Ali vivenciaram um período de formação espiritual. Em Loppiano há também sedes das escolas temporárias de formação para os membros dos diversos credos presentes no movimento, que desejam doar totalmente a própria vida ao ideal da unidade. São as famílias, os sacerdotes, os adolescentes de ambos os sexos (chamados *gen*), assim como os "voluntários" e os laicos, todos empenhados em viver o evangelho na sociedade. Sempre em referência à Virgem Maria, da qual os focolarinos, segundo uma declaração de Lubich, constituem a "presença na terra e quase uma continuação". Uma qualificação audaciosa, no limite da ortodoxia, mas que será aceita até mesmo nos estatutos do movimento, embora não faça especial referência às "visões" da fundadora. Das reuniões mundiais dos jovens, os Genfest, nasceram as Jornadas Mundiais da Juventude, com a bênção do papa.

Os sócios, na verdade, deram vida a um "mercado difuso", voltado muito mais para o lado financeiro do que ao objetivo religioso de "dar testemunho do evangelho vivido através de uma experiência concreta de trabalho". Esse "novo modelo econômico" atua em Loppiano batizado por Lubich como "economia de comunhão": um terço dos rendimentos para a empresa, um terço para os pobres e um terço para a Opus Mariae. Na prática, em 2004, a comunidade dos focolarinos passa a ser uma Sociedade Cooperativa Agrícola, definida "produto de economia de comunhão", à qual aderiram mais de 4 mil sócios. Assim, o projeto religioso que fez nascer Loppiano transformou-se em uma empresa turístico-comercial. Um canteiro aberto à exploração para fins econômicos. A produção principal é representada por vinho e azeite, mas há numerosos laboratórios em amplo espectro que dão uma imagem precisa do caráter comercial assumido pela cidadezinha, nascida com finalidades religiosas. É assim que os laboratórios Fantasy fabricam produtos infantis, desde o enxoval do bebê até o mobiliário do quarto das crianças. Gigli do Campo é um verdadeiro ateliê de moda feminina, cheio de modelos prontas para desfilar. O Centro Ave é uma escola de pintura, design e escultura. É a própria comercialização das finalidades religiosas que estão na origem do movimento dos focolarinos. Difícil é acreditar que a produção gerada destina-se às obras de caridade e iniciativas místicas e que apenas um terço do lucro vá para a empresa.

A exploração político-financeira da Opus Dei

Fundada em Madri, em 1928, como "sociedade de cooperação intelectual", para propor um "caminho de santidade para todas as pessoas". Mas, como denunciaram os sociólogos Tomás Ortiz e Joan Estruch, nas origens da Opus Dei vê-se um empenho político para "uma violenta campanha antimarxista, antimaçônica e antissemita". Tanto que, em 1938, o próprio fundador, Josemaría Escrivá de Balaguer, junto com cinco dos seus fiéis seguidores, se muda para Burgos, capital do governo franquista. Muitos dos seus associados estão em postos do governo de Franco e se alistam no seu exército. Escrivá, ao contrário, viaja muito nas cidades franquistas em uma obra de propaganda da associação, mas também em busca de subvenções financeiras. Até que se une à primeira coluna do exército franquista.

Desde então, a "pia união" tem um regulamento secreto, característica que fará a associação parecer um tipo de "sociedade secreta", uma seita, com um objetivo político-fascista. Confirmado pelo fato de muitos associados se alistarem na Divisão Azul. Como se não bastasse, a obra foi consagrada, em 1941, pelo bispo de Madri. Escrivá pode assim instituir a Sociedade Sacerdotal da Santa Cruz, para facilitar a ordenação dos seus sacerdotes. Os primeiros são ordenados um ano depois. Em 1946, Escrivá transfere a sede principal da obra para Roma. Recebe a aprovação por parte de Pio XII como "instituto secular" e, posteriormente, em

1950, é concedida a admissão de pessoas casadas e dos sacerdotes da Santa Cruz. Naquela circunstância, é confirmado o caráter secreto da entidade, com a proibição de divulgar sua formação.

O grande desenvolvimento da obra, em todos os continentes, acontece durante os pontificados de João XXIII e Paulo VI. Porém, rejeitam a finalidade que a obra persegue de ser uma "prelazia pessoal", rótulo que lhes asseguraria uma gestão financeira indiscutível por parte do Vaticano. Por outro lado, em 1968, Escrivá solicita e consegue de Francisco Franco o título de marquês de Peralta: um modo estranho de compensar a falta de um título eclesiástico com um de nobreza, que não devia ter peso na Igreja. Na verdade, uma maneira para adaptar a sua figura eclesiástica àquela dos nobres laicos que já estão presentes na obra, ao mesmo tempo em que revela ainda mais a natureza fascista do movimento e do seu criador. Isso fica evidente com o escândalo do grupo Matesa, referente a financiamentos internacionais. Escândalo que custa o posto de alguns membros da obra, mesmo com Franco esmagando bruscamente cada ação judiciária por decreto. Ainda em 1976, um ano depois da morte de Escrivá, outro escândalo estoura com o assassinato do economista francês Jean de Broglie. Ligado de alguma maneira aos eventos do Banque des Intérets Français, com 35% de participação de dois expoentes da Opus Dei espanhola, Andrea Rueda Salaberry e Rafale Termes. São divulgadas histórias de financiamentos internacionais ilícitos, mas tudo é posto em silêncio pelo governo espanhol.

Com a direção de monsenhor Alvaro del Portillo, a obra consegue expandir seu braço para dentro do colégio cardinalício e ganha peso durante o conclave de 1978, que elege João Paulo II (v. *Conclaves com sinais de simonia e comércio*). Um segundo fruto da força da obra é a nomeação do presidente do IOR, Marcinkus, seu afilhado, para presidente da pontifícia Comissão para o Estado da Cidade do Vaticano. A sua promoção, todavia, está relacionada a uma razão emocional do papa: a situação política na Polônia com o advento do Solidariedade e da liderança de Lech Walesa, amigo do papa. Nasce, então, uma rede de espionagem que se alastra no ex-país comunista, que de algum modo se entrelaça com aquela dos tempos do *Sodalitium Pianum** e, provavelmente, sem nunca ter falhado. Por conta de uma rebelião, chegam à Polônia, graças à obra, armas e dinheiro para o Solidariedade, em um canal direto com Roma, guiado pelo capitão da Guarda Suíça Alois

*Organização secreta fundada em 1906 por integrantes da Igreja. (N. do T.)

Estermann, membro da Opus Dei, que vai muitas vezes a Varsóvia e a Gdansk para coordenar a chegada das armas da Escandinávia.

É quase um prêmio o decreto pontifício de 1982 que transforma a Opus Dei em prelazia pessoal. Assim, mais do que nunca, se esconde o caráter de seita da obra, mas as investigações jornalísticas de Giancarlo Zizola e Sandro Magister, em 1986, tornam isso público. Apura-se que, de acordo com o código secreto da prelazia, "é sigiloso o número de sócios e também não se fala deles com estranhos. Jamais se deve revelar a alguém a participação na Opus Dei". E ainda, entrando na prelazia, cada novo adepto "deve ceder a administração dos seus bens" a um coirmão; fazer "testamento dos bens atuais ou, eventualmente, dos futuros", com obrigação de "assinar um atestado em branco para deixar com a direção central, consentindo a essa última, por exemplo, alienar as propriedades que, por não constarem no testamento ao instituto, todavia são submetidas à sua propriedade e direção".

Desse modo, ficam evidentes as "penetrações" clandestinas da obra "em ambientes da sociedade civil e nas atividades profissionais onde raramente é fácil chegar da maneira apostólica incisiva dos meios comuns que a Igreja dispõe", como se permitiu relatar o bispo Álvaro del Portillo. Alguns parlamentares italianos se destacam nessas investigações, entre os quais Rino Formica. Sem meias palavras, ele define a obra como "uma sociedade secreta", um pouco máfia e um pouco Maçonaria. Polícia e serviços secretos abrem um inquérito que não dá em nada, pois a Opus Dei é realmente indiscutível e não somente pela Santa Sé.

Nem mesmo a quebra da Rumasa, em 1986, a coloca em risco. Trata-se de uma *holding* criada por José Maria Ruiz Mateos, um "superoperário" da Opus Dei, envolvido em pagamentos de milhões no caixa dois para a prelazia. Apenas nessa circunstância supõe-se ligado ao IOR e, portanto, no extremo, aos "paraísos fiscais" da Santa Sé. É justamente nessa época que o escritório principal da obra está em Nova York, em um prédio de 17 andares no coração de Manhattan, vizinho a Wall Street. O lugar que melhor simboliza o culto a Mâmon.

É lógico também que a obra tenha sua presença dentro de Roma, quase em uma contrapartida à Santa Sé, mas também no mundo corporativo laico. Acontece por meio de uma universidade privada onde diversas doutrinas da Santa Cruz são ensinadas, qualificada como pontifícia e "ateneu romano", no campus Biomédico, em Trigoria, e na ELIS, conhecida como Cooperativa Social Educativa. Recorre "a convenções e acordos com órgãos públicos e privados e em particular com entidades que operam no "social privado", para "promover e gerir, mesmo mediante recursos de fundos públicos e privados, atividades de formação profissional e de desenvolvimento na função". É assim que a ELIS chega a selecionar o pessoal da AMA para a prefeitura de Roma, em 2009, enquanto as reivindicações sindicais não têm nenhum efeito para bloquear a intromissão da comissão clerical.

Sob um aspecto religioso, a presença da obra se evidencia na condução das paróquias de Santa Maria da Paz, Santo Eugênio, Santa Maria Escrivá de Belaguer, São João Batista do Collatino e da basílica de Santo Apolinário. Essa última como testemunha do último escândalo envolvendo a obra, em 1997, referente ao chefe da Magliana, Enrico De Pedis (v. *O Comércio Fúnebre*). Mas o último golpe a Opus Dei o desfere no conclave de 2005, levando à eleição Bento XVI (v. *Comércio e simonia nas eleições papais*), já que consegue pôr no trono papal um próprio afiliado.

A exploração financeira dos Cavaleiros de Colombo

A ordem dos Cavaleiros de Colombo nasceu em 1881, em New Haven, Connecticut. Evoca no nome do navegador genovês a difusão do cristianismo na América e se qualifica como promotora da evangelização católica e da ajuda aos necessitados. O primeiro relacionamento com o Vaticano remonta a 28 de agosto de 1920, quando Bento XV recebe, em audiência privada, 235 representantes dos Cavaleiros de Colombo. Estimula levar a Roma a sua atividade como encarregados do Vaticano na obra de apostolado que, ao lado da própria associação de assistência financeira, dá uma autêntica força nova para os cofres da Santa Sé. Os Cavaleiros então abrem, imediatamente, um escritório na via Delle Muratte e, entre 1922 e 1927, fundam cinco campos recreativos à disposição gratuita dos jovens de Roma, construídos com um projeto do arquiteto Enrico Pietro Galeazzi, agraciado com o título de conde da Ordem Piana. Além disso, propõem apresentar ao papa o resultado anual de suas ofertas dos Estados Unidos. Na prática, tem-se uma imediata exploração dos recursos financeiros da associação por parte do Vaticano e, sobretudo, certas doações nem sempre são utilizadas para uma finalidade apostólica, mas são absorvidas pela Santa Sé na sua administração.

À parte os subsídios econômicos, em 1942 a Santa Sé recebe, por doação dos Cavaleiros, parte do terreno de propriedade deles em Valle Giulia, sobre o qual surge a igreja de Santo Eugênio. Entre as sucessivas doações, a de John E. Swift, cavaleiro supremo da ordem, se destaca durante o Ano Santo de 1950. Após uma audiência particular, concedida por Pio XII, constitui um fundo para a compra e a construção de um complexo esportivo em Primavalle, chamado Pio XII, em homenagem ao papa Pacelli. Foi abençoado em 1952 pelo arcebispo de Nova York, o cardeal Francis Spellman. Esse é o *alter ego* da associação que se oferece para participar a fim de aumentar o capital financeiro da Santa Sé, até se fazer acreditar que todos os seus trabalhos, com fins religiosos, são por Mâmon.

Spellman realmente nasceu para fazer dinheiro. Ele gosta de especular tudo e receber dinheiro por qualquer iniciativa. Na Cúria, um pouco por admiração e um pouco por inveja da sua riqueza, o chamam "o cardeal dos milhões", de dólares, naturalmente. O seu gigantesco patrimônio é fruto de uma febril atividade de construção civil, iniciada com base em um preciso jogo financeiro dado à estrutura da sua arquidiocese. Começou, de fato, a espalhar várias hipotecas de suas paróquias por toda a parte, tomando dinheiro emprestado de amigos banqueiros e economistas a 2% por cinco anos e 2,5% por dez anos, até juntar meio milhão de dólares. A sua arquidiocese é "uma espécie de banco central para todas as paróquias", escreveu Corrado Pallenberg, não só dos Cavaleiros de Colombo, para uma série de operações financeiras que têm um objetivo fundamental: construir. "Dos cálculos feitos", afirma o jornalista inglês, "o cardeal Spellman gastou em média 90 milhões de dólares por ano em construções": trata-se de igrejas, colégios e hospitais. Mas de onde vem todo esse dinheiro? "Aqui novamente, como sempre acontece em assuntos financeiros, prevalece a regra do silêncio, característica da Igreja de Roma", conclui Pallemberg.

Uma iniciativa empreendedora notável da Santa Sé, ligada a Spelman e aos Cavaleiros de Colombo, são os investimentos americanos relacionados ao Plano Marshall, com base nos quais, ao final de 1951, nasce o selo fonográfico RCA Italiana, uma sociedade anônima, com sede construída em terrenos da via Tiburtina. A Santa Sé compra 10% da empresa através do IOR. Seu presidente é o conde Enrico Pietro Galeazzi, homem da confiança de Pio XII e amigo do cardeal Spellman, o que diz bastante sobre a conexão com os Cavaleiros de Colombo. Em 1954, a empresa corre o risco de fechar e então Pio XII nomeia, como inspetor administrativo, Ennio Melis, superintendente do Escritório de Imprensa e Cinema do Vaticano. Uma ação genial do papa Pacelli. Melis, cheio de imaginação, se convence de que a empresa pode ser salva e relançada e assim acontece. Melis passa a secretário da empresa e Galeazzi, comprometido diretamente com o topo da cidade do Vaticano, é substituído pelo empreendedor Giuseppe Ornato. Graças aos dois novos dirigentes, membros fiéis do Vaticano, a empresa teria ido de sucesso em sucesso com admiráveis ganhos para a Santa Sé, até 1986, quando a RCA Italiana fechará. Todavia, poucos meses antes do fechamento, agindo sabiamente, a Santa Sé vendeu os 10% das suas ações.

A ordem americana segue empenhada em numerosos patrocínios para a recuperação de muitos prédios e a restauração das obras de arte da basílica de São Pedro. Além disso, cede ao Vaticano a área na qual ficava o oratório de São Pedro para a construção da Sala Paulo VI. Até que o papa faz uma grande conquista para as finanças vaticanas quando os Cavaleiros de Colombo constituem o *Vicarius Christi Fund*. Os juros desse fundo, desde 1982, são presenteados ao Santo Padre, anualmente, para serem destinados a fins que ele entenda como oportunos. Precisa-se, pois, considerar os financiamentos extras, como o de 25 de outubro de 2003, para o 25º aniversário do pontificado de João Paulo II. Uma concessão de 2,5 milhões de dólares, graças à qual o total das doações da ordem ao papa chegou a 35 milhões de dólares. Isso não é nada comparado aos 47 bilhões do fundo de seguro de vida administrado pelos Cavaleiros de Colombo, ao qual a Standard & Poor's concede o *rating* mais alto. A ordem investe regularmente nos *corporate bond* emitidos por outras 740 empresas americanas e canadenses e, assim, apenas em 2002, entre apólices de vida e serviços de assistência domiciliar para os seus inscritos, arrecada 4,5 bilhões de dólares. Uma parte, cerca de 2,8 milhões de dólares, é endereçada às dioceses, ordens religiosas, seminários, escolas católicas e à Cidade do Vaticano. É óbvio que, ao lado desses ganhos substanciosos e fáceis, está o cavaleiro Virgil Dechant, um dos nove conselheiros de Estado da Cidade do Vaticano e também vice-presidente do IOR. Os Cavaleiros de Colombo agregaram cerca de 1,6 milhão de adeptos, além de mais de 12 mil *councils* entre Estados Unidos, Canadá, México, Filipinas, República Dominicana, Porto Rico, Panamá, Bahamas, Ilhas Virgens, Guatemala, Guam e Saipan.

Comércio e simonia nas eleições papais*

Desde as origens da Igreja, à frente das eleições pontifícias, verificam-se casos de comércio com a concessão de postos de prestígio na hierarquia eclesiástica, por parte de um candidato aos seus eleitores. De simonia temos casos de verdadeira compra do voto com dinheiro vivo. A mais antiga prova de comércio existente em uma eleição papal remonta ao ano 366. Com a morte do bispo Libério, já comentada no tópico *A riqueza excessiva da primitiva Igreja de Roma* (V.), disputam o trono pontifício duas facções que defendem com armas os bispos Ursino e Damásio, chegando a deixar no campo de batalha, na basílica de Santa Maria *ad Nivem*, 137 mortos. Evidentemente, os interesses materiais empurraram as duas facções a se enfrentar com armas, mesmo sem conhecer as particulares vantagens econômicas obtidas pelos membros da facção vencedora, a de Damásio. Mais concreta é a situação seguinte à eleição de João II (533-535), durante a qual é promulgada, pelo Senado de Roma, uma lei que veta os presbíteros, diáconos e dignitários do rei godo, participantes da eleição papal, de aceitar dinheiro para eleger um candidato. Essa lei parece uma denúncia flagrante da ação de simonia, embora se revele uma intromissão ilegal da autoridade civil sobre o clero. Por outro lado, o decreto vem condenado até pelo rei godo Atalarico, soberano da Itália daquela época, que envia, no entanto, uma carta a João II para comunicar-lhe que, em uma eleição futura, colocará à disposição dos dignitários reais uma considerável soma de dinheiro com a qual poderia adquirir votos ao candidato por eles escolhido. De fato, "caso fossem verificadas disputas entre clero e laicos e a briga fosse submetida à corte, ordenava que para as despesas da luta, tratando-se do bispo romano, não se poderia empregar mais que 30 mil escudos". Simonia à parte, o dinheiro estava sempre iminente sobre as decisões finais, visto que estava preestabelecido um "fundo", proveniente da reserva real.

Sucedem-se eleições papais que alcançam validade com o consentimento do imperador bizantino, através do seu exarcado de Ravena. Isso implica que se trata, portanto, de eleições indiretamente guiadas. Às vezes, também se registram contrastes, com tantas eleições dos chamados antipapas. Há simonia em 687 por parte de um certo Pasquale, pelo dinheiro prometido do exarcado

*Simonia: compra ou venda de coisas espirituais: deriva de Simon, o mago que teria oferecido dinheiro aos apóstolos para que lhe concedessem o dom de conferir o Espírito Santo. (N. do T.)

em troca da aprovação. Mesmo com a oposição do padre Teodoro, candidato do clero, quem leva a melhor é Sérgio, o padre escolhido por uma parte do clero graças à concessão de cem libras do exarcado. Assim, o comércio totalmente político, em 767, é o responsável pela dupla eleição do francófilo Constantino e do autônomo Filipe. Ambos, no papel de antipapas, se confrontam com o simpatizante dos lombardos Estevão III, que coordena o concílio durante o qual Constantino é preso, chutado e pisoteado. Filipe, por sua vez, considera oportuno abdicar e refugiar-se em um monastério. Ele é acompanhado pelos matadores dos francos, seguidores de Constantino, Sérgio e Cristóvão, a mando indireto de Estevão III. Todavia, foi perdoado por Carlos Magno, graças ao fato de o papa ter repudiado a mulher, Desiderata.

Em 844, o diácono Giovanni se opõe a Sérgio II com um grupo de soldados, mas acaba abandonado pelos seus próprios seguidores, encarcerado e, depois, exilado.

Nova batalha em 855, entre Bento III e Anastácio, exaltado pelos mensageiros do imperador Ludovico, mas que precisou se render às armas do povo romano.

Em 903, Cristóvão depõe Leão V, colocando-o na prisão, onde morre provavelmente assassinado.

Na Roma dominada pelos Crescenzi, temos Bonifácio VII, um antipapa que, depois de destronar Bento VI e prender seu assassino, exerce suas atividades de 974 a 985. Sucedem-no em seu trono pontifício os papas Bento VII, João XIV e João XV. Gregório V, enquanto ocupava o trono papal, teria sido sucedido por João XVI*, sempre apoiado pelos Crescenzi, mas acaba vítima do imperador Oto III, que ordena furarem seus olhos e cortarem seu nariz, língua e orelhas.

A partir de 900, quem domina o trono papal são os condes de Túsculo e suas esposas, com a nomeação de papas para os quais falar em simonia e comércio é ridículo. Época em que não há nem mesmo eleições, mas uma imposição ao trono dos eclesiásticos ou laicos, bem-vindos à família tuscolana. Por volta do ano 1000, os Crescenzi tentam voltar com força, mas são parcialmente bloqueados pelos imperadores da casa saxônica. Portanto, temos novamente os condes de Túsculo, felizes com o seu Bento IX, para todos os efeitos três vezes papa. Um período caótico para o trono papal, relatado também no tópico *O nepotismo das origens à Idade Média* (V.).

---

*Há controvérsias sobre a existência de João XVI. (N. do T.)

Nasce então uma tendência por parte da hierarquia eclesiástica de cercar-se de todos os lados, em torno da eleição do papa, segundo as indicações rigorosas de Ildebrando di Soana, papa com o nome de Gregório VII, à frente dos candidatos ao trono com origens imperiais. Assim acontece entre 1149 e 1180, a respeito dos 19 papas sucedidos por 14 antipapas, à frente dos quais o comércio impera na gestão do poder pontifício ou mesmo dos cardeais e eclesiásticos responsáveis por gerir a Câmara Apostólica.

No âmbito da eleição papal, faz-se determinante o nascimento da Prefeitura de Roma, com a retomada dos confrontos entre as famílias patrícias: condes de Segni, Savelli, Orsini e Caetani. Por esse motivo, a eleição se transforma em um veículo do nepotismo, destinado a imperar nas "enormes" famílias até 1870. Muito comércio e simonia com a venda do sacro e do profano se desenrolam pelo conclave e perduram por todo o pontificado. Emblemático é o caso de Alexandre IV (1254-1261), nascido Rinaldo, da família Segni, filho de uma irmã de Gregório IX, que o nomeou cardeal. O mesmo ocorre com Nicolau III, elevado ao poder por sua família, os Orsini. E ainda com Bonifácio VIII, eleito em um brevíssimo conclave, após a abdicação forçada de Celestino V. Com bastante simonia, como declara categoricamente Dante, em seu *Inferno* (XIX, 52-57), pensando já estar morto, afundado pelo cerco dos simoníacos e pondo na boca de Guido de Montefeltro a expressão "o príncipe dos novos fariseus" (*Inferno* XXVIII, 85).

Depois, em Avignon, o primeiro conclave romano de 1378 aconteceu em simonia, com Urbano VI (1378-1389). Eleito por 12 cardeais intimidados pelo povo e convencidos pelo cardeal napolitano, ao som de muitas moedas. Tanto que oito deles se retiraram, declarando nula a eleição e, após um novo ato de simonia, elegeram, com fundos de reserva, outro papa, o cardeal Roberto de Genebra, com o nome de Clemente VI (1378-1394). O confronto se concretiza na batalha de Marino e a vitória é de Urbano VI. Resulta em um duplo estabelecimento, Clemente VII em Avignon e Urbano VI em Roma. É a cisão da Igreja de Roma e repercute sobre os mesmos cardeais italianos, eleitores de Urbano VI, que, de fato, os tem como prisioneiros — temendo que o traiam — e acaba matando-os. É o início do cisma no Ocidente, que se prolonga até o Concílio de Constância e a eleição de Martinho V (1417-1431).

A partir de então, manifesta-se o nepotismo bancário (v. *O nepotismo entre furtos e fraudes, camorra e contraespionagem*), que condiciona, ainda mais, a eleição simoníaca e mercenária dos papas. O advento dos banqueiros na gestão financeira da Igreja é um fator fundamental para a afirmação das famílias dos papas. É uma sucessão de conclaves simoníacos, a começar pelo de Inocêncio VIII [1484-1492], como testemunha, no seu diário, o cerimonialista da corte, Giovanni Burcardo. Por ele ficamos sabendo que, na noite seguinte à eleição, o recém-eleito assina a petição solicitada pelos 17 cardeais que o elegeram. Esse pedido constitui na prática o preço a pagar por sua subida ao trono papal, em uma verdadeira ação de simonia. Papa Cybo assina a petição de joelhos, "apoiando-se sobre uma espécie de cofre que há diante de si, enquanto todos os cardeais ao redor aproximam-se com a petição e ele os atende".

Há simonia da mesma forma no conclave no qual é eleito Alexandre VI. Ele resolve sua eleição na base do dinheiro, mas também com a concessão de várias comendas aos cardeais Sforza, Orsini, Colonna e Savelli. Não menos simoníaco foi o conclave que elegeu Júlio II. Organizando um pré-conclave com os cardeais espanhóis e César Bórgia, garantiu o apoio deles com a promessa de diversas comendas aos cardeais e uma, todavia não cumprida, de nomear o duque de Valentinois capitão-geral da Igreja, com a confirmação das suas posses na Romanha. Além de obter a adesão de outro grupo de cardeais, em separado, de acordo com relativas compensações.

Desde o século XVII, os cardeais se fazem determinantes nos conclaves. Representam os soberanos estrangeiros para assim terem a possibilidade de impor o próprio "veto", ou seja, o *ius exclusivae*, sobre um candidato que não os agrade. Mesmo que façam o escrupuloso juramento de manter "segredo sobre tudo aquilo que de alguma forma tenha a ver com a eleição do Romano Pontífice". Algo ainda mais difícil de apurar. Quando se sentem ameaçados por certos soberanos, não satisfeitos com o eleito, acabam por confiscar as rendas dos benefícios nas episcopais "sés vacantes", antes que tenham um titular. Os cardeais se dividem em três grupos: francófilos, hispanófilos e austrófilos — em relação aos respectivos soberanos — e, entre eles, se distingue o chamado "esquadrão volante", os neutros ou "zelosos", capazes de agradar para conseguirem comandas e "moedas tilintantes" dos politicamente posicionados. Sendo assim, há sempre uma simonia e um comércio.

Outro conclave emblemático é o de 1730. Dura mais de quatro meses, resultando entre os mais corruptos do século XVIII. Nesse conclave, além dos tradicionais posicionamentos, os Savóia têm um próprio representante, o cardeal Annibale Albani. Porém, quem mais se agita entre as famílias dos pontífices são os Médici, em vias de extinção, assim como os Farnesi. Prevendo a perda do grão-

-ducado da Toscana, teoricamente um feudo papal, a casa florentina trata de assegurar os favores do papa. Assim, através dos seus banqueiros de Londres, Paris e Haia, chegam a comprar votos para o cardeal Lorenzo Corsini, de rica família florentina. Os Médici fazem o mesmo, uma vez que os espanhóis vetam o octogenário Lorenzo Imperiali, apoiado pelos "zelosos", enquanto a candidatura única vem da Áustria e França, em nome de Lorenzo Corsini. Dessa forma, ele é eleito sob o nome de Clemente XII (1730-1740).

Outro conclave comentado no século XVIII é aquele iniciado em outubro de 1774, com o usual confronto entre os "zelosos" e os três grupos de cardeais ligados, de corpo e alma, aos soberanos europeus, competindo para saber quem é o mais corrupto. Ao longo de quase cinco meses, explodem brigas e voam insultos que passam além das portas do conclave, nem sempre abertas e, mesmo assim, com alguém sempre escutando e pronto para contar "a Pasquino*". Foram divulgadas *pasquinatas* a mil, as mais infames, sobre diversos candidatos volta e meia propostos e contestados pelos intelectuais, pagos pelo corpo cardinalício. A obra-prima é a sátira *O Drama do Conclave*, escrita em versos como um livreto de música, onde se lê: "*Representado no Teatro Delle Dame, no carnaval do ano 1775, dedicado às próprias damas de Roma, por 'Kracas a serviço do silêncio', com licença e aprovação*". Imagina-se que os cardeais colocam seus votos na disputa para conseguir os favores das nobres damas, por dinheiro. Simonia e luxúria. O autor é identificado na pessoa do abade florentino Gaetano Sertor, que acaba preso no Castelo Sant'Angelo.

No conclave que se inicia em 15 de fevereiro de 1769, com a morte de Clemente XIII (1758-1769), o contraste entre as finanças dos "zelosos" e os cardeais da corte ocorre com o cancelamento da Companhia de Jesus, gerando disputas violentas. O evento marcante é a chegada, em meados de março, do primogênito da imperatriz Maria Teresa, o arquiduque José. Ele pede e consegue o poder de ingressar no conclave para apresentar os seus cumprimentos aos cardeais. Isso é uma boa e bela intromissão. Negocia durante vários dias com os cardeais e lhes assegura que sua mãe, mesmo sendo amiga dos jesuítas, nada fez para impedir a destituição da Ordem. Exprime, portanto, o desejo de ver eleito um papa que favoreça essa já irrevogável decisão. Além disso, as negociações com os embaixado-

---

*Pasquino é uma estátua em praça romana cuja lenda diz que em seus pés eram colados papéis, durante a noite, com sátiras sobre a Igreja, para que todos lessem no dia seguinte. (N. do T.)

res continuam até o 1º de maio, atropelando completamente o segredo dos trabalhos do conclave, que a esse ponto parece uma farsa. Essa trama diplomática coordenada por diversos soberanos católicos europeus não pode deixar de alcançar o seu objetivo. É eleito o candidato que se mostra mais propenso ao fim da Companhia de Jesus, o cardeal Giovanni Vincenzo Antonio Gangamelli. Se não há simonia, há, contudo, um comércio nessa nomeação. Na verdade, como sinaliza Giancarlo Zizola, "dado que o cardeal de Bernis, embaixador da França em Roma, lhes apresentava um protocolo do tipo 'capitulações' ou 'juramentos', usados nas eleições imperiais, o candidato lhe dera a palavra de que acreditava, ele mesmo, possível e desejável o cancelamento. Tais garantias, ele tinha dado aos cardeais espanhóis por escrito".

O conclave que se realiza ao final de 1799, em Veneza, sob a proteção da Áustria, é decididamente à custa de simonia. Ao imperador Francisco II não parece verdade poder manobrar em santa paz o conclave que deve eleger o sucessor de Pio VI. Predispõe para isso o monastério da ilha de San Giorgio Maggiore, colocando à disposição dos cardeais grandes somas de dinheiro para as despesas e, assim, fazendo com que eles se sentissem à vontade. Uma única condição é imposta: o veto a todos os cardeais oriundos da França, Espanha, Nápoles, Gênova e Sardenha.

O conclave começa somente em 1º de dezembro e dele participam 34 cardeais. No dia 12 de dezembro chegam as instruções precisas do imperador: quer que seja eleito o romano Alessandro Mattei. Há uma reação a essa ordem, sem contar que a Espanha consegue impor o seu próprio veto. Os cardeais precisam levar em conta, não obstante serem "hóspedes" da Áustria, que uma gratificação pecuniária já fora embolsada. Assim, acaba por levar a melhor a diplomacia do cardeal espanhol Antonio Despuig y Dameto, que consegue fazer desviar os votos na unanimidade ao cardeal Barnaba Chiaramonti, papa com o nome de Pio VII.

O século XIX não registra particularidades impressionantes no contexto dos conclaves, isto é, não vêm à baila elementos próprios de simonia e comércio. É preciso chegar ao conclave de agosto de 1903, no qual é eleito Pio X, para apurar, através do diário do cardeal conclavista, Domenico Svampa, publicado depois da sua morte, a violação dos votos. É o que se verifica em 1º de agosto, durante a primeira votação do segundo dia do conclave. De fato, no dia seguinte, o cardeal anota que "apenas iniciada a reunião, o cardeal [Jean] Puzyna levanta-se do seu troninho e, lendo um escrito previamente compilado, declara que o imperador da Áustria e Hungria, Francisco José, usando de seu antigo privilégio, veta a eleição do cardeal Rampolla". Evidentemente, o imperador foi avisado que Mariano Rampolla del Tindaro havia ganhado 24 votos no primeiro escrutínio, subindo para 29 no segundo. Mesmo assim, "todos os conclavistas ficam surpresos", continua o cardeal Svampa, "seja pela inesperada intromissão, seja pelo modo como foi feita". Após a terceira votação, confirma-se, contudo, a posição de Rampolla, embora haja um crescimento de Giuseppe Sarto. Na hora do almoço, é servido *funghi* aos conclavistas e quase todos comem aquilo. A terceira jornada é fundamental: Rampolla cai para 13 votos, enquanto Sarto chega a 35. Os sete que faltavam, Sarto obtém na manhã seguinte, apoiado pelos cardeais germano-austríacos, e se transforma no papa Pio X. O fato determinante é o ato de intimidação, por via do envenenamento, registrado nas noites dos dias 3 e 4 de agosto, quando as cartas foram dadas. Trata-se de um verdadeiro atentado aos cardeais que se opuseram a Rampolla. Muitos deles sofreram fortíssimas diarreias, "tanto que na manhã seguinte foram feitos 50 pedidos à farmácia [...] O doutor Lapponi põe a culpa nos cogumelos que foram ingeridos". Um conclave, portanto, que colocou a vida dos cardeais em risco e que ofereceu uma visão alarmante da rede de espionagem que circunda a Santa Sé.

O clima de contraespionagem recai também sobre o conclave de 1922, como se lê no diário particular do cardeal Gustav Piffl, arcebispo de Viena. Foi publicado, em 1963, na revista do historiador belga Roger Aubert, *La Revue Novelle*. Quando o prelado austríaco chega em Roma, em 27 de janeiro de 1922, é recebido na estação pelo encarregado de negócios austríacos, o barão Ludwig von Pastor, autor da famosa *História dos Papas*, e na mesma noite há uma reunião dos cardeais austríacos e alemães. "Fizemos um ponto na qualidade que requeremos em uma candidatura", escreve Piffl, "e Willem van Rossum, segundo o parecer de Karl Joseph Schulte, arcebispo de Colônia, considera ser preciso eleger um cardeal não italiano e propõe a candidatura de Merry del Val. Pietro Gasparri diz que não aceita. Como Achile Ratti não é um homem de princípio, escolhemos Camillo Laurenti. Continuam essenciais as relações do futuro papa com a Itália. Demo-nos conta." Em um primeiro momento, decide-se votar em Gasparri e, no segundo escrutínio, em Laurenti. Após a primeira rodada de votações, em 3 de fevereiro, Piffl nota a existência de duas correntes: "1, a reaparição dos velhos integralistas guiados por Merry del Val; 2, a continuação da política de Bento XV, pela qual está na primeira fila [Pietro] Gasparri. Merry del Val teve 17 votos; Gasparri, 13. O primeiro é conduzido principalmente por [Wilhem] van Rossum, que deseja muito um não italiano e espera da energia e do espírito constante de Merry del Val um reforço na disciplina eclesiástica. Gasparri não serve, principalmente pelo seu nepotismo. Uma vez papa, seria vítima dos parentes. Alguns cardeais da Cúria não compartilham desse temor. Pessoalmente, preferiria um candidato de compromisso. [Raffaele] Scapinelli propõe, nesse sentido, [Gaetano] Bisleti. Eu prefiro [Camillo] Laurenti".

A troca é determinada pelo crescimento de Achille Ratti, diante do qual o desvio de votos de Gasparri se faz decisivo para bloquear a situação a favor de um italiano. Mas isso prejudica o italiano Pietro La Fontaine, sobre o qual confluem, ao contrário, os votos de Merry del Val, que não serão suficientes. Piffl considera "Gasparri partidário da eleição de Ratti" e, certamente, entre os dias 5 e 6 de fevereiro, acontece um pacto entre os dois cardeais: Ratti papa, Gasparri secretário de Estado. Houve provavelmente um acordo tácito, enquanto parece que o De Lai promete um verdadeiro mercado ao Ratti. Os votos do próprio grupo em troca da remoção de Gasparri do posto de secretário do Estado. Um comportamento que implicava excomunhão.

O conclave de 1958, que se desenrola com a morte de Pio XII, eleva ao pontificado o cardeal Giuseppe Roncalli. Ele assume o nome de João XXIII, mas trata-se de um conclave afamado, porque, de algum modo, evoca os dois primeiros ocorridos no século XX, propondo uma atmosfera diabólica de subterfúgios e comércio. Nas suas origens está a fumaça branca que, na noite de 26 de outubro, eleva-se ininterruptamente por cinco minutos da chaminé da Capela Sistina. Significa que o novo papa está eleito. A notícia é confirmada pela Rádio Vaticana, mas a janela do apartamento onde deveria aparecer o recém-eleito não se abre. E de repente, pouco depois, a fumaça fica negra; portanto, o conclave não terminou e, somente na noite de 28 de outubro, será eleito Roncalli.

Na realidade, aquela fumaça branca era válida. É o que revelará um dossiê redigido pelo FBI, em 10 de abril de 1961 e divulgado em 1994. Será impresso no fascículo *The Vatican Exposed*, de Paul Williams, ex-consultor do FBI, que afirma ter examinado alguns relatórios do escritório investigativo federal que confirmavam a notícia segundo a qual a *intelligence* americana sabia que, em 26 de outubro de 1958, seria eleito o papa Giuseppe Siri. O cardeal genovês havia aceito e escolhido o nome de Gregório XVII, mas os cardeais do leste europeu impuseram a Siri a renúncia ao papado por sua eleição "ter causado graves desordens e o assassinato de vários bispos por trás das cortinas".

No conclave que leva à eleição do cardeal Montini, temos a sombra da Maçonaria. Dá-se o caso que Umberto Ortolani, estrategista da loja P2 do mestre Licio Gelli, na metade de junho de 1963, põe à disposição do cardeal Giacomo Lecaro a sua vila em Grottaferrata, que se transforma em um covil para a reunião dos cardeais votantes na eleição do arcebispo de Milão. O golpe vence no quarto escrutínio em 21 de junho. Ortolani será premiado com a honra de Cavalheiro da Câmara de Sua Santidade, título que assegurará ao financeiro pedoísta* inserir-se nos tráficos econômicos do Vaticano.

Antes do conclave de outubro de 1978, que levará à eleição do arcebispo de Cracóvia, Karol Vojtyla, é firmado um acordo entre a Opus Dei e a facção alemã dos cardeais, conduzida pelo arcebispo de Colônia, o cardeal Joseph Höffner. Antes do conclave, o cardeal polonês se retira na Villa Tevere, sede romana da Opus Dei, na avenida Bruno Buozzi, onde justamente se desenrola a reunião na qual vem definido o apoio dos cardeais da obra e dos próximos a ela para a eleição de Wojtyla. Em 16 de outubro, o recém-eleito papa adota o nome de João Paulo II. É um fato que, logo após a eleição de Wojtyla, a edição semanal em língua alemã do *L'Osservatore Romano* documenta "as boas relações" do novo papa "com os bispos alemães", publicando duas fotos significativas, tiradas durante a vigília do conclave. Retratam o cardeal Wojtyla, o cardeal Höffner e monsenhor Franz Hengsbach, bispo de Essen, reunidos no centro romano da Opus Dei.

Sobre o conclave que se abre em 18 de abril de 2005 paira o espírito de João Paulo II, que de alguma maneira condiciona os 115 cardeais chamados a escolher o seu sucessor. Impõe-se uma linha de continuidade, com um papa que pretenda levar adiante um diálogo ecumênico. Na verdade, as cartas já estão dadas desde quando o cardeal Joseph Ratzinger, entre os dias 16 e 17 de abril, desencadeou uma verdadeira campanha eleitoral. Teve ajuda da prelazia fora de Roma, da qual não participou pessoalmente. "Desse modo", lê-se no jornal do Rio de Janeiro *O Globo*, "Joseph Ratzinger entra no conclave praticamente papa" e se transforma em Bento XVI. O jornal cita como fonte um dos quatro cardeais brasileiros presentes no conclave, o qual teria feito a revelação de forma anônima, para evitar a excomunhão que golpeia quem revela os segredos de uma eleição papal.

*Pertencente à loja P2 da Maçonaria. (N. do T.)

Evasão fiscal sobre imóveis e atividades comerciais "sem fins lucrativos"

No final do século XIII, as finanças da Igreja se qualificam no poder espiritual, que está acima de tudo, para não ser taxada pelos soberanos dos vários Estados onde a Igreja detém propriedades e benefícios. Essa posição é ressaltada na bula *Clericis laicos* emitida por Bonifácio VIII [1294-1303], em 24 de fevereiro de 1296, na qual se proíbem os laicos, sob pena de excomunhão e interdito, de imporem qualquer taxa ou imposto aos eclesiásticos. Uma bula que terá sucessivas consequências, como a tentativa de prisão de Bonifácio VIII em Anagni, mas que jamais será revogada. Dela nasce o conceito de que a Igreja é dona absoluta dos próprios bens, em virtude do personalíssimo poder jurisdicional, pelo qual os Estados não têm direito algum em cobrar tributos das igrejas, conventos e palácios apostólicos. Trata-se, na essência, de um verdadeiro e próprio ato de desobediência civil. Uma bula que, sem ser nominada, tem peso diretamente, entre o fim do século XX e o início do terceiro milênio, sobre as discussões surgidas entre a Santa Sé e o Estado italiano, relativas ao pagamento de luz, água, imposto predial* e todas as outras taxas imobiliárias. Tudo isso porque a Igreja, além das convenções relativas aos acordos, baseia-se completamente na própria economia, em uma gestão administrativa fechada, da qual não deve prestar contas a ninguém, tendo qualificado os próprios bens como propriedades "sem fins lucrativos".

Em 1992, com o decreto legislativo 504, o governo italiano introduz a isenção do imposto predial "a favor das entidades não comerciais, para os imóveis de uso exclusivo, destinados à execução de atividades assistenciais, previdenciais, sanitárias, didáticas, alojamentos, culturais, recreativas e esportivas, religiosas e para culto". Cai como uma luva para a Santa Sé, com todos os seus edifícios sob o símbolo da cruz de Cristo. Como fazem parte do Anuário Pontifício, onde estão listadas, do mundo todo, as 4.851 dioceses, 50 prelazias, 11 abadias, 79 bispados apostólicos, 45 prefeituras apostólicas, 11 exarcados, são válidos como indicações territoriais. Dentro dos quais existem 26 mil paróquias e dioceses, cerca de 100 mil igrejas, 30 mil casas paroquiais e santuários, além de 2,3 mil museus e bibliotecas; e fora escolas, hospitais, casas de amparo e de repouso na ordem de 10 mil, aproximadamente; 2 mil centros de acolhimento e

* ICI no italiano [N. do T.]

asilo e cerca de 300 livrarias. E, ainda, prédios de hotéis e casas para aluguel. No total, a Igreja possui aproximadamente 23% do patrimônio imobiliário italiano e, em particular, estima-se em 9 bilhões de euros as propriedades da Congregação para Evangelização dos Povos.

Tem tão pouco peso que, em 2004, o decreto salva-ICI* é negado pela Constituição, mas é restaurado em 2005, graças a um novo decreto do governo Berlusconi, que destaca como isentos os edifícios onde se excecutam atividades "sem fins lucrativos". Porém, o decreto será definitivamente melhorado pelo governo Prodi, com a frase fatídica que fará referência às "atividades que não tenham natureza *exclusivamente* comercial". Então, basta que dentro dos hospitais, casa de recuperação, hotéis, centros culturais, haja uma capela para que a destinação do uso comercial resulte santificada a ponto de ficar isenta do imposto predial. Assim, a Santa Sé venceu em nome do espírito apostólico que comunga os seus bens.

Ocorre que imóveis de propriedade de entidades religiosas, aparentemente "sem fins lucrativos", se transformem em hotéis de quatro estrelas, destinados ao turismo religioso. Uma hospitalidade que contabiliza 40 milhões de hóspedes ao ano, como revela Luca Iezzi em uma preciosa reportagem no *La Reppublica*, em 30 de agosto de 2007. É o caso da Abadia de Chiaravalle, na periferia de Milão, onde se pode viver alguns dias como monges cistercienses, alugando um quarto por 50 euros a diária. Da mesma forma, grupos de fiéis podem sentir uma atmosfera monástica em alojamentos disponíveis, apenas no outono, no monastério de Camaldoli, por 45 euros a diária. Em um ex-hotel de Cortina d'Ampezzo, estão estabelecidas as irmãs Ursulinas, que no inverno "hospedam" uma escola e no verão acolhem peregrinos amantes da montanha por 55 euros a diária; "entre os clientes históricos está o senador Giulio Andreotti". Os sacerdotes do Sagrado Coração administram a Villa Aurelia, em Roma, com 160 leitos, sala de conferência, parque, terraço com vista para São Pedro e, naturalmente, capela privada, por 50 euros a diária. Ainda em Roma, entre São Pedro e o Castelo Sant'Angelo, o máximo do luxo para peregrinos está na casa de férias das Carmelitas, a *Domus Carmelitana* propriamente, por 120 euros a diária.

Uma outra maneira de evasão fiscal é concedida à Santa Sé em 1999. Na véspera do Ano Santo, surge um novo problema referente aos bens imóveis do Vaticano, com relação ao uso da água. A Santa Sé se alia à ACEA**, por não se sentir jamais

*Equivale à isenção do imposto (N. do T.)

**Azienda Comunale Elettricità e Acque (Empresa Pública de Energia e Água. (N. do T.)).

na obrigação de pagar as contas; se atém fielmente ao artigo 6, parágrafo primeiro, dos Pactos Lateranenses, no qual está definido que "a Itália proverá, por meio de acordos necessários com as entidades interessadas, à Cidade do Vaticano uma adequada dotação de água na propriedade". O comportamento da Santa Sé é legítimo. E, assim, o Estado italiano teve de pagar um atrasado de 44 bilhões de liras e, em 2005, mais 25 milhões de euros. Não se estranhará se, em 2010, receber uma nova conta, pois o Vaticano continua sem pagar.

Junto a tudo isso é passada quase em silêncio a compra, no mínimo com dinheiro "sujo", e a posterior revenda de bens imóveis por parte da Igreja, através da "sociedade-sombra*, administrada diretamente pelas entidades eclesiásticas e pelo Vaticano", que procuraram dinheiro "limpo", como escreve, em 1991, Maria Antonietta Calabró, no livro *As Mãos da Máfia*. Assim, à Manic Holding S.A., de Vaduz, em Liechtenstein, referem-se 25 empresas de fachada, com sede própria em Liechtenstein e no Panamá, o pequeno país regido, até 1989, pelo ditador narcotraficante Manuel Noriega, onde estão domiciliadas 14. E, veja o caso, quando em 1989 os Estados Unidos decidem se livrar do governo Noriega, na operação ironicamente apelidada de "Justa Causa", o ditador se refugia na nunciatura vaticana, que acabará por entregá-lo, um ano depois, aos americanos. Nos Estados Unidos será processado e condenado a quarenta anos de prisão.

O tráfico de dinheiro tem o seu sustentáculo, principalmente, dentro de Roma e nos arredores, onde os novos imóveis comprados, registrados por entidades eclesiásticas, vão somar-se àqueles edifícios já pertencentes a ordens religiosas desde 1929. Totalizam mais de 400, aos quais se juntam outros prédios, fruto "de legados e doações por parte dos cidadãos italianos, autorizados uma vez pelo rei, agora pelo presidente da República". Um imenso patrimônio que toma um quarto de Roma, resultado no mínimo de transações ilegais efetuadas nos anos 1960, segundo uma pesquisa feita pelo jornalista Paolo Ojetti, publicada com o título *Vaticano Spa*, em 7 e 21 de janeiro de 1977, nos dois números da revista *L'Europeo*, dirigida por Gianluigi Melega, aposentado em seguida à reação da Santa Sé e, sobretudo, porque a editora do periódico, a tradicional Rizzoli, era controlada pela P2.

A Santa Sé, através do IOR e graças ao dinheiro "sujo", vem assim administrar aquela que resulta ser, no fundo, a empresa mais "legal", pois aparentemente feita

*O equivalente a empresas de fachada. (N. do T.)

à luz do Sol, ou seja, a compra e venda dos imóveis dentro de Roma. Imóveis que, para evitar taxas de compra e venda, são colocados em nome conveniente de entidades religiosas, nascidas e mortas no giro de poucos anos, como a Maestre Pie Venerine, Pro Juventude, Pro Infantia, Pro Orfanis e a Opus pro Castris.

Sacerdotes e freiras pagos através do comércio religioso

Os membros do clero, como trabalhadores de um Estado eclesiástico, ou seja, do Estado Pontifício, recebem, desde o fim da Idade Média, a côngrua, isto é, a pensão mensal efetuada pela Câmara Apostólica para os seus sustentos. Não entram nesse financiamento estatal os institutos de vida consagrada, nem frades, monges e freiras de ordens mendicantes. A partir de 1871, em referência à Lei das Garantias, o Estado italiano, não considerando a Ordem um sacramento e como tal uma atividade apostólica, portanto, não remunerada, se empenha espontaneamente no pagamento do benefício, mesmo se limitado aos bispos e párocos. O Estado liberal considera-os uma categoria particular, diferente das congregações e ordens monásticas mendicantes. Talvez porque os párocos sejam desassociados e por isso apareçam ligados à Itália em sentido patriótico. Assim, o Estado italiano os considera "da mesma forma como uma função pública paralela, útil ao bem-estar espiritual do país", como observou Sergio Romano. Portanto, os párocos e os sacerdotes, seus colaboradores diretos, seguem pagos pelo Estado. É assim que o espírito apostólico é decididamente profanado, em um autêntico comércio. Por outro lado, freiras, frades e monges trabalham para as congregações e as ordens religiosas mantidas diretamente pela Santa Sé e muitos se baseiam na caridade direta dos fiéis. Nos Pactos Lateranenses de 1929, ocorre que o catolicismo é reconhecido como "religião de Estado", o que reforça ainda mais a posição dos membros do clero em função empregatícia do Estado italiano, uma comercialização das atividades dos religiosos.

Até 1932, a despesa grava seu balanço no Ministério da Justiça e dos Negócios de Culto. Posteriormente, a competência para a retribuição passa para o Ministério do Interior. O salário é considerado direito personalíssimo e tem a natureza de abono alimentar, não transferível aos herdeiros. Em todo caso, não se trata de importâncias muito elevadas, tanto que são frequentemente alocadas como verbas de integração, atribuídas *una tantum**. Dessa forma, de 1929 a 1944 se tratará de um valor anual de 3,5 mil liras, passando nos anos 1950 a uma importância anual de 200 mil liras e chegando à soma de 9 milhões de liras em 1986, último ano do pagamento da côngrua por parte das Direções Provinciais do Tesouro, em razão da nova Concordata de 1984.

De fato, João Paulo II faz uma grande conquista na revisão da concordata com o Estado italiano, estipulada em 18 de fevereiro de 1984 e assinada em Villa Madama, em 3 de junho de 1985, pelo cardeal Agostino Casaroli e pelo chefe de governo, o honorável Bettino Craxi. Ainda que cancelada a fórmula que define o catolicismo como religião de Estado, se estabelece, porém, a fundamental "reforma das entidades e bens eclesiásticos e do sistema de sustento do clero", com o compromisso por parte do Estado italiano de pagar diretamente o salário ao clero católico através da doação de uma quota igual a 8 por mil do IRPEF**, em substituição à côngrua declarada em 1871. A doação depende de uma indicação específica dos contribuintes em suas declarações de rendimentos, mas encabeçam seis opções, relativas a sua concessão: as Igrejas Metodistas e Valdesianos, Adventistas do Sétimo Dia e Evangélica Luterana, assim como as Assembleias de Deus, na Itália, e as Comunidades Hebraicas, além do Estado, pelas iniciativas laicas humanitárias. Os frutos dessa partilha são concedidos pela Santa Sé a todo o clero e aos institutos de vida consagrada, ou seja, sacerdotes, monges, frades e freiras. Em seguida definem também: "a nomeação dos titulares dos escritórios eclesiásticos, as festividades religiosas reconhecidas aos efetivos civis, o ensinamento da religião católica nas escolas", tornada facultativa para os estudantes, "o reconhecimento dos títulos acadêmicos da faculdade aprovados pela Santa Sé, a assistência espiritual à Polícia do Estado, a tutela dos bens culturais do interesse religioso e dos arquivos e bibliotecas eclesiásticas". Isso comporta uma outra vantagem econômica para a Santa Sé, referente aos professores de religião nas escolas públicas e privadas. São eclesiásticos e laicos empregados da Congregação para a Educação Católia da Santa Sé, designados pelo bispo e assumidos pelo Estado italiano com base na lei nº 186 de 2003, tornando-se, assim, funcionários públicos para todos os efeitos, com estado jurídico e tratamento econômico equivalente aos outros professores da escola italiana. São

* De uma só vez. (N. do T.)

** Imposto de renda de pessoa física italiano. (N. do T.)

mais de 15 mil e, em uma eventual retirada da habilitação por parte do bispo, cabe ao Estado a obrigação de prover a eles um outro trabalho alternativo no quadro da escola. É um comércio da religião católica abençoado pelo Vaticano, diante do qual os pobres apóstolos e discípulos pregadores voluntários da palavra de Jesus "se reviram na tumba!".

Isso não é tudo. Também as escolas administradas pela Igreja recebem um benefício. Aos institutos secundaristas, legalmente reconhecidos e correspondentes das ordens religiosas, baseados na lei nº 62 de 10 de março de 2000, são concedidas pelo Estado italiano as "contribuições", que, em 2005, com o Decreto Ministerial 27 da ministra da Instrução Pública, Letizia Moratti, se tornam uma verdadeira "participação nas despesas das escolas secundaristas paritárias". Em primeiro lugar, baixa o limite de alunos por classe (de 10 para 8) relativamente ao acesso às contribuições; aumetam, portanto, os níveis máximos das contribuições, ou seja, 12 mil euros por uma escola média e 18 mil por uma escola superior; e são mais que dobrados os financiamentos para os projetos de formação, isto é, de 6 milhões a mais de 13 milhões de euros. Assim, o montante das contribuições às escolas não estatais é de 527,5 milhões de euros, valor que será incrementado, em 2006, em 4,8 milhões de euros, enquanto para as bolsas-escola é previsto um teto de 50 milhões de euros.

Um discurso à parte é feito para os capelães militares, membros da circunscrição eclesiástica do Ordinariato Militar na Itália (OMI), constituído em 16 de março de 1925, pertencente ao Escritório Central de Coordenação Pastoral, gerido pela Congregação dos Bispos e liderado por um arcebispo. São os sacerdotes que asseguram assistência espiritual aos militares Italianos, sob a autoridade do arcebispado e nomeados, no passado, por decreto do rei,e, desde 1948, pelo presidente da República. Como tais, são considerados funcionários do Estado italiano e equiparados, no tratamento econômico, aos oficiais do Exército, Marinha e Aeronáutica.

E mais. Existem os assistentes religiosos hospitalares: são eclesiásticos funcionários das conferências episcopais, tidos como assistentes nos hospitais do Estado italiano para a assistência aos internados. O recrutamento é baseado em uma pesquisa entre os presidentes das regiões e das conferências episcopais. Os assistentes são pagos pela região à qual pertencem. Estão previstos um para cada 300 leitos e um a cada 350 nas estruturas com mais de 700 leitos. No hospital lhes é concedido um espaço para celebração de culto, alojamento, mobília e os suplementos religiosos, além do reembolso de todas as despesas relativas às suas necessidades, assim como energia elétrica e calefação. "Ao pessoal de assistência religiosa", segundo o artigo 8 da lei regional nº 13, da região da Sardenha, de 15 de abril de 1997, aplicada a todas as outras regiões, "se aplicam as normas contratuais vigentes na matéria, sobre o território regional. Por convenção, aos assistentes é assegurada uma compensação proporcional ao salário bruto, compreendendo o abono suplementar especial e as outras vozes contratuais e continuadas, além do décimo terceiro, calculado segundo os mesmos critérios."

Fraude e contrabando dos cardeais e monsenhores

O comportamento pecaminoso dos representantes do clero, no Estado Pontifício, geralmente fica escondido, graças à Santa Sé. Consegue manter um certo silêncio das situações discriminadas pela Igreja, mesmo do fechado Vaticano, nos primeiros 20 anos do seu reconhecimento como Estado, depois dos Pactos Lateranenses. Somente depois da segunda metade do século XX e, particularmente, dos anos 1980, é que afloram os pecados em nome de Mâmon. Cometidos pelos participantes das facções de extrema direita da hierarquia apostólica da Igreja de Roma, por conta de uma maior liberdade de ação em ambientes às vezes mais longínquos do Vaticano.

O primeiro caso vem à tona já em março de 1945 e o protagonista é monsenhor Edoardo Prettner Cippico, um jovem arquivista da Secretaria do Estado, envolvido em evasão de divisas. A sua atividade refere-se, aparentemente, à produção de um filme de escasso valor, mas, na verdade, transfere dinheiro para a Itália. Diante da incriminação de magistratura italiana, o Vaticano o mantém preso por trás dos muros à espera de uma investigação. Contudo, Cippico escapa e se esconde nos Parioli na casa de uma amante, a viúva de um general fascista, mas a polícia o prende com joias roubadas. A Igreja o suspende *a divinis* e o Estado italiano o processa por fraude fiscal: é condenado a 9 anos, mas, em apelação, é solto. Fazem-no passar por ingênuo, tendo sido enganado por outros, como sempre por debaixo dos panos. A Igreja acaba por prendê-lo novamente no seu seio, destituindo-o, porém, do cargo de monsenhor. Naturalmente, outras pessoas se mexeram para salvá-lo. Sobre os muros de Roma aparece uma pichação: "Don Cippico = DC", em referência à Democracia Cristã. É a denúncia da ligação dos interesses financeiros do IOR com o partido católico perto de subir ao poder.

Outro monsenhor à luz das crônicas judiciárias, em 1983, é Simeone Duca, secretário dos Arquivos Pontifícios, monsenhor da diocese de Roma, mas nativo de Zara. É preso durante a investigação do escândalo sobre petróleo e deixa o cárcere pagando uma fiança de 1 bilhão de liras. Pouco tempo depois, envolve-se em lavagem de dinheiro de pessoas sequestradas pelas gangues da Calábria e se salva porque as interceptações telefônicas não são suficientes para incriminá-lo.

Eis que Simeone Duca é chamado por causa do calabrês Rocco Lo Presti, condenado em Turim por homicídio e sequestro, que declara ter dado ao monsenhor 30 milhões de liras por sua ajuda junto ao magistrado da Corte de Cassação, Ugo Dinacci. O magistrado se justifica, mas o monsenhor é condenado a nove meses de prisão por crime de peculato. No processo de apelação, em outubro de 1984, Simeone Duca admite ter recebido os 30 milhões, mas para fazer obras de caridade e, assim, é libertado. Será por isso que, quando morre, em junho de 2006, em Roma, estão presentes no seu funeral 50 celebrantes; "estava sempre ligado a Zara e financiou a restauração e a construção de diversas igrejas, em uma delas agora repousa", segundo a notícia publicada pelo mensal *Difesa Adriatica*.

Outra desventura de uma facção extremista da "santa casta" está na pessoa de Don Lorenzo Zorza, pároco da igreja romana de Santa Inês e núncio apostólico da Santa Sé junto à ONU. Don Zorza fundou em Nova York a sociedade apostólica da Family Trading, com sede na Quinta Avenida, onde chegam ofertas para os pobres da sua paróquia romana. Portanto, frequentemente volta a Nova York para recolhê-las. Em 5 de fevereiro de 1988, o esquadrão antidrogas de Milão apreende, em Linate, 5 quilos de cocaína e descobre um tráfico de entorpecentes e obras de arte, no qual aflora o nome de Lorenzo Zorza.

Em 28 de março, a magistratura de Roma e a procuradoria federal de Nova York emitem, ao mesmo tempo, um mandado de prisão nos interrogatórios de Lorenzo Zorza, com várias acusações de associação mafiosa, tráfico de drogas e de obras de arte. Dom Zorza consegue sair de Nova York e passa a ser um fugitivo, mas, em 7 de abril, é preso em uma vila de Montecalvo di Pianoro, vizinha a Bolonha.

Durante o processo, surgem numerosos precedentes do contrabando a cargo do núncio apostólico. Em 1962, no aeroporto de Nova York, da sua bagagem saíram dois quadros a óleo do século XVI, avaliados em 200 milhões, pelos quais foi processado e condenado a três anos de prisão, salvando-se com a condicional. Além disso, foram encontrados 74 mil dólares em notas falsas e, em 1982, o seu nome estava ligado ao desfalque do Banco Ambrosiano, para crédito em alguns bancos de São Paulo, Brasil.

Em 20 de julho de 1993, vem à ribalta judiciária o hospital psiquiátrico Don Pasquale Uva, da cidade de Bisceglie, instituído como fundação nos anos 1920 pelo titular monsenhor Pasquale Uva, com dinheiro concedido por Bento XV e administrado pela Congregação das Irmãs Ancelle da Divina Providência. Lorenzo Leone, herdeiro da fundação — rebatizada Casa da Divina Providência — como secretário do Conselho Geral das Ancelle da Divina Providência, é condenado com monsenhor Italo Lelli a 7 meses de reclusão por omissão de atos de ofício. Com apelação, ambos são libertados.

Mas, em 10 de junho de 1995, Lorenzo Leone é alcançado por um mandado de prisão, resultando em sua prisão domiciliar, por conta de uma denúncia do sindicalista Francesco Saverio Cervone, empregado do manicômio, referente à contratação de seus parentes na clínica. Na denúncia está envolvido o bispo Riccardo Ruotolo, administrador da Casa Alívio do Sofrimento de São João Redondo, fundada por padre Pio, por "tentativa de fraude e falsidade ideológica", ligada à clínica de Bisceglie. O processo traz ao conhecimento uma violação das normas paisagísticas, com a construção de uma Casa do Peregrino que comportaria uma multa de 40 milhões e 6 meses de reclusão; mas acabam todos soltos.

Quem é preso, em 13 de setembro de 1995, por ter emitido dois anos antes um cheque em branco de 2 milhões, é o sindicalista Cervone, acusador de Lorenzo Leone e do bispo Ruotolo. Com base na denúncia, sabidamente por vingança por parte de Leone, Cervone é condenado e, portanto, cassado do instituto.

O manicômio de Bisceglie está de novo nas páginas dos jornais. Acontece que uma mulher dá à luz, sozinha, um menino prematuro enquanto ocupava um leito. A Santa Sé envia o cardeal Eduardo Martinez Somalo para uma inspeção, e em seguida renova o grupo dirigente com o frade Marco Fabello, administrador do hospital romano Fatebenefratelli e a irmã Teresina Abruzzese, madre superiora das Irmãs Ancelle. Ficam no controle até o seu fechamento, que ocorre muito tempo depois, em 31 de dezembro de 1996, data na qual todos os manicômios deveriam ter sido fechados. O ilegal deslize se verifica também nos vários manicômios da Divina Providência de Foggia, Potenza e Guidonia, a fim de iniciar uma sistematização médica alternativa dos locais. Um autêntico abuso cometido pela Santa Sé. Dessa forma, por trás da denominação hospitalar Residência Don Uva, serão instaladas unidades para Alzheimer, centros de reabilitação para problemas cardíacos, respiratórios, neurológicos, psiquiátricos, residência sanitária assistida aos idosos, deficientes, além de um centro para doentes terminais com câncer. À frente de uma série de escândalos por maus tratos e mortes misteriosas de doentes entre 2004 e 2007, com relativas investigações criminais, nas quais 38 pessoas estão envolvidas.

A partir de 1998, um escândalo atinge outro prelado mais diretamente ligado ao Vaticano. Trata-se do cardeal Michele Giordano, arcebispo metropolitano de Nápoles e membro da Congregação para o Clero e do Pontifício Conselho da Pastoral para os Agentes Sanitários. Está envolvido em uma história de usura com uma dezena de empreendedores da Apúlia e da Campânia, entre os quais o irmão Mario Luciano Giordano, para quem o cardeal assinou cheques de 70 milhões. Além de tudo, o bispado está sob investigação desde 1995 por ter autorizado o uso de 13 igrejas desconsagradas pelo napolitano, utilizadas como garagens e depósitos comerciais. Em 1997, a cúria napolitana investiu 300 milhões para a construção do porto de Nola, associando-se a Fiat Engeneering, Banco de Roma, Banco de Nápoles e Crediop. Em 2000, chega-se ao processo no qual os cheques do cardeal são qualificados como "empréstimo pessoal" ao irmão para restaurar a casa da família em Sant'Arcangelo, na província de Potenza. Assim, os Giordano são absolvidos em fórmula plena.

Mas não terminam aqui as desventuras do cardeal Giordano. A procuradoria de Nápoles o interpelou novamente em 2002 e o reenviou a julgamento por delito de conspiração em fraude fiscal e falsidade nos balanços contábeis. A acusação é referente à compra de três galpões. Comprou-os em Casoria, perto de Nápoles, com os fundos da Cúria da arquidiocese napolitana, por cerca de 1 bilhão de liras a menos que o valor de mercado, usando como base uma escritura indicando o valor de compra e venda inferior. Segundo a acusação, a diferença subtraída do fisco teria sido embolsada pelos conselheiros da administração da empresa Sirio, vendedora dos imóveis, acusados, portanto, de fraude fiscal e falsidade contábil na razão de 600 milhões de liras. Em 12 de maio, o cardeal é condenado a quatro meses de prisão, com suspensão da pena, e a 7 mil euros de multa por abuso imobiliário. Em 28 de abril de 2005 é solto, embora tenha sido desonrado. A esse ponto o cardeal apresenta sua demissão à frente da arquidiocese, demissão aceita por Bento XVI, mas é nomeado "administrador" apostólico, cargo mais do que ridículo por conta da sua trajetória judiciária. Até que, em 2006, é nomeado bispo "emérito" de Nápoles.

No dia 15 de julho de 2004 vem à baila uma questão financeira relativa à diocese de Salerno. Uma parte dos fundos, de 8 por mil, pagos pela conferência episcopal para a Cúria de Salerno, é roubada pela Guarda de Finanças para ser utilizada "a fim de obter lucros". A medida de fato se enquadra no âmbito das investigações sobre o roubo no condomínio Angellara Home, ex-colônia para jovens rapazes pobres transformada em hotel cinco estrelas com os impostos da região da Campânia. Foi desviado também um financiamento de 1,9 milhão de euros que a região, parte lesada, já havia alocado para concluir os trabalhos de reestruturação. Nessa história são interrogadas, por fraude grave com danos ao Estado, abuso imobiliário e de poder, 13 pessoas. Entre elas o bispo de Salerno, Gerardo Pierro, e o administrador do condomínio, dom Comincio Lanzara. Para o major Francesco Mazzotta, do Núcleo Tributário da Guarda de Finanças de Salerno, que acompanhou o roubo elaborado pelo promotor Roberto Penna, as investigações ainda em curso em 2009 poderão levar a um desenrolar futuro.

Luxúria

É um dos sete pecados capitais e há uma referência específica no sexto mandamento, "Não cometerás adultério", e ao nono, "Não cobiçarás a mulher do próximo". É verdadeiramente o pecado mais antigo da humanidade, com base na Bíblia, onde, naturalmente, o fruto proibido colhido por Adão e Eva é simbolicamente interpretado. Mas é também aquilo que a Igreja, desde a origem do cristianismo, combate mais duramente, com um convite aos noivos a uma casta convivência. É preciso considerar que, nos primeiros séculos do cristianismo, presbíteros e cardeais se casavam, geralmente antes da consagração sacerdotal, e nem sempre se dispunham a abandonar as mulheres. Acima de tudo, a Idade Média, entre os séculos IV e XI, nos apresenta o clero, do papa aos sacerdotes, dedicado ao pecado da luxúria, além da vida conjugal. Tanto que se precisa chegar ao Sínodo romano de 1049, sob Leão IX (1049-1054), para que seja prescrito aos sacerdotes abandonar as esposas e viver em abstinência. Contudo, a prescrição não é respeitada imediatamente, tanto que Gregório VI é forçado, em 1073, a decretar que os sacerdotes e bispos que não abandonaram as esposas, sejam depostos *ipso facto*. Mesmo esse decreto não afastou do pecado os representantes da Igreja, uma vez que papas, cardeais e sacerdotes continuaram a ser frequentadores de cortesãs, prostitutas e "mulheres beatas" até os nossos dias. Por outro lado, não é por acaso que esse pecado tenha continuado a se ramificar entre os representantes da Igreja de Roma e não nas Igrejas luteranas e protestantes, onde a maoria dos sacerdotes tem a possibilidade de casar. Na prática da luxúria, a homossexualidade é considerada pecado ainda mais grave. Veja-se a propósito o episódio da Bíblia relativo à destruição das cidades de Sodoma e Gomorra, por obra de Deus. E, separadamente, se considera a pedofilia uma perversão sexual que polariza o interesse erótico nas crianças, prática que envolve toda a hierarquia eclesiástica, dos papas aos cardeais e sacerdotes.

Papas, cardeais e sacerdotes entre cortesãs, prostitutas e "beatas"

Nos primórdios são as mulheres dos apóstolos e depois dos bispos, cardeais, presbíteros e diáconos, cuja convivência é tolerada desde que seja observada a abstinência conjugal. Como vimos, será o Sínodo romano de 1049, comandado por Leão IX, que determinará que os sacerdotes abandonem as esposas e vivam em abstinência.

Destaca-se nos primeiros séculos a presença das diáconas, mais numerosas que os próprios presbíteros e diáconos, entre as quais gozam de fama Praxedes e Prudência, filhas do senador Prudente, que teria hospedado em sua casa o apóstolo Pedro. São tradicionamente vistas como santas e devotadas a coar o sangue dos mártires assassinados no monte Esquilino nos poços de suas casas, onde serão construídas as igrejas romanas a eles dedicadas.

As diáconas "escolhidas entre as viúvas que tivessem passado dos 60 anos", escreveu o historiador Aurelio Bianchi Giovini, "instruíam os jovens catequistas; no batismo, que se fazia mergulhando a pessoa inteira na água, ajudavam as mulheres a se despirem e depois as vestiam com o hábito branco; davam assistência ao bispo quando crismavam e quando administravam o óleo santo aos enfermos; lavavam as mulheres mortas e as colocavam no caixão; nos tempos de perigo eram mensageiras do bispo, levando suas ordens, organizavam as casas, faziam as vezes dos diáconos na distribuição das esmolas [...]. As diáconas formavam parte do corpo eclesiástico e partilhavam as rendas".

Ao lado das diáconas estão as mulheres de caridade, chamadas à moda grega, agapetas, ditas também *subintroductae*, isto é, "sob a introdução" do serviço religioso. "Eram, principalmente, jovens que se dedicavam gratuitamente ao serviço das pessoas religiosas", confirma sempre Bianchi Giovini, "moravam com os padres e às vezes dormiam na mesma cama, para se colocar, diziam, a mais dura prova de luxúria e ter a bela alegria de vencê-la. No entanto, pode-se crer que as perdas fossem mais frequentes que as vitórias". Não se sabe muito mais, pois falta uma documentação histórica precisa.

Faz-se necessário chegar às invectivas do bispo Liutprando de Cremona (920-970) para se saber que Teodora, dos condes de Túsculo, dominadora de Roma, com o marido Teofilatto, personalidade de destaque no nepotismo medieval (v. *Avareza*), empurra para o leito do papa Sérgio III (904-911) a filha Marozia, de 14 anos. Ela engravida e, depois de dominar sexualmente os sucessores de Sérgio III, os papas Anastácio III e Lando, entre 911 e 914, consegue eleger o cardeal Giovanni, bispo de Ravena, papa com o nome de João X (914-928), para "poderem fazer amor mais frequentemente que não apenas em Ravena". Culpado pelo pecado de luxúria está também o sobrinho de Marozia, João XII (955-964), que julgado à revelia pelo imperador Oto I, em 6 de novembro de 963, é acusado "de incesto com os pais e duas irmãs" (v. *Apêndice*). Em seguida, foi surpreendido na cama pelo marido de uma tal Stefanetta e arremessado pela janela.

Falar em Matilde de Canossa significa se referir à Roma medieval da segunda metade do século XI. A cidade dos papas está em luta contra os normandos e o imperador Henrique IV, junto com a marquesa da Toscana, braço direito dos quatro papas entre 1066 e 1099. Tudo começa com Alexandre II (1061-1073), quando Matilde está com o padrinho Godofredo no comando de um exército para expulsar os normandos de Riccardo d'Aversa, em batalha na Campanha Romana. Ela continua lutando com o marido Godofredo, o Barbudo, e a mãe Beatriz, em Aquino, em 1073, contra Roberto Guiscard, que não quer reconhecer-se vassalo do novo papa Gregório VII (1073-1085, nascido Ildebrando di Soana) e que termina derrotado em uma batalha que dura 19 dias.

Vitoriosa, Matilde se muda com a mãe Beatriz para Roma, enquanto o marido retorna para a Toscana. Ambas passam a ser conselheiras fiéis do papa naquele que vem a ser chamado o "senado das mulheres", alimentando a circulação de "comentários injuriosos". Matilde queria voltar para o marido, mas desiste diante de uma carta do papa que lhe diz ser impossível "romper ou enfraquecer o afeto com o qual Deus quis uni-los". De longe, o imperador Henrique IV denuncia o escândalo daquele papa que "separa aqueles que Deus uniu".

Em resposta, chega o *Dictatus papae*, no qual se afirma a superioridade do papa sobre o imperador. A hostilidade entre o império e a Igreja vai durar bastante. O papa sofre um atentado e Matilde, naquela ocasião, entra nos salões de Latrão e somente por ela o papa quer ser tratado. Uma vez restabelecido, excomunga Henrique IV com os consequentes debates que levam o papa, em 1077, a se recolher em Canossa, como hóspede de Matilde, evento que faz circular outros "comentários maldosos". Da outra parte, as cartas de Ildebrando falam claro: "Se eu sou amado como amo, sou obrigado a crer que a nenhum mortal você preferiria, assim como eu não lhe anteponho mulher alguma."

E pensar que Gregório VII, em carta ao bispo Sicardo de Aquitânia, em 24 de janeiro de 1074, lança um processo contra a imoralidade da Igreja naquela época, reconhecendo-a quase próxima da decadência completa (v. *Apêndice*). Julga-a culpada, principalmente, dos pecados de luxúria e simonia e para erradicá-los convoca um concílio, em fevereiro de 1074, que por outro lado encontra uma feroz resistência do clero. Diante dessa oposição, Gregório apela ao povo fiel para que não aceite nenhum ato do ministério daqueles que ousam não atender às prescrições do concílio, como escreve em carta ao bispo Oto de Constanza (v. *Apêndice*).

Uma vez morto Gregório VII, Matilde segue próxima ao trono papal, como uma papisa digna e pura de intenções. Uma espécie de papisa-mãe. Assim é com Vítor III (1086-1087), que preferia ficar tranquilo em Montecassino a governar, e que ela, em 1087, conduz a Roma "quase lhe recordando ser o seu dever não se distanciar da sede de Pedro", como comentará Gregorovius. E assim se põe também com Urbano II (1088-1089) contra a facção dos romanos que elegem o antipapa Clemente III. Os dois residem juntos no palácio Caetani, na ilha Tiberina, e ela defende ainda com armas o trono papal. Chegará a deixar de herança os seus bens da Toscana e da Emília para a Igreja, que não pode negar reconhecê-la como "uma jovem beata".

Eis que é imortalizada com a sua minúscula cabeça em mármore, presa no parapeito de um muro de tijolos na fachada da torre Tiberina que ainda hoje vemos intacta, por outro lado, antecipando, o nome acima assinado, Joana D'Arc, inspirada por Deus e santificada pela Igreja. De fato, Urbano VIII em sua ode a exaltará como "escudo da Igreja Romana", assim como "o louvor da sua generosidade ressoa no Vaticano em sua glória eterna". O reconhecimento da Igreja é testemunhado pelo grandioso monumento sepulcral construído em sua memória por Gian Lorenzo Bernini, na basílica de São Pedro.

Na corte de Avignon se impõe a vida de prazeres de Clemente V, como se refere Matteo Villani em suas *Histórias Florentinas*: "Das fêmeas, sendo bispo, não se guardou, mas ultrapassou os modos de jovens barões leigos e no papado não se fez conter nem ocultar; em seus quartos andavam as grandes damas como os prelados; e dentre outras a condessa de Turenne foi tanto o seu prazer que por ela fazia grande parte das suas graças. Quando estava enfermo, as damas o serviam e governavam juntas ou com outros parentes leigos." Mas até Santa Brígida da Suécia sabe como é verdadeira a alcunha de *amator carnis*, a respeito de Clemente V.

A história não muda com Clemente V. Seu quarto é decorado com pompa, uma grande cama com almofadas e peles, provavelmente, acolhe companhias femininas desde o momento em que os registros da Câmara Apostólica confirmam a presença, no palácio pontifício, das "senhoras da família do papa". Já anotações de outros escritores não falam bem assim das santas presenças. Assim, Francesco Petrarca, secretário do cardeal Giovanni Colonna na corte de Avignon, na sexta écogla faz menção a Mítio, representando o papa, dirigindo-se a Semíramis, ou mesmo à condessa Cecilia d'Urgel: "Encontrei uma doce amiga e me basta estar aquecido pelos seus contínuos beijos."

O Humanismo tem uma forte influência sobre a vida dos papas e cardeais e, mesmo contra sua vontade, deriva do papa Pio II (1458-1464). Isto porque, não obstante o seu repúdio da *História de Duobus Amantibus* e de sua identidade humanista — seu nome de nascença era Enea Silvio Piccolomini —, em nome da pureza que se atribui a um pontíficie, aquela cultura pagã influencia a vida da classe eclesiástica propriamente no que diz respeito à luxúria. Um exemplo emblemático temos com o cardeal Giacomo Ammannati (1422-1479), que organiza a sua corte humanista em um palácio vizinho ao rio Tibre e em um vinhedo próximo à Porta Viridaria do Vaticano. Lá o bispado recebe com frequência intelectuais como Poliziano, Francesco Filelfo, Marsilio Ficino, o historiador Platina, o bispo e poeta Giovanni Antonio Campano, acompanhados também do cardeal Bessarione (1403-1472), além de deuses da cultura humanista daqueles anos, em Roma. Por outro lado, há um ambiente muito prestigioso, enriquecido de uma grandiosa biblioteca, em um palacete junto à basílica dos Santos Apóstolos, frequentado pelos mesmos homens cultos, amigos de Ammannati. Nesse ambiente aristocrático, com a poesia se exalta a beleza divina, tanto que o cristianismo aparece mascarado nas palavras dos poetas pagãos. A mesma Virgem Maria é invocada como "Juno, mãe dos deuses". Nessas reuniões, participam também mulheres, símbolo da beleza terrena, mas que no fundo são amantes dos prelados e intelectuais. São chamadas cortesãs e, em termos populares, prostitutas. Ammannati convive com uma delas.

À imagem de Ammannati e de Bessarione se espelha em viver o cardeal Pietro Riario, oficialmente sobrinho de Sisto IV (1741-1484), mesmo que as más línguas o chamem filho do papa e de uma freira e vozes inflamadas assegurem que tenha chegado a bispo por ter oferecido o seu corpo aos desejos luxuriosos do papa. Pietro se relaciona com a cortesã Cirésia, no contexto da corte que se organiza no luxuoso palácio cardinalício romano, situado ao lado da basílica dos Santos Apóstolos, onde sucede ao cardeal Bessarione. O genovês Batista Fregoso chama-a de a "amiga", a quem Pietro "mantém com tamanha fartura que se permite usar sapatos forrados de pele". O viterbense Giovanni di Iuzzo a descreve como "mulher" coberta "dos pés à cabeça de joias infinitas". Enquanto o piacentino Alberto di Ripalta diz que possui "joias no valor de 200 mil ducados" e, mais explicitamente, a define *scortum*, ou seja, "acompanhante", termo refinado para designar prostituta. Na língua inglesa originou o substantivo *escort*. Mas, para o sienense Sigismondo Tizio, aquela bailarina é uma *pellex barbara*, isto é, simplesmente uma "rameira", enquanto o analista Alberto Ripalta refere-se à "senhora Cirésia, sua prostituta, que, como se conta, despojada das joias no valor de 200 mil ducados, se pôs em fuga", como a dizer que, depois da morte de Pietro, ela é expulsa do palácio.

Com Rodrigo Bórgia, sobrinho do papa Calisto III, a *magnificentia* do cardeal príncipe da Igreja, não menos que a do soberano pontífice, chega a níveis altíssimos e, na trilha de Pietro Riario, a imagem renascentista de bispos e prelados perde quase completamente a sua conotação religiosa. É o príncipe da Igreja que vivencia festas e banquetes com sensualidades, sem hesitação, entre cortesãs, músicos e atores. A partir de 1466, Rodrigo vive em Roma com uma mulher de 24 anos, Vannozza Cattanei. Muito bonita, como aparece no retrato de Innocenzo Francucci e no *Anunciada*, no qual Pinturicchio a imortalizará no apartamento apostólico do Vaticano. Mas Rodrigo não a faz morar no palácio da Chancelaria, na praça Pizzo di Merlo. Não quer propagar demais a sua relação e lhe comprará um palacete no número 58 da via Del Pellegrino, que resta em pé graças aos Peretti, proprietários desde 1482. Quando Vannozza engravida, Rodrigo a faz casar com um certo Domenico Arignano, propriamente para oferecer-lhe uma aparência de vida comum, ou seja, de esposa honrosa. Na essência, Arignano é um marido apenas no nome, mas não de fato, porque Rodrigo, transformado em cardeal comandatário de Subiaco, vive mesmo com Vannozza naquela cidade, morando na fortaleza da abadia, especialmente restaurada. Dessa vez não lhe interessam os possíveis comentários dos cidadãos do prelado. Em Subiaco nascem César, em 1474, Juan, em 1479, e Lucrécia, em 1480, o mesmo ano do segundo casamento de Vannozza com Giorgio della Croce, que assume o posto do falecido Arignano. Os noivos vão morar em Roma, em uma casa na praça Pizzo di Merlo, vizinha à Chancelaria, onde Rodrigo volta a residir.

O segundo marido morre um ano depois, quando nasce o último filho, Jofre. Ela se casa uma terceira vez, em 1482, com o nobre milanês Carlo Canale e vai viver em um palacete na piazza Branca, que desaparecerá com o surgimento do largo Arenula. A relação de Rodrigo com ela prossegue até o ano 1489, quando aparece na vida do cardeal uma belíssima garota de apenas 15 anos, com a qual, justo pela idade, Vannozza não pode competir. É Giulia Farnese, esposa do filho de Adriana, Orso Orsini. O matrimônio deles é celebrado em 20 de maio de 1489, no palácio da Chancelaria, com a bênção de Rodrigo e, daquele dia em diante, "a bela Giulia", como vem a ser chamada pelos romanos, se transforma na cortesã do cardeal, com o marido complacente, sob pena de expropriação dos seus bens. É nesse momento que Vannozza recebe uma série de bens, como o presente de uma "mansão rústica", ou seja, um vinhedo em Esquilino e uma soma de 3 mil ducados, graças aos quais vira empreendedora, abrindo sua pousada no Campo dei Fiori, que o povo chamará "da vaca", apelido claramente depreciativo contra Vannozza. Quando depois, em setembro de 1492, Rodrigo se torna papa, com o nome de Alexandre VI, os filhos vivem na corte e a bela Giulia recebe a alcunha de *sponsa Christi*, como se refere o cerimonialista da corte, Giovanni Burcardo.

O apartamento Bórgia no palácio apostólico é testemunha de casos de luxúria, a começar pelo primeiro casamento de Lucrécia que, aos 13 anos, casa-se com Giovanni Sforza, conde de Pesaro, em 12 de junho de 1493. Grande é a pompa, com a participação de todas as mulheres nobres romanas, entre elas Giulia Farnese, os notáveis Capitolini, o corpo diplomático e 12 cardeais, além dos irmãos da esposa e, naturalmente, o papa, sentado no trono. Ao final de um abundante banquete com 200 pratos, abrem-se os salões de dança que, de acordo com o cronista Stefano Infessura, degradam em obscenidade: "O papa apresenta 50 copos de prata cheios de confeitos que em sinal de grande júbilo são arremessados nos seios de muitas mulheres, na maior parte belíssimas"; na atmosfera desenfreada que se segue, chega a proposta do duque de Gandi de uma corrida entre as damas da corte: elas devem segurar com os seios um copo com aqueles confeitos e aquela que conseguir carregar mais receberá como prêmio uma bacia de prata. Eis então que Giulia põe os seios para fora do decote do vestido e os mergulha em um copo para apertá-los, recolhendo depois todos os confeitos que pode, fazendo-os cair sobre uma mesa. Para o cronista, são 18 os confeitos e ninguém faz melhor que ela. A festa termina com Alexandre IV acompanhando os noivos até o leito nupcial, onde presencia o desnudamento da filha.

O mesmo ocorre na ocasião do terceiro matrimônio de Lucrécia com Afonso D'Este. Os festejos são com música, dança e representações de comédia sob a direção de César. As comemorações duram três meses, tendo início na noite de 31 de outubro de 1501, nas salas do duque de Valentinois, como conta Burcardo,

> com um banquete no qual tomam parte 50 meretrizes honestas, aquelas ditas cortesãs. Acabado o jantar, eis as cortesãs dançando com os servos e outras pessoas que se encontram por ali. A princípio, vestidas; depois, nuas. Sempre após o jantar, os candelabros são postos no chão com as velas acesas que iluminam o banquete; onde são espalhadas as castanhas que as meretrizes, nuas, recolhem, dançando entre os candelabros. Tudo na presença e sob o olhar do papa, do duque e de sua irmã Lucrécia. Enfim, são mostrados mantos de seda, sandálias, chapéus e outros presentes para quem tiver o maior número de relações carnais com aquelas meretrizes. Com elas, na mesma cama, sob os olhares dos outros, cada um fez o que quis. Em seguida, foram distribuídos os prêmios aos vencedores.

Outro exemplo de eclesiástico voltado à luxúria é Giuliano della Rovere, primo de Pietro Riario, como ele, amante da vida mundana, mesmo se de forma menos impressionante. Acontece, principalmente, nos seus palácios cardinalícios de São Pedro em Vincoli e dos Santos Apóstolos, e naquele em Avignon, do qual há um legado a partir de 1476. Todavia, reside em Avignon durante todo o período em que reina Alexandre VI e os perversos Bórgia, entre orgias e assassinatos. Como cardeal, tem suas cortesãs, as quais deixará para trás quando for papa, sofre do mal francês* — como destaca o embaixador mantuano, entre 1499 e 1505, ao duque Gonzaga — e tem três filhas. De Giulia não se conhece a mãe, enquanto uma tal Clarice pôs no mundo Masina, cortesã ofuscada pela fama na cidade pontifícia no final do século XV, terra de Fiametta, *maitresse en titre* de César Bórgia. A terceira, Felícia, é filha de uma certa Lucrécia, e é aquela que lhe resta próxima quando sobe ao trono papal com o nome de Júlio II (1503-1513).

---

*Sífilis. (N. do T.)

Felícia casa-se com Gian Giordano Orsini, em 1506, fazendo do papa o avô de Niccolò e Giulia. Continua assim a existir, no palácio apostólico do Vaticano, a ideia da família que se origina de um cardeal e amadurece no papa. A partir do momento que Felícia está presente na corte de Júlio II, com marido e filhos, também pode dar assistência ao pai nas questões políticas. Foi o que fez quando, em maio de 1509, se esforça com diplomacia para convencer Orsini e Colonna a selarem a *pax romana,* assinada no Campidoglio. Do outro lado, o avô, uma vez papa, muda sua orientação sexual, manifestando interesses no "vício grego", o qual será considerado nos tópicos *A homossexualidade dos papas, cardeais e sacerdotes* (v.) e *A pedofilia dos papas, cardeais e sacerdotes* (v.).

O símbolo mais chocante da luxúria é provavelmente um cardeal contemporâneo dos papas Bórgia, Della Rovere e Médici, conhecido como "púrpura erótica"*. Chama-se Bernardo Dovizi da Bibbiena, que, em 1515, da corte de Leão X, assim escreve a Isabella Lavagnolo, dama da corte de Isabella D'Este: "Isabella minha cara, cara, cara, cara, te beijo com toda a minha alma desde aqui e te peço lembrar-se de mim, como merece o grandíssimo amor que tenho por ti". Conhece a jovem em um pernoite em Mântua e compromete-se com ela em uma relação de amor, na qual a duquesa Isabella é intermediária, não obstante a mulher esteja ligada a outro homem, o intelectual Mario Equicola. A confirmação vem em uma carta seguinte: "As recomendações feitas a mim por vossa excelência, da parte de Isabella, me são de suprema satisfação, por eu sempre ter amado e amar Isabella de corpo e alma; sim, pois, Isabella amando ou não Mario, sou todo seu e desejo, acima de todas as coisas do mundo, ser amado por ela."

O humanista Baldassarre Castiglione faz dele um dos interlocutores principais do seu *Cortesão*, o diálogo que reúne um tipo de código de comportamento nas cortes principescas, na qual Bibbiena se expressa com espirituosidade, encantando com sua astúcia e seu linguajar sofisticado. Naturalmente, exalta a mulher ou mesmo a "dama do palácio" como mulher culta que se deixa levar em "pensamentos um pouco lascivos". Mas é uma "mulher honesta" e "os seus pensamentos serão numerosos e plenos de prudência, honestidade e amenidades e assim será não somente amada, mas reverenciada no mundo todo". Essa nobre dama da corte se transforma na companheira de um cardeal.

---

*A cor púrpura dos cardeais. (N. do T.)

É à imagem dessa cortesã que Bibbiena escreve sua *Calandria*, em uma linguagem animada, entre vulgar e engraçada, com ambiguidades obcenas e verdadeira pornografia, ditado por um instinto sensual que se externa na exaltação do amor, "porque, quem do amor não gosta, não sabe que coisa seja a doçura do mundo". Quando a *Calandria* é representada no palácio apostólico, o público se deleita com aquela linguagem e o papa e a sua corte aplaudem o autor. É encarregado de cuidar da preparação de festas, caças e bailes, de espetáculos carnavalescos e teatrais, que se transformam no elemento característico da corte de Leão X, como sinal de um prazer epicúrio*. Bibbiena faz vir até Roma os comediantes da Academia dos Rozzi, que representam comédias despudoradas, com assuntos sobre seduções e adultérios, representações bem triviais da luxúria.

O palácio apostólico se enriquece de mobílias e decorações que retratam a cultura pagã daquela época. Bibbiena manda decorar o próprio apartamento, no Vaticano, daquele jeito: da sacada à cozinha, ou mesmo o quartinho de banho — os dois únicos ambientes ainda hoje existentes no terceiro andar do palácio apostólico —, aos três quartos seguidamente incorporados na estrutura criada por Clemente VII e Pio V. A decoração é grotesca, feita com opiniões dadas pelos cardeais de vez em quando e comunicada a Rafael que delega a decoração a Giulio Romano e Perin del Vaga. Na cozinha está ilustrada a vida de Vênus, com nus da deusa, das ninfas e cupidos. Um verdadeiro ninho de amor e prazer, capaz de inspirar os desejos nos seus encontros afetivos.

Um cardeal mulherengo inveterado é Alessandro Farnese, eleito papa com o nome de Paulo III (1534-1549). Como cardeal, tem suas aventuras de juventude libertina, denunciadas por uma "afronta contra Sua Santidade, a mais suja e venenosa jamais vista", ou seja, uma acusação feita por um ex-bispo de Pavia, Gian Girolano De Rossi, ex-cortesão do papa Farnese, que acaba indo para a prisão. A *pasquinata* refere-se à aventura amorosa do cardeal Farnese com uma senhora de Ancona, no período (1502-1506) em que é o legado papal nas Marche. O prelado a teria seduzido "dando-lhe a entender que era um cavalheiro mundano e parente do representante, fingindo querer desposá-la, fantasiado. Tal que, secretamente, na noite seguinte, tendo caído a touca da cabeça e tendo ela alisado sua careca cardinalesca, fica toda desconsolada e chorando infinitamente". A acusação fala ainda dos "tantos filhos escondidos e evidentes" e refere-se a uma "Laura Pallavi-

---

*Relativo à doutrina do filósofo grego Epicuro. (N. do T.)

cini" como sua "velha amante", entre tantas que não cita. A amante de Ancona é falada também em outra *pasquinata* daquela época como pertencente à família Accolti e mãe de dois filhos do representante papal, Pier Luigi e Costanza. Mas a *pasquinata* fala de uma segunda amante, da família Bernieri de Parma, cidade onde Alexandre, em 28 de março de 1509, foi administrador apostólico e, portanto, bispo. Mesmo que nesse bispado, mantido até a sua chegada ao pontificado, tenha ficado por apenas algumas semanas, ainda que recebendo sempre os tributos. Por fim, a acusação de De Rossi expõe a "pública concubina que sempre manteve em Frascati, com quem, no seu papado, teve filhos, como é sabido por todos"; e, ao que parece, ao término com a amante de Ancona, juntou-se a uma outra mulher na região de Roma.

Se existe uma documentação precisa sobre filhos de Alexandre, não é pela mãe deles, porque o cardeal Farnese não deseja que se saiba, como também o papa Paulo III. Por isso lhe dá um apelido que possa esconder a sua identidade: Lola. É um nome que salta aos olhos na poesia latina escrita por Baldassarre Molosso, tutor dos filhos do cardeal Alexandre, bem como poeta das histórias familiares dos Farnese. Contudo, uma indicação sobre essa misteriosa amante e mãe dos filhos de Paulo III nos dá o escritor François Rabelais em seu segundo dia em Roma, entre o final de 1535 e 1536. O autor de *Gargântua* frequenta a corte de Paulo III e obtém do papa a absolvição da apostasia, ou seja, do abandono do hábito monástico e um posto entre os "cônegos prebendados", isto é, dotados de uma renda. Isso do convento beneditino de Saint-Maur-les-Fossées, de onde é abade o cardeal Du Bellay. Durante sua estada, faz uma pesquisa para matar a curiosidade do bispo de Maillezais, Geoffroy d'Estissac, do qual é secretário. Queria saber se de fato Pier Luigi Farnese é filho legítimo ou um bastardo do papa. Rabelais, em uma carta de 15 de fevereiro de 1536, afirma que é um bastardo, a partir do momento em que o papa não está mais casado e que de "uma senhora romana da casa Ruffini" teve Pier Luigi e uma filha. Verá que se trata daquela Silvia Ruffini, viúva na época, que poderia ser a jovem "concubina de Frascati", cidadezinha onde Paulo III, desde 1537, vai com frequência para repousar em uma vila, mantida em segredo, seja pelo cardeal como pelo papa, assumindo um caráter romântico que não se acha nos amores de outros cardeais e papas.

Mas, para humilhar a figura de Paulo III, chega, em 1610, o jurista alemão Heinrich Kornamann, em visita a Roma. Ele se refere a *Vox populi* que a filha Costanza "aqueceu com o calor de sua juventude a fria velhice" do pai. A humilhante acusação de incesto deveria ser reconectada aos versos da *pasquinata* escrita por Pietro Aretino para o conclave de 1521, no qual foi eleito Adriano VI, com a criação "Aos filhos de tua filha pai e avô", tendo em vista que Costanza era esposa de Bosio Sforza, conde de Santafiora e mãe de dez filhos.

Outro cardeal libertino é Carlo Carafa, ex-aventureiro, resgatado pelo tio Paulo IV [v. *O nepotismo das origens à Idade Média*], do qual se recorda uma atividade luxuriosa por um *Avviso di Roma*, datado em 20 de junho de 1558: "Dizem esta manhã que o cardeal Carafa, tendo o que fazer com a dama de casa Massimi, deu-lhe abrigo, pois fugia por sua causa. Os familiares dela, tendo conhecimento, atacaram o cardeal na estrada, sozinho em sua biga, apunhalando-o. Ainda não sei se ele ficou inválido." Na verdade, o cardeal não é ferido, enquanto a adúltera em questão é uma jovem de 17 anos, Plautilla Massimi, filha de uma Colonna e esposa do marquês Falminio Lante. O que significa uma desonra para três famílias do patriarcado romano, que teriam lavado seu nome em sangue. No dia seguinte ao ato estúpido em Parione aparece uma *pasquinata* com o nome de Carlo Carafa como amante de Plautilla. O cardeal sobrinho ameaça denunciar, divulgando o rumor de que o eventual implicado é o jovem Ranuccio Farnese. Paulo IV convoca o sobrinho para pedir explicações e acredita em Carlo, que declara desconhecer toda a história, fazendo crer se tratar de uma armação escandalosa e só. Mas, um mês depois, chega a Roma, vindo de Nápoles, um irmão de Plautilla, Flaminio Massimi. Ele a apunhala para lavar no sangue a vergonha da família e volta rapidamente para Nápoles, evitando ser capturado. Plautilla, felizmente, se salvará.

Por outro lado, Carlo Carafa, independentemente de Plautilla, leva uma vida perdulária, juntando-se a irmãos e a prelados imorais, como o cardeal Innocenzo Del Monte, chamado "o Montino", em festas e orgias com meretrizes. O último evento escandaloso acontece no dia do Ano Novo de 1559, na casa de Alessandro Lanfranchi, o secretário particular de Giovanni Carafa. Os comensais brigaram pela cortesã Martuccia. Marcello Capece, sobrinho de Giovanni, e o "Montino" acabaram tirando suas espadas da bainha e duelaram na rua. Os protagonistas foram presos e em seguida soltos por ordem de Paulo IV. Apesar da repreensão que houve durante o tempestuoso consistório* de 4 de janeiro, o cardeal Pacheco havia se rebelado contra o papa por sua fraqueza em relação aos sobrinhos.

*Assembleia da Cúria romana. [N. do T.]

No século XVII, duas mulheres sobressaíram no âmbito papal e cardinalício, tanto que chegaram quase a ofuscar os representantes da Igreja: Dona Olimpia Maidalchini e Cristina da Suécia. A primeira, nas composições fixadas no Pasquino a identificavam como uma autêntica alpinista social, apelidada "Pimpaccia", como o personagem de uma comédia da Roma barroca, Pimpa, tirânica e canalha, presunçosa e inescrupulosa. Esposa do marquês Pamphilio Pamphilj, vive com o marido numa casa na piazza Navona. Tem dois filhos, mas fica viúva e vira amante do cunhado, o cardeal Giovanni Battista. A marquesa o ajuda com dinheiro a fazer carreira na hierarquia eclesiástica até que, em 1644, Battista é eleito papa com o nome de Inocêncio X. Dona Olimpia então vira uma espécie de papisa, pois é realmente a mandachuva de Roma. Enriquece entre confusões, furtos e prebendas e sua condição de amante do papa é divulgada até fora de Roma. Em Londres, na presença de Oliver Cromwell, é representada uma comédia intulada *The Marriage of the Pope*, que é, claramente, uma paródia sobre o matrimônio entre papa Inocêncio X e a papisa Olimpia. É ele que se oferece como marido, mas inicialmente ela o recusa e não por motivos religiosos. Não quer se unir a um homem horroroso como ele. Então o papa, para se fazer cativante, lhe oferece a chave do Paraíso. Olimpia deseja mesmo é a do Inferno. "Quando estiveres saciado de mim, os diabos, por ti comandados, me levarão à casa deles", observa ela, previdente. Inocêncio lhe dá também a outra chave, assim que Olimpia consente em se casar, festejada com um baile de frades e monjas em uma escandalosa orgia de fácil efeito.

É uma difamação para o papa. A mesma que alimenta as "sátiras" sobre a morte de Inocêncio X, em 1655, como escreve Gigli: "Enquato se faziam as exéquias, em São Pedro, conforme a rotina foram publicados muitos versos e outras *pasquinatas* em crítica a Inocêncio morto e a Dona Olimpia. Compostos por pessoas engenhosas, mas pouco prudentes, muito mordazes, e alguns hereges, servindo-se para fundamentar suas composições do *Pater Noster*, da *Salve Regina*, do *Te Deum Laudamus* e outras. Inocêncio era responsabilizado, como se, para satisfazer a ganância de uma mulher egoísta e infame, tivesse feito muitas coisas indignas."

Mas, no fundo, o papa é sempre o papa. Não se discute. O mesmo abade Gualdi ou Gregorio Leti, autor de uma biografia toda maldizente de Dona Olimpia, escreve, a seu modo, na visão de um homem do século XVII, uma série de elegantes *pasquinatas* entre jogos de palavras e metáforas, que acaba por salvar Inocêncio X: "A Igreja não tem motivo para lamentar-se dele como ele, mas se lamenta nele de Dona Olimpia; se ele tivesse feito viver Dona Olimpia nele e não ele em Dona Olimpia, certamente suas cinzas mereceriam o sepulcro para não relembrar a memória da cunhada. Ele não foi inocente, mas Dona Olimpia foi Inocêncio. Mas, se Dona Olimpia tivesse sido inocente, ele mereceria o verdadeiro nome de Inocêncio."

É Dona Olimpia a "nociva". É a papisa a culpada.
E o povo queria sua cabeça:

Acabou o cio
Dessa potranca
Da praça Navona
Chamem o carrasco.
Acabou o cio
Está morto o pastor,
A vaca nos resta
Façamos a festa
Arranquem o coração
Está morto o pastor.

Morre de peste em 26 de setembro de 1657, no seu feudo de San Martino al Camino, deixando uma herança excepcional para aqueles tempos: 2 milhões de escudos.

Cristina da Suécia, a rainha que abdica, aparentemente por se fazer católica, mas na verdade para viver fora das regras moderadoras da etiqueta da corte, chega a Roma em 20 de setembro de 1655, acolhida com grandes honras e vai morar no palácio Farnese, onde fica até julho de 1656. Viaja depois pelos outros países da Europa, à procura em vão de um novo reino, voltando de vez em quando para Roma. Em 1668, se fixa definitivamente, residindo no palácio Riario, depois Corsini, na via Lungara. Vira amante do cardeal Decio Azzolini que também é seu sábio administrador, considerando que Cristina não conta moedas e mantém uma corte luxuosa. É preciso dizer que ela o domina, conseguindo fazer com que lhe dê muito dinheiro, proveniente das doações da caixa pontifícia, desfrutando ao máximo a publicidade que teve, por toda Europa, por causa da sua conversão ao catolicismo. Sem contar que a rainha concede também amores lésbicos, dos quais estão recheadas páginas e páginas de números panfletos, em várias línguas, que contam as mais picantes aventuras com dezenas de preferidos e preferidas. Panfletos que ela mesma se diverte em ler, despudoradamente indiferente ao elenco, junto ao seu cardeal. Enquanto que em nenhuma *pasquinata* aparece jamais o nome daquele que possui o seu verdadeiro amor, justamente o cardeal, que, ao morrer, em 1689, nomeia-a sua herdeira universal. Contudo, Azzolini não goza daquele legado, porque dois meses depois morre a soberana e a herança é dilapidada por seu sobrinho Pompeu.

O século XVIII vê os cardeais dedicados à luxúria sob a insígnia da galanteria. A começar por Niccolò Coscia, que chega ao relacionamento com o mundo feminino depois de longo empenho em uma série de atividades comerciais e enganações. Graças a isso, enriquece com ligações com a camorra de Benevento, cidade da qual o cardeal Pierfrancesco Orsini o levou para Roma, em 1724, uma vez eleito papa com o nome de Bento XIII, como já lembrado no capítulo sobre a *Avareza* (v.). Em seu belo apartamento, no palácio apostólico, Niccolò tem um esplêndido salão, onde "conversa" com nobres damas. No entanto, os elegantes apartamentos também estão fora do Vaticano. Em 3 de novembro de 1725, Valesio anota em seu diário que o "cardeal Coscia, vindo ao palácio Ruspoli, na via Del Corso, subiu na carruagem com a duquesa de Gravina (Giacinta Orsini) com grande alegria de quem os viu". No ano seguinte, Niccolò vai passar o mês de outubro em Castel Gandolfo, na vila da princesa de Mileto. Certas conversas chegam ao papa, mas, para desmenti-las, Niccolò um dia lhe faz chegar, por um amigo beneventano, da Cúria, uma pista falsa, isto é, que o seu protegido terá naquela noite um encontro, no apartamento apostólico, com duas nobres damas. O papa então vai espiá-lo para surpreendê-lo e o encontra deitado no chão a rezar, diante de um enorme crucifixo.

A prática do galanteio é, por vezes, um modo de esconder a homossexualidade (v.), e assim uma porção de eclesiásticos, jovens alegres, ocultam a sua natureza atuando como cavalheiros servis das damas e mais nada. Ser galante, ao contrário, exalta a luxúria, segundo a natureza de cardeais e prelados festeiros com suas damas como cortesãs, no rastro do cardeal Niccolò Coscia. Assim, numa "Galeria de Fotos", Giovanni Antonio Benvenuti é representado na *Adúltera*, de Tiziano, por causa de sua relação com a condessa Porzia Soderini; Giovanni Cacciapiatti é transformado em *Aquiles que faz fila entre as mulheres;* Tommaso Bernetti aparece no quadro *Lucrécia e Tarquínio* por ter, inutilmente, cortejado a princesa Leopolda Doria.

O cardeal mais luxuoso é, sem dúvida, Alessandro Albani, amante do jogo e dos espetáculos, mais ainda das cartas e das artes e, naturalmente, das lindas mulheres às quais, frequentemente, oferece sua "proteção". A começar por Dona Olimpia Pamphilj, bisneta do papa Inocêncio X e da homônima Pimpaccia, viúva do príncipe Filippo Colonna, que se faz consolar e manter oportunamente pelo jovem cardeal. Morta Dona Olimpia, em 1731, Alessandra Albani volta suas atenções para Anna Grimani, que, um ano depois, obtém da Sacra Rota a anulação do seu casamento com o conde bolonhês Marcantonio Gozzadini, graças ao interesse direto do cardeal Alessandro, com o qual, de acordo com os De Brosses, a condessa tem "negócios". Esse grande mecenas acaba se endividando por causa da mulher; o que lhe acontece com outra protegida. Francesca Gherardi, viúva do conde Cherufini, que precisa criar quatro filhos, dois meninos e duas meninas, e o faz no luxo, graças à generosidade do cardeal.

Um autêntico jovem feliz na luxúria é o abade francês François Joachim de Bernis. Cardeal em 1767, vive em Roma como embaixador no palácio De Carolis, na via del Corso, onde leva uma vida luxuosa, organizando festas destinadas a usufruir da mundanidade romana. A sua amante é Giuliana Falconieri, princesa de Santacroce, graças à complacência do marido. Visita-o três vezes ao dia, assegura uma renda de 1,8 mil francos mensais e a relação dura 23 anos! Depois disso lhe sucede o cardeal francófilo Ignazio Busca que, por influência mesmo da nobre dama, consegue substituir, como secretário de Estado de Pio VI, o cardeal Francesco Saverio Zelada.

E ainda. O escritor David Silvagni deixou um retrato do cardeal Giovanni Battista Rezzonico, "baixo e corcunda, mas homem de grande potência" financeira, como também física, referente à sua capacidade sensual. "Era secretário dos memoriais e, portanto, distribuidor das graças papais. Andava dispensando as belas aristocráticas e lindíssimas cidadãs e como a sua amante no título, a jovem Roccatini, havia encontrado um marido, Attamasi, que encheu de favores, assim trocou Roccattini com a [Caterina] Gabrielli [di Prassede]".

Em suma, os cardeais em Roma, no século XVIII, enlouquecem com as mulheres, chamadas também de *pie donne**. Elas conseguem benefícios de todos os tipos, já que "têm nas mãos" os galanteadores cardeais e prelados. Sobre todas, domina a princesa Giuliana di Santacroce, que passa, obviamente, de um galante a outro. É ela "o triunfo do galanteio", contida, claro, não só pelos prelados mas também pelos nobres leigos. É objeto de numerosas *pasquinatas* que a imortalizam sendo cortejada pelas pessoas mais evidentes, que terminam quase por venerá-la como "santa". Então, um cartaz no portão do seu palácio expõe ao ridículo o conde, o ministro da re-

*Beatas. (N. do T.)

pública francesa, François Cacault, sinalizando em modo blasfemo as iniciais dela como símbolo da "Santa Cruz": A. B. C.

O século do galanteio luxurioso dos cardeais chega ao fim com uma *pia donna* no altar. Em termos blasfemos. Assim, o mito sacroprofano da Igreja não se nega, permanecendo atual no século XIX. De fato, o cardeal Annibale della Genga é, segundo o povo, um prelado feliz, ao qual se atribui uma relação com a mulher do capitão da Guarda Suíça, que lhe dá um filho, tanto que uma vez tornado papa, com o nome de Leão XII [1823-1829], Pasquino o apostrofa:

> Passando pela Genga, um forasteiro
> perguntou: "Esse é o Santo Padre, verdade?"
> Mas, o capitão da Suíça, que ouviu,
> respondeu: "Santo não, mas pai, sim".

De luxúria se fala com o papa Gregório XVI [1831-1846], em referência à esposa de Gaetano Moroni que, de barbeiro pessoal do cardeal Cappellari, vira gerente de empresas comerciais e confusões. Moroni vive com a esposa e os filhos no palácio apostólico e no seu "quarteirão" vem sempre o mesmo papa para gozar dos prazeres que aquela casa oferece. Prazeres da mesa, é certo, entre comidas bem preparadas e vinhos deliciosos. Mas também há outros prazeres, como relata o escritor francês Stendhal. "O papa ama repousar-se na companhia da esposa de Gaetanino", Clementina Verdesi, uma "mulher que pode ter 36 anos, não é nem boa nem má". Belli subscreve a conversa no soneto *O papa homem*.

> No palácio do Papa tem um jardinzinho
> com um bosque e nesse bosque um pavilhão
> cheio de sofá à la turca e de poltronas
> e de garrafas de licor e vinho.
>
> Há também nos seus cômodos um quartinho
> Com uma porta por trás do armário
> Que leva a uma escadinha e em conclusão
> Corresponde à moradia de Gaetanino.

Gaetanino é casado: a sua esposa
É uma mulher garbosa, bastante devota
Do vigário de Deus que prende e solta.

Oh, não desejo dizer mais; e, não fiz por mal
em falar assim, lá onde se nota
Cada coisa miúda e se pensa no mal.

É o próprio Gaetano Moroni que marca nos seus apontamentos que Gregório XVI vai para Civitavecchia, entre 20 e 25 de maio de 1835, acompanhado de monsenhores, assim como de Moroni e sua esposa, no papel de dama da corte, ou mesmo, *scortum* [acompanhante]. Todos os dias, como destaca Belli, em um soneto sobre essa viagem, "Sua Santidade faz-se conduzir por barco e leva com ele, em todos os momentos, muitos de seus queridos, entre os quais a senhora esposa do seu camareiro favorito... Para libertar um pouco aqueles queridos da submissão da reverência devida à sua sagrada pessoa, o vice-deus lhes salpicava água marinha e eles, em liberdade daqueles desvios, retribuíam a bondade papal com brincadeiras inocentes".

Em outro soneto dedicado a essa viagem, o poeta se atém a precisar que certas piadas vêm de uma serva, que é chamada pela patroa, amiga de Clementina Verdesi — argh! —, de "puta santíssima".

Eu sei dessas coisas pela patroa
Que contou ela mesma outro dia
A puta santíssima em pessoa.

O cardeal que enche de galanteios o século XIX é Giacomo Antonelli, prelado de mantelete, sucessor canônico de São Pedro e, portanto, arquinotário apostólico. Nesse papel desde 1834, vive em Orvieto, Viterbo e Macerata, monstrando-se um executor diligente da lei. Em Macerata frequenta, sobretudo, a alta sociedade, sendo recebido em alguns dos salões da burguesia local. Fala-se dele como um autêntico mulherengo, "comprometendo mais de uma senhora". Tesoureiro-geral em 1845 por Gregório XVI, sai de Macerata um pouco com o coração partido pelas aventuras amorosas que deixa para trás, recompensadas por uma brilhante carreira que o leva a ser secretário de Estado de Pio IX, em

1850. É uma pessoa intrigante, perversa e com um grande dote, a diplomacia. Theodor Mundt, escritor alemão presente em Roma em 1858, o descreve com total realismo: "Antonelli é um homem grande e magro que tem um rosto escuro e amarelado, uma expressão selvagem e ao mesmo tempo demoniacamente astuta. A cabeça longa vista pelas costas lembra aquelas aves de rapina; com olhos de um esplendor escuro que se voltam aguçadamente para toda parte e aquele em que pousa o seu olhar se sente inquieto. César Bórgia e Maquiavel estão unidos em sua pessoa, impressionante e diabólica."

Faz parte da técnica diplomática de Antonelli o costume de receber as "beatas", ou seja, as senhoras do corpo diplomático ou da nobreza romana, em seu apartamento no terceiro andar do palácio sistino, no Vaticano. O cardeal faz sala com elas, como em Macerata e, segundo testemunha o príncipe Enrico De Valori, valete do duque da Toscana, "é assediado, arrebatado, atacado por um regimento de senhoras de todas as nacionalidades, mas sobretudo francesas, que, das nove horas da manhã até as nove da noite, não saem jamais da antecâmara do secretário de Estado. Tudo aquilo que uma mulher que deseja conseguir algo, de fato, é capaz de usar: astúcia, adaptabilidade e sedução, para aproximar-se do cardeal. Algumas levam ofertas; outras flores, topázios, safiras e rubis. Há aquelas que precisam ser colocadas para fora do Vaticano, pela guarda palaciana".

Antonelli é um grande sedutor; seu fascínio está na voz carente e na linguagem melosa que usa com os "minha querida" e "minha filhinha" com que, afetuosamente, lisonjeia as mulheres. Viram suas presas quando põe em campo sua técnica refinada, como quando faz, à marquesa de La Valente, esposa do ministro do Exterior de Napoleão III, aquela proposta destinada a se transformar em um clássico para tantos sedutores: "Penso, marquesa, que lhe dará prazer dar uma olhada na minha coleção de pedras preciosas, assunto que sempre interessa às mulheres!"

A partir do fim do século XIX não afloram notícias escandalosas entre os cardeais e sacerdotes da Igreja de Roma, sem contar que, com os papas fechados no Vaticano, o apartamento pontifício está *off limit* para as mulheres. É preciso chegar a Pio XII para registrar a presença das freiras terceiras franciscanas de Menzingen, sob a direção de irmã Pascalina, nascida Josephine Lehnert, que é a autêntica organizadora da vida do papa Pacelli. Mas sem nenhuma referência à luxúria. Controla a autenticidade dos alimentos e cuida de todo o andamento doméstico, regulando as horas de repouso do papa e vigiando, amavelmente, mas também com severidade, seu estado de saúde. Ninguém entra naquele quarto, pois todo segredo é bloqueado com extrema energia pela irmã Pascalina.

Contudo, fala-se de uma mulher de fáceis costumes a propósito de um cardeal, no momento da sua morte súbita. Trata-se do cardeal francês Jean Daniélou, encontrado morto em Paris em 20 de maio de 1974, com 69 anos, no apartamento de uma dançarina de *striptease*. Autor de uns 40 livros e inumeráveis artigos de caráter religioso, foi um dos defensores da infalibilidade papal, o que lhe valeu a posição de cardeal. Desenvolvia a função de capelão na Ensjf, a seção feminina da *École Normale Supérieure*, em Sèvres, e era um dos mais ferozes adversários do matrimônio dos padres. De início, tentaram esconder as circunstâncias de sua morte. Disseram que o cardeal de 69 anos foi morto "depois de ter tido um mal-estar durante uma visita na casa de amigos". Depois acabam admitindo a presença daquela mulher, de quem dizem se tratar de uma amiga, mas vaza que é uma jovem de 24 anos, dançarina de *striptease* mesmo, de nome Mimi Santoni. Quem sabe por isso a polícia seguia os movimentos do cardeal há algum tempo: claro, chegou rapidamente à casa da moça e gritou por ela. O cardeal estava caído no chão com o corpo coberto de dinheiro: bastante óbvios e fáceis os comentários. Os amigos de Daniélou explicaram que a partir de um certo tempo o cardeal se permitia custear a boa vida de Santoni e que por isso a ajudava financeiramente. O Vaticano não comenta, oficialmente. A revista francesa dos jesuítas *Études* põe uma pedra em cima da questão: "Apesar das perguntas que são feitas, é oportuno o silêncio no estado atual das coisas. Quem pode determinar a verdade e como fazê-lo em tais circunstâncias, com serenidade, diante de um morto?".

Um caso especial é o de Emmanuel Milingo, bispo de Lusaka, ex-exorcista da Santa Sé, transformado em seguidor do reverendo Sun Myung Moon, o fundador da Igreja da Unificação. No início de 2001, lança críticas à Igreja de Roma pelo celibato eclesiástico e denuncia: "Relações clandestinas e matrimônios, filhos ilegítimos, homossexualidade e sexo ilícito infestam o sacerdócio, tanto que o Comissariado da ONU para os Direitos Humanos tem em documento uma investigação sobre a Igreja de Roma, por abusos sexuais". Acontece, porém, que em 21 de maio de 2001, Milingo, com 71 anos de idade, casa-se em Nova York com a coreana Maria Sung, em um casamento coletivo oficializado pelo reverendo Moon, que escolheu pessoalmente a noiva para o bispo. O exorcista católico, padre Gabriele Amorth, já colega de Milingo, declara que o bispo sofreu "uma lavagem cerebral da seita de Moon". Mas, em 7 de agosto daquele mesmo ano, a pouco mais de dois meses do matrimônio, Milingo tem uma conversa com João Paulo II, mediada pelo cardeal Tarcisio Bertone, na função de secretário da Congregação para a Doutrina da Fé. Volta ao seio da Igreja de Roma, deixando a esposa, mesmo com o casamento não validado pela Santa Sé. Retira-se em um estado de isolamento e se diz estar "em meditação e reza".

Milingo aparece de surpresa em 12 de julho de 2006, em Washington, em uma entrevista, declarando ter voltado para a esposa, Maria Sung. Em 24 de setembro do mesmo ano, Milingo ordena bispo quatro sacerdotes casados e pertencentes a uma associação por ele mesmo fundada, a *Married Priests Now*, e quem comunica o fato é Don Giuseppe Serrone, fundador da Associação dos Sacerdotes Casados. Milingo é suspenso *a divinis* e o seu nome excluído do Anuário Pontifício de 2007.

Em 21 de setembro de 2008, um sacerdote de Chioggia, um biblista de 53 anos, é descoberto por um marido ciumento na cama com sua esposa. O bispo, monsenhor Angelo Daniel, o defende com um artigo no semanal diocesano *Nuova Scintilla**, referindo-se inicialmente à reprovação de Jesus, "Não julgues, para não seres julgado", a fim de chegar a uma justificativa para o padre pecador: "há uma fragilidade e, portanto, uma possibilidade de pecar que está em todos. O sacerdócio e a vida religiosa oferecem ajuda à fidelidade, mas não protegem da fraqueza, não garantem da culpa, não nos fazem impecáveis". O bispo exclui a responsabilidade da mulher. De fato, "por ser enorme a responsabilidade de um sacerdote, que deveria guiar e ser sempre exemplo aos outros, não devemos esquecer que, diante de muitos que por sorte apoiam o padre, não faltam pessoas para, direta ou indiretamente, o levarem a pecar. Também nessa eventual cumplicidade, um julgamento correto deve ser considerado".

Homossexualidade dos papas, cardeais e sacerdotes

A homossexualidade ou sodomia é considerada pela Igreja um pecado contra a natureza, condenado por Deus, na Bíblia, mas papas, cardeais e sacerdotes a praticaram e continuam praticando. Sobre a homossexualidade na sociedade eclesiástica faltam documentos precisos no que diz respeito à Idade

---

*Nova Centelha. (N. do T.)

Média; sucessivamente, a Igreja tenderá a esconder as notícias sobre isso, não conseguindo mais fazê-lo a partir do fim do século XIX. Nos primeiros séculos se trata apenas de boatos, e portanto nada se sabe até a época remanescente, quando afloram acusações a respeito de alguns papas. A começar por Sisto IV em referência aos seus dois sobrinhos, o cardeal Pietro Riario e Girolano Riario, a quem é atribuído o título de conde de Ímola, em 1471. Claro que o perverso cronista Stefano Infessura insinua que os dois tenham oferecido seus corpos aos desejos de sodomia do papa. Como réplica, Giovanni Antonio Campano renova as acusações em sentido mais amplo em um epitáfio para o papa, escrito quando Sisto IV ainda era vivo:

> Choram pelo papa, Salviato, Cirésia e Agnella
> Um foi bajulador, a outra puta, o outro pederasta

Lá, onde, além do cafetão e da meretriz em vestes de cortesãos, pederasta é propriamente o efeminado que sofre a sodomia. Sem contar que, com a cortesã Cirésia, entrará na relação o mesmo Pietro, no contexto da corte em que o cardeal organiza seu luxuoso palácio cardinalício.

Mais específicas são as acusações de sodomia voltadas a Júlio II. Assim o cronista veneziano, Girolamo Priuli, escreve que o papa "conduzia com ele os seus belos jovens, e alguns desses lindos rapazes, com os quais se dizia ter atos carnais em que era passivo e se deleitava muito com esse vício sodômico, algo realmente abominável em todos eles". Marin Sanudo, diplomata veneziano, escreve até um soneto sobre a vida homossexual do papa, coligando-a ao seu amor pelo vinho:

> Retorna o santo padre ao teu São Pedro,
> e aperta o freio ao teu quente desejo,
> que se mexe para estar no meio e depois falhar,
> causa aos outros mais desonra por parado ficar
>
> Por flechas e lanças de carne e de vidro
> o Bentivoglio não quererá partir
> que possa perceber, que não pode terminar,
> embora seja quem honras por trás te dá

Esteja bastante provido
de Corso, de Tribiano, de Malvasia
e das muito boas formas de sodomia

E menos vergonha te causa
os Squarzia e Curzio, no palácio sagrado
ter a boca na garrafa e o cu no caralho

Além disso, Júlio II tem como favorito o belo e corrupto Francesco Alidosi, já seu amante e secretário desde quando era cardeal no legado de Avignon. Elevado a cardeal em 1505, foi-lhe confiada a tarefa de administrador dos cofres pontifícios, bem como do legado de Bolonha. Alidosi vive em Borgo, no palácio da família do papa, ou seja, o atual palácio dos Penitentes, que está nas proximidades do palácio apostólico, mas o seu dever de legado o leva a viver bem pouco em Roma. Assim, as manifestações de afeto entre os dois são quase sempre muito raras. Sobretudo, interpõe-se entre eles o sobrinho de Júlio II, Francesco Maria della Rovena, duque de Urbino e capitão-geral da Igreja. Ele odeia Alidosi, que entende ser um obstáculo para a sua afirmação.

O duque de Urbino busca qualquer espaço de tempo para eliminar Alidosi. Em 7 de outubro de 1510, o prende sob a acusação de manter uma relação com os franceses em guerra com o papa. Leva-o preso de Módena a Bolonha, mas o papa impõe ao sobrinho a liberação do seu Francesco, concedendo-lhe, sobretudo, o cargo de bispo de Bolonha. Alidosi está convencido de que o papa o admira muito e procura obter outro privilégio, o governo de Ímola, já propriedade de sua família, mas a resposta é negativa. Alidosi está mais do que decidido a resistir em Bolonha, como se fosse uma possessão particular, aos ataques dos franceses que querem entregar a cidade aos Bentivoglio, os feudatários da região. De qualquer forma, os próprios bolonheses se recusam a obedecer às ordens do legado e se levantam em massa, destruindo até uma estátua de Júlio II feita por Michelangelo.

Alidosi, aterrorizado, foge enquanto na cidade libertada entram os franceses com os Bentivoglio, e se refugia junto ao papa em Ravena, invertendo a culpa pela derrota para o sobrinho de Júlio II. O papa acredita no seu predileto e o encoraja a ir descansar para se restabelecer do terror sentido e para evitar que encontre com o sobrinho. O mesmo Francesco Maria conquista o papa e acusa Alidosi de inadequação, mas é carregado de impropérios e ameaças de confisco de bens, terminando expulso do palácio. No entanto, o duque, enquanto se distancia, encontra pela estrada Alidosi montado em uma mula; derruba-o da sela e o mata. Para Júlio II é uma tragédia: chora e grita o nome do seu favorito por horas e se vinga do sobrinho, destituindo-o de todos os cargos, permitindo-lhe apenas morar em Roma mediante o pagamento de uma caução.

Um cardeal acusado de homossexualidade, em 1559, é Carlo Carafa, figura de ponta do nepotismo (v.), dedicado junto aos irmãos "naquele pecado tão abominável no qual não se faz distinção alguma de sexo masculino ou feminino", como define o tio Paulo IV, quando toma conhecimento. Trata-se de orgias que acontecem no vinhedo de Trastevere, sob a direção de um outro cardeal, Vitellozzo Vitelli, rapidamente transferido para a sede episcopal de Osimo, nas Marche. Também os sobrinhos do papa são expulsos de Roma, mas se salvam da prisão e do Santo Ofício, do qual serão, ao contrário, julgados pelo assassinato da esposa de Giovanni Carafa (v. *Homicídio*).

Da Igreja de Roma no século XVI parece iminente o vício da homossexualidade, se, em 1580, o escritor Michel de Montaigne refere-se a Roma como "cidade bastarda" por conta da corrupção libertina tolerada pelo papa. Tanto que, na igreja de São João na Porta Latina, há uma espécie de confraria de homossexuais que chegam a casar durante a missa, "seguindo a mesma cerimônia que se usam pelas núpcias: falam juntos, leem o mesmo evangelho nupcial e, depois, dormem e vivem juntos".

Mas o eclesiástico mais emaranhado na homossexualidade se encontra nos primeiros anos do século XVII, na pessoa do cardeal Scipione Caffarelli, filho da irmã do papa Paulo V Borghese, que o adotou, concedendo-lhe o próprio sobrenome e nomeando-o cardeal, em 1605. Riquíssimo, concentra nas próprias mãos, além de vilas dentro de Roma e no entorno, mais de 80 imóveis espalhados nas terras romanas. Possui uma coleção de obras de arte em sua galeria, a Galleria Borghese, montada também mediante apropriação pirata. A obra de arte simbólica de sua homossexualidade é a estátua *Hermafrodita*. Para admirá-la oportunamente, o cardeal providencia que seja esculpido por Bernini um sofá com um colchão, o qual se mostre cuidadosamente abandonado quando abre o armário de madeira, feito para mostrá-lo em um cenário sedutor aos seus olhos e aos olhares dos seus mais íntimos amigos.

A propósito do cardeal, seu homem de confiança, Stefano Pignatelli, e do advogado conselheiro, Pietro Campora, seu secretário em Roma, se fala de *ménage à trois*. É uma situação escandalosa e o confirma, em uma carta, o cardeal Giangarzia Millini, relatando que esses dois "governam o Borghese". Como escreverá Gaetano Moroni, Scipione, "lembrando-se do afeto de Stefano, o convidou a Roma e o recebeu na própria corte, onde conseguiu tal influência com o cardeal, que este em tudo se regulou com seus conselhos. Foi o bastante para que a inveja e o ciúme dos cortesãos lançassem contra ele maliciosas e venenosas calúnias e provocaram cardeais e embaixadores para dizerem ao papa que Stefano era cheio de detestáveis vícios. Pela honra do sobrinho, o papa deveria, por tudo e completamente, se afastar. Paulo V o desalojou da casa do cardeal Scipione. Esse, porém, sabendo-o inocente, redobrou o seu amor pelo oprimido, mesmo sucumbindo em grave melancolia pela sua desgraça e sofreu uma longa e perigosa doença".

Somente quando Pignatelli corre para Roma a fim de "curar" o amigo Scipione, o cardeal consegue se restabelecer. O papa-tio entende agora, sabiamente, que para controlar Pignatelli é conveniente agregá-lo: assim o faz endossar o hábito sacerdotal. Logo após, Scipione convence o tio a dar a Stefano também a nomeação de cardeal, com o título de *Santa Maria in Via*. Porém, acontece que o cardeal Pietro Campora retira-se ao seu arcebispado de Cremona e Stefano torna-se o único amigo de Scipione em Roma. A relação entre Stefano e Scipione assume, definitivamente, a estrutura de um casamento, até a morte de Pignatelli, em 13 de agosto de 1623. Foi concedida a ele uma digna sepultura cristã, em Santa Maria Sopra Minerva, apesar de ser "homem de tão baixa linhagem", conforme o cronista Giacinto Gigli. Scipione vive outros dez anos sozinho com o seu *Hermafrodita*. Fiel à lembrança do amigo, morre em 2 de outubro de 1633 e é sepultado com todas as honras na capela Borghese, em Santa Maria Maggiore.

A homossexualidade no século XVIII está fortemente na mira da Igreja e assim se mascara com o galanteio. Os eclesiásticos se escondem nas vestes dos jovens e belos abades, valetes que dissimulam sua natureza oferecendo-se às damas como cavalheiros servis e, ao mesmo tempo, se dedicando aos seus amores sodomitas. Assim travestidos, vão a qualquer parte, às festas dos nobres, ao teatro e aos cafés. Por isso, em 1775, em Roma, um edito do cardeal vigário "sobre a vida e a honestidade dos eclesiásticos" adverte os prelados a "evitarem reuniões mundanas e manterem-se longe dos cafés e dos teatros". Chama ainda atenção para a observância dos cânones sagrados, proibindo até mesmo vestir "hábitos de outras formas e cores, introduzidos por suas conveniências familiares e adotados em demasia pelos eclesiásticos com a audácia em tingi-los de preto".

O mesmo edito é uma deixa para um grande número de *pasquinatas*. De fato, eis que circula uma *Súplica dos padres ao papa a fim de mandar todos os frades à guerra contra o rei da Prússia*, Frederico II: aí não se trata de uma expedição militar, mas sexual, em referência à homossexualidade atribuída ao soberano. A essa segue-se uma *Resposta dos frades para a súplica feita sobre mandá-los à guerra*, na qual a acusação vem retorcida sobre os hábitos. Lê-se, entre outras coisas, que, à noite, na praça Colonna, há uma multidão de monsenhores e abades

de sapatos bem calçados,
em camisas e casacos,
à vida muito próximos,
pois, tendo-se a ocasião,
dão o salto de montão.

Assim vem à baila a homossexualidade dos abadezinhos mascarados.

O século XIX, ao contrário, censura novamente a divulgação de notícias relativas aos eclesiásticos homossexuais e, na falta de notícias certas, é somente por hipótese que a sodomia esteja sempre operante nos segredos dos conventos ou na sala adamascada dos prelados. Todavia, a documentá-la é suficiente um soneto de Giuseppe Gioachino Belli, de 1833: *A festa da quinta-feira gorda* descreve uma festa carnavalesca no convento de Aracoeli, onde, comentou Marcello Teodonio, "estranhas metamorfoses acontecem na escuridão" e "reina uma sórdida alegria, uma excitante alternância de danças e de acasalamento por parte dos frades".

Entre tanta aridez, entre tanta frieza,
é necessário um pouco de calor,
quinta-feira à noite tem um baile
no convento de Aracoeli em seu interior

onde deturpam em coro o evangelho
entre frade fode vento e frade mentiroso
acasalarão uma galinha e um galo
entre os frades peludos e lisos

acoplados, um fradezinho e um padreco
se abrirão ao soar o órgão da festa

com a Lavarinna e o Saltarello*

juntos, toda noite dançarão
até o padre geral e ao som do campanário
no amanhecer em machos todos tornarão

O soneto de Belli oferece uma imagem significativa do pecado da homossexualidade dos eclesiásticos, próprio para o lugar, evocado pelo poeta, no qual se verifica: o convento. Poderia ser também a habitação dos sacerdotes em uma igreja e, em todo o caso, se trata sempre de ambientes fechados dos quais jamais sairão denúncias, porque o pecado da homossexualidade entre eles é realmente praticado de maneira consensual, condição que determina o silêncio por parte dos que estão envolvidos. Assim é até hoje. Sem possibilidade de poder, portanto, contá-la.

Pedofilia dos papas, cardeais e sacerdotes

Estranhamente, na baixa e na alta Idade Média não se revelam casos de pedofilia em que estejam envolvidos eclesiásticos, mas isso depende também do vergonhoso conceito de que as crianças daquele tempo são tidas como possuídas pelo demônio, a ponto de serem torturadas e queimadas vivas a fim de que possam espiar suas culpas. Essas crianças não são outra coisa senão bodes expiatórios sobre os quais afogam a libido, ressentimentos político-religiosos, superstições e medos de uma comunidade inteira e, portanto, eventuais casos de pedofilia entram na aplicação de certas condenações. Tudo isso diante do Concílio de Elvira, no ano de 305, que condena os *strupratores puerorum*, com a recusa da comunhão, mesmo na hora da morte, àqueles que "contaminam" os rapazes. Por outro lado, a Igreja consegue esconder os casos que são verificados, resolvendo-os em grande segredo, até o século XX, quando o poder da imprensa deu destaque a certos casos que chegaram depois até nas salas dos tribunais. Anteriormente, graças às *pasquinatas* e raras intervenções conciliatórias da Igreja, poucos casos vinham à tona.

*Lavarinna e Saltarello são antigos tipos de dança. (N. do T.)

É o caso do antipapa João XXIII [1410-1415], nascido Baldassare Cossa, julgado simoníaco e pedófilo na assembleia do Concílio de Constância, em 29 de maio de 1415. Havia abusado de crianças que lhe tinham sido concedidas por um certo Angelotto de Roma, clérigo da Câmara Apostólica e cônego de São João de Latrão. Cossa vagueia como prisioneiro de um príncipe alemão a outro, até que Martinho V não lhe tem piedade e o remete ao seio da Igreja, como cardeal bispo de Túsculo, onde morre, em 1420.

Até o papa Júlio II, já marcado pela homossexualidade [v.], é culpado de pedofilia. Esse pecado também é historicamente datado, em 1511, quando em seguida à captura do marquês Francesco Gonzaga pelos venezianos, sua esposa Isabella implora ao papa para que sirva de intermediário a fim de libertá-lo. Júlio II concorda, mas quer o filho da marquesa, o marquesinho Federico, de apenas 10 anos, como refém em Roma. Faz isso para se proteger de um eventual ataque militar do cunhado de Isabella, o duque Alfonso D'Este. É o que sinaliza Alessandro Luzio em seu *A Regência de Isabella D'Este*, destacando que tanto Maximiliano de Habsburgo quanto Luís XII exprimem fortes dúvidas sobre as reais intenções do pontífice.

O menino, dotado de um gracioso físico, vive na corte do papa, que se mostra publicamente afetuoso com ele, recobrindo-o de atenções: o faz comer à sua mesa, leva-o para caçar e, quem sabe se para algumas despesas, lhe dá uma renda mensal de cem ducados de ouro. O marquesinho está também presente nas festas dos cardeais que não são muito edificantes para um menino, como quando é conduzido à representação de uma comédia espanhola na casa do cardeal Luis de Aragão, à qual assistem também algumas cortesãs. Na verdade, é convidado também pelo tio, o cardeal Sigismondo Gonzaga, para um almoço no qual estão presentes os cardeais Luis de Aragão, Marco Cornaro e Bibbiena, além da cortesã Albina, cujos amores são disputados por aqueles cardeais.

Nada mais se sabe sobre eventuais relações do papa com o menino, que chega a confessar ao papa que sofre pela distância da mãe, conseguindo assim a permissão para fazê-la vir a Roma, onde é recebida com honras próprias de uma soberana. Então, é presumível que termine com aquele amor pedófilo do papa, restando apenas pedir a Rafael para imortalizar o jovem Federico entre os personagens da *Escola de Atenas*. Fica a incerteza da sua identificação entre o menino que aparece por trás do filósofo coroado com folhas de videira [Demócrito ou Epícuro], à esquerda, e o adolescente de longos cabelos que, à direita, no grupo de Arquimedes, se inclina em direção ao mestre que traça um círculo com o compasso.

Outro caso de pedofilia relativo ao papa é aquele de Júlio III, definido por Onofrio Panvinio, incluído na biografia das *Vidas dos Pontífices como* "dedicado ao amor pelas crianças". A referência específica é a Innocenzo del Monte, criado pelo cardeal Giovanni Maria Ciocchi del Monte, por volta do ano de 1540 com o nome de Fabiano, "nascido de uma pobre mulher que andava implorando", como escreve Ludovico Antonio Muratori, especificando que "acolheu na sua corte esse esfarrapado rapaz, o fez crescer, e tanto amor lhe teve que mais não se saberia dar a um único filho. Por ele estava tão perdido que o levou para sua própria casa, fazendo-o ser adotado por Baldovino, seu irmão" e "porque tinha ótima índole e excelente talento", segundo afirma o sacerdote Restorello Restorelli, cronista de Monte San Savino, onde nasceu o cardeal del Monte, que "ensinou-lhe as letras e o educou civilmente".

Assim, a Fabiano é dado o nome de Innocenzo, confirmando-lhe como pai Baldovino Ciocchi del Monte e, portanto, como tio, o cardeal Giovanni Maria. Mesmo que muitos sustentem que o pai biológico seja mesmo o cardeal e "a pobre mulher que andava implorando" tenha sido basicamente sua concubina. Paralelamente, há opiniões de que cardeal teria gostado do menino e seria mais adequado considerar Giovanni Maria o seu tutor, ou mesmo o tio. Innocenzo, "inscrito na milícia eclesiástica" com apenas 12 anos, em 1544, recebe de Giovanni Maria, papai-tio pedófilo, o título de reitor ou pároco da catedral de Arezzo, função exercida até então pelo cardeal.

Acontece que o "malandro", como o chama o embaixador vêneto Matteo Dandolo, realmente continua a viver na casa do cardeal, que, como autêntico pedófilo, "está no mesmo quarto e na mesma cama" e o rapaz ainda cuida de uma macaca domesticada que o cardeal papai-tio mantém em uma sala do palácio. Por causa daquela macaca*, os romanos o apelidaram Innocenzo "Bertuccino". Quando, em 8 de fevereiro de 1550, Giovanni Maria é eleito papa, com o nome de Júlio III, em menos de quatro meses, em 31 de maio, o neopontífice nomeia Innocenzo, com 18 anos, cardeal diácono do título de São Teodoro.

**Bertuccia* em italiano. (N. do T.)

Automaticamente, o papa-papai-tio pedófilo, como escreve Muratori, "enche-o até o pescoço de benefícios e rendas eclesiásticas", que totalizam 36 mil escudos, já que Innocenzo é nomeado legado de Bolonha e da Romanha, assim como dos Catequistas, e é posto como chefe das três abadias de San Saba, Miramondo e Santa Maria de Grottaferrata. Os romanos ironizam a nomeação, como destaca uma *pasquinata*:

> Ama del Monte com igual ardor
> a macaca e o servidor.
> Ele ao desejoso e feminino rapazinho
> concedeu o chapéu:
> por que para macaca em tratamento igual
> não a faz também cardeal?

E para os luteranos não há dúvidas de que o título cardinalício fosse uma recompensa pelos préstimos sexuais do rapaz, comentado também pelo poeta francês Joachim Du Bellay:

> Ver um servo, um menino, uma besta,
> um malandro, um preguiçoso, virar cardeal,
> e por ter a uma macaca cuidado bem,
> um garboso tem a mitra na cabeça,
> milagres como esses só em Roma se veem.

De nada valeram as recriminações do cardeal Gian Pietro Carafa, o paladino da Inquisição, que, fora do conselho, diplomaticamente mostra ao papa a inconsequência de uma similar nomeação, que não oferece uma imagem pura de homem de Igreja aos olhos dos luteranos! Innocenzo virará também cardeal-sobrinho e, enquanto vivo, o papa-papai-tio pedófilo não terá problemas, embora carregue nas costas o apelido de "macaca". Morto, ele acabará na desonra, maltratado pelos papas votados na Contrarreforma e, ao menos aparentemente, escolhidos para esconder que um papa pudesse ser manchado do pecado de pedofilia.

Por isso, sucessivamente, a pedofilia é omitida pelo Vaticano. Sendo escondida junto à homossexualidade e delas só se volta a falar, novamente, no século XIX. Assim, em 1834, um sacerdote pedófilo é exposto por Giuseppe Gioachino Belli, no soneto *Li dilitti d'oggiggiorno**. É um tal de Don Marco, culpado por furtos e fraudes de todo tipo, além de numerosos pecados de luxúria, entre os quais, o de manter relações sexuais com mulheres casadas e de estuprar crianças:

> Don Marco foi culpado de adultério
> e o papa o absolveu como inocente.
> Deu a bunda aos filhos de Saverio
> e o papa disse: "Não é verdade, mente".
> Fraudou, furtou e uma infinidade
> de enganos cometeu contra tanta gente,
> que o papa se saiu, sério, sério:
> "Acreditamos ser um acidente".
>
> Por fim, ontem pelo querer divino
> um espião lhe sussurrou duas palavras:
> "Santo Padre, Don Marco é Jacobino".
> E o Santo Padre, no mesmo momento,
> sentindo-lhe tocar onde dói,
> o condenou ele mesmo, sem julgamento.

O paradoxo consiste mesmo no fato de que Gregório XVI finge não acreditar naquelas desculpas e, assim, passa por cima, absolvendo os sacerdotes. Até que um espião o denuncia como sendo "Jacobino". Então, o papa, "lhe sentindo tocar onde dói", não pode tolerar que Don Marco seja um liberal e o condena sem julgamento.

Para vir a conhecimento um pecado de pedofilia por parte de um eclesiástico, precisamos chegar a 1864. Após três anos da constituição do Reino da Itália, com uma sentença do Tribunal de Recursos de Milão, veio à luz, em 30 de abril de 1864, o caso do sacerdote Francesco Piccinotti, capelão de Corzano. Foi acusado "do crime de libidinagem contra a natureza, previsto no artigo 425 do Código Penal", como se lê na sentença:

*Os delitos de hoje. (N. do T.)

a) Por haver, em dia desconhecido do ano de 1861, sobre um banco no campo no território de Corzano, atentado violentamente à vida do jovem camponês Battizzi Giuseppe di Francesco, então com 23 anos, e em seguida tê-lo posto no chão, esfregado sobre ele a própria libido contra a natureza. b) Por haver, no mesmo ano de 1861, alguns meses depois do fato pré-anunciado, mesmo em época imprecisa, em um campo, também no território da Comune de Corzano, nas mesmas circunstâncias pré-indicadas, consumado ainda ato carnal contra a natureza sobre a pessoa do acima relatado, Battizzi Giuseppe. c) Por haver, em noite não determinada do outono de 1862, abusado do jovem camponês Domenico Matovai, de 20 anos, que estava dentro de casa, objeto de particular instrução, atentando violentamente contra sua vida e obrigando-o a submeter-se a ato libidinoso contra a natureza.

Ainda é acusado "pelo mesmo crime de libidinagem contra a natureza sobre o garoto de 12 anos, Cesare Mombelli, que frequentava a sua casa como aluno", entre os anos de 1853 a 1855. Será condenado a pena de reclusão de 7 anos "e o pagamento das despesas do procedimento para crimes de libidinagem contra a natureza, cometidos no ano de 1861, sobre a pessoa do camponês Giuseppe Battezzi".

Chegamos então ao século XX para termos uma resposta das acusações de pedofilia contra o mundo eclesiástico. Em janeiro de 1904, nasce um escândalo no colégio dos Marianistas de Pallanza, com a acusação, contra o sacerdote Eugène Burg, de abusos sexuais em dois alunos de 14 anos, ou mesmo "de serem expostos a atos libidinosos", segundo palavras dos rapazes. O marianista foi preso e o colégio fechado. Os dois rapazes foram visitados pelo doutor Gugliemo Massazza, que nega a existência de patologias "decorrentes de atos da natureza dos que foram imputados ao professor Burg". Na verdade, o processo penal diretíssimo*, em 6 de fevereiro, leva ao "não faz-se lugar procedente por falta de provas" e em 6 de maio o colégio é reaberto. Mas fica a suspeita e, portanto, a opinião pública fica horrorizada, tanto que em diversas cidades italianas se desenvolvem comícios anticlericais, que aconteceram por longo tempo.

Em 20 de julho de 1907, é preso dom Carlo Riva por abusos sexuais sobre uma menina no orfanato milanês dirigido pela irmã Giuseppina Fumagalli. Esse é

*Característica do direito penal italiano; quando se dispensa audiência preliminar. (N. do T.)

destinado a passar pela crônica como "o escândalo Fumagalli". Em seguida, acontece o escândalo do educandário de Alassio, onde um tal dom Bretoni é acusado de maus tratos sexuais a um rapaz de 13 anos. Outra denúncia vem de uma escola de freiras, em Trani, "ao procurador do rei por maus tratos e traições". O escândalo mais impressionante estoura em 31 de julho, no colégio dos Salesianos, em Varazze, com base em uma denúncia de uma senhora Besson. Do diário do filho, Alessandro, descobriu rituais, dentro do colégio, de magias negras feitas em "roupas de Adão" e de atos sexuais entre os frades, as irmãs do vizinho colégio Santa Catarina e os alunos envolvidos.

O resultado da investigação apontou cinco rapazes violentados, o que foi comprovado por uma perícia médica, mesmo sem esclarecer as causas. Tanto é que foram expedidos mandados de prisão para dois padres salesianos, dom Musso e dom Rolla, que fugiram rapidamente e não foram perseguidos. Por outro lado, o colégio foi alvo de alguns cidadãos de Varazze com gritos e acusações contra os salesianos. O fenômeno se alarga, fomentado também pela imprensa, e dá origem a confrontos em diversas cidades entre antirreligiosos e fiéis, com intervenção de policiais e consequentes feridos, entre os quais alguns sacerdotes. Em Roma, o abade dos cistercienses, dom Amadeu de Bie, é alvo de pedras; foram esmurrados o astrônomo dom Guido Alfani, em Florença, e dom Guido Godangelo, em Milão.

Em 5 de agosto há uma reação da Santa Sé, através de um comunicado oficial: "De fonte segura podemos afirmar que: a presente campanha anticlerical é sustentada com dinheiro da Maçonaria francesa. Entre a recente campanha eleitoral e aquela recente do vandalismo escrito e braçal contra as casas religiosas, a Maçonaria francesa gastou na Itália cerca de 150 mil liras"; deve ser lembrado que "os Besson, autores do fantasioso "romance" de Varazze, são franceses". Contudo, as violentas manifestações antirreligiosas continuaram em diversas cidades e ao final contabilizaram um morto e 20 feridos.

Depois dessa história, cai de novo o silêncio e o mundo eclesiástico parece iluminado de santidade, mesmo se tudo ocorre na sombra da omissão. Por exemplo, em 1947, nos Estados Unidos se registra um caso de pedofilia. Quem sofre é um rapaz de 15 anos, Thomas Gumbleton, futuro bispo auxiliar de Detroit, causado por um sacerdote de 60 anos. Gumbleton o denunciará aos 75 anos, em 12 de janeiro de 2006, como bispo, transformando-se no porta-voz dos eclesiásticos pedófilos, "esperando que na nossa Igreja", como afirmará, "cada pessoa gay, lésbica, bissexual e transexual, se declare como tal". O mesmo tipo de pesquisa foi realizado na Igreja de New Ways Ministry, grupo independente, fundado em 1977 "para promover a compreensão e a aceitação de lésbicas e gays dentro da comunidade católica". A cada cinco anos organizará um simpósio, mas do Vaticano jamais terá algum interesse nem tampouco alguma concessão.

Às escuras, a situação de precariedade e exclusão dos eclesiásticos pedófilos não muda, conseguindo apenas que não apareça aquilo que o Vaticano considera apenas escândalo. Um caso singular é o que sai na imprensa em janeiro de 1988: dom Salvatore Manfredi, ex-diretor do Instituto de Assistência para Menores Stella Maris, de Siponto (Foggia), é condenado pelos juízes da corte de apelação de Bari a 2 anos de reclusão por atos libidinosos e violência privada sobre menores, ocorridos em dezembro de 1985.

Em 1991, dom Giuseppe Rassello, pároco napolitano, é condenado a 3 anos e 6 meses de reclusão por violência sexual sobre o menor Antonio B., que frequentava a sua igreja. A condenação será confirmada em 1996, quando o sacerdote se transferirá para Procida, sua ilha natal, onde seguirá tranquilamente a atividade pastoral. Isso porque as autoridades eclesiásticas procuram manter o silêncio sobre padres pedófilos.

De fato, o silêncio ameaçador deveria ser interrompido em 1994, quando é endereçada a João Paulo II uma carta referente a inumeráveis e continuados abusos sexuais de pedofilia cometidos entre os anos 1940 e 1960, pelo padre Marcial Maciel Degollado, fundador e diretor dos Legionários de Cristo, em relação a oito legionários, entre os quais Juan Vaca, presidente dos Legionários nos Estados Unidos, e José Barba Martin, professor de filosofia da Universidade Itam da Cidade do México. A carta não obtém resposta. Em 23 de fevereiro de 1997, a carta chegará, em forma de denúncia, à Congregação da Doutrina da Fé, diretamente ao cardeal Joseph Ratzinger. Estão descritas as abordagens e os artifícios empregados por Marcial Maciel Degollado para convencê-los de que, masturbando-o, estavam fazendo algo correto, "com a permissão especial de Pio XII", como se lê em um artigo publicado no *L'Espresso*, de 21 de janeiro de 1999. Então, desde 1998, a Congregação da Doutrina da Fé vem sofrendo investigações sobre as acusações de abusos sexuais e de violações do segredo da confissão, voltadas contra o fundador dos Legionários, Marcial Maciel Degollado. Mas a apuração acaba em água, como ficará claro em um comunicado da Santa Sé, de 19 de maio de 2006, no qual se revelará a sentença da Congregação "de renunciar a um processo canônico e de convidar o padre a uma vida reservada de reza e penitência, renunciando a cada ministério público", "considerando, seja a idade avançada do Rev. Maciel, seja sua saúde fraca".

Em outubro de 1994, na Irlanda, estoura o escândalo Brendam Smith. Um sacerdote católico norte-irlandês, acusado de abusos sobre menores, praticados durante os 40 anos de atividade pastoral, em Belfast, Dublin e nos Estados Unidos. É um escândalo que rompe, inesperadamente, a omissão que encobre a pedofilia. O sacerdote irlandês, preso e processado pela corte britânica, em Belfast, é condenado por 17 casos confirmados de abuso de menores. Contudo, durante a sua detenção, será confirmada, em Dublin, a sua responsabilidade em 74 casos anteriores e semelhantes. Morrerá na prisão em 1997.

Um novo escândalo de pedofilia eclesiástica vem da Áustria, em 1995. O ex-seminarista Joseph Hartman confessa ter sido molestado pelo cardeal Hans Hermann Groer, arcebispo de Viena. O delito ocorre num período de tempo entre 1972 e 1976, quando o acusador tinha 15 anos e o prelado era o seu padre confessor na abadia de Gottweig. O arcebispo renuncia depois de ter declarado inocência. É substituído, em abril de 1995, pelo bispo da cidade de Graz, Christoph Schonborn. Uma conferência episcopal, em março de 1998, declarará que "as acusações correspondiam à verdade".

Ainda em 1995, o siciliano dom Tommaso Antonio Tarsia é acusado de violência sexual contra uma deficiente que frequentava o centro de acolhida dirigido por ele, em Agrigento. Não é suspenso, mas é transferido para a igreja do Coração Eucarístico de Jesus, em Pianura, perto de Nápoles, onde será preso por abusos repetidos em uma menina de 10 anos. Terminará seus dias no cárcere.

Em 1998, o sacerdote francês René Bissey é condenado a 18 anos de reclusão por suas atividades pedófilas com menores de 15 anos, dentro da paróquia de Bayeux, na Normandia. O processo terá um desdobramento em setembro de 2001, contra o bispo de Bayeux, monsenhor Pierre Pican, acusado por não denunciar o comportamento do seu sacerdote. O bispo se defenderá por trás do segredo da confissão, durante a qual o sacerdote lhe havia contado sobre os pecados cometidos. Será condenado a pagar um franco simbólico por danos a cada uma das quatro pessoas que constituíram ação civil contra o padre pedófilo.

Em 1999, temos novamente em cena um padre italiano, em Roma. Dessa vez é dom Patrizio, culpado por abusos referentes a cinco rapazes da paróquia de San Filippo Neri, em Boccea. É condenado a oito anos de prisão e a uma multa de 50 milhões. Terminará a prisão domiciliar em um instituto religioso.

Contudo, é a partir do ano 2000 que atos de pedofilia eclesiástica são vistos com mais frequência na Igreja de Roma. A imprensa divulga regularmente a notícia com destaque cada vez maior.

Em 10 de janeiro, dom Giorgio Mazzocato, de 62 anos, ex-pároco de Castelluccio dei Sauri, próximo a Foggia, é condenado a 6 anos e meio de reclusão por abusos sexuais a alguns rapazes entre 7 e 12 anos.

Em 1º de fevereiro, dom Marco Gamba, pároco de Chiusa San Michele, é condenado a 4 anos e 6 meses, por violência sexual e danos a dois coroinhas.

Em 5 de junho, o tribunal de Módena declara, em primeira instância, culpado o sacerdote modenense Giorgio Govoni, juntamente com 15 pessoas, todas culpadas por violência contra menores e ritos satânicos nos cemitérios. Giorgio, por sua vez, morre de infarto um mês antes. Porém, em 11 de julho de 2001, a Corte de Apelação de Bolonha, derrubadas as acusações, absolverá em fórmula plena oito dos 15 imputados e reduzirá aos outros a pena inflingida, em primeira instância, declarando que os abusos aconteceram entre muros domésticos. Uma sentença que soa como amenizada pelo falecimento do sacerdote.

À frente de todos esses casos de pedofilia no clero italiano, parece ainda mais ridícula, em 21 de maio de 2000, a declaração do secretário da CEI*, monsenhor Giuseppe Bertori. Ele afirma que o fenômeno "é totalmente minoritário e não merece atenção específica", não mais "do que não vá ocorrer em outras classes sociais". Quase em resposta a tal declaração, em 20 de janeiro de 2001, chega do tribunal de Chiavari a condenação contra dom Pino Carpi por molestar e causar danos a uma menina de 14 anos. Deverá pagar 30 milhões de liras. Todavia, o Vaticano nada faz a respeito, a partir do momento em que se limita a mandá-lo para Sestri Levante, perto de Gênova, como pároco da basílica de Santa Maria de Nazaré. E ainda, em 26 de junho, dom Renato Mariani, pároco de San Giuliano Milanese, é condenado a 4 anos de reclusão por violência sexual de jovens, além de apropriação indébita não menos indicada. Também por ele, o Vaticano providencia somente a remoção com funções pastorais para Garbagnate Milanese.

Numerosos são os casos de pedofilia referentes a monsenhores e sacerdotes, nos Estados Unidos, entre março e abril de 2002. No jornal *Hartford Courant*, são denunciados e documentados casos de abusos sexuais na diocese de Bridgeport, em Connecticut. O cardeal Edward Egan, à frente da diocese até o ano 2000, pro-

*Conferência Episcopal Italiana. (N. do T.)

curou esconder, não providenciando nem mesmo a transferência dos sacerdotes culpados das paróquias em que trabalhavam, para afastá-los dos meninos. Assim, o seu sucessor precisou remediar de qualquer jeito, com uma indenização em milhões de dólares aos pais das vítimas.

Outro escândalo estoura na diocese de Boston, da qual é responsável o cardeal Bernard Law. O *Boston Globe* o acusa de ter mudado, por anos, de uma paróquia para outra, dois sacerdotes pedófilos, John Geoghan e Paul Shanley, para evitar que fossem denunciados. De qualquer forma, foram descobertos, processados e condenados à prisão. No *New York Times* é publicada uma *summa* sobre transferências relativas aos sacerdotes pedófilos das últimas duas semanas de março de 2002: 55 sacerdotes, em 17 dioceses, foram removidos, suspensos ou licenciados, entre os quais, 6 na Filadélfia, 7 em New Hampshire, 2 em Saint Louis, 2 no Maine, 1 em Dakota do Norte e 12 em Los Angeles. Destacam-se os casos do reverendo Michael Hands, de Long Island, culpado por relações sexuais com um garoto de 13 anos, em 1999 e em 2000; e do bispo de Palm Beach, na Flórida, Anthony J. O'Connell, que molestou um seminarista no Missouri, nos anos 1960, e por isso se demitiu e a diocese teve que pagar uma indenização de 125 mil dólares. Vergonhoso para a Igreja é o caso do sacerdote negro, Henry Mills. Denunciado pelo *New York Post*, afastado da Igreja de Nova York, em 1997, por acusação de estupro de um rapaz de 17 anos, celebra missa tranquilamente na igreja de Saint Elisabeth, em Washington Heights, e leciona em uma escola paroquial.

Para cada caso, os bispos nos Estados Unidos precisam dar conta da emergência nas indenizações às vítimas dos padres pedófilos, recorrendo à política assistencial e a doações dos fiéis "honestos", como contará Enrico Pedemonte no *L'Espresso*, de 30 de julho de 2007. Assim, "a diocese de Los Angeles firmou um acordo, empenhando-se em pagar 660 milhões de dólares para ressarcir 508 vítimas". É um valor enorme e "o cardeal Roger Mahony está confiante enquanto lista as cifras para a imprensa: 250 milhões virão das contas do banco da Igreja, reforçado pelas vendas de numerosos imóveis, entre os quais a sede administrativa da diocese, que, sozinha, renderá 40 milhões; outros 183 milhões serão garantidos pelas diversas ordens religiosas, mesmo aquelas que estão fora do acordo e com as quais será aberto um contencioso; e os 227 milhões restantes serão desembolsados pelas seguradoras". Mahony, por outro lado, confessa ter sofrido uma agressão de um homem enfurecido pelo escândalo de pedofilia.

A Santa Sé convoca um miniconcílio sobre o urgente problema, em 23 de abril de 2002, no Vaticano, na presença do papa. Participam os cardeais Martinez Somalo, da Congregação dos Religiosos, Medina Estevez, do Culto Divino, e Zeon Grocholewski, da Educação Católica, além de um especialista do código canônico, monsenhor Julian Herranz. Trata-se, mais do que tudo, de reabilitar a figura do cardeal Bernard Francis Law, arcebispo de Boston, o prelado mais importante na mira da imprensa americana. É decidido afastá-lo da sede de Boston, o que se verifica em 13 de dezembro de 2002, com a demissão do cardeal que, no entanto, acaba sendo premiado. É chamado a Roma e passa a "presbítero-mor" da basílica de Santa Maria Maggiore. Significa, além de tudo, que mora no palácio apostólico da basílica papal, gozando do regime de extraterritorialidade, o que o preserva de qualquer eventual processo judicial que possa chegar dos Estados Unidos. E mais, é nomeado membro do Pontifício Conselho para a Família e de uma boa meia dúzia de congregações.

A situação da pedofilia eclesiástica na Itália não é menos dramática. Dom Bruno Tancredi, pároco da igreja de Monticelli, perto de Teramo, é preso por violência e danos a dois menores, um deles deficiente; com rito abreviado será condenado a seis anos.

Dom Paolo Gardenal, ex-pároco de Ceneda, um bairro de Vittorio Veneto, na província de Treviso, em dezembro de 2003, recebe a condenação a um ano e oito meses de reclusão por violência sexual em quatro rapazes de 12 anos.

No início de 2004, dom Roberto Mornati, transferido da cúria para Garavite, após ter sofrido um processo por abuso nos anos 1980, é condenado a três anos e quatro meses de prisão (com atenuante por doença mental) por atos de pedofilia em 12 meninos da cidade.

Em 2004, duas dezenas de fiéis e alguns sacerdotes enviam ao bispo auxiliar de Florença, monsenhor Claudio Maniago, uma carta acusatória de violência sexual, psicológica e submissão feita por dom Lelio Cantini, de 85 anos, superior da paróquia florentina Regina della Pace de Florença. A carta denuncia ainda que o sacerdote foi pago com dinheiro que devia servir ao trabalho de restruturação da paróquia e da casa paroquial de Mucciano, utilizada para acampamentos de verão. Além disso, o sacerdote é acusado de projetar a instituição de uma "verdadeira Igreja contraposta àquela externa, corrupta e incapaz". A carta não obtém resposta, provavelmente porque monsenhor Maniago, quando jovem, foi discípulo de dom Cantini. Mas tampouco obtém resposta uma segunda carta, enviada em

2006, ao bispo titular de Florença, o cardeal Ennio Antonelli. Então são expedidas duas cartas para a Santa Sé, nas quais se lamenta "a falta de uma clara e decidida tomada de posição por parte do bispo". Às cartas responde o cardeal Camillo Ruini, sinalizando que dom Cantini, a partir do dia 31 de março de 2007, está afastado da diocese e desejando que isto "inspire serenidade nos fiéis envolvidos em várias situações nos fatos". Evidentemente, não é suficiente para resolver a questão. De fato, em 2 de abril de 2007, Bento XVI recebe no Vaticano o arcebispo de Florença, Ennio Antonelli, e o seu novo auxiliar, Maniago, a fim de resolver o problema iniciando um procedimento canônico. Após um mês, tem-se a sentença: dom Cantini é declarado culpado pelos abusos sexuais, atribuídos a ele de 1973 a 1987, e também "de falso misticismo, de controle e domínio dos sentidos". Fica proibido de confessar e celebrar missa em público, por cinco anos, com a imposição de fazer uma oferta de caridade e recitar, todo dia, o Salmo 51 ou a ladainha de Nossa Senhora. Da história se interessará a transmissão do canal de TV *Annozero*, de 31 de maio de 2007, durante a qual as duas vítimas contarão alguns detalhes dos abusos sofridos pelos meninos.

Em novembro de 2006, chega à conclusão judicial um novo caso de pedofilia relativo a dom Renato Giaccardi, de Magliano Alpi, na província de Cuneo. Estabeleceu-se uma pena de quatro meses de reclusão por atos sexuais referentes a uns quarenta menores. No meio-tempo, vem à luz também o caso de Rita Milla. Violentada sexualmente durante anos na diocese de Los Angeles, por sete sacerdotes, desde os 16 anos de idade, Rita Milla tem 47 anos e é mãe de uma filha, fruto daquela violência. Sabe-se que um dos sacerdotes havia tentado convencê-la a abortar, dando-lhe dinheiro para ir às Filipinas, onde poderia interromper a gravidez. O primeiro sacerdote que a violentou era um certo Santiago Tamayo, que, na hora da morte, em 1999, forneceu à polícia as provas da violência perpetrada pelos outros sacerdotes. Sobre essa base, o tribunal da Califórnia, em 2003, estabeleceu que o pai da filha de Rita Milla era o sacerdote Valentie Tugade. No processo se chegará a um acordo, sob a incumbência do cardeal Mahony, de quem Milla obterá uma indenização de 500 mil dólares, em 5 de dezembro de 2007.

Em junho do mesmo ano, conclui-se outro caso judiciário de pedofilia, do qual o protagonista é dom Pierangelo Bertagna, ex-abade da abadia de Farneta, na cidade de Cortona, província de Arezzo. O sacerdote de 44 anos havia sido preso, em 11 de julho de 2005, denunciado por um menino de 13 anos. Dom Bertagna acabou confessando ter abusado, na verdade, de 38 meninos em toda a Itália, ainda antes de entrar para o seminário, quando era membro da associação católica ascética Reconstrutores nas Orações e, posteriormente, na abadia de Farneta, dirigida por ele desde 2003. O bispo de Arezzo suspendeu *a divinis* dom Bertagna, transferindo-o para o ermitério de Valdichiana. O sacerdote, portanto, foi condenado a oito anos de prisão por 16 dos 38 abusos confessados.

Estouram casos de pedofilia em outras partes do mundo. No Alasca, em novembro de 2007, foi anunciado um acordo extrajudicial entre a Companhia de Jesus e 110 supostas vítimas de abusos sexuais, ocorridos entre 1959 e 1986, em 15 aldeias Yupik, referente a uma indenização de 50 milhões de dólares [a maior entre aquelas acordadas pelas ordens religiosas]. As vítimas decidiram denunciar as violências somente após ter vindo a público o caso de Boston, baseando-se também no fato de que um ex-monge beneditino, Patrick Wall, que fora consultor dos advogados nos processos, declarou que a Companhia de Jesus tinha conhecimento das tendências dos sacerdotes acusados, que "já haviam cometido abusos em outros lugares, mas foram deixados livres para agir sem nenhum controle". Os termos do acordo não preveem um reconhecimento de culpa por parte dos jesuítas, mas apenas a indenização de 50 milhões de dólares aos requerentes.

E ainda tem mais. O missionário dom Marco Dessì, acusado por abusos sexuais em três meninos da sua missão na Nicarágua, é condenado a 12 anos de reclusão pelo tribunal de Parma, em 24 de maio de 2007. Além disso, recebe uma multa de 100 mil euros por cada menino violentado, à parte a cifra simbólica de um euro às organizações humanitárias não governamentais, Solidando e Rock no War, que sustentavam as missões e que, uma vez descobertos os abusos, denunciaram o sacerdote.

No início de 2008, tem registro a condenação de uma freira a 11 anos de prisão, por pedofilia. É Norma Giannini, diretora desde 1964 de uma escola católica, perto de Milwaukee. Em Melbourne, na Austrália, se verifica o suicídio de Emma Foster, uma das duas irmãs que sofreram violências do padre Kenin O'Donnell, entre 1988 e 1993. A irmã Katherine tem problemas com álcool e um acidente rodoviário a deixou com danos cerebrais. Os pais, Anthony e Christie Foster, acusam o cardeal George Pell por não ter dado um apoio religioso contra o padre O'Donell, que, por sua vez, morreu na prisão em 1997, e resolvem pedir indenização. Em julho de 2008, no decorrer da Jornada Mundial da Juventude, em Sidney, os pais tentam em vão ser recebidos por Bento XVI, apenas para terem palavras de conforto. O papa se limitará a uma abordagem geral durante o seu discurso, bem apropriado: "Desejo aqui fazer uma pausa para reconhecer a vergonha que todos sentimos a respeito dos abusos sexuais de menores, por parte de alguns sacerdotes ou religiosos desta nação. Na verdade, estou profundamente entristecido pela dor e sofrimento causado às vítimas e asseguro a elas, como seu pastor, que também compartilho os seus sofrimentos".

Em fevereiro de 2008, conclui-se o caso de dom Massimiliano Crocetti, padre de 36 anos, na prisão desde agosto de 2006, sob acusação de tentar violentar sexualmente um rapaz de 15 anos em Oriolo Romano e um de 13 anos em Vetralla. É condenado a quatro anos e quatro meses.

Em 15 de julho, dom Domenico Marcanti é condenado a apenas três anos por violência sexual contra diversos menores da escola do Instituto Don Orione de Alessandria e acabará em prisão domiciliar, numa comunidade de pregação.

A viagem de Bento XVI para Nova York, entre 16 e 21 de abril de 2008, faz renascer a situção imoral na qual vive parte da "santa casta" americana, como aparece nas denúncias entre 2002 e 2007. No centro do novo escândalo está o cardeal Francis George, arcebispo de Chicago e presidente da Conferência Americana dos Bispos católicos. Um sacerdote da sua diocese, padre Daniel McCormack, em agosto de 2005, foi denunciado por abusos sexuais e o *Chicago Law Review Board* pediu a George que suspendesse o sacerdote, mas o cardeal nada fez. Alguns meses depois, a polícia prendeu McCormack por molestar sexualmente três meninos da paróquia, sendo que um dos abusos era "quase diário". Foi condenado a cinco anos. George não comentou o fato, ao mesmo tempo em que tratou de esconder outro sacerdote, Kenneth Martin, acusado de abusos de meninos, fazendo-o morar no palácio arcebispal. Em agosto de 2007, foi publicado um dossiê sobre o padre Nicholas Aguilar Rivera, de uma paróquia de Los Angeles, que abusou de, pelo menos, 26 rapazes. Mas Curry, bispo auxiliar de L.A., para evitar a incriminação, fez o sacerdote fugir para o México, onde, por outro lado, continou a molestar meninos.

O cardeal Roger Mahony, arcebispo de Los Angeles, promotor da indenização às vítimas dos sacerdotes pedófilos confirmados, protegeu o trabalho do seu bispo auxiliar Curry, a respeito do sacerdote Aguilar Rivera. Além disso, viu-se emaranhado no escândalo do frade franciscano Geerald Chumik. Este era procurado por ter molestado meninos no Canadá, de onde havia fugido em 1994, e Mahony o escondeu no palácio arcebispal. Quando a polícia pediu a entrega do padre, Mahony o transferiu para Santa Barbara, no Missouri.

À frente de tudo isso, o que é inevitavelmente difamante para a Igreja Católica, em 15 de abril, Bento XVI encontra as vítimas dos abusos sexuais na capela da Nunciatura de Washington e reza com elas, de mãos dadas. Em 19 de abril, na homilia realizada na catedral de Saint Patrick, convida alguns sacerdotes para "purificação e cura" e exorta os fiéis a se juntarem aos bispos no enfrentamento do problema.

Com a volta do papa a Roma, em maio de 2008, eis um novo escândalo de pedofilia, no lago de Como, até agora abafado. Os fatos aparecem em 2004, protagonizados pelo sacerdote Mauro Stefanoni, pároco de Laglio, em Como. Usou de violência sexual em um ex-paroquiano menor de idade de Ponte Tresa, e além de tudo, deficiente mental. Com base na denúncia de um outro rapaz, inicia-se o processo. O sacerdote repudia toda a acusação, mas, conforme uma reconstituição dos fatos da promotora pública Vittoria Isella, "a fita de vídeo pornográfico encontrada na casa paroquial, a tipologia do filme comprado através da TV por satélite, as páginas da internet navegadas, as salas de *chat* frequentadas, os apelidos usados para fazê-lo e os relacionamentos tidos com o seu ex-paroquiano de Ponte Tresa constituem um quadro perfeito descrito pela vítima". A sentença ocorreu em 29 de maio. O sacerdote foi condenado a oito anos de reclusão e a uma indenização de 180 mil euros, 120 mil ao rapaz e 30 mil a cada um dos genitores.

Mas, um mês depois, estoura outro escândalo de pedofilia, em Roma. Em 30 de junho de 2008, é preso dom Roggero Conti, pároco da Natividade de Santa Maria Santíssima, na via Selva Candida, por abusos sexuais em quatro meninos.

Poucos dias depois, é denunciado um pároco apenas identificado como dom José, espanhol, desde 2005 na paróquia de Nossa Senhora de Fátima, em Aranova, acusado pelo abuso de seis meninos. Mas dom José está "desaparecido" na Espanha e não pode ser preso. Em todo caso, procede-se contra ambos à revelia. Também é chamado à causa monsenhor Gino Reali, vigário do bispo Roger Etchegaray, da diocese de Santa Rufina, da qual os dois sacerdotes estão à frente, por não terem dado importância à carta de denúncia de certos abusos, apresentada pelos pais à diocese. O vigário, ao contrário, afirma ter enviado a dom Conti uma nota de "improbidade", na qual o convidava para "um curso de exercícios espirituais e a uma constante participação no sacramento da Penitência". Mas como podia pensar que fosse o suficiente? Ao invés, haverá o processo e a referente condenação, além da indenização em dinheiro, do qual deverá se ocupar, diretamente, a Santa Sé.

Outros casos de pedofilia se destacam no Brasil, como relata Gabrielle Mira Marq, para a revista *Isto É*, de 15 de agosto de 2008. Em São Paulo, no início de agosto, o sacerdote de 43 anos Félix Barbosa Carreiro é supreendido em flagrante delito na paróquia, em uma orgia com quatro adolescentes. Outro sacerdote de 64 anos, anônimo, teria cometido violência sexual contra um coroinha de 10 anos, que revelou o estupro à avó, com medo de ser preso, conforme lhe havia dito o padre. O seu problema terminará por gerar uma declaração oficial, em outubro, à Congregação para a Educação Católica, com o seu presidente, o cardeal Zenon Grocholewski, declarando a exclusão dos seminários dos candidatos ao sacerdócio com tendências homossexuais, provocando, por outro lado, a reação das associações homossexuais, as quais falarão em discriminação.

Na Itália, outro caso de pedofilia é o do padre Uruegbe Kevin Chukwuka, nigeriano, da paróquia San Giacomo de Acri, na província de Cosenza. É condenado em definitivo, em novembro de 2008, pela Suprema Corte, a dois anos de reclusão, depois da condenação por parte do tribunal de Cosenza e da corte de apelação de Catanzaro, por ter abusado de uma menina de nove anos, durante o catecismo.

O último crime trazido à luz refere-se ao sacerdote Giuseppe Abbiati, ex-pároco de Borgarello, perto de Pavia. É condenado pela Suprema Corte, em junho de 2009, com pena de quatro anos e oito meses de reclusão por abusos de dois irmãos, de 13 e 15 anos, cometidos no oratório, em outubro de 2004.

Uma curiosidade se percebe: o destaque midiático dado à pedofilia dos eclesiásticos em nossos dias teve um reflexo também no mundo dos videogames, mediante a publicação *on-line* de *Operazione Pretofilia*, realizado por Molleindustria e publicado em 23 de junho de 2007. O protagonista do jogo tem o objetivo sarcástico de esconder as intenções sexuais dos padres virtuais em relação aos meninos, para evitar a prisão. A publicação do jogo provocou polêmicas com muita interpelação parlamentar a cargo do deputado Luca Volonté, que pede às instituições a censura do produto em respeito à Lei 38/2006, sobre pedofilia. Molleindustria replicou sublinhando que "a lei pune a reapresentação de imagens virtuais, cuja qualidade de representação", diferente daquela do jogo, "faz parecer como verdadeiras situações não reais" e manteve *on-line* o jogo, mesmo que em versão censurada.

Gula

É um dos sete pecados capitais encontrado entre muitos eclesiásticos em alguns períodos da história da Igreja. Decididamente, é contrastante com a parca vida de Jesus e dos apóstolos que não eram, por certo, dedicados a muita comida, em razão também da pobreza de suas vidas. Tanto que, quando se encontram por duas vezes em situação de carestia, na presença da multidão dos seus seguidores, Jesus precisa recorrer ao milagre. Assim, na primeira vez multiplicou cinco pães e dois peixes, saciando a fome de cinco mil pessoas (Mateus 14, 13-21; Marcos 6, 30-44). Na segunda vez, sete pães e "alguns peixinhos", saciando quatro mil pessoas (Mateus 15, 32-39; Marcos 8, 1-10). A parte o simbolismo dos milagres da Eucaristia, as duas circunstâncias testemunham como Jesus e os apóstolos não tiveram à disposição muita comida para eles mesmos. A indicação de precariedade é, contudo, uma condição do estado de pobreza no qual o grupo havia escolhido viver, como dito no capítulo sobre o pecado da *Avareza* (v.).

Mesmo a respeito de Pedro, o primeiro papa, há uma história referente à comida, fruto da fantasia popular, que o apresenta como um guloso. A história, no seu próprio absurdo, é uma confirmação da escassez de comida de que dispunham Jesus e os apóstolos. Eles eram, predominantemente, pescadores e não caçadores, como a história ao invés pressupõe. Acontece que Jesus, um dia, preparou pessoalmente um cordeiro assado e, fatiando-o em 13 pedaços para dá-los aos apóstolos, deu por falta dos miúdos, a parte mais apetitosa. Pergunta quem os pegou e ninguém responde; Jesus então distribui 12 porções fatiadas e Pedro, o guloso, pergunta de quem seria a décima terceira; e Jesus lhe responde, sorrindo: "De quem roubou os miúdos!". Naturalmente, tudo acaba com o perdão de Jesus. Todavia, é significativo que a tradição popular atribua já ao primeiro papa o vício da gula, quase antecipando o modo como esse pecado manchará muitos eclesiásticos em alguns períodos da história.

Os episódios lembrados se referem a alguns papas e cardeais que ficaram famosos pela gulodice, por terem mordomos, chefs e sommeliers e por organizarem lautos banquetes no palácio apostólico. Por si só, pelo prazer de comer frequentemente acompanhado dos eclesiásticos, não podemos deixar de suscitar um juízo negativo da declaração de Inocêncio XI [1676-1689]: "Não é pecado comer e beber até saciar o próprio prazer".

Mordomo, chef e sommelier a serviço da gula no Vaticano

Até o fim da Idade Média, significativa da gula dos papas é a presença na corte do mordomo ou dapífero, chamado pelo termo em latim *praegustator*, do chef e do sommelier. O mordomo supervisiona até as iguarias. Leva a comida à mesa e serve, ajudado nesse encargo por outros garçons sob suas ordens. O último dapífero do Vaticano foi o comendador Giulio Sterbini, no pontificado de Leão XIII, que em 1903 é aposentado, pois Pio X extingue esse ofício servil.

O chef é considerado o autêntico intérprete da gulodice dos papas e cardeais, substituído, no século XX, pelas monjas, tendencialmente inclinadas a impor uma cozinha leve. O primeiro chef que se destaca pela alta qualidade gastronômica dos seus preparos, autor de um livro com 74 receitas, é o alemão Giovanni Bockenheym, chef de Martinho V. O seu *Registro de Cozinha* articula as receitas em função dos convidados à mesa do papa. Vai da sopa para rei, barões e príncipes, ao caldo de galinha aromatizado com especiarias, acompanhando faisões e pombos à torta de carne de porco decorada com ouro e prata, até bacalhau com cebolas e açafrão para sérvios e húngaros em peregrinação a Roma.

O mais famoso chef, porém, é Bartolomeo Scappi, também autor de um livro de receitas, *Da Arte de Cozinhar*, publicado em 1570. Está a serviço do cardeal bolonhês Lorenzo Campeggi, que lhe confia, em 1536, a realização de um suntuoso banquete em Roma, em homenagem a Carlos V, no qual foram servidos 780 pratos! A partir de 1539, passa a servir o cardeal Carpi e adquire grande fama junto a todo o cardinalato, durante o conclave realizado de 29 de novembro de 1549 a 7 de fevereiro de 1550, do qual sai eleito Júlio III que, naturalmente, o toma para chef da corte. Tal função coexiste também com o sucessor, papa Pio IV, do qual sobressai a gula por pudins, tortas e coxas de rãs, fritas com alho e salsa. Também a serviço de São Pio V, do qual se define "chef secreto" porque realmente não se deve pensar que papa Ghislieri fosse guloso, embora tivesse necessidade de comidas delicadas. Outro banquete famoso é o que celebra o primeiro aniversário da coroação desse papa, ocorrido em 17de janeiro de 1567, no qual, evidentemente, o pontíficie participou somente como figurante.

Mas a serviço do papa estava também o sommelier. O mais acreditado, Sante Lancerio, apreciadíssimo por Paulo III, a quem desaconselhava fortemente o Mangiaguerra de Nápoles — como se lê em *Os Vinhos da Itália, Avaliados pelo Papa Paulo III e por seu Sommelier Sante Lancerio*, de 1549 —, pois "incitava à luxúria", embora o papa Farnese não precisasse de vinho para manifestar os prazeres da carne. Ao contrário, lhe dava para apreciar o Malvasia, com o qual o papa fazia até gargarejo, e o Greco di Somma, que usava até para "banhar os olhos toda manhã e até as partes viris". Contudo, seu vinho preferido era o tinto de Montepulciano, "perfeito tanto no inverno quanto no verão".

Cardeais e papas gulosos

A Idade Média no Vaticano não reserva indicações precisas sobre a gulodice individual de papas e cardeais. Registra-se, porém, até agora a tendência geral de organizar banquetes e, portanto, é evidente que a Igreja e seus representantes amem gozar dos prazeres da gula.

Sobre a fama de Gregório Magno ser um grande bebedor de vinho nos chega apenas vaga notícia, como por exemplo a observação de Belli, em um soneto, de que ele "conhecia todo tipo de vinho". Sobre o santo papa que legou seu nome ao Castel Sant'Angelo, conta-se uma anedota curiosa: que, em 25 de abril de um ano qualquer, foi tomado por um desejo incontrolável de cereja. Os servidores não sabiam como fazer para contentá-lo, uma vez que não era a estação da fruta madura; mas a um deles aparece São Marcos, que abençoa uma árvore que assim se enche logo de cerejas vermelhas e perfumadas. O papa — conta um romano anônimo — "rapidamente comeu tudo". Desde então, no dia de São Marcos, um papa que respeite a tradição, não tanto pela gulodice, degusta uma bela quantidade de cerejas. É provável, portanto, que essa tradição se ligue à antiga festa pagã das *Robigalie*, instituída pelo rei Numa Pompilio, em homenagem à deusa Robiga, festa que se transformou depois no rito das Novenas, perdido por volta da metade do século XX.

Para termos indicações sobre a gulodice de um papa, devemos chegar a Martinho IV [1281-1285] e às suas enguias que, segundo uma lenda, lhe teriam causado a morte por indigestão. Dante, exatamente por essa sua "paixão", o coloca no *Purgatório* [XXIV, 22-24], definindo-o como aquele que

> Esteve em Tours, na igreja exerceu mando
> No desjejum, enguias de Bolsena e vinho barato
> Enchiam-lhe as tripas

Um cronista, Jacopo della Lana, afirma: "entre outras iguarias que ele comia, estava no topo a enguia do lago de Bolsena, e aquela cara afogava até morrer no vinho de Vernaccia, depois assado ele comia e era tão solícito àquela bocona que continuava querendo matar e afogar no seu quarto; e sobre o fato de beber não tinha modos nem medidas; e quando ele estava bem pálido dizia: Oh! Santo Deus, quanto estamos sofrendo pela Santa Igreja de Deus". Quando da sua morte, também foi escrito um epitáfio burlesco, em latim, que soava mais ou menos assim:

> Alegram-se as enguias
> Porque aqui jaz morto afinal
> Quem as esfolava
> Quase rés de delito capital.

Pio II [1458-1464], antes de ser papa, foi Enea Silvio Piccolomini, personagem do humanismo hedonista, e devemos imaginá-lo com um grupo de amigos, dedicados a folias, jantares, banquetes e orgias, que o levaram a dilapidar, em pouco tempo, 200 mil florins, um valor aproximado a 10 milhões de euros atuais. Daquela gula e luxúria, o papa tem somente desejo insaciável de queijo pecorino, que se fazia chegar a Roma diretamente dos seus pastores de Siena. Logicamente, ele gostava de comer com favas, nozes e peras, regado a vinho Chianti.

Um cardeal emblemático da gula na classe eclesiástica renascentista é, sem dúvida, Giovanni Salviati, nomeado em 1517, pelo tio, Leão X, que, no meio da Quaresma, faz passar por "quaresmal" testículos de frango, legumes, cordeiro e vitelo cozidos na manteiga expressamente para ele.

A gula de Júlio III (1550-1555) está relacionada às cebolas que faz vir diretamente da cidade de Gaeta, mas um prato com o qual ficava louco era o pavão recheado e assado. Uma anedota diz que, um dia, tendo comido somente metade do almoço, ordena que lhe tragam o resto para a janta; à noite, quando descobre que seus garçons o haviam comido, fica enfurecido. A um familiar que lhe diz para não ficar com raiva por causa de metade de um pavão, ele responde: "Se Deus se zangou tanto porque Adão comeu uma maçã, não poderei eu, como seu vigário, inquietar-me com quem comeu o pavão?".

De pantagruélico apetite é imputado Paulo IV que, nas barbas da Contrarreforma e no seu espírito inquisitorial, se empanturra com pratos especiais. Mais que tudo, adora beber vinho com alta graduação alcoólica. "Não há hora determinada para comer nem beber", escreve o embaixador Bernardo Navagero, "porque no inverno, algumas vezes, come às 22, outras, às 17. O mesmo ocorre uma hora no jantar; a princípio sempre comia duas vezes ao dia. Queria ser servido muito delicadamente e no início do seu pontificado 25 pratos era pouco. Bebe muito mais do que come, o vinho é poderoso e forte, escuro e bastante espesso que se podia quase cortar e pede Mangiaguerra, o qual vem do reino de Nápoles. Depois da refeição bebe sempre Malvasia, o que os seus chamam de lavar os dentes... Gasta às vezes três horas do sentar ao levantar-se da mesa".

Dos banquetes se fala do século XVI em diante, assim que a gula de alguns papas e cardeais se desmancha na massa. É preciso chegar até Gregório XVI para se encontrar um papa que come sozinho, capaz então de individualizar as características da gula. Que come sozinho assegura Belli, no célebre soneto *A Cozinha do Papa*, de 1836:

> Com a desculpa de que o cuca é meu compadre
> me deu vontade de ver esta manhã
> a cozinha santíssima. Cozinha?
> Que cozinha! Parece uma alfândega.
>
> Panelas, caldeirões, frigideiras, caldeiras,
> pernil de vitelo e de vaca
> frangos, ovos, leite, peixe, ervas, porcos,
> caça e toda sorte de víveres raros.

Digo: "Saúde a vossa senhoria, senhor Padre Santo".
Disse: "E ainda não viste a despensa
quanta abundância ainda tem".

Digo: "Ah, desculpe, meu filhinho,
mas no almoço com ele há outra eminência?"
"Não", disse, "o papa come sempre sozinho".

E assim, também no soneto *A Adega do Papa*, têm-se uma indicação ainda mais eficaz da voracidade do papa no beber e, sobretudo, o soneto cria "um efeito de maravilhosa descoberta", escreveu Marcello Teodonio, "com aquelas metáforas pérfidas que comparam a adega aos objetos e aos lugares que deveriam caracterizar uma autoridade soberana como o papa":

Enquanto estava olhando a cozinha
pensava como se come lá em cima,
passou o senhor Prospero Cuccaggna
balançando as chaves da cantina

E nós atrás. Que queres ver, Nina,
não acredito, por Deus, praça de Espanha.
E ali Chipre, e ali Orvieto e ali Champagne,
E Málaga, e Genzano, e Granada...

"Maravilha", digo, "que bela biblioteca!
Que belo arquivo de edições e bulas!
Que oratório! Que brava sacristia!

E sem ajuda de alemão nem russo
Pode o papa beber todas essas garrafas?"
Disse: "Entre almoço e missa? Ah, de fácil curso!"

A confirmação do hábito de alguns papas de comer sozinhos vem desde Pio IX, que deixa de herança a sua gula por pão com creme, seu doce favorito, com o qual terminava sempre a refeição, acompanhado, sobretudo, por um copo de Bordeaux tinto.

Entre os papas do século XX, destaca-se a gula de João XXIII, no qual aflora o espírito do camponês que come bastante ao ar livre, do vinho bebido em companhia de alegre e rumoroso bate-papo com as irmãs Poverelle, de Bérgamo. São elas que lhe preparam os pratos, predominantemente à base de verdura e polenta, com farinha proveniente dos campos de Bérgamo, mas não lhe deixam faltar os queijos, do *taleggio* ao *robiola*.

Paulo VI é o último papa amante da boa mesa, também para ele, essencialmente, camponesa, de Bresciano, à base de polenta e andorinha, além de *uccelletti "scapatti"*, ou seja, os enroladinhos de vitelo recheados com presunto cru e queijo parmesão, refogados na manteiga e no vinho branco. Uma gula no fundo nem tão pecaminosa assim.

Os banquetes suntuosos dos papas e cardeais

A partir do Renascimento até o século XVIII, os suntuosos banquetes caracterizam a vida da corte dos papas e cardeais. Durante esses simpósios, dá-se liberdade ao pecado da gula e da luxúria que facilmente se acende, graças à presença das cortesãs.

A respeito das origens devemos nos ater às acusações genéricas de Ammiano Marcellino, relativas à eleição de Damásio, já falada no capítulo sobre a *Avareza* (v.).

O mais antigo banquete organizado por um papa é o que está envolto em uma imagem cenográfica e sacroprofana, em Santa Maria Maggiore, no dia da Páscoa. É Bonifácio VIII a organizá-lo com os cardeais, ao final da missa. Uma reconstituição do ambiente da Última Ceia, com o papa no papel de Jesus, os cardeais naqueles dos apóstolos e o prior da basílica destinado a interpretar a parte de Judas. Eles sentam em volta do altar, coberto por uma toalha branca, comem cordeiro assado acompanhado de verduras, ao som dos coros regidos pelos professores cantores. Se não quisermos falar do pecado da gula, em todo caso o banquete tem muito pouco da sacralidade daquele santo dia e parece até com uma autêntica profanação.

É na corte de Avignon que cardeais e papas enlouquecem em banquetes que prenunciam os do Renascimento. Assim, no banquete do casamento de uma sobrinha de João XXII, Giovanna de Trian, em 22 de novembro de 1324, são consumidos 8 bois, 55 carneiros, 8 porcos, 4 javalis, 22 capões, 690 frangos, 580 perdizes, 270 coelhos, 40 marrecos, 37 patos, 4 grous, 2 faisões, 2 pavões, 292 andorinhas, uma enorme quantidade de peixes, mais de 300 quilos de queijo, 3 mil ovos, 2 mil frutas e 4012 pães. Tudo regado a vinho de Bordeaux. Fora o almoço nupcial, as cifras são indicativas do provisionamento da corte pontifícia de Avignon. Tamanha abundância sobressai também na recepção oferecida, em 1343, pelo cardeal Annibale di Ceccano para Clemente VI. São servidos 27 pratos, em nove fases, intervaladas como uma agradável surpresa aos convidados. Na quarta pausa, é oferecido ao papa um cavalo branco no valor de 400 florins de ouro, um anel de safira e um com topázio de 150 florins, e uma taça no valor de 100 florins. E não é só: aos 16 cardeais e aos 20 prelados presentes é oferecido um anel com pedras preciosas, enquanto para os 12 clérigos da casa pontifícia é dada uma bolsa e um cinto no valor de 25 florins de ouro. A sétima pausa é feita com uma parada militar e, como final, é executado um concerto, acompanhado de sobremesas e danças e a apresentação de uma farsa burlesca.

A gula não tem limites também em ocasiões de caráter religioso. Por exemplo, o Ano Santo de 1423, durante o qual papa Martinho V, graças ao seu prestigioso chef, Giovanni Bockeneym, organiza banquetes para os peregrinos coroados: os saxões e os frísios* são recebidos com almôndegas de carne de porco e ovos cozidos em caldo de galinha; os francos e os anglos são deliciados com sopa de queijo, ovos e pães; tudo regado por vinho calabrês. Um flagrante de como a sacralidade jubilar escorrega, inexoravelmente, no profano.

Grandes banquetes organiza Paulo II, no palácio Venezia, com um efeito pantagruélico, segundo os ditames do tratado de alimentação *De honesta voluptate et valetudine,* de Bartolomeo Platina, que aconselha como aperitivo mel e pera, figos e melões para facilitar a digestão. A refeição oferece cotovias, patos, codornas e papa-figos, cabrito assado, delicado manjar branco e gelatina de frutas e pinhões tostados com mel. A abundância é tanta que as sobras acabam jogadas na rua, em plena praça São Marcos, onde o povo se acotovela para pegar o mais possível. Mesmo se para eles o papa destina, no Carnaval, o pau de sebo, erguido em vários bairros, fazendo com que o povo pegue garrafas de vinho, carne, queijos e doces. Sendo que para o povo não é a gula que os motiva, mas a fome.

---

*Atuais holandeses. (N. do T.)

No alvorecer do Renascimento, são excelentes os banquetes do cardeal Pietro Riario, já citado pelo nepotismo no capítulo sobre o pecado da *Avareza* (v.). Memorável o articulado em seis dias, oferecido do sábado de 5 de junho de 1473, vigília de Pentecostes, à quinta-feira do dia 10, em seu palácio apostólico, na praça Santos Apóstolos, que na época ainda estava em construção. Oferecido a Eleonora de Aragão, filha de Ferdinando I, de Nápoles, em passagem por Roma com destino a Ferrara, onde está indo para se casar com Ercole I. Para o banquete são preparadas duas camas longas com "cinquenta passos de largura", como indicará a própria Eleonora, na carta escrita ao seu pai, em 10 de junho, além de um armário de madeira forrado com um tecido de lã e "bem guarnecido com prataria para todos os agrados previstos", ou seja, os antepastos. Cada dia, o banquete dura seis horas, subdividido em três levas de 42 pratos, com cada fase introduzida por um mordomo a cavalo e uma fileira de valetes, elegantemente vestidos, enquanto são declamados versos latinos ilustrando as comidas. Como antepasto, são servidas salsichas, seguidas de fígado de capão e cabrito macerados com tripas de vitelo e cordeiro, regados a vinho branco seco; capões com manjar e romãs e galetos, regados a vinho da Córsega, acompanhado de vitelos cozidos, novilhos e linguiça; e ainda, cabritos, galetos, capões, cabeças de vitelo com diversos molhos, presuntos, salames e sopa de abóbora. Na metade do almoço chegam os doces com cobertura de açúcar e pinhões confeitados em forma de peixes, para, em seguida, recomeçarem com disposição; e vêm enguias em pasta, esturjão e sopas com molho branco. O encerramento do banquete ainda é com os doces, num desfile de autênticas obras-primas da doceria. A começar por um doce gigantesco, representando os trabalhos de Hércules, seguido por outros em forma de torres e bastões, de uma grossa serpente, dez navios com as armas dos Riario e dos Della Rovere, de um monte escalado por um homem empanturrado pelo banquete, até um Triunfo de Vênus, interpretada por Ciresia, a amante do cardeal. Ela aparece na biga puxada por cisnes, da qual desce um mancebo que declama uma mensagem em enigma mitológico: "Por ordem do pai dos deuses, eu desço aqui para lhes dar uma boa nova: Não invejes o nosso céu pelos olímpicos banquetes, pois na vossa mesa é convidado o próprio Júpiter." Ao mesmo tempo, no fundo da sala, surgem os atores toscanos que representam a luta de Hércules com os centauros, na qual faz parte uma fileira de ninfas, com véus azuis. Assim, na exagerada gulodice se acompanha o luxo sem limites, em um triunfo do profano que sinaliza um afastamento imenso dos ditames da cristandade.

Quem não faz por menos é o tio, Sisto IV, que prepara grandes banquetes baseados, principalmente, em carnes de aves como papa-figos, faisões, perdizes e codornas. Papa Riario inaugura os almoços no pavilhão da caça de Magliana, em 1480, com mesas que permaneceram lendárias, como aquela oferecida ao duque da Saxônia depois de uma caçada com uma cozinha improvisada no gramado. Há carnes de veado e cervo, postas para macerar com ervas e cozidas na brasa, enquanto as aves são presas no espeto com as linguiças. Personagens especiais são os "portadores" dos víveres, que desfilam em um cortejo singular que serpenteia pela cidade. Um cronista relata:

> Os portadores caminhavam a passos lentos, um após o outro, cada um deles levava na cabeça uma só peça com pequena distância, isto é, um barril, uma cesta, uma gaiola, uma caixa e por onde caminhavam mostravam a aparência de todos os víveres. Embora pouco decorosa, por serem os portadores, quase todos, carregadores ou homens de rua, os mais cuidados e bem-vestidos eram os carregadores comuns e garçons do palácio apostólico. Na frente de todos, caminhavam dois escudeiros do papa como guias, sem que levassem coisa alguma. Outros dez iam espalhados por lá e cá da fila dos portadores, como seguranças, para que os objetos não desaparecessem ou portador algum se desviasse, levando para fora as mercadorias e as bacias de prata, todas de meia grandeza. Havia os que falavam dos capões; que a reserva para a minoria era grande e que todos estavam sem ouro. Ao final, levavam as caixas de vinho e depois delas o vitelo, sem que depois seguisse qualquer escudeiro do papa ou outro ministro ou servo do palácio apostólico.

Os banquetes de Alexandre IV estão, antes de mais nada, a encargo da magnífica decoração. Com a utilização de toalhas e vasilhas de prata e ouro, obviamente com pratos especiais como as tortas de capão e de enguias, bem como o molho para os cozidos, com bastante vinho de Málaga e doces que não acabam mais. Contudo, é preciso lembrar que o papa, ao contrário ao que se pensa, é particularmente moderado e se satisfaz observando os outros comerem. Contente em vê-los morder os faisões assados caçados em Magliana e servidos em crânios humanos. É preciso dizer que Alexandre VI instituiu a vigília de Natal, rigorosamente destinada a pratos leves a base de peixe, e impõe o respeito ao rigor quaresmal. Na prática, ele gosta do preparo de certos banquetes em algumas ocasiões orgiásticas, das quais, claro, é guloso.

Com Leão X, o banquete vira o espelho do poder pontifício e a gula do papa está fora de discussão, seja nos almoços suntuosos, no palácio apostólico, seja naqueles de caça em Magliana. Emblemático, porém, é o banquete que acompanha, em 1513, a cerimônia da condecoração da cidadania romana ao irmão do papa, Juliano de Médici, ofertado no Campidoglio, após uma representação teatral. As mesas ornamentadas com valiosas toalhas são preparadas para 600 comensais, no palco do teatro especificamente construído em madeira, com sete lances de degraus, bancos e uma plateia adequada para receber 3 mil pessoas. Teriam comido os restos, segundo uma tradição já desfeita. Destaque da grande orgia alimentar são os guardanapos "de rendas finas e engenhosamente dobrados", para cada um dos convidados, dos quais saem "passarinhos" saltitantes sobre a mesa "com grande prazer de todos". O banquete se articula em 25 degustações, diferentes umas das outras, constituídas por quatro fases cada, entre elas sobressai a XVII:

VIII pratos grandes completos de coelho assado
VIII pratos iguais de leitão assado
VIII pratos com pastéis de marmelo, III para cada prato
VIII conchas douradas, onde estavam em pé os coelhos cozidos e recheados

A crônica desse banquete, que devemos a Paolo Palliolo Farnese, ficou emblemática pela abundância despropositada e realmente pecaminosa que a corte pontifícia colocou à mostra e que aparece também na descrição do armário "amplo, com XII níveis", ou seja, prateleiras, "umas sobre as outras, todas cheias de ouro e prata, de fato, maravilhoso para aquela multidão e pela variedade de vasos de todos os tipos, pela grandeza de boa parte deles, pelo excelente trabalho de fabricação e não menos pelo valor, estimado em mais de 16 mil ducados".

Pio V e Sisto V param com os banquetes suntuosos e é preciso chegar à época barroca para vê-los restabelecidos com Urbano VIII. Em um novo ambiente, como a vila de Castelgandolfo, onde ao menos duas vezes ao ano o papa vai para "purgar-se", termo ambíguo, pois, em efeito, refere-se aos ócios da boa mesa. Então, para o almoço há os antepastos de salame com melão e figos, embebidos com manteiga e ricota; o primeiro prato com arroz com ovos e sopa de espelta*; o segundo prato de cozido e peito de vitela a capões assados com manteiga e *li-*

*Tipo de trigo. (N. do T.)

moncello, para retornar aos cozidos e a "*campereccia*" (vitela recheada com alcachofras). Acompanham a refeição os vinhos dos Castelli e se conclui com tartar genovês e frutas variadas. A janta limita-se, por assim dizer, a dois pratos de carne com salada, seguidos de frango ou pombo assado e, por fim, doce ou fruta. Especial é o pão que o papa exige: é branco e delicado e apelidado, apropriadamente, "papalino".

Vem sinalizado o almoço especial de 12 de outubro de 1625, organizado por Dona Olimpia Aldobrandini, em homenagem ao papa, com a presença de 12 cardeais e numerosos patrícios romanos. Distribuídos em oito mesas decoradas com prataria e cristais. O custo de 2 mil ducados é estratosférico, o equivalente a 200 mil euros! Vale muito a gulodice da corte papal.

O último papa a se dedicar aos banquetes é Pio VI, mas soferá com a insurgência jacobina. Até o fim, promove grandes orgias alimentares na época das procissões, um misto de sacro e profano, com muita festa em honra aos soberanos estrangeiros que visitam Roma, por causa do Ano Santo de 1775. Os banquetes no palácio exaltam os *vincisgrassi* e registram o triunfo da carne entre massa e ragu, regados ao vinho dos Castelli, com deliciosas sobremesas a base de chocolate e café.

Homicídio

Do pecado de homicídio, que se liga ao oitavo mandamento "Não matarás", a Igreja de Roma está manchada desde suas origens, tanto que o Vaticano pode ser qualificado como um covil de assassinos. De homícido se pode falar em relação a papas e cardeais, sendo, alternadamente, vítimas, assassinos e mandantes, com ações sanguinárias que se derramam pelos palácios apostólicos e outros locais do poder de várias cidades e nações, através de uma obra de espionagem realizada pelo tribunal da Inquisição ou por vários tribunais de justiça civil ou por instituições clandestinas temporárias.

Deve-se falar de homicídio a propósito das *sentenças de morte* impostas por motivos civis, mas também religiosos, precedidas de processos ambíguos e por torturas terríveis, frequentemente causando a morte antes mesmo da execução capital. Deve-se falar de homicídio a propósito da *caça às bruxas e aos hereges*, condenados à morte, também seguidos por trágicos erros, como no caso da execução de santa Joana D'Arc.

O homícido em massa se encontra nas *guerras* feitas pelos papas para a conquista, defesa e reconquista do território onde está o Estado Pontifício. Atos bélicos, em nítido contraste com a Paz, se transformam em uma mensagem constante da Igreja de Roma desde o papa Leão XIII ao atual Bento XVI.

O homícido em grande escala se nota nas guerras feitas ao sinal da Cruz, as *cruzadas*, que constituíram uma autêntica mistificação do cristianismo.

Em nome de Cristo e da ortodoxia se contabilizam verdadeiros *massacres* contra judeus, muçulmanos, ortodoxos, cátaros, templários, huguenotes, índios e sérvios. Trata-se de eventos ditados pelo ódio, por um sentimento religioso não autêntico, porque nem um pouco em linha com a fé católica, que prega o amor e a caridade.

Os últimos dois papas reconheceram a culpa da Igreja em relação a esse pecado e invocaram o perdão que, todavia, não cancela o horror desses trágicos eventos históricos. Em especial, no dia 9 de junho de 2006, Bento XVI acenou com poucas palavras sobre as "guerras de religião" e a todo outro uso de força como forma de afirmar a verdade que, ao contrário, "pode ser conseguida somente na liberdade [...] No que diz respeito à Igreja Católica, mesmo da parte dos seus membros e de suas instituições, graves erros foram cometidos no passado, ela os condena e não tem hesitado em pedir perdão. Exige o empenho para a verdade".

Homicídios no Vaticano entre papas e cardeais

No início da Igreja de Roma havia o martírio: morte violenta, provocada por tortura, a que os cristãos, eclesiásticos e fiéis laicos dos primeiros séculos se submetiam como testemunho da própria fé, por conta das perseguições. É o que aparece registrado no Martirológio e no *Calendario Universale della Chiesa*, onde, sobretudo, se faz referência aos bispos e aos tantos que foram considerados "padres da Igreja".

Assim, tradicionalmente, eram tidos como santos os primeiros 54 papas, 31 dos quais mártires. O novo *Calendario Universale della Chiesa* excluiu dois deles, relegando alguns dos outros 52 à liturgia regional e sem que houvesse provas concretas de cultos a eles destinados. Restou entre os santos e mártires o primeiro antipapa, Hipólito (217-235). Paralelamente, foi-se redimensionando o número de mártires, em relação a um Martirológio mais atento aos juízos e menos às lendas. Entre esses mártires pode estar registrado o assassinato de um bispo por motivos não religiosos, Pio I (140-155).

Como escreve Petrai, foi "assassinado por alguém ou por mando de alguém, a quem o seu excessivo rigor incomodava. Ele vivia de pão, água e fruta. Proibiu que as possessões dadas para o divino culto servissem a outros usos. Ameaçou com penas graves os padres que viviam em concubinato. Foi bastante escrupuloso em seu ministério, estabelecendo penas até para aqueles sacerdotes que, na missa, tivessem, por distração, derramado uma gota do cálice. Era um papa muito incômodo e se livraram dele".

Diferente é o discurso de alguns papas em relação à Igreja de Roma, após o Edito de Milão, no ano 313, que não promove mais perseguições e está livre para se organizar. Mesmo quando precisa prestar contas com a lenda, como no caso da morte de Sabiniano [604-606]. Teria sido assassinado pelo espírito de Gregório Magno, seu antecessor, aparecendo em sonho para reprovar a sua recusa em colocar à disposição do povo faminto os celeiros da Igreja. Golpeado na cabeça, "alguns dias depois, Sabiniano respirava em meio a dores terríveis". Naquele estado poderia, na verdade, ser representado por um presbítero. Martinho I, deposto pelo imperador bizantino, Constante II, e exilado em Chersoneso, em 16 de setembro de 655, morre de fome, abandonado pela própria Igreja de Roma. É o que indicam suas cartas, nas quais lamenta que não lhe seja enviado nem mesmo comida. Na prática, fizeram-no morrer por desejarem, no seu lugar, o papa reinante, Eugênio I.

Depois há o período do nepotismo [v.] exercido pelas famílias nobres ou mesmo por seus representantes, no trono papal ou nos lugares de poder da Roma dos séculos IX-XI, que determina na Igreja um clima de lutas marcadas por crimes hediondos.

Assim, João VIII [872-882] seria morto envenenado por um parente, mas, como o veneno tardava a agir, o mataram a golpes de martelo na cabeça. João XII [955-964] teria matado "muitos importantes", como denuncia o Concílio episcopal de Reims, em 991 [v. *Apêndice*]; e depois há os papas vítimas da luta pelo poder. Bento VI [973-974] morre na soturna prisão de Castel Sant'Angelo, enquanto João XIV [983-984] acaba envenenado; o autor desses últimos dois assassinatos teria sido o antipapa Bonifácio VII [974 e 984-985], um autêntico monstro que agia a mando da família dos Crescenzi.

Silvestre II [999-1003], o "papa mago", não teria sido vítima de uma obra diabólica, mas, na verdade, morto pelos Crescenzi que o teriam assassinado no meio de uma cerimônia religiosa em Santa Cruz de Jerusalém. E, ainda, Clemente II [1046-1047], conforme alguns cronistas, teria sido morto envenenado em Pesaro, por ordem de Bento IX, o papa que reinou três vezes entre 1032 e 1048.

Tivemos, felizmente, um período de trégua, que no entanto termina com um papa mandante de um homicídio, Bonifácio VIII [1294-1303], contra Celestino V. Papa Caetani [Bonifácio], chegado ao trono pontifício depois da saída do ex-eremita Pietro Angeleri [Celestino], em 13 de dezembro de 1294, teme que os próprios adversários tragam o velho demissionário para se opor a ele em um cisma. Assim, faz com que seja capturado em 16 de maio de 1295 pelo policial do reino, Guglielmo L'Estendard, após uma frustrada tentativa de fuga para o Oriente. Transfere-o para Cápua e de lá para Anagni, no palácio de propriedade dos Caetani, até que o prende na fortaleza de Fumone, depois de Ferentino. Lá Celestino V morre assassinado em 19 de maio de 1296. Rapidamente, correm as notícias de que fora morto a mando de Bonifácio VIII. A fama de mártir fica, portanto, ligada ao seu nome, como testemunha uma série de representações iconográficas, entre as quais a imagem em relevo esculpida no sino maior da abadia do Espírito Santo, em Sulmona, e um afresco do século XIV no ermitério de Santo Onofre. A igreja o declarou santo, mas não o reconheceu mártir, provavelmente para não manchar a imagem de Bonifácio VIII, o papa do primeiro Ano Santo em 1300.

Depois da maldade de Avignon, nos eventos que trazem a volta da Santa Sé para Roma, se impõe a sinistra figura do cardeal Robert, de Genebra, futuro antipapa Clemente VII, enviado pelo papa Gregório XI, para a Itália, em 1374, à frente de um exército mercenário de bretões, para sanar os tumultos na Romanha. Apesar de coxo e cego, naquela terra realiza ataques brutais, culminando em um massacre em Cesena que lhe vale o apelido de "carrasco de Cesena".

Não lhe fica atrás o papa oficial Urbano VI (1378-1389), que no comando de uma Santa Sé viajante, não se sentindo seguro dentro da área de Roma, vai para Nocera com uma cúria de cardeais não muito fiéis, tanto que acaba prendendo seis deles. Ocorre que depois se muda para Gênova, levando junto os cardeais, os quais acaba por matar.

Durante o pontificado de Sisto IV (1471-1484), seu sobrinho, o cardeal Pietro Riario, morre envenenado, em 15 de janeiro de 1474, como destaca o cerimonialista do Vaticano: "*Anno 1474, die quinta ianuarii, Cardinalis Sancti ex veneno interfectus est*". É uma fala que circula entre os amigos humanistas, dos quais Porcelllino é intérprete de dois versos:

> Não tinha ainda trinta anos a pessoa atormentada
> quando os atrozes venenos esmagaram-lhe a cabeça sagrada.

Stefano Infessura também registrará que "o cardeal de Sancto Sixto foi intoxicado". Mas por que teria sido envenenado? Pelo bem do seu tio, porque Pietro tencionava matá-lo para apossar-se do trono papal, pondo em prática um plano articulado com o duque de Milão. É o que anotará, em 1793, o historiador Luigi Cardella, nas memórias dos cardeais: "A morte não deixou de ter a suspeita de veneno... preparado por pessoas que, não aceitando sofrer com a sua desenfreada ambição, que certamente adviria do seu pontificado, dificultaram tudo em torno dele, inclusive aproximando-se da segurança particular de Sisto, de quem se diz que o cardeal queria de todo jeito se apressar, para alcançar ele próprio o Sumo Pontificado".

Em 26 de abril de 1478 se desenrola na catedral de Florença a trama dos Pazzi, dos quais Sisto IV é o mandante. Durante a missa, celebrada pelo cardeal Raffaele Riario, estoura a conspiração dos irmãos Pazzi, fomentada pelo conde Girolamo Riario, sobrinho do papa. Juliano de Médici é assassinado e seu irmão, Lorenzo, ferido. O arcebispo Francesco Salviati, de acordo com os Pazzi, procura se apoderar do palácio dos magistrados, mas acaba preso pelo povo, junto aos conspiradores e com eles enforcado, enquanto o cardeal Riario é aprisionado. Os florentinos se apoderam também de algumas propriedades pontifícias e o papa lança uma interdição em Florença. Em maio, Sisto IV institui uma liga com o rei de Nápoles e envia um exército contra Florença, sob o comando do duque de Urbino, Federico da Montefeltro, que ataca brutalmente a Toscana. Tudo se conclui em novembro de 1480, com o papa, que se reconcilia com Florença, retirando a interdição e obtendo a liberação do cardeal Raffaele Riario.

Entre o fim do século XV e o início do XVI, na corte de Alexandre VI, enlouquecem os delitos dos Bórgia. De outro lado, está historicamente comprovado que, no primeiro andar do palácio apostólico (sobre o qual v. também o capítulo da *Soberba*, em referência ao luxo do ambiente), pertence à ordem do dia predispor deliberadamente a morte de um cardeal ou mesmo de um nobre ou de uma personalidade política. Temos desde a *cantarella*, um pó à base de arsênico e vísceras putrefatas ao veneno com azeite e ingredientes misteriosos que causam infecções mortais. Não bastasse o veneno, estão prontos a intervir eficazes assassinos com lâminas afiadas ou varas de madeira com alças para estrangular. Dessa forma, esse apartamento resulta em um verdadeiro "covil de assassinos". A começar pelo fraticídio do cardeal César Bórgia, que, na tarde de 14 de junho de 1497, junto ao irmão, João, duque de Gândia, vai almoçar com a mãe, Vanozza, na "mansão campestre", em Esquilino. Em seguida, sai com os servos "noite adentro" para depois voltar ao Vaticano, como relata Burcardo. Quando passam por Ripetta, João deixa o irmão, dando a entender que tem um encontro com uma mulher e se distancia com um dos servos. Este contará que, chegando à praça Giudea, João lhe disse para esperá-lo até a meia-noite e que, se até lá não retornasse, poderia voltar para o Vaticano. No dia seguinte, ao meio-dia, não tendo o duque ainda voltado para casa, é dado o alarme. Vão à sua procura e rapidamente encontram seu cadáver, que emerge das águas do Tibre, na praia Schiavonia, na altura de Ripetta, crivado de golpes de punhal. É uma dor sem palavras para o papa; veem-no chorar, pedir vingança, gritar entre uma sala a outra do apartamento apostólico, maldizendo os assassinos. O corpo é exposto na Sala de Apolo, no Castelo Sant'Angelo e, durante a cerimônia fúnebre, um raio derruba a estátua do Anjo do Castelo, incidente considerado um sinal de mau agouro. Alexandre ordena uma investigação, que será longa, mas que não vai dar em nada. Os autores do homicídio continuam desconhecidos. Todavia, se espalha o rumor de que tenha sido o cardeal César a matá-lo, obrigando, naturalmente, aos servos inventarem toda a história do encontro com uma mulher e a espera em vão até a meia-noite, na praça Giudea.

César Bórgia cumpre pelo menos outra ação como assassino, ainda no palácio apostólico, antes de abandonar o hábito. Nos primeiros dias de fevereiro de 1498, Lucrécia dá à luz um menino. É o desconhecido *infans romanus* que o próprio papa reconhecerá como filho natural de César, com a bula *Illegitime genitus*, em 1º de setembro de 1501, mas, ao mesmo tempo, como seu filho, em outra bula, *Spes futurae,* do mesmo dia. Bulas essas que em todo caso autenticam, entre outras, as relações incestuosas do papa ou de César que, no entanto, inicialmente são ocultadas, chamando em causa do menino o camareiro secreto pontifício Pedro Calderón. Lucrécia, em dezembro de 1497, teve a anulação do seu casamento com Giovanni Sforza, que reconheceu não ter consumado as núpcias, razão pela qual a esposa continuava pura. Contudo, quem é então o pai do recém-nascido? Rapidamente é dito, outro não é senão o camareiro secreto Pedro Calderón, chamado Perotto, seu amante há pelo menos um ano. É uma pessoa de classe baixa, para quem seria uma honra se dizer o pai do netinho do papa. Assim, César entende oportuno eliminá-lo. Em 14 de fevereiro, o cardeal encontra o jovem nos corredores do apartamento apostólico, desembainha sua espada e pede explicações. Pedro se dá conta de que é inútil responder e escapa, perseguido de uma sala a outra. Ambos terminam na Sala do Trono e lá, mesmo com o papa estendendo a barra do seu manto para proteger o camareiro, Perotto é ferido com tanta violência que o sangue esguicha no rosto de Alexandre. Não morre; é levado para outra sala a fim de ser medicado, mas é atingido pelo punhal de Micheletto, um matador de César. O seu cadáver virá alçado do Tibre, mãos e pés amarrados, junto ao de uma daminha de Lucrécia, Pantasilea, testemunha perigosa do desafortunado amor e que, por causa disso, foi calada para sempre.

Vítima de Alexandre VI é o cardeal Giovan Battista Orsini, em coligação com um massacre realizado por César Bórgia, depois da conquista da Senigallia, na qual são mortos Paolo e Francesco Orsini, além de outros capitães das milícias bórgias, impedindo uma revolta deles. Como relata Burcardo, o papa manda prender o cardeal, em 3 de janeiro de 1403, quando este se apresenta para cumprimentá-lo pelas conquistas de César. No dia seguinte, todas as terras ao redor de Roma, de propriedade do cardeal, são requisitadas, mas isso não é o suficiente para libertá-lo. Também a mãe é impedida de levar-lhe comida e bebida. O papa deixa claro que ainda quer "dois mil ducados levados a ele por um de seus parentes e oriundos da venda de uma de suas propriedades; além de uma grossa pérola, no valor de outros dois mil ducados". Então, a mãe do cardeal "dá ao papa dois mil francos, enquanto a concubina do cardeal, dona da pérola, vai pessoalmente entregá-la ao papa. Este, recebendo o que queria, autoriza-a a levar o que comer e beber ao cardeal". No entanto, dá-se o caso que o cardeal, nesse meio-tempo, "bebeu de um cálice especialmente preparado pelo papa", claramente envenenado, causando-lhe a morte.

Também em relação à morte de Alexandre VI fala-se em assassinato. Papa Bórgia teria sido vítima da *cantarella,* em um banquete, bebendo por engano um copo destinado ao cardeal Adriano Castellesi, de Corneto, seu anfitrião, em uma vila, em Janículo. Em todo caso, a morte ocorre três dias depois daquele banquete, em 18 de agosto de 1503, no apartamento pontifício e a causa é indicada como malária.

Durante o pontificado de Leão X, em 1517, é esmagada uma conspiração contra o papa, no Vaticano. Em 21 de abril, é preso em Florença o cirurgião Battista, de Vercelli, acusado de tramar contra o pontífice, como médico. Em 19 de maio, são presos os cardeais Alfonso Petrucci e Bandinello Sauli, sob acusação de conspirarem contra a vida do papa; dez dias depois é a vez do cardeal Raffaele Riario. Em 8 de junho, durante o consistório, são presos outros dois cardeais como participantes da conspiração, Francesco Soderini e Adriano Castellesi. Leão X os perdoa com o pagamento de 12,5 mil ducados, mas os afasta de Roma. Em 22 de junho, o cardeal Petrucci é condenado à morte e estrangulado no Castelo Sant'Angelo. O cardeal Raffaele Riario se salva graças ao pagamento, à Câmara Apostólica, de 50 mil ducados, e a cessão do próprio palácio, que passará a ser a sede da Chancelaria e o seu retiro em Nápoles. O cardeal Sauli paga uma fiança e é posto em liberdade. Acontece, porém, que os dois cardeais morrem, em seguida, envenenados: Sauli, um ano depois, e Riario, em 19 de julho de 1521. Sobre as duas mortes há a suspeita da *longa manus* de Leão X.

Pelas calúnias perversas, é dito também que por envenenamento morreu Clemente XIV (1769-1774), por obra dos jesuítas, ordem que esteve dissolvida por um breve objetivo papal.

Mas há uns mistérios até os nossos dias, como a suspeita sobre a morte de dois papas, envolvendo personalidades do Vaticano não identificadas. Pio XI teria sido assassinado em 10 de fevereiro de 1939, por ordem de Benito Mussolini, temendo ser excomungado e perder a confiança aos olhos do povo. O autor do delito, mediante uma injeção de veneno, realizada na presença dos prelados do Vaticano, teria sido o professor Francesco Petacci, pai de Claretta, amante do *Duce*. A revelação vem das memórias do cardeal Tisserant, em um artigo publicado pela *Paris Match*, em maio de 1972.

Uma teoria de conspiração também recai sobre a morte de João Paulo I, passada entre 23 e 28 de setembro de 1978. Acontece enquanto lia *A Imitação de Cristo*, "por infarto agudo do miocárdio", segundo a certidão de óbito do doutor Renato Buzzonetti, diretor dos Serviços Sanitários do Vaticano. Chega à agência ANSA, assim como para alguns jornais, uma notícia: papa Luciani não morreu lendo a *A Imitação de Cristo,* mas um explosivo dossiê, e não é certa a causa da sua morte, tanto que, provavelmente, se exigirá uma autópsia para ver se foi envenenado.

Impõe-se um esclarecimento. Monsenhor Romeo Panciroli, diretor da imprensa do Vaticano, responde às perguntas dos jornalistas em uma coletiva à imprensa. Estabelece, na hora, os termos da situação sem dramatizar: padre John Magee, que descobriu o cadáver, irmã Vincenza e as outras freiras responsáveis pelos serviços do pontífice e o secretário particular de João Paulo I, Diego Lorenzi, estão indisponíveis. O apartamento papal foi fechado pelo camerlengo.

O colégio dos cardeais presentes em Roma, em reunião especial, decide fazer examinar o corpo do papa por uma junta de três médicos, a fim de estabelecer "a oportunidade da autópsia de um ponto de vista médico". O relatório, que chegou ao cardeal Jean Villot, em 2 de outubro, julga válido o diagnóstico do doutor Buzzonetti, mas um dos três médicos aconselha efetuar a autópsia. Os cardeais, novamente reunidos, descartam com grande maioria a necropsia, mantendo como certo o atestado de óbito por infarto. Em última análise, arquivam o "caso", autorizando o funeral. Mas as insinuações não são soterradas com o corpo do papa. As hipóteses sobre o suspeito fim de Albino Luciani se fazem mais coerentes em certos meios da opinião pública. Para alguns, é queima de arquivo, sob a ordem dos jesuítas.

Depois, dois livros são publicados. *La Vrai Mort de Jean-Paul I*, de Jean-Jacques Thierry, que, em 17 cartas atribuídas a um cardeal fantasma, Wolkonsky, expõe as suas suspeitas sobre o fim do papa; e *In God's Name*, de David Yallop, lançado com grande campanha publicitária, ao mesmo tempo, em diversos idiomas. Nesse livro, a morte de João Paulo I é apresentada como um assassinato, por um complô conduzido pelo cardeal Villot e por monsenhor Marcinkus, com a cumplicidade de Roberto Calvi e os responsáveis da loja P2. O jornalista inglês afirma que era intenção do papa Luciani substituir Villot por Giovanni Belli e afastar das finanças vaticanas Marcinkus e a sua panelinha, tendo-os como indivíduos incapazes e corruptos. Por isso, essas mesmas pessoas o teriam matado, evitando assim as suas próprias eliminações ou o afastamento dos postos de poder. Teriam feito uso da digitális, com efeitos tóxicos sobre o coração do papa que, já fraco, não teria resistido.

Tortura e pena de morte na justiça civil do Vaticano

A pena de morte está em vigor no Estado da Igreja, não diferentemente do resto da Itália e da Europa, desde o fim da Idade Média e é imposta aos homicidas e aos ladrões, bem como aos cidadãos subversivos e revolucionários, embora também para penas menores como furto, falsificação de dinheiro e escritura de *pasquinatas*. Trata-se de assassinato de Estado. A pena de morte está prevista, como pena extrema, até por um "beijo em público em uma mulher honesta": "Quem violentamente beijar e tentar beijar em público alguma mulher honesta, ainda que não chegue às vias de fato, mas apenas com a proximidade do ato de abraçar o outro, cai na pena da prisão perpétua, podendo se estender, segundo a vontade de Sua Excelência, também àquela da vida e ao confisco dos bens". Por outro lado, se um condenado à morte morre em cárcere antes da execução, a senteça é promulgada mesmo para o cadáver, na própria prisão. Ao doente é concedida medicação para curá-lo de modo que possa receber a pena. É o caso do abade Filippo Rivarola, culpado por ter escrito *pasquinatas* contra o papa Clemente XI. Os tormentos da tortura lhe causam duas grangrenas e, no dia da execução, encontra-se agonizante. É conduzido em maca ao cadafalso e o papa ordena ao seu camareiro secreto "que fosse curado de qualquer forma, para reavê-lo e, imediatamente, se executasse a justiça". Assim ocorre em 4 de agosto de 1708, na praça da Ponte Sant'Angelo.

Os sistemas de execução capital são o enforcamento, a decaptação, o esquartejamento e a fogueira, até que triunfa a guilhotina. Responsável pelas execuções está o "mestre de Justiça", isto é, o carrasco. Particularmente, macabro é o esquartejamento, como descreve o médico Ottorino Montenovesi: "a vítima era vendada e seus pés e mãos atados por trás do corpo; depois, o carrasco a golpeava com uma marreta de ferro na têmpora direita; cortava-lhe a carótida com uma faca; abria o peito e por fim amputava os braços e as pernas". Emblemático o comentário de Montenovesi para evidenciar o aspecto desumano: "Em Roma, os avicultores ainda usam com os frangos o mesmo procedimento; atordoam-lhes com um martelo de madeira e os esganam."

Existe, antes da pena de morte, a tortura como um ensaio de agonia, com uma série de sistemas aos quais são adeptos os torturadores. Os mais difundidos são a roda, o cavalete, os ferros quentes, a corda e o piche derretido. Singular o suplício da sede "imposto mediante comidas excessivamente salgadas e intensificado pelo suplício da visão de abundantes jatos d'água, límpida, negada ao paciente", além da "aplicação, sobre o umbigo, de ratos esfomeados ou outros insetos aprisionados dentro de uma redoma de vidro". Assim, em uma espécie de crônica judicial e médica de Ottorino Montenovesi, dedicada ao processo dos Cenci, é descrita a tortura pela corda, "tormento que consistia em manter suspensa uma pessoa do chão, erguendo-a por trás, pelas mãos, as quais vinham sustentando o peso de todo o corpo, de modo que os braços se deslocavam".

Pode até parecer irônico, mas é fato que os condenados à morte eram acompanhados ao suplício pelos consoladores da fraternidade da Misericórdia. Personagens lúgubres que tinham a tarefa de convencer o rei a se arrepender para a salvação da alma, vestiam um saco negro com uma bacia pintada onde se via a cabeça de João Batista, protetor da confraria. Os consoladores acompanham o condenado até o cadafalso, entre orações e ladainhas, fazendo-o beijar mil vezes uma tábua na qual está representada a crucificação.

A pena de morte por questões políticas teve sua máxima afirmação no século XIX, com a difusão das ideias liberais e as insurreições dos carbonários. Famosa foi a condenção dos carbonários Angelo Targhini e Leonida Montanari, guilhotinados na praça Del Popolo, em Roma, em 23 de novembro de 1825. São lembrados por uma lápide colocada em 2 de junho de 1909, na fachada da atual caserna Giacomo Acqua, com a indicação de que a pena foi "ordenada pelo papa / sem provas e sem defesa", onde as palavras "pelo papa" foram depois apagadas com reboco, por ordem da prefeitura, mas reaparecem em seguida a uma limpeza da fachada.

Contudo, a alma negra dos carbonários é o cardeal Agostino Rivarola, legado extraordinário com poderes ilimitados, na Romanha. Ordena ataques em massa, em 31 de agosto de 1825, emitindo, pessoalmente, uma sentença contra 508 acusados, ficando emblemático como uma desumanidade da justiça pontifícia, mesmo se as penas de morte não são executadas, como relata o historiador Giorgio Candeloro: "Sete foram condenados à pena capital (comutada para todos em prisão perpétua), 13 aos trabalhos forçados, seis à prisão perpétua, dois ao exílio, 94 a trabalhos forçados ou à prisão por diversas durações, 386 à vigilância e ao 'preceito político', isto é, sujeitar-se a uma rigorosa vigilâcia policial e a uma série de proibições e de obrigações, particularmente vexatórias, como não sair da própria cidade, de se confessar uma vez ao mês, de fazer todo ano os retiros espirituais por três dias em um convento." Trata-se, na prática, de uma pena de morte restando-se vivo.

Dá-se o caso que, no ano seguinte, Rivarola escapa de um atentado e o papa Leão X o chama de volta a Roma. Ele é substituído por monsenhor Filippo Invernizzi, que instrui um processo por atentado. Isso se conclui em 1828 com cinco condenações à morte; quatro são executadas e uma, felizmente, é comutada em prisão perpétua.

As últimas penas de morte aconteceram em Roma, em 1868, e preocupavam os organizadores da insurreição de 22 de outubro de 1867, que deveriam coligar-se aos garibaldinos comandados pelos irmãos Cairoli, em Villa Glori, no dia seguinte, mas foram sufocados pelos guardas pontifícios. Em 24 de novembro são decapitados na via Dei Cerchi Giuseppe Monti e Gaetano Tognetti, pelos quais, em vão, o rei Vittorio Emanuele II pediu o perdão. Em 10 de dezembro, sempre na via Dei Cerchi, são decapitados Giulio Ajani e Pietro Luzzi.

A pena de morte foi abolida por Paulo VI, em 21 de junho de 1967, mas o artigo da lei da Cidade do Vaticano, que a contemplava, estabelecido pela lei complementar de 7 de junho de 1929, em consequência dos Pactos Lateranenses, foi cancelada somente em 22 de fevereiro de 2002, por João Paulo II. Ficou em vigor a classificação das leis que fazem parte de um tribunal destinado, exclusivamente, às controvérsias de caráter administrativo e furtos, bem como à violação das leis eclesiásticas. Tem sede no Palácio do Tribunal, construído em 1636, por Urbano VIII, que, originalmente, havia sido destinado como seminário dos sacerdotes destinados a celebrar missa na basílica de São Pedro. Todavia, Pio XI, em 1929, fez construir, ao lado do tribunal, um espaço para ser utilizado como prisão, que acabou por ser usado para outras finalidades e escondido da vista dos curiosos. Em todo caso, em eventuais prisões, executadas pela Guarda, a caserna seria usada.

Tortura e pena de morte de bruxas e hereges

A caça aos hereges, por parte da Igreja de Roma, teve início com uma série de regras formuladas por Lúcio III, em 1184, e renovadas por Inocêncio III, em ocasião da cruzada contra os cátaros (v.). Naquela trilha, nascem, em 1232, com a bula *Ille humani gentis*, de Gregório IX, os tribunais em forma de concílio episcopal, que operam episodicamente sobre pessoas tidas como hereges. Nesse tribunal, está presente o inquisidor que tem competência mesmo fora da diocese e tem como objeto a *haeretica pravitas*, na qual, em última análise, entra a heresia, ou seja, tudo o que for dito contra a Verdade de Cristo, mediada pela Igreja. Se, em 1235, os dominicanos transformam a ordem proposta a certos tribunais, dez anos depois são admitidos também os frades franciscanos. Em 1326, em relação a um processo referente a casos de magia de um tal Enguerrand de Marigny, João XII promulga a bula *Super illius specula*, na qual as bruxarias são equiparadas à heresia e submetidas à competência repressiva dos inquisidores, confiando aos franciscanos a pregação contra a bruxaria. Assim, o franciscano Bernardino de Siena, entre 1405 e 1430, denuncia, com suas pregações, na Itália setentrional e central, sortilégios e superstições feitas por bruxas capazes de se transformar em animais e voar como demônios. Martinho V, em 1427, o faz pregar em Roma e o frade chega a queimar, no Campidoglio, em 25 de junho, os emblemas de luxo e de bruxaria, enquanto segura e estende, para a multidão beijar, uma tabuleta de madeira com a inscrição do ideograma de Cristo, IHS, em um halo solar.

Atrás dele, trabalham numerosos pregadores-denunciadores, em uma autêntica "caça às bruxas", as quais terminam na fogueira, depois de sofrerem tortura. Até que se chega a uma legislação redigida por dois inquisidores dominicanos, Heinrich Kramer Institor e Jakob Sprenger, sob responsabilidade de Inocêncio VIII. É o *Malleus maleficarum*, ou seja, o *Martelo das Maléficas*, referindo-se às bruxas, publicado em 1487, que trata dos malefícios diabólicos. O livro será publicado umas 34 vezes, até 1669, constituindo um verdadeiro *best seller* com suas 35 mil cópias, tiragem excepcional para aqueles tempos. O livro se baseia em uma série de processos contra bruxas, magas e feiticeiras, diante de vários tibunais da Inquisição. Marcados por bulas papais que inspiram as leis de violência cruel e, sobretudo, tendo em vista a condenação à fogueira.

É prevista a tortura para que a bruxa ou o herege se reconheça culpado e abjure publicamente se quiser salvar a alma no além. Os tribunais inquisitoriais assumem características sempre mais difamatórias na Espanha, já com os soberanos Fernando e Isabel, sendo utilizados no extermínio de muçulmanos e judeus, assim como na América contra os índios (v.). Tudo sem que tenha sido definido por Roma, onde se torna imperativa a sua instituição depois do Concílio de Trento, identificando a Itália como centro da Contrarreforma. É então que se percebe a necessidade de uma Inquisição que lance, da sede pontifícia, as mensagens de condenação contra os reformistas alemães e separatistas anglicanos e huguenotes. Faz-se intérprete Paulo III, que, com a bula *Licet ab initio*, de 21 de julho de 1542, institui a Santa Romana Inquisição do Santo Ofício, que supervisiona a bruxaria e a heresia, unficando leis e penas, ordenando que processos e sentenças tenham um arquivo especial. Por outro lado, a reconstrução dos processos resultará mais árdua, se não impossível, pelo simples fato de que todos os documentos foram queimados pelos próprios inquisidores. O motivo o revela o cardeal Pompeo Arrigone, em uma carta de 18 de fevereiro de 1612, aos inquisidores de Bolonha, na qual ele pede atenção para, "ao formular a sentença, não mencionar os modos de feitiços e magias, abusos dos sacramentos, coisas sagradas e sacramentais, para que, dessa forma, aqueles que estejam presentes na abjuração não tenham condições de aprendê-los". Mas é igualmente possível evocar os dois mais famosos acontecimentos entre 1593 e 1633, os de Giordano Bruno e Galileu Galilei (e para esse último v. o capítulo dedicado ao pecado da *Soberba*).

O dominicano Giordano Bruno, defensor do "livre pensamento", é aprisionado no palácio do Santo Ofício, onde sofre um processo durante sete anos, com bastante tortura. As suas obras são julgadas contrárias à ortodoxia católica e censuradas. Para se salvar da morte, teria que renegá-las. Não o fará e, em 17 de fevereiro de 1600, em pleno Ano Santo, é queimado vivo no Campo dei Fiori.

A pena de morte da santa Joana D'Arc

A época é aquela da Guerra dos Cem Anos (1339-1453) entre França e Inglaterra, com a guerra civil entre os Armagnacs, partidários de Carlos VII, da França, e os borguinhões, aliados dos ingleses, com a Normandia em mãos dos ingleses, após a batalha de Azincourt, em 1415. Em 1428, a situação se faz deseperadora para o rei da França, com os ingleses assediando Orleans. No fim daquele ano, uma moça de nome Joana D'Arc, pastora de Domremy, na região de Barrois, começa a ouvir, como ela dirá, as "vozes" de santa Margarida de Antioquia e Catarina de Alexandria. Dizem "*la pitié qui estoit en royaume de France*" e revelam a vontade de Deus de que ela pegue em armas e guie o exército francês contra os ingleses. Em fevereiro de 1429, Joana, que faz votos a Deus da sua virgindade, parte de casa para falar sobre as "vozes" a Carlos VII, que se encontrava entre Bourges e Chinon. O soberano a recebe com desconfiança e a submete a um interrogatório pelos teólogos de Poitiers, que dão um julgamento positivo sobre ela. Eis que agora, vestida com uma armadura branca, um estandarte e uma espada, que jamais usará, guia sobre um cavalo o exército, mas sem um comando militar, desejosa apenas de exortar os soldados a liberar Orleans da ocupação. A ação acontece em 8 de maio, e continua com a captura de Jargeau, em 12 de junho, e a vitória de Patay, em 18 de junho, concluindo-se com a cavalgada do "sagrado", entre os habitantes que passam da forçada devoção aos ingleses à exaltação da "pastorinha". Tudo culmina na coroação de Carlos VII, em Reims, em julho.

Na primavera de 1430, a audácia de Joana quer ir além e libertar o norte dos borguinhões. O rei e a corte a abandonam com apenas 200 aventureiros italianos, comandados por um certo Beretta. A expedição começa na manhã de 23 de maio, mas, à noite, Joana, durante um reconhecimento, cai nas mãos dos borguinhões, que temem uma ação militar por parte de Carlos VII para libertá-la, mas o soberano não tem esses planos. Ocorre que os borguinhões terminam por vender Joana aos ingleses, em 24 de outubro, por 10 mil escudos de ouro. Os ingleses entendem que a coisa mais oportuna a fazer seja desacreditar a sua pessoa como iluminada por Deus. Convocam, portanto, em Ruão, uma assembleia com mais de cem eclesiásticos, todos de Paris, para que a julguem como herege por aquelas "vozes", pelas quais declara ter sido inspirada.

O tribunal, presidido pelo bispo de Beauvais, Pierre Cauchon, registra a presença do vice-inquisidor da França e, portanto, assume as vestes de um tribunal da inquisição. O processo começa em 9 de janeiro de 1431 e dura cinco meses, com Joana presa em uma gaiola de ferro, com mãos, pés e pescoço amarrados com pesadas correntes. Ela não renega as suas "vozes" e continua em roupas masculinas, coisa proibida pelo direito canônico. É então acusada de impostora, com sinais de bruxaria, e de não se submeter à Igreja. Por outro lado, seu apelo ao papa não foi enviado. Então, Joana, diante das queixas apresentadas, chega a abjurar o seu comportamento em uma sessão comovente do tribunal, no cemitério de Saint-Ouen. Mas se recupera e nega a abjuração quando já é muito tarde, pois a pena chega com a execução imediata, em 30 de maio. Joana é queimada na fogueira na praça do mercado de Ruão, como herege reincidente e bruxa.

Vinte anos depois, em 1451, o processo de Joana é posto sob investigação em Roma. Reconhece-se a ilegitimidade e o papa Calisto III autoriza um novo processo, em Ruão, concluído em 7 de julho de 1456. Joana é declarada inocente e o bispo Pierre Cauchon sofre a excomunhão como herege. É o reconhecimento de um verdadeiro pecado de homicídio realizado pela Igreja. Quatro séculos mais tarde, em 1869, através do bispo de Orleans, envia-se uma petição para a canonização da Donzela. A petição é acolhida pelo papa Leão XIII, que dá início ao processo de beatificação. Joana é beatificada em 18 de abril de 1909, por Pio X, e proclamada santa por Bento XV, em 6 de maio de 1920. Joana é inserida entre os santos patronos da França e é venerada como padroeira dos mártires e dos perseguidos religiosos, das vítimas de estupro, das voluntárias do pronto-socorro, das forças armadas femininas e dos soldados. A sua memória litúrgica ocorre em 30 de maio.

As guerras pontifícias para a conquista e a defesa do Estado

À parte os confrontos militares dentro de Roma e as esporádicas batalhas sustentadas com o apoio militar de generais bizantinos, imperadores ou cidadãos no papel de generais, o homicídio em massa que a guerra provocava era incentivado pelos papas, como autênticos "guerreiros". Em alguns períodos da história da Igreja de Roma, eram exaltados como símbolos da santidade, pois combatiam em nome da Igreja, defendendo a reconquista do Estado. Assim, enquanto Leão IV (847-855) promove uma liga com as cidades costeiras de Nápoles, Amalfi e Gaeta, sendo somente um espectador da batalha que no verão de 849 derrota os sarracenos na entrada do porto de Óstia, João VIII (872-882) repele pessoalmente os sarracenos no cabo de Circeo, capturando 18 navios e liberando 600 escravos cristãos. E ainda, João X (914-928) constitui outra liga contra os sarracenos, à qual aderem o marquês da Toscana, Adalberto, e o duque de Spoleto, Alberico. O próprio papa comanda a frota contra os sarracenos, derrotados perto de Garigliano, em junho de 911. Também Lúcio II [1144-1145] é soldado de infantaria quando, em 14 de fevereiro de 1145, tenta conquistar, no comando de um exército, o Campidoglio defendido pelo povo. É ferido gravemente na cabeça por uma pedra atirada do alto do muro e morre no dia seguinte.

A ação belicista da Santa Sé se faz fortemente presente na reconquista do território onde teve origem seu Estado, desmembrado quando o papa se transferiu para Avignon. Faz-se encarregado, sob ordem do papa Inocêncio VI [1352-1362], o cardeal Gil Alvarez Albornoz, nomeado núncio e vigário-geral do Estado Pontifício, com sede em Roma, transformada em província livre, o qual se estende por sucessivos territórios e cidades, da Romanha até a Tuscia laciana. Em suma, o papa proclama uma cruzada contra os seus feudatários, porque uma expedição militar em um território da Igreja não pode deixar de estar em conformidade com Cristo e São Pedro. Com ele está Cola di Rienzo, ex-tribuno de Roma, um testa de ferro preso em Avignon, mas que pode ser útil ao cardeal na reconquista de Roma. Gil e Cola, em Montefiascone, única localidade do Estado Pontifício que reconhece a autoridade do papa, recebem um embaixador dos romanos, que solicitam sua vinda a Roma, onde, em dezembro, estoura uma insurreição. Os romanos oferecem o domínio a Albornoz com a classificação de senador vitalício e a possibilidade de eleger um vigário, que é Guido de Patriciis.

Contudo, Albornoz concentra sua ação contra Giovanni di Vico, rebelde de Viterbo, que se rende em 9 de junho de 1354 e estipula um tratado de paz, com o qual o cardeal o nomeia prefeito de Corneto por 12 anos; e o cardeal, com a nomeação, envolve Giovanni nas suas ações militares. É fato que, em breve, Úmbria, Sabina e Tuscia passam à jurisdição pontifícia. No meio tempo, Cola é nomeado, por desejo do papa, senador no lugar de De Patriciis, governa Roma até militarmente, reconquistando a rebelada província de Palestrina.

No entanto, Albornoz cumpre sua ação militar para recuperar a fronteira de Ancona e a Romanha. Ganha o apoio de Gentile de Mogliano di Fermo e Ridolfo de Varano, da província de Camerino, e conduz a guerra contra os Malatesta, de Rimini. Cola, em Roma, em 8 de outubro, é vítima de uma insurreição popular pela qual se concede uma anistia contra os culpados e a cidade é posta sob o governo de dois senadores, enquanto como vigário é nomeado o abade Arduino de Cluny. Em 2 de junho de 1355, os Malatesta se entregam, assinando com Albornoz um tratado de paz, que os qualifica como aliados do papa. São seguidos pelos Montefeltro e os Da

Polenta e assim se rendem as cidades de Senigallia, Ancona, Ravenna e Cervia. A guerra prossegue com Giovanni e Raniero de'Manfredi, senhores de Faenza, assim como contra Francesco II Ordelaffi, senhor de Forlì. As hostilidades acabam em parte, em 10 de novembro, com os Manfredi cedendo Faenza, enquanto sobram, armados, Ordelaffi e sua esposa, Marzia dos Ubaldini.

Mas, na primavera de 1357, o cardeal pode legislar, considerando, em linhas gerais, concluída a reunificação territorial do Estado da Igreja, que é subdividido em três províncias, mesmo faltando o território dos Ordelaffi: o *Patrimonium*, ou seja, a Tuscia; a *Terra Arnulphorum*, o território entre Spoleto e o rio Nera; e o condado de Sabina. Em 29 de abril, Gil se reúne com todos os vigários dos territórios pontifícios em uma espécie de concílio de três dias, do qual emana a *Constitutiones Sanctae matris Ecclesiae,* posteriormente chamadas de *Costituzioni egidiane*, nas quais ficam regulamentadas todas as questões relativas ao Estado da Igreja. É dividido nas seguintes províncias: Campanha e Marittima, ducado de Spoleto, fronteira Anconitana, Patrimônio de São Pedro e Romanha. São constituções que ficam em vigor no Estado da Igreja até 1816. Conclui-se também a última empreitada militar contra os Ordelaffi: em 21 de junho Gil conquista Cesena e em 25 de julho toma Bertinoro. Em setembro parte para Avignon, com Ordelaffi, que ainda é senhor de Forlì e de algumas fortalezas na Romanha, e Giovanni Visconti, que governa Bolonha.

Em 23 de outubro, o cardeal chega em Avignon, recebido como um triunfador com o título de *Pater Ecclesiae* e o povo o proclama "o cardeal de ferro". Em junho de 1358, o papa o manda novamente para a Itália e o cardeal retoma as operações militares contra Ordelaffi, empregando o conde Lando por 50 mil florins. Ordelaffi se rende em 4 de julho; no mesmo dia, Gil toma posse de Forlì, concedendo, porém, a Ordelaffi a nomeação de vigário pontifício para Forlimpopoli e Castrocaro. Para a total reunificação falta ainda Bolonha, onde governa Giovanni, visconde de Oleggio, em guerra com Bernabó, o visconde de Milão, aspirante a senhor da cidade; mas Giovanni não pode fazer isso para combater Bernabò e assim concede a cidade ao cardeal, que busca em vão um acordo com os milaneses. É guerra novamente e o novo papa Urbano V, na primavera de 1363, define especificamente uma cruzada, com a participação de todas as forças militares dos vigários. O cardeal consegue uma grande vitória no mês de abril, em Salaruolo, próximo a Módena, determinando a queda do visconde Bernabò, com a qual se alcança a paz.

Ainda de "guerra santa" se fala quando atua papa Júlio II, para reagrupar o território da Igreja, após a decadência causada pelos erros de César Bórgia. O primeiro choque é com Perúgia e Bolonha, liberadas do domínio dos Baglioni e dos Bentivoglio. Em seguida se volta contra Veneza, que tinha ocupado Faenza e Rimini, estipulando especificamente uma liga em Cambrai, no ano de 1508, com o imperador Maximiliano, o duque de Ferrara e os reis da França e da Espanha. Veneza, conquistada em Agnadello, retorna ao papa as cidades, mas segue combatendo com os outros. Por outro lado, o papa, perseguindo a reconquista dos demais territórios, concede também uma autonomia do Estado da Igreja, que considera alcançável apenas rompendo a dominação francesa na Itália.

É a Liga Santa, ao grito de "Fora os bárbaros!", à qual aderem Veneza, Espanha e Inglaterra, enquanto Luís XII opõe-se à aliança com Florença, o marquês de Mântua e o duque de Ferrara, mas sobretudo à convocação de um concílio em Pisa, em setembro de 1511, com nove cardeais dissidentes chefiados por Carvajal e Sanseverino. O rei da França visa criar o cisma e, por fim, depor Júlio II. É então que a guerra da reconquista, já abençoada com a Liga Santa, falsamente se reveste ainda mais do sagrado, como uma cruzada, misturando as motivações dogmáticas de dois concílios em oposição. Júlio II, no entanto, antes de passar às armas, responde com a abertura de um concílio ecumênico, em Roma, em 3 de maio de 1512, declarando nulo aquele de Pisa e cismáticos os seus membros, todos golpeados com a excomunhão e depostos. Os cardeais rebeldes, por outro lado, dada a precária oposição de Luís XII, mudam a miniassembleia para Milão, onde decretam a suspensão do papa de suas funções e, em seguida, em Lyon, dissolvem por fim a "confabulação". Tanto que serão reintegrados em suas nobrezas religiosas pelo papa seguinte, Leão X. Enquanto isso, a Liga Santa é derrotada em Ravena, a 11 de abril, pelo grande Gaston de Foix. Mas a morte do general francês e a abertura do concílio ecumênico, com o apoio do imperador, determinam a queda de Luís XII. Além disso, os coligados conseguem expulsar os franceses e em junho, em Mântua, dividem os frutos da inesperada vitória. A Igreja retoma Módena, Reggio, Parma e Piacenza e Júlio II obtém honras triunfais como, dizem os romanos, "jamais César nem outro capitão".

Os posteriores empenhos militares da Igreja irão todos visar a defesa do território e, sobretudo, jamais com um exército constituído por cidadãos. Estarão ao seu serviço os mercenários, com o sacrifício das guardas suíças, durante a tomada de Roma dos lansquenenses, em 1527, sob Clemente VII. Assim, como exemplo, Pier Luigi Farnese, filho de Paulo III, porta-voz da Igreja, com o seu exército, em 1537, submete o feudatário rebelde de Parma e Piacenza, Ludovico Rangoni, e passa a duque daquelas terras. Controla uma revolta em Perúgia, em 1540, e retira dos Colonna alguns castelos em 1541. Por fim, impõe-se mais uma obra de polícia contra os bandidos e, em seguida, contra os liberais, até a operação de defesa do território do Piemonte e depois do Reino de Itália, sempre, claro, em nome da santidade [v. *Tortura e pena de morte*].

Posteriormente, mesmo com a condenação da Primeira Guerra Mundial por Bento XV (1914-1922), há uma participação no conflito, mesmo indireta, pelo Vaticano. Como quando a Santa Sé, em débito com o regime fascista pelos Pactos Lateranenses, com Mussolini, que em 1935 precisou de armas para a campanha da Etiópia, faz chegar uma boa quantidade de munições da fábrica comprada por Nogara para a Santa Sé, com a participação dos homens da "santa casta", financiando uma operação de morte, até sua participação silenciosa, que sobre um plano moral é bem mais reprovável. Verifica-se ainda antes, durante a guerra civil espanhola, quando Pio XII, em 1º de abril de 1939, envia um telegrama ao general Franco, com a sua bênção, repetindo-se em 16 de abril, com a calorosa radiomensagem de cumprimentos pela vitória fascista na Espanha. Depois, diante da invasão russo-alemã da Polônia, em 24 de agosto, o papa Pacelli se dá conta do desastre que está caindo sobre o mundo e imita o comportamento de Bento XV, em outra radiomensagem famosa: "Nada se perde com a paz. Tudo pode ser perdido com a guerra". Portanto, na encíclica *Summi Pontificatus*, de 20 de outubro, estigmatiza a "estatolatria da ditadura", porém, sem citar nomes.

Ainda comete um pecado com a aprovação da revolta armada, na Polônia, contra o regime comunista, indiretamente posta em ato por João Paulo II. Em setembro de 1981, o congresso do Solidariedade decreta a liderança de Lech Walesa, para quem são enviados grandes financiamentos, por parte do IOR, para um golpe; paralelamente, o capitão da Guarda Suíça, Alois Estermann, membro da Opus Dei, se dirige várias vezes a Varsóvia e Gdansk para coordenar a chegada de armas da Escandinávia. Tudo isso graças a uma densa rede de espionagem e com o pleno apoio da prelatura da Opus Dei.

As santas cruzadas entre massacres de judeus, muçulmanos e cristãos

Tuto remonta ao ano 1010, quando o califa al Hakim, fundador dos drusos e considerado herege pelos próprios muçulmanos, destrói a basílica do Santo Sepulcro, em Jerusalém. Nos seus passos, por volta de 1070, chegam na Palestina os turcos seljúcidas, que perturbam os peregrinos cristãos ao longo das estradas que levam ao Santo Sepulcro. Em 1085, Antioquia cai e os seljúcidas se fixam em Niceia, completando uma conquista da Ásia Menor e conseguindo ameaçar Constantinopla. Urbano II, em 7 de março de 1095, em Piacenza, defende suas preocupações em um concílio onde os embaixadores do imperador do Oriente, Aleixo Commeno, rogam ao papa que solicite ajuda militar dos soberanos cristãos do Ocidente "contra os infiéis para a defesa da capital do império cristão do Oriente". Então, o papa, em outro concílio, em Clermont, em 27 de novembro, para descrever a situação na Terra Santa, invadida pelos turcos seljúcidas, como se refere Roberto, o monge, em sua *Historia Hierosolymitana*, ilustra com tintas fortes a trágica situação dos peregrinos no caminho do Santo Sepulcro:

> Os turcos destruíram completamente algumas igrejas de Deus e transformaram outras para uso do seu próprio culto. Sujam os altares com suas porcarias; cercam os cristãos manchando os altares com o sangue da circuncisão, ou mesmo jogando-os nas fontes batismais. Têm prazer em matar o próximo, esquartejando-lhes o ventre, extraindo-lhes os intestinos, que prendem a um poste. Depois, fazem a vítima rodar no poste, chicoteando-a até que, saindo todas as vísceras, ela cai morta no chão. Também a prendem ao poste e a golpeiam disparando flechas; em outras vítimas ainda lhes puxam o pescoço para ver se conseguem decapitá-las com um só golpe de espada. E o que dizer dos horripilantes estupros causados às mulheres?

Depois disso, lança sua exortação aos soberanos europeus a cingirem a espada contra os turcos, com o grito profético "*Deus vult!*". Foi com essa expressão, "Deus quer!", que se justificou o uso das armas em um tipo de guerra santa, que não faz parte da moral cristã, mas que com o emblema da cruz de Cristo vira uma missão sagrada. A expedição é uma cruzada, como *militia Christi,* e os soldados são os cruzados em vestes de peregrinos. A participação na expedição militar é considerada substituta de qualquer outra penitência em remissão dos pecados confessos, com a concessão de uma indulgência plena, assim como isenção de taxas e impostos e ainda uma moratória pelos débitos civis. Transforma-se em lei eclesiástica universal a "trégua de Deus", sob cuja proteção estão assegurados os bens dos cruzados.

De repente, ocorre na Alemanha uma cruzada particular, que não tem como meta Jerusalém ou Constantinopla e sim os territórios dos Bálcãs e a própria Alemanha. É uma cruzada de purificação contra os judeus, considerados infiéis tanto quanto os muçulmanos. O conde Enrich Von Leiningen, entre os dias 20 e 25 de maio de 1096, cumpre com os seus soldados um massacre de judeus em Worms e Mogúncia. Uma idêntica limpeza racial é efetuada por tropas debandadas em Trier, Metz e Neuss. Ações hediondas que não são, naturalmente, cruzadas, mas o papa não se ergue para defender os desamparados judeus e, com o silêncio, passa a cúmplice. Somente o rei Coloman, da Hungria, rechaça aquelas ações bárbaras decidido a completar a obra em Praga.

A verdadeira cruzada começa a partir de 15 de agosto de 1096 e é chamada "dos barões", mesmo se nenhum barão dela faz parte, enquanto o termo vem usado em senso geral devido aos nobres que a guiam. À empreitada, confiada pelo papa ao comando espiritual de Ademar de Monteuil, bispo de Le Puy, aderem alguns membros famosos da aristocracia feudal europeia e o primeiro a partir é o francês Hugo de Vermandois, filho do rei Henrique I, da França, que orgulhosamente escreve ao imperador Aleixo para que lhe prepare uma digna acolhida. Embarca em Bari, mas uma tempestade faz naufragar a sua frota, e acaba recolhido por Aleixo e hospedado em Constantinopla, sem mérito algum. Partem, em seguida, os franceses Estevão de Blois, Roberto, conde de Flandres, os normandos Roberto II, duque da Normandia, seu cunhado Carlos e Boemundo I, filho de Roberto de Altavila, "o astuto", depois os provençais Raimundo de Saint-Giles, conde de Toulouse e marquês de Provença, e os irmãos alemães Godofredo de Bulhão, duque da Baixa-Lorena, Balduíno de Boulogne e Eustáquio III, conde de Boulogne.

Assim, durante a primavera de 1097, todas as tropas são enviadas para o território ao redor de Constantinopla, de onde deveriam avançar juntos na Terra Santa. Mas, antes de tudo, devem se empenhar também na reconquista das terras limítrofes, de Anatólia aos portos da Síria, para restituir ao imperador, tanto que Aleixo pede a cada um dos nobres um juramento de vassalagem que os obriga a restituir ao império bizantino as eventuais reconquistas. A empreitada se conclui em dezembro de 1098. Em seguida, em 13 de janeiro de 1099, Raimundo de Toulouse e Godofredo de Bulhão marcham sobre Jerusalém, conquistando posteriormente Beirute, Sion, Tiro, Acre, Haifa, o monte Carmelo e Belém. A tomada de Jerusalém começa em 7 de junho e dura oito dias, durante os quais, dentro da cidade, os turcos enfrentam os monges beneditinos que, vestidos como soldados, fazem uma contraofensiva ao monastério-hospital de Santa Maria Latina, guiados pelo amalfitano frei Gerardo. O autêntico estrategista da ação é Godofredo de Bulhão, com os cruzados que, no entanto, haviam terminado com os víveres e mantêm as forças graças aos pedaços de pão que frei Gerardo lhes joga do alto dos muros. E, em 15 de junho, a Cidade Santa é conquistada também graças ao uso de uma torre de assalto, feita com madeira retirada dos navios dos cruzados genoveses de Guilherme Embriaco, facilitando a entrada dos cristãos na cidade. Enquanto os soldados muçulmanos fogem com o sultão fatímida Iftkhar al-Dawia, abandonando anciões, esposas e filhos, certos do espírito caridoso dos cruzados, a reconquista se conclui, ao contrário, com um massacre dos muçulmanos presos nas próprias casas, sem distinção de sexo ou idade, e dos judeus, inutilmente recolhidos no Templo. Godofredo de Bulhão, exaltado pelos cristãos como o verdadeiro reconquistador da Cidade Santa, deverá ser lembrado também por essa vergonha. E esse genocídio recai, em suma, sobre a Igreja.

Horrorosa é a quarta cruzada lançada por Inocêncio III, em 1198, sem a participação dos soberanos europeus, mas sim com os cavaleiros franceses e italianos, que se voltam para Veneza a fim de serem transportados para o Oriente. Os cruzados, porém, não têm dinheiro suficiente para pagar a viagem e param na cidade de Veneza à espera de condições para irem a Roma, levando, sobretudo, desordem com furtos e estupros de mulheres. Ao final, entram em acordo com A Sereníssima* e ajudarão a conquistar a cidade de Zara, na Dalmácia, sob a proteção do rei da Hungria. Assim, em novembro de 1202, eles promovem um massacre dos habitantes. O papa, recebendo a notícia, reage com a excomunhão contra eles, gritando: "Vocês tiveram sede do sangue dos vossos irmãos! Satanás os seduziu!". Os barões reclamam declarando terem sido chantageados e constrangidos por Veneza para aquela ação; o papa então repassa a excomunhão aos venezianos. Aos cruzados e venezianos, novamente em viagem, chega o apelo do imperador destronado Isaac II Ângelo, para que o ajudem a retomar o trono de Constantinopla contra Aleixo III, de acordo com uma notável compensação em dinheiro.

A reconquista de Constantinopla ocorre em dois momentos: em 17 de julho de 1203, a cidade é devolvida a Isaac II, após um rápido ataque. Mas, em 13 de abril de 1204, cruzados e venezianos, considerando-se traídos pelo imperador bizantino, reconquistam Constantinopla, enganando, profanando os lugares sagrados e massacrando a população. Em 16 de maio, Balduíno de Flandres é coroado na ba-

*Apelido de Veneza. (N. do T.)

sílica de Santa Sofia, dando início ao Império Latino do Oriente, que durará até 1261. O papa lança a sua condenação. É um modo de retirar-se daquela infâmia: "Vocês desviaram e fizeram desviar a armada cristã da reta estrada com aquela maldade... aqueles defensores de Cristo que deviam voltar suas espadas contra os infiéis se banharam em sangue cristão. Não resguardaram nem mesmo a religião, nem a idade, nem o sexo." E a expedição sobre Jerusalém, ainda por cima, faliu.

As três cruzadas seguintes para a reconquista de Jerusalém, de 1217, 1248 e 1270, foram todas um fracasso, e se fizeram acompanhar de uma crise da ideia religiosa das cruzadas, que passaram à história como massacre de judeus e muçulmanos. No comentário desse pecado, é sinalizado o pedido de perdão feito pelo papa João Paulo II, em Atenas, durante a sua viagem, em relação ao saque de Constantinopla, em 1204. Com o seu gesto de humildade, o papa conseguiu que os membros do Sínodo da Igreja Ortodoxa grega recitassem com ele — ao final daquela jornada — o Pai-nosso, mesmo que o protocolo da visita, a pedido dos ortodoxos, tivesse excluído qualquer ato de culto em comum, por não estarem as igrejas em "plena comunhão". Porém, o sentir-se culpado não apaga o pecado.

Em contraste, destacam-se as palavras fora de lugar pronunciadas por Bento XVI durante a viagem na Alemanha, em 12 de setembro de 2006, em Regensburg, contra a violência dos fundamentalistas islâmicos: "Deus não se agrada com sangue", disse, voltado aos representantes do mundo científico, "a fé é fruto da alma, não do corpo." E, em sua intervenção, o papa tomou emprestada a memória de Miguel Paleólogo, imperador bizantino com o nome de Miguel VIII, de 1261 a 1282: "Mostre-me então o que Maomé trouxe de novo e encontrarás somente coisas ruins e desumanas, como a sua diretiva de difundir, por meio da espada, a fé que pregava." Com isso, as reações no mundo islâmico foram imediatas, com protestos de Ancara ao Cairo e Islamabad, até a reprovação lançada pela TV Al Jazeera: "Peça desculpas ao Islam". Então, o papa, tendo na sua programação uma viagem apostólica para Ancara, em 17 de setembro, é forçado a apresentar as desculpas aos muçulmanos, em Castel Gandolfo, declarando que "aquela citação medieval não exprime em nenhum modo o meu pensamento" e que se sente "profundamente arrependido" pelas reações suscitadas. E ainda, em 20 de agosto de 2005, em Colônia, recebendo os representantes das comunidades muçulmanas locais, declara: "Quantas páginas de história registram as batalhas e as guerras afrontadas, invocando, de uma parte ou de outra, o nome de Deus, como se combater o inimigo e matar o adversário pudesse ser algo de seu agrado! A lembrança desses tristes eventos deveria se encher de vergonha, sabendo-se quais atrocidades foram cometidas em nome da religião. As lições do passado nos devem servir para evitar a repetição dos mesmos erros."

O massacre dos cristãos cátaros

Os cátaros nascem nos Bálcãs, na metade do século XII. Eles se definem cristãos, pois creem em um Deus puro de espírito e em Cristo como sua emanação, mas não um homem. Segundo eles, o mundo é dominado por Satanás, que é o efetivo criador da terra, em oposição ao mundo celeste. Portanto, a terra é sinônimo do mal, do qual se deve afastar para ser "puro" ou cátaro. Admitem a relação sexual fora do matrimônio, que é considerada como fonte do mal, e renegam os sacramentos e a Igreja de Roma, compreendida como uma instituição diabólica.

A partir da metade do século XII, os cátaros dos Bálcãs se transferem para o norte e centro da Itália, com assentamento em diversas cidades e fazendo inúmeras conversões de católicos, mesmo entre os bispos. Passam então pela França meridional, encontrando seguidores em Languedoc e Provença e estabelecendo o centro mais importante em Albi, e por isso os cátaros franceses são chamados albigenses. Na Provença, são protegidos por feudatários do território, desejosos mais do que tudo de se apropriar das terras do clero. Entre eles o conde de Foix e o visconde de Béziers, vassalos do conde de Toulouse, Raimundo VI.

Em 1181, o papa Alexandre III se convence de que os cátaros são hereges, mas, antes de excomungá-los, encarrega o cardeal Enrico d'Albano, ex-abade de Chiaravalle, de tentar uma operação de reconversão: a "cruzada" à base de pregações, contudo, sem sucesso. Então, o papa Lúcio III, em um sínodo em Verona, em 1184, condena como herege o movimento através de um decreto *Ad abolendum*, inserido no *Corpus Iuris Canonici*. A medida não impede a existência do movimento. O novo papa, Inocêncio III, endurece a um nível político, excluindo os cátaros da participação no governo dos Comuns do Estado Pontifício. Essa medida provoca apenas uma revolta, causando a fuga do bispo de Orvieto, enquanto os cátaros de Viterbo conseguem promover dois cônsules ao governo da cidade. Então o papa lança uma cruzada que é, na verdade, uma expedição militar guiada pelos cavaleiros da recém-criada ordem do Espírito Santo na Saxônia. Precisam destruir as casas dos cátaros e confiscar seus bens em Orvieto e Viterbo e, em seguida, em Verona e Ferrara.

Na Provença, ao contrário, o papa procura resolver pacificamente a disputa e, em 1203, envia como embaixadores da ordem de cavalaria os dois cistercienses Pierre de Castelnau e Arnaud Amalric de Citeaux. Eles nada concluem, mesmo porque os albigenses são protegidos pelo conde de Foix. No ano seguinte, envia em ajuda aos dois cistercienses o bispo espanhol Diego de Osma, com o seu superior Domingo de Guzman. Devem pregar junto aos albigenses para levar a eles a correta vida cristã. Os dois espanhóis fundam a comunidade religiosa do Rosário em Prouille e lá conseguem acolher somente algumas moças, atraídas pela ideia de poderem se casar.

Em 1206, Pierre de Castelnau excomunga o conde Raimundo VI, autêntico protetor dos cátaros, e envia ao rei da França, Filipe Augusto, uma carta do papa na qual o aconselha a convencer os albigenses. Mas, em 15 de janeiro de 1208, Pierre de Castelnau é assassinado por um servo do conde de Toulouse e, então, Inocêncio VIII, em outubro do mesmo ano, lança uma nova cruzada contra os albigenses, sob o comando do abade Arnaud Amaury de Citeaux, chefe dos Cavaleiros do Espírito Santo de Montpellier, ordem cavalheiresca correspondente àquela romana do Espírito Santo na Saxônia. O conde Raimundo de Toulouse, em junho de 1209, deixa a defesa dos cátaros e se alinha com o papa, conseguindo inscrever, em Lyon, 10 mil soldados que estarão empenhados contra o visconde de Béziers e Carcassonne, vassalo de Pedro II, de Aragão.

A santa cruzada inicia e a concentração das forças militares está em Béziers, no começo de julho, sob o comando do abade Arnaud Amaury. Pedindo aos habitantes que mandem embora da cidade os 500 albigenses, ocorre uma recusa e em dois dias os cruzados conquistam a cidade. Uma vez dentro, ocorre o massacre de todos os 20 mil cidadãos. O cisterciense Cesário de Heisterbach, em sua crônica, escreve que, quando os cruzados perguntam ao abade Arnaud Amaury como distinguir os hereges dos cristãos ortodoxos, ele ordena matar a todos gritando "*Caedite eos! Caedite eos! Novit enim Dominus qui sunt eius!*", ou seja, "*Matem-nos! Matem-nos! Deus de fato reconhece os seus!*"

Amaury passa o comando a Simon de Montfort, com a aprovação do papa, que tomara conhecimento do massacre em Béziers e, por isso, convida para uma obra de apostolado no prosseguimento da empreitada. Os cruzados estão próximos a Carcassonne em 1º de agosto e conseguem bloquear todos os recursos hídricos da cidade, que se rende em 15 de agosto. Os habitantes são poupados, mas são forçados a deixar a cidade, completamente nus, segundo Pierre de les Vaux-de-Cernay, ou trajando apenas roupas íntimas, conforme outras fontes.

Depois de Carcassonne, muitas outras cidades, durante o outono, são forçadas a render-se, sem opor resistência, como: Albi, Méziers, Castelnaudary, Castres, Fanjeaux, Limoux, Lombers e Montreal. Os cidadãos que se opõem são massacrados. A tarefa é concluída em dezembro com o ataque da vila de Cabaret e do castelo de Lastours, enquanto, entre março e junho de 1210, caem as cidades de Bram e de Minerva. Os albigenses, para salvar a vida, devem se converter, mas os 140 que recusam terminam na fogueira. Todo o território passa ao controle militar de Simão de Montfort e os legados propõem para ele o título de conde de Toulouse e a nomeação de senhor efetivo de Langdoc. Quem deve decidir é o papa e a questão está na ordem do dia do IV Concílio Lateranense, com o conde Raimundo e o filho, conde de Foix, convocados a Roma. Assim, a cruzada religiosa se transforma em uma luta pelo poder. Conclui-se com Simão dos Montfort, que consegue obter todas as terras conquistadas, enquanto para Raimundo irá somente uma pensão de 400 marcos ao ano e as terras ainda não perdidas serão postas em custódia da Igreja pelo filho.

Contra a decisão do concílio, estouram revoltas e a cruzada prossegue com os papas Gregório IX e Inocêncio IV, com Luís VIII e depois seu filho, Luís IX, o santo na chefia da Ordem do Espírito Santo de Montpellier, que vai à caça dos hereges. O novo Concílio de Narbonne, em 1227, exige dos "inquisidores" a denúncia de novos afiliados albigenses. E são perseguidos e massacrados. Em 1229, Raimundo VII, sucedendo o pai, deve ceder ao rei da França a Baixa Languedoc e aprovar o matrimônio da filha Joana com Afonso de Poitier, irmão de Luís IX, assegurando assim a sucessão da dinastia capetíngia sobre todas as terras. Gregório IX, em 1231, cria a Inquisição pontifícia para processos sumários, com imediata condenação à fogueira.

Um grupo consistente de albigenses, em 1232, se refugia no castelo de Montségur, mas, em 16 de março de 1244, os cruzados o conquistam e cumprem o enésimo massacre. Os poucos sobreviventes se fecham na fortaleza, que continua a ser o último refúgio dos albigenses. E, em agosto de 1255, acontece o último massacre na fortaleza francesa de Queribus. Na Itália, dois anos depois, são capturados em Sirmione 170, entre bispos, padres e prefeitos, que terminam na fogueira, em Verona. O último albigense na fogueira foi o prefeito Guilherme Bélibaste, em Pamiers, no ano de 1321.

O massacre dos cristãos cavaleiros Templários

A ordem dos Cavaleiros Templários, nascida em torno de 1118, participa de todas as cruzadas, cobrindo-se de glória em várias batalhas e enriquecendo com o espólio da guerra, definido em bens territoriais e financeiros entre Jerusalém e numerosas sedes na terra do Oriente. São bases militares e econômicas, destinadas a centros de circulação de "cartas de crédito", com as quais se desenvolve a transferência à distância de somas de dinheiro enviadas, por sua vez, às cidades dos Estados europeus onde serão, posteriormente, construídas as filiais. Na prática, os Templários viram autênticos "banqueiros", defendendo com armas os próprios tesouros, ou seja, os próprios bancos na Terra Santa. Estão à frente dos bens territoriais e monetários que constituíram na Europa, para onde são transferidos, por fim, os seus bens. Assim, quando Jerusalém é perdida, os Templários se fixam, definitivamente, na França e na Espanha.

Porém, de repente, em 1296, começa a crise na ordem. Acontece que os cavaleiros se opõem a um empréstimo de 400 mil florins de ouro, solicitado pelo rei Filipe, o Belo, que reage impondo taxas sobre as propriedades da Igreja e a proibição, por Bonifácio VIII, de exportar ouro da França para Roma. O papa protesta e ameaça de excomunhão o rei, que reage com a tentativa do seu ministro, Guilherme de Nogaret, de aprisionar Bonifácio VIII, em Anagni, em setembro de 1303, evento ao qual segue a morte do papa.

Quem não lidera uma oposição é o papa Bento XI, logo sucedido por Clemente V que trata de resolver a questão concedendo ao rei os dízimos eclesiásticos. Mas para Filipe não basta, ele quer pôr as mãos nas propriedades dos Templários. Então, pede ao papa uma investigação religiosa sobre a ordem, no seu entendimento, culpados por heresia. O papa chama a Avignon o grão-mestre dos Templários, Jacques de Molay, e lhe comunica a extensão das alegações, sugerindo-lhe a possibilidade de um processo inquisitorial, mesmo estando convicto dessas falsidades. Mas, em junho de 1307, o papa tem a ver com a acusação feita por Filipe, o Belo, a Guichard, bispo de Troyes, por ter causado a morte da rainha, evocando o diabo. Clemente o examina e o declara absolvido de qualquer acusação de bruxaria. Mas o rei continua a atacá-lo, utilizando-o como chantagem para forçar o papa a ceder sobre os Templários.

Não basta. Em 14 de setembro de 1307, o rei envia aos funcionários da coroa uma carta através da qual denuncia que os Templários, no momento da admissão na ordem, são forçados a renegar a divindade de Jesus, a cuspir na cruz e a se permitir práticas obscenas e homossexuais. E junto à carta segue, em 13 de outubro, a prisão de cinco mil cavaleiros Templários franceses, acusados de heresia, juntamente com o confisco dos bens para acertos fiscais. De nada serve uma carta de protesto de Clemente V. Ao contrário, os presos são submetidos à tortura e há a primeira confissão de heresia, mesmo se extorquida. Diante disso, em 22 de novembro de 1307, Clemente V emite a bula *Pastoralis praeminentiae*, com a qual não faz outra coisa que apoiar a ordem de prisão emitida por Filipe, o Belo, estendendo-a também para toda a cristandade. Filipe, por outro lado, não contente com o comportamento do papa, o acusa de receber suborno dos Templários e, em um encontro com Clemente, em Poitiers, em 26 de maio de 1308, pede-lhe para abrir o processo contra os presos.

Para mostrar a boa vontade de esclarecer o problema, em 27 de agosto, Filipe entrega ao papa 72 Templários que estavam detidos no cárcere, para que possa examiná-los em uma série de interrogatórios. Porém, ao mesmo tempo, lhe pede a canonização de Celestino V e a condenação de Bonifácio VIII, cuja ossada deverá ser exumada e queimada sob acusação de bruxaria. O papa ganha tempo, mas em 12 de agosto de 1308 emite a bula *Faciens misericordiam,* que define as acusações contra o Templo, embora se reserve de convocar um concílio em Viena. Além disso, no castelo de Chinon, realiza uma investigação sobre os chefes da ordem, o grão-mestre Jacques de Molay e os tutores Raymbaud de Caron, Hugues de Pérraud, Geoffroy de Gonneville e Geoffroy de Charny. A investigação reitera as práticas indecentes de alguns adeptos, mas, para todo o resto, as acusações resultam infundadas. O papa queria salvar a ordem e se propõe a lhes dar novas regras.

Filipe precipita o tempo de duração do processo e prende o bispo Guichard, ignorando a absolvição de cada acusação de bruxaria emitida pelo papa e, com um rápido julgamento, o condena à fogueira. O rei entende que aquela condenação pode ser determinante para convencer o papa de que, ao contrário, lhe diz querer resolver a questão com um perdão à ordem, em um concílio em Viena. Mas Filipe, o Belo, apressa a decisão, dando início ao processo em 14 de março de 1310.

São recitados 127 itens de acusação aos cavaleiros levados ao jardim do palácio episcopal de Paris; 54 templários são condenados à morte pelo sínodo do arcebispo de Sens e queimados vivos nas vizinhanças de Paris. Não põe fim às execuções a notícia que chega da Itália, relativa a um processo presidido em Ravena pelo arcebispo Rinaldo de Concorrezzo, que absolveu os cavaleiros e condenou o uso da tortura. O papa, em 16 de outubro de 1311, abre o concílio em Viena, mas, em 20 de março de 1312, está presente Filipe, o Belo, que lhe assegura a interrupção do procedimento contra Bonifácio VIII caso decida a dissolução da ordem dos Templários. Em 3 de abril, o papa a dissolve com a bula *Vox in excelso*, com a justificativa de que esse não cumpre mais os deveres legados às cruzadas, pelos quais haviam sido criadas, e de que alguns cavaleiros são culpados de heresia. O papa autoriza os Templários a entrar em outra ordem de cavaleiros e transfere seus bens às ordens dos hospitalários da Terra Santa.

Filipe, o Belo, já tinha posto as mãos sobre os bens deles na França e, sobretudo, permanecem no cárcere do rei o grão-mestre Jacques de Molay e os maiores tutores da ordem, pois Filipe se recusa a entregá-los ao papa. Em 18 de março de 1314, Jacques de Molay e o tutor da Normandia, Geoffroy de Charny, são postos diante de um sínodo cardinalício para serem julgados. Os dois contestam as acusações e os cardeais decidem suspender o julgamento, adiando cada decisão para o dia seguinte. O rei, aproveitando a suspensão do sínodo, ordena a transferência dos dois imputados para uma ilha no Sena, em frente à Notre Dame, onde são queimados vivos.

Clemente V morre em 20 de abril, em Roquemaure, no Ródano. Todos os bens do Templo serão dados às ordens dos hospitalários, exceto àquelas espanholas e francesas. Os espanhóis vão em parte ao rei Dionísio de Portugal, que constituiu com uma bula pontifícia a Ordem da Milícia de Nosso Senhor Jesus Cristo, como ideal de continuidade dos Templários. Outra parte vai até Alfonso IX, de Castela, que deveria transferi-los ao Hospital, mas os detém em grande parte para si. Filipe, o Belo, completa a apropriação dos bens franceses, fazendo da Torre do Templo de Paris o seu próprio castelo residencial.

Os massacres da inquisição espanhola

A causa dos massacres realizados pela Igreja da Espanha, através do tribunal da Inquisição, remonta à reconquista do território comandada pelos soberanos espanhóis, determinando uma imposição da religião católica em toda a península ibérica. Muitos são os judeus e muçulmanos "convertidos", que não conseguem integrar-se com os católicos castelhanos, tanto que muitas vezes ocorrem discórdias e desconfianças. Na segunda metade do século XV, certos suspeitos viram fonte de acusações de heresia e de ódio. Os descendentes dos judeus "convertidos", chamados com desprezo *marranos*, que em espanhol significa "porcos", são acusados de praticar às escondidas sua fé original. Assim, mesmo os cristãos de origem árabe, chamados *moriscos*, ou seja, "mouros", em referência ao seu colorido, são acusados de se manterem fiéis ao Islã. Contra eles chegam a constituir as comissões em defesa da pureza do sangue espanhol. Na prática é um ato realmente racista, não inspirado pelo espírito católico.

As comissões são abertamente defendidas pelos soberanos espanhóis Fernando de Aragão e Isabel de Castela, pois viam refletidos nelas seus ideais de unidade nacional, baseada na unidade católica. Conceberam assegurar aquela unidade através da obra de um tribunal religioso, em substituição às comissões. Assim, em 1478, pedem a Sisto IV que institua, na província de Sevilha, um tribunal de Inquisição. O papa concede e com ele, em um período de três anos, entram em funcionamento diversas sedes inquisidoras, em toda a Andaluzia, à exceção de Granada, que constitui o último baluarte da defesa muçulmana na Espanha.

Verificam-se, rapidamente, excessos e abusos nas condenações da Inquisição, repudiados por Roma, com pedido de controle por parte dos soberanos sobre o julgamento inquisitorial, após as queixas com duas bulas, em janeiro e outubro de 1482. Por outro lado, Sisto IV acaba por ser bastante condescendente com a autoridade da rainha Isabel no papel de moderadora, chegando a conceder-lhe a nomeação de um inquisidor-geral com jurisdição sobre toda a Espanha. Esse é Tomás de Torquemada, que assume o cargo em 1483, instaurando uma verdadeira ditadura sobre a atividade da Inquisição, até o ano de 1498. A sua *Compilacíon de las Instruciones de la Santa Inquisición* constitui a lei da Inquisição espanhola.

Com ele, as condenações à morte, declaradas em relação aos *marranos* e *moriscos*, queimados em praças públicas, chegam a mais de 9 mil, e as execuções, apelidadas de *auto da fe*, "ato de fé", são espetáculos realmente cruéis. Um macabro ritual folclórico, altamente injurioso, comparado aos verdadeiros mártires da própria fé. Junta-se a elas a expulsão de 200 mil judeus relutantes da conversão, decretadas depois da conquista de Granada, em 1492. Em Aragão lhe é válido o apoio de agostiniano Pedro de Arbués, agindo particularmente contra os *marranos*. São alguns deles que o matam na sua catedral, em 1485, e ele passa a mártir, tanto que será canonizado em 1867.

Entre 1569 e 1571, há uma revolta dos *moriscos* e a reação contra os revoltosos leva a uma condenação menos cruel: a expulsão da Espanha. Enquanto que, no século XVII, sobre a revolta dos protestantes e dos *alumbrados*, em nome da própria fé, pesa novamente a Inquisição, mantendo sua posição de instransigência e crueldade, em um clima de ódio do qual cai vítima em Saragoça o próprio inquisidor de Aragão, assassinado na catedral. A Inquisição espanhola ficará, entretanto, em atividade até o ano de 1834, continuando a fazer vítimas em nome de uma ortodoxia católica de cunho racista, da qual se tem como última vítima Gaetano Ripole, em 1826.

O massacre dos cristãos huguenotes

Henrique de Bourbon, rei de Navarra, de religião calvinista e líder dos huguenotes, como vieram a ser chamados os protestantes na França, está em evidência em Paris, no dia 18 de agosto de 1572, para o matrimônio com Margarida de Valois, irmã do rei Calos IX e filha de Catarina de Médici, viúva de Henrique II e voltada à defesa dos católicos. Na França da segunda metade do século XVI está em ação uma verdadeira guerra civil e se espera que o matrimônio ponha fim àquela luta político-religiosa. Numerosos protestantes se encontram em Paris para assistir ao matrimônio. Agrupam-se em volta do almirante Gaspard de Coligny, muito influente junto a Carlos IX, que organiza a guerra contra os espanhóis das Flandres. Os cortesãos católicos, porém, são contrários ao projeto junto à Catarina de Médici e decidem assassinar Coligny.

O atentado é cometido em 22 de agosto. Coligny sai apenas ferido e Carlos IX abre uma investigação. Para desviar as buscas e prevenir a vingança dos huguenotes, Catarina e Guise anunciam a descoberta de um complô e propõem prender e matar os líderes huguenotes. Conseguem convencer o rei e, na noite entre 23 e 24 de agosto, em Paris, ocorre a matança de numerosos huguenotes, naquele que será chamado de "o massacre de São Bartolomeu". Tragédia que prossegue no dia seguinte, que vê os católicos parisienes enraivecidos em um massacre que contará 3 mil vítimas. À frente de tudo isso, Henrique de Bourbon abjura da sua fé calvinista, esperando assim apaziguar o clima de terror. Mas seu gesto de nada serve. No mês de setembro, verificam-se massacres de calvinistas em todas as grandes cidades francesas, totalizando 30 mil mortes.

Por certo, motivações políticas causam aqueles massacres, aos quais, no entanto, Gregório XIII, quando toma conhecimento, atribui um signficado todo religioso e envia uma bênção especial aos autores materiais. Celebra, solenemente, um *Te Deum* na basílica romana de São Marcos e uma ação de graças em São Luís dos Franceses. Naturalmente, congratula-se com Henrique de Bourbon pela sua conversão. O papa festeja com velas e três dias de comemoração o que julga ser a salvação, por um triz, dos reis da França. Manda cunhar uma medalha comemorativa pelo acontecimento, dando ainda a Vasari a tarefa de pintar em afresco, na Sala Real do Vaticano, junto à Batalha de Lepanto, também a Noite de São Bartolomeu.

Os delitos de contraespionagem pontifícia

No início possuem uma motivação de caráter religioso e remontam a quando Michele Ghislieri, antes de ser papa, com o nome de Pio V, a partir de 1552 é presidente do Tribunal do Santo Ofício. Dispõe de um corpo de agentes de contraespionagem, constituído por monsenhores laicos fidelíssimos, muitos dos quais seus parentes — ditos "monges negros" —, que se infiltram entre os hereges e se referem ao Conselho Supremo, mantendo-os sob o seu pontificado. Assim são presas pessoas incriminadas de heresia, torturadas, submetidas a processos e condenadas à fogueira. Isso quando os mesmos agentes não atuavam por iniciativa própria e matavam os hereges. Tudo porque o anglicanismo e o luteranismo trouxeram a perda dos vários benefícios derivados de bispados e dioceses, na Inglaterra e na Alemanha, à Câmara Apostólica, cuja administração se ressente da perda daquelas entradas, nada desprezíveis.

A operação continua com Gregório XIII, na Inglaterra, onde se trama assassinar a rainha Elisabete, com um complô de três jesuítas que terminam no cadafalso, e na França, com a eliminação dos huguenotes em Paris justificada pela falsa mensagem circulada de que os protestantes tramavam um complô (v. *O massacre dos cristãos huguenotes*). Prossegue a contraespionagem sob Gregório XVI (1831-1946), que se encontra no centro de muitos liberais. É criado um corpo especial de eclesiásticos no papel de autênticos policiais chamados "Comandantes" e "Centuriões". Trata-se de espiões que se infiltram entre os liberais, alguns dos quais são também sacerdotes, para depois denunciá-los ao Santo Ofício como hereges ou eliminá-los diretamente.

De contraespionagem fala-se também sobre Pio X, com o *Sodalitium Planum*, uma associação secreta fundada por Umberto Benigni, prelado familiar do papa, e abençoada por Sua Santidade. Cada membro se declara "papista, clerical, antimodernista, antiliberal, perfeitamente contrarrevolucionário, inimigo não somente da revolução jacobina e do radicalismo sectário como também do liberalismo religioso e social". É dirigido a uma caça aos hereges, sob o lema de um "catolicismo integral", ou seja, do "catolicismo romano (doutrina e práticas) e nada mais", como se lê em uma declaração de 19 de junho de 1913, da "Agence Internationale Roma". Esses "integralistas" passam um pente fino sobre qualquer caso suspeito de rebelião aos ditames pontifícios. É uma autêntica caça aos hereges, do início do século XX, não poupando nem mesmo os cardeais e bispos, colocando inteiramente em desordem a vida eclesiástica. Opera em conjunto com o Santo Ofício. A associação é, sobretudo, financiada pelos cofres do Vaticano e Benigni, no papel de subsecretário da Congregação para os Negócios Eclesiásticos Extraordinários. Há também um ganho de mil liras ao ano, cerca de 50 mil euros atuais.

Pio X assim escreve, em 8 de julho de 1912, aos membros da associação: "Ao Senhor, nós exortamos os diletos filhos e membros do *Sodalitium Planum*, altamente beneméritos da causa católica, a continuar a combater a boa batalha, em favor da Igreja de Deus e da Santa Sé, contra os inimigos externos e internos." É uma precisa autorização para expor denúncias e uma aprovação dos métodos de espionagem usados pela associação. Os verdadeiros membros do *Sodalitium Planum* são uns cinquenta, porém, mais numerosos são os simpatizantes, isto é, os que passam a esses espiões informações confiáveis, adequadas a predispor uma denúncia junto ao Santo Ofício. A central de Roma corresponde na mesma linha com esses colaboradores externos e os membros se servem de pseudônimos. O próprio Benigni usa uma dúzia deles, entre os quais Charles, Lotte e Jérôme. As denúncias trazem o afastamento de bispos de suas dioceses e dos professores das salas de aula nos institutos religiosos, além de inúmeros livros listados no Índex. Sensacionais os casos de suspeitos, entre eles o jovem Angelo Roncalli, futuro papa João XXIII (1958-1963).

Em 1921, o *Sodalitium Planum* cessa sua atividade logo após o escândalo provocado pela publicação dos documentos confiscados pelos alemães, durante a Primeira Guerra Mundial, pelo advogado Alphonse Jonckx, um dos membros da organização. Benigni está sob acusação e Bento XV decide mandá-lo embora. O monsenhor termina na OVRA, a polícia política fascista, como informante da secretaria particular de Mussolini.

O Sagrado Massacre dos protestantes de Valtellina

"O Sagrado Massacre" é como Cesare Cantù define o massacre dos protestantes em Valtellina, no ano de 1620, na sua *História da Diocese de Como*, de 1856. Valtellina é o território que compreende as províncias de Tirano, Teglio e Sondrio. Habitado desde o início do século XVII, principalmente por católicos, mas controlado pelos espanhóis como via de comunicação entre as possessões italianas e a Alemanha. O episódio faz referência à matança dos protestantes realizada por fanáticos católicos, na noite entre 18 e 20 de julho de 1620, mas na essência do evento está o processo do arcebispo de Sondrio Nicolò Rusca, verdadeiro agitador das loucuras católicas, culpado da tentativa de homicídio do protestante Scipione Calandrini e morto durante as torturas do interrogatório. Naquele processo, foi condenado o genro do arcebispo, Giacomo Robustelli, também ele cheio de ódio contra os protestantes, mas que conseguiu escapar. Retornando dois anos depois, organiza por vingança o massacre que se desenvolve em três fases. Na noite entre os dias 18 e 19 de julho de 1620, são mortos quase todos os protestantes de Tirano. Em seguida, na igreja evangélica de Teglio, são assassinadas 72 pessoas, enquanto 17 pessoas, entre homens, mulheres e crianças refugiadas nos campos acabam queimadas vivas com o fogo aceso pelos fanáticos católicos. Por fim, entre a noite de 19 e 20, em Sondrio, 200 pessoas são mortas e apenas um grupo de 70 protestantes consegue se refugiar em Engadina. O episódio levará a uma intensificação da Guerra dos Trinta Anos (1618-1648), iniciada dois anos antes, cuja paz entre a França e a Espanha será intermediada em Monzòn, em 1626. Sobre o episódio, a Igreja de Roma jamais formalizou um pedido de perdão.

O massacre dos sérvios na Croácia

A Santa Sé vê nos croatas a vanguarda da Igreja. Quando, em 1941, Hitler invade a Iugoslávia, os croatas fascistas, os Ustashas, guiados por Ante Pavelic, declaram a independência, levando adiante uma política de terror, com o sistemático extermínio dos sérvios ortodoxos, ciganos, judeus e comunistas. Os Ustashas queriam criar uma Croácia católica, pondo em prática tudo o que Pio XII havia declarado publicamente, em 1939, durante a peregrinação a Roma, guiado pelo arcebispo Alojzije Stepinac, definindo os Ustashas como "a vanguarda do cristianismo". Os extermínios realizados por Pavelic e pelo seu vice, Andrija Artukovic, apelidado "o Himmler dos Bálcãs", começam em abril de 1941, com a intervenção direta dos missionários franciscanos, certamente não inspirados por um sentimento puramente evangélico. Serão exterminadas 800 mil pessoas, sendo 100 mil apenas nos campos de Jasenivac. O general Ante Gotovina promove a deportação de 200 mil sérvios. O arcebispo de Zagreb, Aloizii Stepinac, embora um apoiador da política de Pavelic, acaba por relatar os macabros eventos ao Vaticano, especificando que lhe foram comunicados pelo ministro da Justiça, mas da Santa Sé não chega resposta.

Após o massacre, Pavelic vem a Roma e se encontra com Mussolini, mas também com Pio XII, que resolve nada comentar sobre os massacres. Por outro lado, Stepinac, que será beatificado por João Paulo II, em 1998, em uma carta exprime parecer favorável sobre "conversões impostas", enquanto em março de 1942 o cardeal francês Eugène Tisserant, em um encontro com Nikolay Rusinovic, representante do governo de Pavelic junto à Santa Sé, não se detém em condenar os franciscanos que participaram "dos ataques contra a população ortodoxa", declarando que "agiram de maneira abominável". Novamente, Pio XII nada comenta.

Na grande desordem com a Segunda Guerra Mundial, os criminosos Ante Pavelic e Andrija Artukovic conseguem fugir da justiça internacional indo para a Áustria. De lá, com ajuda da *intelligence* britânica e do núncio apostólico do Vaticano, vão para a Itália. Encontram refúgio temporário em um convento, graças à proteção da Santa Sé, na pessoa do vice-secretário de Estado Giovan Battista Montini, futuro papa Paulo VI (1963-1978). Posteriormente, esses Ustashas voam para a América Latina, onde podem viver confortavelmente, graças ao imenso tesouro recolhido depredando as vítimas do seu regime sanguinário. Ante Gotovina, ao contrário, preferiu se esconder em um monastério franciscano na Croácia, indiretamente protegido pela Santa Sé. Conseguirá viver nas ilhas Canárias sob falsa identidade, até ser preso, em Tenerife, em 2005.

Em dezembro de 2005, ressurgem calúnias sobre operações de espionagem realizadas pela Santa Sé em relação aos Ustashas e ao extermínio na Croácia. De fato, a Corte Federal de São Francisco é chamada a julgar uma série de instâncias de indenização, apresentadas por judeus, ciganos e sérvios sobreviventes à máquina de extermínio dos Ustasha. E, em obediência ao processo, em dezembro de 2005 o agente de contraespionagem americano William Gowen testemunha o papel desempenhado pelo cardeal Montini.

O último caso é aquele de Ante Gotovina, o general croata, responsável pelo massacre de 150 sérvios e pela deportação de outros 200 mil. Teria estado escondido em um monastério franciscano da Croácia e, portanto, teria recebido a proteção do Vaticano. A procuradora do tribunal internacional de Haia, Carla Del Ponte, recomenda a sua captura e, em junho de 2005, encontra-se com o ministro do Exterior do Vaticano, o arcebispo Giovanni Lajolo, para pedir ajuda na busca do fugitivo. A resposta dada é a de que o Vaticano não possui uma *intelligence* e, portanto, não tem obrigação de ajudar uma organização internacional na caça aos criminosos de guerra. Até que, em 8 de dezembro de 2005, Ante Gotovina é preso na localidade turística de Playa de las Americas, em Tenerife.

De toda essa vergonhosa operação, somente em 22 de junho de 2003, o papa João Paulo II, em sua viagem apostólica a Banja Luka, na Bósnia, reconhece a responsabilidade dos católicos nos delitos dos Ustashas croatas, durante a Segunda Guerra Mundial e nos horrores da guerra da Bósnia (1992-1995).

O extermínio dos índios

A colonização e a cristianização forçada dos territórios da América Central, pelos *conquistadores* e, posteriormente, pelos missionários, no fim do século XVI levam os ameríndios, ou seja, os índios, não só à morte física como àquela moral. O extermínio ocorre de maneira científica na base de uma proclamação, que se chama *Requerimiento*, que os *conquistadores*, uma vez penetrados no território dos índios, leem para eles em espanhol, logo, incompreensível. A figura central desse documento, que tem o apoio da Igreja de Roma, paradoxalmente tem como protagonista Jesus Cristo, apresentado como "chefe da raça humana". Jesus dera o poder sobre os homens ao seu apóstolo Pedro e esse aos seus sucessores, os bispos de Roma. Um desses pontífices, Alexandre VI, depois da descoberta da América por Cristóvão Colombo, doou o continente aos soberanos espanhóis e portugueses, declarados "legítimos dominadores" das terras descobertas e a descobrir, com o tratado de Tordesilhas, de 1494. Com esse escopo, traçou uma linha de divisão imaginária resultando em 450 léguas a oeste das ilhas de Cabo Verde. O *conquistador*, enviado pelos soberanos, está acompanhado por "indivíduos de virtude reconhecida, com temor a Deus", ou seja, os missionários, "com objetivo de vos instruir na fé católica e inspirar em vós o desejo dos bons costumes". Por conformidade, o *conquistador* conclui a leitura do proclama: "Com isso garanto e juro que, com a ajuda de Deus e com a nossa força, entraremos em vossa terra e conduziremos a guerra contra vós [...] para submeter-vos ao jugo e ao poder da Santa Igreja [...] infligindo-vos todo dano possível e dos quais sejamos capazes, como convém a vassalos teimosos e rebeldes que não reconheçam seu Senhor e não queiram obedecer, mas sim a ele se contrapor."

Sobre o massacre dos índios também há notas deixadas pelos missionários, entre os quais o bispo Bartolomeo de Las Casas, e alguns documentos dos *conquistadores*, pelos quais se evidenciam as atrocidades feitas em nome de Cristo. Por exemplo, como quando "construíram largas forcas, de tal modo que os pés apenas tocassem o chão [para evitar o sufocamento], e penduravam cada um desses — em nome do Redentor e dos 12 apóstolos — grupos de 13 índios, colocando-os sobre lenha e brasas e queimando-os vivos".

E ainda: "Frequentemente arrancavam de um o braço, de outro uma perna ou uma coxa, cortavam de um só golpe a cabeça de outro qualquer, não diferentemente de um açogueiro que esquarteja a ovelha marcada." Vasco de Balboa faz destroçar uns 40 índios por cães famintos. Trata-se de autênticos "crimes contra a humanidade", como se diria atualmente.

Um ou outro missionário tenta opor-se à política dos *conquistadores*, como o teólogo Francesco da Vitoria, da Universidade de Salamanca, procurando convencer os próprios reis espanhóis de que aquele sistema levará ao despovoamento do continente. Certamente não é menos vergonhoso o remédio adotado pelos *conquistadores* para combater aquele mal, a deportação de escravos negros da África. Isto também com a ajuda dos missionários. Enquanto operam a conversão forçada ao cristianismo, embebem de falsos ideais de felicidade aquele povo que não conhece a realidade da natureza humana considerada civilizada, e do que é capaz para alcançar a riqueza. De fato, ocorre que, uma vez enganados e reduzidos ao estado de escravidão, muitos índios se suicidam e se deixam morrer de fome. Além disso, um grande número de recém-nascidos morre nos primeiros meses de vida, privados como são de sustento. Muitas mulheres afogam os próprios filhos por desespero e algumas, ao engravidar, usam ervas especiais para conseguir abortar.

Sobre o massacre dos índios é citada a reflexão feita por Bento XVI em audiência geral, em 23 de maio de 2007, no dia seguinte à viagem ao Brasil, que, por outro lado, não é nem mesmo um pedido de perdão: "A recordação de um passado glorioso não pode ignorar as sombras que acompanham a evangelização do continente latino-americano: não é possível, de fato, esquecer os sofrimentos e as injustiças infligidas pelos colonizadores às populações indígenas, muitas vezes violadas em seus direitos humanos fundamentais. Mas a obrigatória menção de tais crimes injustificáveis não deve impedir de se dirigir agradecimentos pela obra maravilhosa cumprida pela graça divina entre aquelas populações, no curso dos séculos."

Junta-se ao extermínio o povo em estado de escravidão, o que se vê no pecado da *Soberba* (v.).

Soberba

A Igreja de Roma é caracterizada por uma excessiva autoestima, ou seja, pela soberba identificável na figura do Soberano Pontífice como símbolo do poder religioso, enquanto guardião da única verdade religiosa para o homem. Manifesta-se antes de tudo no trono papal, cuja conquista se verifica no passado através de lutas militares e intrigas simoníacas, examinadas no capítulo dedicado ao pecado da *Avareza* (v.). Tanto que é uma espécie de luta entre os representantes do clero com a instituição de um regime de papas e antipapas. Esses últimos reconhecidos oficialmente, até hoje, como soberanos pontífices no Anuário Pontifício, redigido pela Secretaria de Estado do Vaticano, diante do cisma criado no seio da Igreja.

A soberba se manifesta também no *luxo* ostentado na *decoração e vestuário do soberano pontífice*, e no uso dos meios de transporte, na *decoração das igrejas e palácios apostólicos* e nos *monumentos fúnebres dos pontífices e cardeais.*

A Igreja peca pela soberba, sobretudo por se considerar a *única fonte de verdade da mensagem de Cristo*. Provoca ambições desmedidas e o desprezo não apenas pelas outras religiões, do judaísmo ao islã, do induísmo ao budismo e às várias doutrinas arnimistas, mas também pelas diversas igrejas cristãs, como a protestante, a luterana, a anglicana, a valdense ou ortodoxa, sufocando uma mensagem ecumênica que, no entanto, deveria abraçar todos os cristãos e todas as religiões.

De qualquer modo, nesse momento de distinção da Igreja de Roma das outras igrejas cristãs entra o singular aspecto do pecado da soberba. No Vaticano, revela-se na sua *Hostilidade machista à mulher sacerdote*, em nome de uma tradição apostólica que, por outro lado, em diversos casos foi traída ou colocada à parte ou ainda alternadamente interpretada, como aparece documentado no capítulo dedicado ao *Falso Testemunho* [v.].

É precisamente a soberba a caracterizar essa tomada de posição da Igreja Católica, que produziu através do tribunal inquisidor do Santo Ofício, ou mesmo da Congregação da Fé, uma operação de espionagem em busca de hereges, condenados ao fogo, no passado [v. *Homicídio*], e depois em seguida, excomungados e expulsos da comunidade, enquanto, no caso de religiões não cristãs, perseguiu em nome do *racismo,* como no caso dos judeus, com a *marginalização* e a conversão forçada, até o extermínio, em guerras e cruzadas [v. *Homicídio*]. Foi concebida também uma *Oração da Igreja contra os "pérfidos" judeus*, pecado que é considerado à parte, dado o seu caráter "sacro". Tudo isso são comportamentos em nome de uma *injustiça social* que a Igreja possui em um dos sete pecados capitais, próprios do terceiro milênio.

Além disso, a soberba do Vaticano é manifestada na *Condenação da ciência e da comunicação social*, consideradas obras diabólicas e não alinhadas com a moral cristã baseada na Sagrada Escritura, única fonte de verdade para toda a humanidade, determinando ontem e hoje uma série de condenações e proibições.

A luta pelo trono pontifício com os antipapas do cisma

A luta pelo trono pontifício determina, em alguns períodos da história do Vaticano, um verdadeiro cisma, historicamente causado pela nomeação mais ou menos contemporânea de dois soberanos pontifícios. Um dos quais, em geral, é considerado pelo Vaticano um antipapa. Essas figuras, todavia, são reconhecidas ainda hoje no Anuário Pontificío do Vaticano. O cisma é datável, com 32 antipapas eleitos em períodos diversos, até 1378, quando se institui, em Avignon, uma verdadeira sede alternativa àquela de Roma, até 1423, com Clemente VII, reconhecido pelo Vaticano, e até 1430 por outros dois antipapas ignorados por Roma. A eles acompanham outros dois antipapas reconhecidos por Roma, até 1449, com aquele tido como último antipapa, Félix V. Um total de 39 antipapas diante de outros tantos cismas. Sem contar que, de 1962 até hoje, se sucederam bem 18 antipapas, nenhum dos quais reconhecidos pelo Vaticano [v. *Apêndice*].

A luta pelo trono pontifício raramente tem caráter ideológico-religioso, enquanto frequentemente se origina por motivos venais — que levam até a confrontos militares — e bem contrastantes com o espírito evangélico, que deveria mostrar o desejo de ser eleito chefe da Igreja de Roma.

O primeiro contraste se tem com o primeiro antipapa, Hipólito [217-235], o único entre os 39 declarados santos pela Igreja, evento que faz entender como foi um erro não ter conciliado os dois concorrentes. O papa de então é Calisto I, acusado de ter consagrado bispos, diáconos ou sacerdotes já passados por dois ou três casamentos, de ter permitido a alguns bispos casar, e por ser, de modo geral, bastante permissivo com os adúlteros e as prostitutas. São acusações em grande parte justas, pelas quais lhe foi de ajuda o apologista Tertuliano, mesmo se herege eremita, que se lança contra Calisto no seu *De pudicitia*. "O máximo pontífice, o bispo dos bispos, perdoa os adúlteros e os fornicadores. Onde vai parar essa norma tão liberal? Nas portas dos prostíbulos, onde vivem as prostitutas? Mas não! Expor-se-á na Igreja a virgem esposa de Cristo!"

O segundo antipapa, Novaciano, na verdade é um puritano, e de qualquer modo a sua figura rigorosa se aproxima daquela de Hipólito. Opõe-se ao bispo Cornélio [251-253], que é favorável a um perdão aos *lapsi* — os cristãos caídos na idolatria para se salvar da pena de morte — e se autodenomina bispo de Roma. Por sua vez, Cornélio reage convocando uns 60 bispos na capital do império, para aquele que é o primeiro histórico concílio de Roma. Decide-se pela condenação de Novaciano e da sua doutrina puritana, enquanto é aprovada a obra de caridade aos *lapsi*.

Novaciano foge para a África, onde termina vítima das perseguições. Contudo, numerosos são seus seguidores na Itália, África, Ásia e Gália, testemunhas do cisma existente, destinado a permanecer até o fim do século VI, mesmo sem ter outro antipapa.

A sucessão determina também movimentos armados. Emblemático aquele entre o papa Damásio e o antipapa, Ursino, em 366, já recordado no capítulo sobre o pecado da *Avareza* [v.]. Os confrontos se renovam em dezembro de 418, entre o papa Bonifácio I e o antipapa Eulálio e entre o papa Símaco e o antipapa, Lourenço, em novembro de 498.

Singular é a figura pontifícia de Leão VIII, que, como é reportado em nota na *Série dos Sumos Pontífices* no Anuário Pontifício, "foi eleito no concílio ocorrido na Basílica de São Pedro, pelo imperador Oto I depois da deposição feita no mesmo dia,

04.XI.963, de João XII, que morreu em 14 de maio do ano seguinte" (v. *Apêndice*). E então se pergunta: "Foi válida tal deposição? Se sim, Leão VIII foi papa legítimo. De lá até cerca da metade do século XI acontecem eleições nas quais, devido a dificuldades de acordo nos critérios históricos e teológico-canônicos, não se consegue decidir em definitivo de qual parte seja a legitimidade, que, existindo *in facto*, assegura a verdadeira continuação ininterrupta dos Sucessores de Pedro".

É ridícula, no Anuário Pontifício, a nota a Bento IX, o único papa a ter sido três vezes pontífice, fruto de nepotismo e assassinatos, como lembrado nas páginas sobre nepotismo, comércio e sobre *homicídio* (v.): "O pontificado de Bento IX foi interrompido uma primeira vez pela intromissão de Silvestre III", que, na verdade, foi eleito pelo povo depois de ter expulsado de Roma os condes de Túsculo. "Em uma segunda ocasião, Bento IX renunciou e lhe sucedeu Gregório VI", para quem ele mesmo vendeu o trono. "Enfim, Bento IX se tornou papa pela terceira vez após a morte de Clemente II", considerando-se patrono do trono vendido.

Nasce novamente, de uma batalha em campo aberto, em Marino, o antepenúltimo cisma da Igreja com o "carrasco de Cesena", Clemente VII. Vencido por Urbano VI, cria a própria corte e a própria Igreja, em Avignon, que durará até o ano de 1430 com outros três antipapas e à qual se adicionará "a obediência pisana", como o Anuário Pontifício chama o segundo cisma e a terceira Igreja instituída em 1409, em um concílio em Pisa, com os dois antipapas, Alexandre V até 1410 e João XXIII até 1415, quando o Concílio de Constância depõe o antipapa junto ao papa Gregório XII. De modo que, acima de tudo, é difícil entender qual ao certo era o papa efetivo da Santa Igreja Romana.

O antipapa Félix V, fruto do Concílio da Basileia, em oposição a Eugênio IV e ao sucessor Nicolau V, é o último reconhecido pelo Vaticano, que depois disso não reconhecerá nenhum outro opositor ao seu papa, como nas diversas comunidades cristãs, mais que verdadeiras igrejas, formadas na segunda metade do século XX, nas quais serão bem 18 antipapas. Trata-se mais de ideologias e mistificações religiosas, nem sempre identificáveis com particulares características cristãs.

Soberba e luxo no vestuário e na decoração pontifícia

O Ofício das Celebrações Litúrgicas do Sumo Pontífice organiza as celebrações religiosas presididas pelo papa e cuida do vestuário e da ornamentação dele em tais circunstâncias. São clássicos a túnica branca e os mocassins vermelhos. Nem sempre usados pelo papa são a capa vermelha ou o manto de veludo, visom e seda, bem como aquele particular chapéu que é a mitra, parecido com uma boina de forma redonda e baixa dos doges venezianos, que foram reinventados por Bento XVI. Uma vestimenta por si só bastante simples, mas que se põe em soberba nas liturgias solenes com as ricas capas renascentistas e as faixas, ou seja, os mantos com longas bainhas, em geral sustentados pelos sacerdotes celebrantes.

Mas o símbolo de maior soberba que o papa sempre tem mostrado no próprio vestuário é, sem dúvida, a tiara. É um ornamento para a cabeça de forma cônica, ornada com três coroas e uma cruz no ponto mais alto, usada pelo papa durante a cerimônia da coroação e em algumas funções solenes. O nome originário deriva do grego *tiara*, sinônimo do *phrygium* "turbante", usado pela corte persa e transformado em símbolo do imperador bizantino. O lexicógrafo Papia, do século XI, define a tiara como *camelaucum* feito de renda, arredondado como uma semiesfera e ligado por duas *vittae* [bandagem]; dessa *vittae* derivam as duas faixas presentes na mitra — o chapéu rígido dos bispos com duas pontas —, que descem pelos ombros e são chamadas *ínfulas*, símbolos do espírito e da carta da Sagrada Escritura.

Um inventário do tesouro papal de 1295 descreve uma tiara com 48 rubis, 72 safiras, 45 esmeraldas e 66 pérolas, além de um rubi enorme no alto, um círculo esmaltado na base e oito pedras nas duas faixas. Uma tiara semelhante aparece no monumento fúnebre de Nicolau IV [1288-1292] e na estátua de Bonifácio VIII [1294-1303], na catedral de Florença, sem o rubi, mas com um segundo círculo. Essa tiara migra para a França, em 1305, para a coroação de Clemente V, que lhe inclui um terceiro círculo. E assim nasce o *triregnum*, transformado em símbolo da autoridade papal, definida tríplice no *Pontificale Romano* de 1596, quando o soberano pontífice é chamado "pai dos príncipes e dos reis, reitor do mundo, vigário na terra de Cristo". Atributos que identificam o tríplice poder do papa como político, jurídico e religioso.

O *triregnum* foi enriquecido por cada papa, com gemas e diamantes, mas foi também útil para as finanças do Estado Pontifício em diversos momentos particularmente difíceis. Clemente VII ordenou a Cellini fundir as tiaras guardadas no Castelo Sant'Angelo, retirando as pedras preciosas, a fim de evitar serem roubadas pelos mercenários. Por outro lado, o *triregnum* de Júlio II, trabalhado por Caradosso, foi conservado e usado pelos papas até Paulo III, que mandou fazer outro, usufruindo as muitas pedras preciosas encontradas na tumba da imperatriz Maria, esposa de Oto III. Tinha 19 diamantes, 18 rubis amarelos, 493 rubis, 184 safiras, 50 esmeraldas, 20 águas-marinhas, 40 turquesas, 30 topázios, 8 zircões, 10 ametistas e várias pérolas. Foi o mais precioso de todos. O *triregnum*, no entanto, foi usado pelos papas até Paulo VI, que, em 1963, o doou aos pobres para em seguida ser recuperado por João Paulo I, João Paulo II e Bento XVI, que alterna as mitras de Pio IX, Bento XV e Pio XII. De alguns *triregni*, ainda hoje guardados no Sacrário Apostólico do Vaticano (v.), seria oportuna a venda para obras de caridade, como sugerido no capítulo da *Preguiça* (v.).

Outra expressão da soberba está na *sedia gestatoria*. Chamada também pelo termo grego *hexaphorum* e, em latim, *sella gestatoria apostolica*, ou ainda, *sedes portatilis*. É o trono móvel sobre o qual o papa é levado nos ombros para que possa ser admirado mais facilmente pelos fiéis durante as cerimônias públicas. Trata-se de uma grande poltrona apoiada sobre uma base dotada de anéis ao lado, dentro dos quais passam os dois bastões laterais, removíveis, que permitem conduzir nos ombros a cadeira por 12 *sediari*. São as pessoas adequadas para transportar a *sedia gestatoria*, armados com espadas, até 1870, e por isso elegantemente vestidos em tons violeta, com casaco cumprido até os joelhos, chapéu de duas pontas, com insígnia, faixa e botões em seda, sempre pretos.

As origens da *sedia gestatoria* são incertas e remontam aos faraós egípcios, mas se registra o uso também por parte do imperador bizantino e do patriarca de Constantinopla. Magno Felice Ennnodio, bispo de Pavia, morto em 521, faz referência no seu *Apologia pro Synodo* a uma "*gestatoriam sellam apostolicae confessionis*", aludindo à chamada Cátedra de São Pedro, comentada no capítulo dedicado ao *Falso Testemunho* (v.). No Vaticano aparece a partir do século XVI para as coroações papais e os consistórios públicos. Juntos entram em uso os *flabelos*, grandes leques, de origem egípcia, utilizados "*ad refrigerandum aerem*" e "*ad abigendas muscas*", que representavam simbolicamente os serafins reverentes em volta do trono viajante do vigário de Cristo.

Uma figura emblemática de pontífice na *sedia gestatoria* é, sem dúvida, Pio XII. Ele se mostrava à multidão não sentado, mas ereto, em pé, com os braços abertos, quase a simbolizar Jesus Cristo, em uma atitude fortemente teatral e sintomática de certa soberba. O uso da *sedia gestatoria* continua ainda hoje, mas Bento XVI não a utilizou até o momento.

Mesmo porque é bem mais prático o automóvel, que substituiu a carruagem usada desde o século XVII, permitindo ao papa se mostrar em público. O automóvel é usado desde 1929, como meio de transporte para viagens, enquanto o seu uso para passar entre as pessoas na praça e dentro de Roma remonta a João XXIII, com a Chrysler Imperial. Paulo VI não utilizou, pois, para ver a multidão na praça São Pedro, preferia uma Toyota e um Cruiser, carros japoneses com tração nas quatro rodas. João Paulo I e João Paulo II voltam à *sedia gestatoria*, enquanto não é lançado o jipe da Fiat, sobre o qual o papa Woytyla sofreu o atentado. O episódio foi determinante para a colocação no carro de uma "redoma" de plexiglas à prova de balas, ainda hoje caracterizando o chamado "papamóvel", com uma carroceria mais e mais grandiosa.

O "papamóvel" é usado também por Bento XVI para atravessar o "mar de gente", enquanto aumentam os automóveis presenteados por várias indústrias automobilísticas, dos quais o último é uma supermáquina Volkswagen Phaeton. E o papa, utilizando-os, seja apenas uma vez, vira um tipo de testemunho publicitário. Tudo isso, porém, com a placa SCV, válida como indicação da Sagrada Cidade do Vaticano, mas popularmente chamada de "Se Cristo Visse!". É a interpretação bem humorada da popular malícia romana, que acerta em cheio na soberba ostentada pela Santa Igreja Romana.

Luxo na Igreja Romana dos séculos V-VI

O uso do dinheiro nos século V e VI é destinado, antes de tudo, a ornamentar as igrejas com um luxo fulgurante, tomando o exemplo do imperador Constantino. O imperador mandou fazer a tumba de São Pedro com um sarcófago de bronze de Chipre sob uma cruz de ouro maciço, sobre o qual se eleva o cibório* com uma lamparina de ouro em forma de coroa, enquanto "o pavimento era constituído de laje de mármore bordado lá e cá de granito e serpentinito", escreveu Jérôme Carcopino, "e os muros em tijolos cimentados eram protegidos por um revestimento de argamassa hidráulica e, no interior, por um leve extrato de tinta vermelha [...] e, seja na entrada ou no arco triunfal, resplandeciam os mosaicos". Para a basílica de Latrão, dedicada ao Salvador, Constantino "carregou nos ombros, para sua fundação, 12 caixões de terra segundo o número dos 12 apóstolos" (v. *A riqueza exces-*

*Cálice sagrado, (N. do T.)

siva da primitiva Igreja de Roma] e o enriquecimento de pesadíssimas estátuas, bacias, candelabros e louças de ouro, tanto que é chamada de "basílica áurea" e ficou como exemplo a ser seguido.

Assim, Sisto III [432-440] enriquece Santa Maria *ad Nivem* com um cálice de ouro de 22,6 quilos; um altar revestido de lâminas de prata de 136 quilos; um cervo com 13,6 quilos de prata de cuja boca sai água na fonte batismal e com um santuário de prata com 232 quilos. Hilário [461-468] se empenha em levar o luxo aos três oratórios anexos ao batistério de São João de Latrão. O primeiro, dedicado ao evangelista, apresenta um afresco em volta como um mosaico, com um carneiro entre coroas de flores, cestas de frutas, pássaros e ramos. É enriquecido por um altar de prata de 45 quilos com ornamentos e ouro. O segundo, dedicado a Batista, caracteriza-se pelas "portas que cantam", cujos batentes de bronze, girando sobre dobradiças, emitem um som harmonioso e tem um altar de prata com 45 quilos e candelabros de ouro. O terceiro oratório, dedicado à cruz, mostra um carneiro de ouro, embaixo de um arco de ouro, sustentado por colunas de ônix; a apoteose decorativa consiste em três esculturas de cervos, com 13,6 quilos de prata, sobre os quais está apoiado um candelabro de ouro com a pomba dourada do Espírito Santo. O santuário teria "desaparecido" com todas as decorações, na metade do século XVII, por misteriosos ladrões, evidentemente, suspeitos de dentro da Santa Sé.

Ficou sem ouvidos São Jerônimo com a sua condenação: "Os verdadeiros servos de Cristo se mantêm longe do luxo. Qualquer um me dirá que na Judeia o Templo era rico e que nele a missa, os candelabros, os incensórios, os copos, os cálices e todos os outros ornamentos eram de ouro. Mas, depois que o Senhor fez da pobreza o seu templo, nós devemos pensar na cruz e considerar a riqueza nada mais que ambição." O luxo segue adiante. Símaco [498-514], que chega a ter abaixo de si 28 basílicas, além daquelas patriarcais, se empenha na de São Pedro, com lajes de mármore para o chão e um santuário com colunas de granito sobre o *cantharus*, assim como na construção de edifícios residenciais no Vaticano, primeiro núcleo dos futuros palácios apostólicos.

Luxo no palácio papal de Avignon

Na decoração do palácio ressaltam sedas e brocados que recobrem as paredes, enquanto bandejas, garrafas, pratos e talheres são todos em ouro e prata, enquanto, como um tipo de competição, os papas que se sucedem tentam superar uns aos outros, tanto que se passa da louça com 159 quilos de Clemente V àquela de 196 quilos de Clemente VI. Muito mais rico é o guarda-roupa, para o qual são exemplos as 40 peças de tecido de Damasco para Clemente VI e pagos 1.278 florins, bem como o vestuário dos familiares de João XXII, renovado anualmente por uma cifra de 7.842 florins. Singular é a compra de peles, reservadíssimas ao papa, própria de Clemente VI com 1.080 peles de visom, das quais somente 68 usadas para o capuz, 430 para a capa e 410 para um manto. E pensar que João XXII as adaptou como enfeite para seu próprio travesseiro, em uma cama espaçosa, na sua estrutura matrimonial, visando sua comodidade. Sem querer sugerir a presença de companhias femininas naquela cama ou de uma verdadeira orgia. Mesmo se os registros da Câmara Apostólica apontem a presença, no palácio pontifício, de "senhoras da família do papa" e outras anotações de escritores não façam pensar em presenças santas (v. *Papa, cardeais e sacerdotes entre cortesãs, prostitutas e "beatas"*).

Soberba e luxo no palácio papal no Vaticano

Tudo começa com Alexandre VI Bórgia, que manda decorar o primeiro andar por Pinturicchio. Trata-se do atual museu embaixo das Salas de Rafael, onde está abrigada a Coleção de Arte Religiosa Contemporânea, instituída por Paulo VI em 1973. Moraram ali também Pio III e Júlio II, esse último até 1507, quando se mudou para o andar superior. Não suportava nos afrescos de Pinturicchio a imagem daquela "lembrança de um porco odioso e desgraçado", como papa Della Rovere estigmatizou Alexandre VI.

O apartamento Bórgia é o primeiro da casa pontifícia definível "na medida do papa", como se vê nos rostos dos representantes da família Bórgia, imortalizados nas paredes pelos afrescos de Pinturicchio. Era estimulado por um cunho narcisístico, é certo, mas também pela vanglória de ver imortalizado o seu poder e a sua Igreja no luxo à imagem da sua soberba. O apartamento, como dito também no pecado do *Homicídio* (v.), é constituído por quartos mal-afamados que evocam uma época nebulosa da história pontifícia, na qual entram, antes de tudo, as mulheres do cardeal e papa Bórgia: Vannozza Cattanei, a mãe dos seus quatro filhos, e Giulia Farnese, sua "companhia" na corte, tanto que era apelidada "*sponsa Chris-*

ti". Isto é algo fácil na interpretação do apartamento como um ninho de *luxúria* (v.), incrementado pela presença dos filhos de César, Juan, Lucrécia e Jofré, com seus respectivos séquitos de cortesãos, mercenários e assassinos. Eis os retratos desses protagonistas, expressões vivas da soberba do papa e dos seus acolhidos, bem como do luxo artístico. O papa aparece ajoelhado e em hábito pontifical na pintura da *Ressurreição,* na Sala dos Mistérios da Fé. Na mesma sala, Jofré é um jovem com armadura que Scalona sinalizava pelos "cabelos longos e ruivos" e César é um personagem ajoelhado, enquanto na virgem da *Anunciação* está representada Vannozza Cattanei. Na *Madona com o Menino*, na porta da Sala dos Santos, está imortalizada Giulia Farnese e na *Disputa de Santa Catarina de Alexandria com os Filósofos*, Lucrécia, com 14 anos, é a satã e Juan, o jovem, sobre um cavalo vestido como oriental.

Quando Júlio II, em 1503, passa a viver no andar superior àquele mal-afamado dos Bórgia, deseja-se criar um ambiente luxuoso que reflita os seus princípios pontifícios. Os afrescos nas paredes, em torno das salas e no terraço, de Rafael e da sua escola, são, portanto, o reflexo da sua soberba e da sua figura de papa-guerreiro. O fim narcisístico próprio do apartamento Bórgia prosseguirá com os sucessores de Júlio II, adequando passo a passo as imagens à semelhança dos vários papas. Dessa forma, até Gregório XIII vem precisamente se concretizando nos palácios apostólicos um apartamento sempre mais "na medida do papa".

Eis que de fato Júlio II é revisto no vulto de *Gregório IX que Recebe os Decretos*, afrescos que fazem referência a uma justiça concebida com extrema dureza, considerando que aquele papa instituiu, em 1232, o tribunal da Inquisição. Assim, a *Missa de Bolsena*, que evoca o milagre de Bolsena, de 1263, do qual deriva a instituição da festa do *Corpus Domini* e a construção da catedral de Orvieto, representa Júlio II ajoelhado diante do altar. Uma alusão precisa ao voto feito por esse papa, na sua primeira expedição contra Bolonha, quando parou para rezar na catedral de Orvieto. E ainda, *A expulsão de Heliodoro* faz referência à cruzada de Júlio II contra os franceses que deviam ser expulsos das terras da Igreja.

Leão X consegue exaltar a si próprio e o seu pontificado, invadindo o espaço de Júlio II na sua Sala de Heliodoro, com a *Libertação de São Pedro*, provavelmente aludindo à sua saída da prisão, ocorrida após a batalha de Ravenna, quando ainda era cardeal, e no *Encontro de Átila com São Leão Magno*, para o qual já estava programado o seu retrato entre os cardeais acompanhando o papa, com o rosto de

Júlio II, falecido antes que o afresco estivesse terminado. Assim, Leão X é retratado também com as características do pontífice e se concede um duplo retrato espelhando a soberba.

Leão X conseguiu se gloriar ao máximo na Sala do incêndio de Borgo, em uma exaltação obtida com a história da vida de dois papas com o mesmo nome, Leão III e Leão IV. Na *Coroação de Carlos Magno,* o imperador tem os traços de Francisco I e Leão III os de Leão X, com uma alusão à concordata entre a França e a Igreja, estipulada em Bolonha no ano de 1515. No *Juramento de Leão III,* representando o papa que se desculpa, em São Pedro, das calúnias dos sobrinhos de Adriano I, deseja-se fazer referência ao Concílio Lateranense de 1516, no qual é sancionado o princípio de que o papa deve responder pelos seus atos somente a Deus, ou seja, exalta-se a infalibilidade de Leão X. Retratado, obviamente, na aparência de Leão III, como sobrevivente das teses luteranas. E ainda, na *Batalha de Óstia,* a celebração da vitória sobre os sarracenos refere-se à cruzada organizada contra os turcos pelo papa Médici, representado em Leão IV.

Segue-o neste caminho outro papa Médici, Clemente VII, que se glorifica na Sala de Constantino com uma propaganda iconográfica da apoteose da Igreja, em duas autênticas falsidades: *O Batismo de Constantino*, que na realidade foi batizado por um bispo ariano poucos dias antes de morrer, e *A Doação de Constantino*, outra encenação que está na origem da criação do Sacro Império Romano. Em ambas o papa Silvestre I tem os traços de Clemente VII. E aqui se tem o banho, ou mesmo a estufa, como se dizia então, de Clemente VII — ao qual se faz referência no capítulo sobre o pecado da Luxúria (v.) —, com a representação de mulheres nuas.

Com Pio V, o apartamento reflete o seu espírito profundamente religioso e, portanto, representa um parêntese na exaltação do luxo e da soberba, que todavia se renova com Gregório XIII no entusiasmo sanguinário que sustenta contra os seguidores da Reforma. Regozija-se de alegria pelo famoso e terrível Massacre de São Bartolomeu, em Paris, nos dias 23 e 24 de agosto de 1572. Tanto é que encomenda a Vasari algumas cenas do episódio sobre a parede da Sala Régia. Esses três afrescos, junto àquele da *Batalha de Lepanto*, um acontecimento histórico que remontava a apenas dois anos antes, têm o objetivo de renovar o prestígio da Igreja e terminam por ser usados como arma espiritual. Seu tom soberbo parece ameaçar os embaixadores dos reis e imperadores nas longas esperas que precediam a sua audiência junto ao Santo Padre.

Soberba e luxo nos monumentos sepulcrais dos papas

"Memento pulvis es et in pulverem reverteris". É a frase sagrada que acompanha o rito da imposição das cinzas aos fiéis. Quando vemos as tumbas dos papas, parece que eles nunca se deram conta das cinzas. Elas são, de fato, concebidas com soberba exaltação da personalidade do pontífice cujos espólios mortais são depositados em sepulcros decorados com elementos figurativos e materiais, fazendo sempre referência à vida terrena e muito raramente àquela do outro mundo. Os monumentos sepulcrais tiveram como objetivo imortalizar a figura do papa no contexto da sua soberania terrena, mais do que espiritual. Alguns deles são emblemáticos do poder papal em relação à soberba, mas também aos faustos artísticos, ou seja, ao luxo, além da luxúria pelos que foram vítimas dela. Isso se percebe desde a primeira tumba renascentista que representa o papa sentado no trono e não mais deitado sobre um sarcófago. É a de Leão X, em Santa Maria sopra Minerva, onde o papa aparece sentado com as chaves na mão esquerda e a direita em ato de bênção. É uma posição que "parece esculpida em mosaicos bizantinos, nos quais o Cristo é comumente retratado sentado no trono com a mão elevada para abençoar", como observa Gregorovius. Como tal, fará escola nas sucessivas tumbas, simbolizando toda a soberba do vigário de Cristo na terra.

Uma tumba peculiar é aquela de Paulo III, feita por Gugliemo Della Porta, para a capela gregoriana da basílica de São Pedro, em 1574, mas transferida em 1628 por Urbano VIII para o nicho meridional do coro, em frente ao local por ele destinado ao próprio monumento. O papa está sentado sobre um grande pedestal, acima do sepulcro e, aos seus pés, com base no desejo do próprio Paulo III, encontram-se duas estátuas de mulheres recostadas, alegorias da Justiça e da Prudência. Originalmente, acompanhavam ainda as estátuas da Paz e da Abundância, transportadas para o palácio Farnese por Urbano VIII. A Justiça, uma jovem mulher, representa a bela Giulia, irmã do papa: inicialmente nua, foi coberta por uma túnica aderente de metal, por desejo de Clemente VII, em 1595. Enquanto Prudência, uma mulher idosa, com o seio e o torso descobertos e uma túnica que a cobre da cintura aos pés, representaria a mãe Giovannella. A estátua da Justiça, com o tempo, estimulou a fantasia erótica de muitas pessoas. O guia de Roma do alemão Johann Theodor Sprenger, publicado em 1660, conta que um turista, apaixonado pela estátua, uma noite se escondeu na basílica para poder fazer amor com ela. Na sua trilha, alguns espanhóis se deixaram prender na basílica para fazer o mesmo. E ainda, no século

XVIII se espalha um boato de que a túnica de metal pode ser retirada. Agora o corpo nu da estátua se transforma em um ponto turístico cobiçado, visto que, segundo um artista alemão, por uma moeda de ouro um servente da basílica se presta a esse tráfico, talvez à noite.

No século XIX, o clima sexofóbico continua e o registra Belli em um soneto romanesco sobre um "senhor inglês" pego por um servente "em ato sujo e com o pinto na mão".

Em todo caso, essa tumba ainda faz escola em São Pedro. Assim, a tumba de Alexandre VII Chigi de Gian Lorenzo Bernini apresenta o papa ajoelhado, em ato de oração, mas aos seus pés estão as figuras de quatro mulheres. Aquelas em primeiro plano representam a Caridade e a Verdade, as retratadas mais à frente são a Justiça e a Prudência. No original, a Verdade estava nua, como a estátua da tumba de Paulo III, mas posteriormente foi coberta pelo mesmo sistema usado para a tumba do papa Farnese. Embora os "cabelos escorridos, o rosto maliciosamente abaixado e o comportamento pudico das mãos cruzadas sobre o peito", como observou Paola Boccardi Storoni, "fazem dessa figura ainda mais provocante".

A mais exagerada representação da soberba e do luxo aparece no monumento sepulcral de Sisto V, em Santa Maria Maggiore, localizado no fundo cenográfico da mesma capela do Santíssimo Sacramento ou Sistina. De fato, o monumento constitui um tipo de capela na capela, com a estátua colocada sobre o sepulcro esculpido por Valsoldo, uma figura robusta, mesmo se em posição de reza, com traços brutos, simbólico do papa "de ferro". Em volta, os relevos referentes aos fatos importantes do seu pontificado, muitas cabeças dos bandidos condenados à morte, o obelisco e a cúpula de São Pedro, bem como a sua coroação e os episódios históricos do seu pontificado. Sem dúvida é o monumento fúnebre mais emblemático da soberba do poder papal. Não por acaso, contrasta com a tumba de Pio V, posta na capela Sistina por Peretti. Isto porque papa Ghislieri não podia deixar de ser representado "magro e abatido", como descreveu Gregorovius, "em ato de abençoar, sobre o sarcófago, em cuja parte anterior o papa está retratado deitado em um relevo de bronze dourado". Pode parecer de pouco significado quanto à soberba e ao luxo, mas estes são exaltados, porém, pelos relevos ao redor, como o que evoca a batalha de Lepanto em todas as suas particularidades. Celebra a morte de 30 mil turcos e a prisão de 10 mil deles; o afundamento de 90 embarcações e a captura de 180 e a liberdade da escravidão de 15 mil cristãos. E ainda, como refere Gregorovius, "a inscrição do sepulcro celebra, entre as glórias do papa, ter vencido a heresia, a recuperação da França e a exibição dos troféus da sua vitória no Palácio de Latrão. Vê-se também representada, em relevo, uma cena da batalha contra os protestantes. Os indivíduos que vemos aqui retratados nos dão uma ideia de como compreender a Igreja, isto é, como "*ecclesia militans et in sanguine haereticorum triumphans*". Onde falar de soberba também é pouco.

Soberba e luxo da Roma pontifícia barroca

A Roma barroca é, em princípio, a cidade no século XVII. Contudo, há como base a cidade do Renascimento e da Contrarreforma, segundo a urbanização de Sisto V e as obras-primas de Bramante, Rafael, Michelangelo, Sangallo, Della Porta e Fontana. Às quais se sobrepõem um fausto de aparatos nas igrejas, palácios e fontes, expressões da afirmação do Renascimento e do Barroco para a exaltação da Igreja e do papado em um renovado *caput mundi* do catolicismo. Uma cidade-manifesto que transmite ao mundo uma imagem de apoteose da Santa Sé. Santidade e teatralidade; liturgia de cerimônias em grandes cenografias, a exaltação de uma ideologia religiosa e social em respeito ao bizarro, em um tempo marcado por jubileus a cada 25 anos, e não só, se considerarmos aquelas extraordinárias organizações para festividades religiosas de particular relevância e ocasiões de celebrações pontifícias. Uma cidade-teatro construída e reestruturada para representar-se em uma arquitetura urbanística que tende a uma busca despudorada pelo *glamour*. Contudo, com grandes valores artísticos, graças ao impulso genial de Caravaggio, Carlo Maderno, Alessandro Algardi, Pietro da Cortona, Gian Lorenzo Bernini e Francesco Borromini.

Os palácios surgem decorados de estuque e inscrições superabundantes, com postais soberbos, corredores com bustos entre nichos, pátios com varandas e escadas em espiral, salas com afrescos em perspectivas, profusão de decorações em painéis sobre portas. As basílicas são cobertas externamente de extrovertidos gestos, entre estátuas e colunas, com exaltantes inscrições douradas de papas e cardeais, patrocinadores da construção; brilham internamente a ouro e prata, entre coros angelicais e baixos-relevos em forma de palcos e cortinas, penduradas nas apoteóticas cúpulas e tetos de vitrais com arabescos e espelhos, nos corredores das naves que fluem entre altares dourados dentro de baldaquinos em mármore reluzente. E ainda se decoram pátios internos com obeliscos e fontes defronte a nobres casas e às igrejas que se abrem sobre balcões e alpendres. Edifícios tão grandiosos como pequenas cidades, com teatros e estábulos, autossuficientes e luxuosos ao máximo.

É exagerada, maravilhosa, sedutora dos sentidos e da mente. Para os cidadãos, para os peregrinos e para o mundo. Uma cidade na qual o efêmero enlouquece diante do sagrado. Entre amplas cortinas e arcos triunfais, redundante de pinturas e estátuas, nas criações de alegorias e histórias exemplares. Teatralidade em cada ocasião que de sacra se faz profana: pela canonização dos santos, as coroações dos papas, as festas religiosas, os pontificados; mas também pelo Carnaval, com máquinas e maquinaria cenográficas, construções postiças, fogos de artifício. E tem jogos, recepções, bailes com famílias exaltadas pelos papas do nepotismo a guiar a fila do fausto. Em todo esse cenário de luxo e soberba, parece ainda mais impossível descobrir a face da cidade santa da Igreja.

Assim é no monumento símbolo da soberba de um papa exposto junto aos monumentos eternos da Igreja e do cristianismo: o obelisco da Fontana dei Quattro Fiumi*, na praça Navona. Sobre esta é representado por Bernini o emblema da família Pamphilj, a pomba. Todavia, também é o símbolo do Espírito Santo que se irradia nos quatro lados do obelisco em direção aos quatro continentes, representados pelos quatro rios, do mundo conhecido na época. Vale como difusão soberba do primado da Igreja de Roma, graças ao Espírito Santo, mas testemunha também a supremacia da família Pamphilj, através do seu símbolo. Tanto que o Nilo é representado enquanto cobre o rosto, como abalado pela luz do Espírito Santo, e o Rio da Prata aparece aterrorizado, com os braços estendidos à frente para se proteger da potência do papado.

O Vaticano como fonte única da verdadeira mensagem de Cristo

Um autêntico ato de soberba é manifestado pela Igreja de Roma como sendo a única testemunha da mensagem evangélica de Cristo. A Igreja ortodoxa, que acolhe 240 milhões de fiéis, com sacramentos e sacerdotes como a católica, não é testemunha da mensagem evangélica de Cristo. A protestante, que reúne lutera-

*Fonte dos Quatro Rios. [N. do T.]

nos, calvinistas e outras comunidades para 500 milhões de fiéis, e não possui o sacerdócio ministerial e os sacramentos da católica, não é testemunha da mensagem evangélica de Cristo. A anglicana, que compreende comunidades evangélicas e pentecostais, para 25 milhões de fiéis, com mulheres sacerdotes e dois bispos gays casados, não é testemunha da mensagem evangélica de Cristo. Sobretudo, essa última, em junho de 2008, em um sínodo em York, se declarou favorável à ordenação de dois bispos mulheres, o que constitui "mais um obstáculo ao diálogo", como se lê no *Osservatore Romano*, de 7 de julho de 2008.

A separação da Igreja do Oriente remonta a 1504, quando papa Leão IX e o patriarca Miguel I Cerulario se excomungam mutuamente. A fundação da Igreja luterana pode ser datada com a Confissão de Augusta, de 1530, enquanto a anglicana surge em 1534, quando Henrique VIII se autonomeia "chefe supremo da Igreja da Inglaterra". Tudo se define no Concílio de Trento e na Contrarreforma, mas a condenação por parte do Vaticano está sempre mais qualificada nos séculos seguintes, tendo uma confirmação sacrossanta até no meio do Ano Santo de 2000. Em 5 de setembro, o cardeal Joseph Ratzinger, como prefeito da congregação para a Doutrina da Fé, na declaração *Dominus Jesus*, aprovada por João Paulo II, afirmou que apenas a Igreja de Roma era titular da "plenitude da graça da verdade" e que "os outros cristãos se encontram em posição deficitária para receber a graça eterna". É uma declaração que deixa pouco espaço para uma reunião das Igrejas cristãs, não estando abertas a um diálogo de esclarecimento entre elas mesmas, fora o indicador de supremacia que em todo caso é atribuído ao catolicismo.

E pensar que, em 18 de janeiro, na abertura da Porta Santa em São Paulo Extramuros, o arcebispo de Cantebury, George Carey, e o metropolita ortodoxo Athanasios, convidados por João Paulo II, conduziram com ele as atividades. Não somente, mas junto a eles atravessaram o portal 50 delegados de 22 Igrejas e Comissões e do Concílio Ecumênico de Genebra. A verdade é que João Paulo II era um grande "ator", com aquela capacidade de atrair para si o consenso de um extraordinário número de simpatizantes, apesar da restauração ocorrida dentro da Igreja de Roma, a qual teria continuidade com Bento XVI. Isto porque a unidade da Igreja não se faz com a encenação, mas é outra coisa. Também a soberba de se manter a única fonte de verdade é outra coisa. Isto significa se colocar por trás do Concílio de Trento. Por outro lado, a restauração do *Messale Romanum* tridentino e da celebração em latim da missa, por Bento XVI, são uma prova, sem contar que restabeleceu e depurou a *Oração contra os "pérfidos" judeus* (v.).

A reintrodução da missa tridentina em latim soa como um novo obstáculo ao ecumenismo dos cristãos. Por ela é sinalizada a declaração do cardeal Carlo Maria Martini no *Sole 24 Ore* de 29 de julho de 2007: "Não celebrarei a missa em latim", seguida de uma profunda observação: "Não posso deixar de pensar no sentido fechado que emanava junto àquele tipo de vida cristã, assim como se vivia na época, onde o fiel cansado encontrava o respiro de liberdade e responsabilidade para viver na primeira pessoa de que fala São Paulo". Estamos no meio de uma restauração, onde se deseja afirmar a Igreja de Roma como "fonte única da verdadeira mensagem de Cristo".

Hostilidade machista à mulher sacerdote

Entra no pecado da soberba da Igreja de Roma a oposição milenar do Vaticano à instituição do sacerdócio feminino no centro da hierarquia eclesiástica. A oposição é decretada em nome de uma tradição apostólica que, por outro lado, em diversos casos foi traída ou posta de lado ou, ainda, alternativamente interpretada, como aparece documentado no capítulo sobre *Falso testemunho* [v.]. Em relação a isso é significativa a declaração de Maria Caterina Jacobelli, vanguarda histórica da teologia feminina na Itália, que aparece no *La Reppublica* de 26 de outubro de 2008 com o significativo título *As Mulheres Também Anunciam o Evangelho*: "A Igreja deveria iniciar uma série de reflexões sobre o que aconteceu durante a Última Ceia. Porque o Cristo instituiu a Eucaristia e não o sacerdócio. E quando diz 'tomai e comei', diz a todos os discípulos, que eram tanto homens como mulheres."

Não se trata de declarar o "quanto a Igreja reconhece, aprecia e valoriza a participação das mulheres na sua missão de serviço em difusão do evangelho", conforme lembrou Bento XVI em um discurso ao Pontifício Concílio para os Leigos, em 14 de novembro de 2008, com "o homem e a mulher iguais em dignidade". Assim, vai-se repetindo o afirmado por João Paulo II, 20 anos antes, na carta apostólica *Mulieris dignitatem* de 15 de agosto de 1988, onde afirma que "o homem é uma pessoa, em igual medida o homem e a mulher: ambos de fato foram criados à imagem e semelhança de Deus". Isso é algo conhecido, e que diz das mulheres proclamadas santas, as monjas, as missionárias, as "ministras extraordinárias para a Comunhão", as catequistas e — por que não? — também as diversas empregadas nos escritórios da Cúria. Mas, se a mulher é igual ao homem "em dignidade", por que não pode cumprir as mesmas funções eclesiásticas do homem?

Em suma, a mulher aspira ao sacerdócio, meta alcançada na Igreja anglicana a partir de 1994, seguida em 2008 de uma proclamação da mulher-bispo. Contudo, a resposta do Vaticano para certas proclamações foi de que se trata de "um rompimento com as tradições apostólicas". A mulher deve dedicar-se à leitura dos textos durante a missa, na distribuição da comunhão e na catequese. Resta emblematicamente histórico o episódio ocorrido em São Pedro, em 4 de dezembro de 1985, paralelo a um sínodo dos bispos, que não se cansará de lembrar: a feminista americana católica Baby Burke, 43 anos, mãe de quatro rapazes, entra na basílica junto a um grupo de turistas, dirige-se sozinha ao altar da Cátedra e, vestida com uma longa túnica preta, ergue os braços aos céus com uma óstia na mão, preparada para cumprir o ato da consagração. Não fez a tempo, pois os vigilantes a pegaram e levaram para fora. Não foi um caso isolado, mas ninguém consegue derrubar a soberba machista da Santa Sé.

Racismo contra os judeus

Tudo tem início no IV Concílio Lateranense, de 1215, no qual Inocêncio III ordena aos judeus que vivem nos países cristãos a portarem um círculo de pano amarelo costurado na parte esquerda do peito, como uma contrassenha; para as mulheres é imposto um véu amarelo, por sinal, o mesmo símbolo das meretrizes. O primeiro estado cristão a se adequar ao decreto é a Inglaterra, em 1218; na Itália, Veneza lhe seguirá o exemplo, passando do círculo amarelo para um chapéu da mesma cor.

Os judeus, no Estado Pontifício, vivem uma existência cada vez mais desumana de um século ao outro. Além do que, em Roma, são obrigados a correr nus durante o Carnaval e, para serem libertos dessa humilhação, precisam pagar uma taxa. No Concílio de Constança, de 1414, é banida a prescrição do símbolo amarelo e se difundem pregadores que nos seus sermões se voltam contra eles. O mais implacável é o frade Bernardino de Siena, o qual, entre outras coisas, propõe confiscar dos "judeus" o dinheiro "acumulado com a usura". Nos seus passos estão Giovanni de Capistrano, responsável pela condenação à fogueira de muitos judeus, e Bernardino de Feltre, que em 1475 inicia um processo, em Trento, pelo ritual de homicídio de um menino cristão de nome Simone, levando ao massacre de toda a comunidade hebraica em Trento. Os judeus de outras regiões reagem lançando contra Trento o *cherem* (excomunhão), ainda hoje em vigor. Entre outros, o menino católico Simone será santificado por Sisto V, em 1588, com uma bula na qual não se faz referência ao ritual do homicídio, mas diz somente que Simone foi "martirizado e morto pelos pérfidos judeus em desprezo à fé cristã". Quis a justiça que o seu culto fosse abolido pelo novo calendário litúrgico de 1965.

São Pio V, em 1569, emite contra os judeus a bula *Hebraeorum gens sola quondam a Deo dilecta*, prescrevendo a expulsão dos judeus de todas as terras do Estado Pontifício, à exceção de Ancona e Roma, onde, em 1555, são instituídos os guetos. Mas a marginalização dos judeus continua a ser praticada pela Santa Sé tanto diante da guetização, quanto por se transformar em um pecado constante mesmo após a queda dos guetos. Assim, em 1825, no *Giornale Ecclesiastico* de Roma é publicado um tratado contra os judeus, impresso sucessivamente em um folheto: são acusados de deicídio e de serem voltados ao lucro, além do fato de lavarem as mãos no sangue dos cristãos que conseguem matar, incendiarem as igrejas e pisarem nas óstias consagradas, sequestrarem crianças cristãs para degolar e violentarem as freiras.

Pio X, no *Sillabo*, de 1864, entre os 80 "erros" da civilização moderna que a Igreja de Roma deve combater, porque são seus inimigos, inclui a "sinagoga de Satanás", querendo reduzi-los a escravos para depois fazê-los desaparecer. Em linha com essa pena, a revista dos jesuítas *La Civiltà Catolica*, fundada em 1850 por autorização de Pio IX, faz, a partir de 1880, durante 40 números, uma campanha jornalística contra os judeus, com a publicação de 36 ferozes artigos antissemitas. Os judeus são acusados de constituir uma "raça estrangeira [...] excepcionalmente e profundamente perversa", capaz de ser "perseguidora, assediante, tirânica, ladra e devastadora"; os judeus são, sobretudo, "insolentes, egoístas, sujos, ladrões, mentirosos e inoportunos".

Em 1890, no *La Civiltà Cattolica*, há três artigos sobre "questão judaica" que virão reunidos em um livreto de 90 páginas, destinado a fazer história na propaganda racista posta em ação pelo governo italiano fascista. Na verdade, o ministro fascista Roberto Farinacci, após a promulgação das leis raciais italianas de 1938, destacará como fez *La Civiltà Cattolica*, já em 1890, o aconselhamento do confisco dos bens dos judeus e a sua expulsão da Itália.

Um papa racista é Pio XI que, como cardeal em missão diplomática em Varsóvia, entre 1914 e 1917, chega a declarar que a causa dos problemas políticos da Polônia está nos judeus. Nas suas relações, que serão publicadas "censuradas" no volume em 1990, se recomenda, entre outras coisas, não dar excessiva importância às notícias sobre os massacres dos judeus, dos incêndios de casas e sinagogas, porque, se são objeto de certa violência, a culpa é dos próprios judeus.

La Civiltà Cattolica e *L'Osservatore Romano* continuam durante os anos 1920 as suas batalhas contra os judeus, demonstrados como inimigos da humanidade e em aliança com os comunistas e revolucionários, em linha com a posição fascista. Tudo culmina na Itália com as leis raciais promulgadas em 1938, as quais, de qualquer modo, se ligam àquelas que a Igreja aplicou, em seus territórios, com os relativos guetos. Tanto que Farinacci chegará a declarar: "Se como católicos viramos antissemitas, devemos isso aos ensinamentos da Igreja, através de 20 séculos."

Em 15 de julho de 1938, no *Il Giornale d'Italia*, é publicado o "Manifesto da Raça", intitulado *Manifesto dos Cientistas Racistas*, que reaparece em 5 de agosto na revista *La Difesa della Razza*. Entre os 360 assinantes, estão o escritor católico Pietro Bargellini e o franciscano Agostino Gemelli, médico com espírito missionário e um dos fundadores da Universidade Católica do Sagrado Coração. Na verdade, Agostino Gemelli é considerado pelos adeptos dos trabalhos um dos maiores exponentes do antissemitismo espiritualista anunciado pelo regime fascista, e constitui uma personalidade de destaque na relação entre o Vaticano e o regime fascista.

Contudo, talvez amadureça uma reação da Santa Sé ao racismo antissemita. Em fevereiro de 1939, ocorre o decenal da "conciliação" da Santa Sé com a Itália e Pio XI parece ter um novo pensamento em relação aos judeus. Convoca, para 11 e 12 de fevereiro, em Roma, todo o episcopado italiano para uma assembleia, durante a qual tem a intenção de pronunciar um discurso se propondo a denunciar as perseguições raciais na Alemanha. Mas o papa Ratti não consegue fazer o discurso. A morte o impediu na noite de 10 de fevereiro. E se espalhará o boato de que ele teria sido assassinado [v. *Homicídio*].

Chega a voz de Pio XII, ou melhor, o seu "silêncio". Não organiza cruzadas, não lança excomunhões e não denuncia os crimes dos nazistas na Polônia, os quais lhe são relatados em 11 de maio de 1940 pelo cônsul italiano fugido de Varsóvia. Congratula-se com Francisco Franco e não condena de imediato a guerra [v. *Homi-*

cídio]. Na verdade, não se move contra o descoberto porque teme o pior, mas fica em "silêncio". O que é interpretado como motivo de marginalização dos judeus. Em todo caso, é desmentida totalmente a acusação, no pós-guerra, de que o papa Pacelli teria relegado os judeus e não os teria ajudado. Foi apurado que a Igreja católica conseguiu salvar cerca de 600 mil judeus, graças a atitudes escondidas dos sacerdotes, freiras e leigos, em uma operação ramificada, a partir da Itália, para vários países do Mediterrâneo, e que resultou em um igual compromisso financeiro. Como aquele do cardeal Angelo Giuseppe Roncalli, que, delegado apostólico na Turquia, em contato frequente com o Vaticano, consegue ajudar inúmeros refugiados judeus a fugir dos nazistas e encontrar asilo na Palestina. Uma noite, chega a assinar falsas certidões de nascimento de crianças judias.

Pio XII, em 1943, constitui no Vaticano um refúgio para os perseguidos políticos e entre eles estão os judeus. Quando, em 26 de setembro, os alemães impõem aos judeus de Roma o pagamento de um resgate de 50 quilos de ouro para evitar a deportação, que ao contrário acontecerá igualmente, Pio XII envia um novo apelo às igrejas e aos conventos de toda a Itália a fim de que seja dado refúgio aos judeus. Sessenta são hospedados junto à Universidade Gregoriana e muitos outros encontram abrigo nos subterrâneos do Pontifício Instituto Bíblico; e isto não é marginalização. Se em 16 de outubro os alemães operam um rastreamento no gueto e 2.091 judeus são deportados para os campos de concentração, não é certa a culpa da Igreja.

Também há uma reação contra o Vaticano por parte dos alemães. Em 6 de novembro, um avião de nacionalidade desconhecida, provavelmente alemã, lança quatro bombas sobre o Vaticano. No mês de dezembro, os soldados alemães fazem uma ofensiva na basílica de São Paulo Extramuros e prendem um grupo de judeus que ali se refugiavam. Há a suspeita, no Vaticano, de um plano secreto de Hitler para a ocupação do Estado Pontifício e o sequestro de Pio XII. O papa então escreve uma carta de abdicação para utilizar no caso de sua captura, com a qual dá indicações para um eventual conclave em Lisboa.

Por outro lado, constitui quase um desafio aos alemães a manifestação popular que ocorre em 12 de março de 1944, na praça São Pedro, durante um discurso de Pio XII. Mas aquela manifestação não é suficiente para frear os nazistas. Em 24 de março, no local que virá a ser chamado de Covas Ardeatinas, são trucidados, pelos alemães, 335 italianos em represália ao atentado contra as forças nazistas, ocorrido em via Rasella no dia anterior. Entre os mortos está também um sacerdote, Don Pietro Pappagallo. E ainda, em 3 de abril, em Forte Bravetta, o sacerdote Don Giuseppe Morosini é fuzilado por ter fornecido assistência a combadentes clandestinos.

Esses eclesiásticos são vítimas indiretas de uma situação político-militar, que não é somente voltada aos judeus, mas tem um viés político que se ramifica no mundo através das nunciaturas, pelo bem e pelo mal. Assim, ocorre que os alemães em fuga, diante da chegada dos aliados em Roma, encontram refúgio junto ao bispo Alois Hudal, reitor do Colégio Alemão de Roma, e alguns criminosos nazistas perseguidores dos judeus terminam na América Latina. Qualquer um dirá que a Igreja ajudou os perseguidores dos judeus.

A guetização dos judeus

"É absurdo e inconveniente ao máximo que os judeus, por própria culpa condenados por Deus à escravidão eterna, com a desculpa de estarem protegidos pelo amor dos cristãos e tolerados na colaboração no meio deles, possam mostrar tal ingratidão contra eles para ultrajá-los em troca da misericórdia recebida e exigem dominá-los ao invés de serem submissos." Assim começa a bula *Cum nimis absurdum* de 12 de julho de 1555, emitida por Paulo IV contra os "insolentes judeus", chamados "deicidas", que "ousam viver em meio aos cristãos e se vestem como eles, até compram casas, aceitam babás e empregadas cristãs e cometem outros delitos em vergonha e desprezo pelo nome cristão". O papa se vê forçado a tomar contra os judeus uma série de providências, expressas em 14 injunções e obrigações, em todo o Estado Pontifício. A começar pela obrigação de viver "em uma certa rua e recolhidos em um dado lugar, separado das atividades e da vista dos cristãos, com os quais, por esta segregação, nenhuma atividade, contato e comércio devem ter de agora em diante".

Assim é instituído o "harém dos judeus", ou seja, o gueto em Ancona, no topo da colina Astagno, que desce até o mar, entre as encostas do monte Guasco; e, em Roma, no bairro de Sant'Angelo — lá onde em grande parte os judeus romanos já residiam —, com a proibição da propriedade de imóveis, a obrigatoriedade do sinal distintivo, a proibição de contratar empregados cristãos, de desenvolver atividades fora daquelas de comerciantes e antiguidades, de trabalhar nas festas cristãs, além da redução dos juros para 12% aos tomadores de dinheiro e fortes limitações na realização dos penhores. Um domicílio forçado, em suma, definido por um muro de contenção, que delimita um espaço de pouco mais de um hectare. Em Roma habitavam duas mil pessoas e em Ancona um pouco menos. Ao longo do muro, dois portões, que se abrem de madrugada e fecham após o entardecer, de 1º de novembro até a Páscoa, e duas horas depois, no resto do ano.

O gueto de Roma está mais diretamente submisso ao poder pontifício e sofre majoritariamente as consequências. O bairro apresenta uma densidade de prédios em um assentamento intenso e desumano, com o emblemático poste onde se lê "Justiça para os Judeus". Na parte inferior, de frente para o Tibre, a via Della Fiumara apresenta no nome as características da rua invadida pelas águas do rio, e não apenas nas inundações esporádicas, quando as casas ficam debaixo d'água até o segundo andar. Uma única sinagoga permitida, a que está por detrás da Escola Catalã. A essa se ligam outras três escolas em um único prédio, construído por volta de 1570 no espaço chamado "Mercadinho dos judeus", posteriormente chamado praça das Cinco Escolas.

Em 1589, Sisto V alarga o gueto com a ampliação do muro e a inclusão de dois portões. O território assume então a forma definitiva de um trapézio, com uma superfície que ultrapassa os três hectares para uma população de 3,5 mil pessoas e tendendo a dobrar gradativamente. O que parece uma piada é a instalação de um chafariz na parte externa da praça Giudea, do momento em que os judeus retiram do Tibre a água para beber. Mas, em 1614, Paulo V manda fazer na praça das Cinco Escolas um poço, alimentado pela água do Tibre, "*ad Haebreorum inopiam sublevandam*". É um sinal de generosidade que encontra reflexo na concessão dada pelo Tribunal Pontifício aos judeus de vender roupas novas e não somente trapos. Até a afirmação, de 1621, de que a "Santa Madre Igreja, tolerando os judeus, reconhece diante do tribunal que eles não são merecedores de ódio", mesmo parecendo mais uma expressão de perversa habilidade investigativa do que um concreto sentimento de caridade cristã.

Nenhum outro elemento decorativo se distingue no gueto. Frequentemente a seca e a inundação do Tibre ameaçam os quatro mil habitantes, causando males existenciais trágicos, aos quais se juntam a peste, em 1656. As portas são muradas em julho, quando o gueto ainda está sadio; mas a epidemia chega igualmente e fica circunscrita em uma macabra mistura de cadáveres, doentes e pessoas não contaminadas. Em nove meses, os mortos são 1.800 e a população se reduz a 2.264 habitantes.

Entre o fim do século XVII e início do século XVIII, a população do gueto sofre um gradual aumento, elevando-se a quase sete mil pessoas, e as condições de vida não são especialmente opressivas. A situação piora sob o pontificado de Pio VI que, em 5 de abril de 1775, emite um infame *Edital sobre os Judeus*, fazendo retroceder o gueto em um verdadeiro estado de polícia. É revogada qualquer patente de comércio e há o retorno de penas severíssimas com "a prisão e o confisco de todos os bens e outros consentimentos" para os homens e "chicotadas, exílio e outras penas mais graves" para as mulheres.

Tudo até a súbita chegada dos franceses em Roma, com a proclamação da República Romana e a deposição de Pio VI, em 15 de fevereiro de 1798, quando são abertas as portas do gueto em nome da liberdade jacobina. Não é uma abertura definitiva; nos anos seguintes, de fato, uma alternância de situações políticas leva, em 1815, ao defintivo restabelecimento do poder pontifício e à renovação da clausura para os oito mil judeus. Exatamente por conta do grande número de habitantes, em 1826, Leão XII permite ampliar o gueto, englobando o novo "braço" entre via Della Reginella e via Sant'Ambrogio, chegando até a praça Mattei. É um paliativo que não freia o deterioramento. Até o advento de Pio IX, que manda derrubar o muro e as portas do gueto, em 1848; contudo, a liberdade dura pouco. Passada a República Romana, Pio IX retoma o isolamento com impostos e antigas proibições. O gueto é um bairro em decadência, sobrevivendo pelas mãos da comunidade, com casas abertas ao comércio, desde tecidos até objetos de antiquário.

O gueto de Ancona é aberto em 1860, com a anexação das Marche ao Reino da Itália e, em 20 de setembro de 1870, tem-se a abertura definitiva do gueto de Roma, que será derrubado. Sobre os escombros renascerá o bairro judeu, em torno da nova sinagoga.

As conversões forçadas dos judeus

A obra de conversão dos hebreus por parte da Igreja não tem uma origem apostólico-missionária, mas esteve sempre ligada à imposição. Para sua realização, foi considerado lícito qualquer meio. O tribunal de Inquisição na Espanha contemplou conversões forçadas para quem a única alternativa era a pena de morte [v. *Os massacres da Inquisição espanhola*]. Por outro lado, durante o pontificado de Paulo III, surgem muitas cidades do Estado Pontifício, especialmente instituídas, chamadas "Casas dos Catecúmenos", onde são alojados e instruídos os judeus, aos quais são impostas as conversões forçadas. De fato, os catecúmenos estão sujeitos a uma legislatura particular e os que recusam a conversão são condenados a uma sanção pecuniária como reembolso das despesas ocasionadas durante a permanência na Casa dos Catecúmenos.

Gregório XIII, em 1577, institui no gueto de Roma as chamadas "pregações obrigatórias", ou seja, as rezas conversionistas que os judeus são obrigados a assistir todo sábado. Desenvolvem-se inicialmente na igreja de Sant'Angelo, em Pescheria, mas depois também em Tempietto del Carmelo, na praça Giudea, nas igrejas de Santa Maria del Pianto, Sant'Agostinno e San Lorenzo em Damaso e no oratório da Santíssima Trindade dos Peregrinos. São estabelecidas turmas de cem homens e 50 mulheres e quem se distrai corre o risco de ser espancado pelos guardas; mas mesmo com tanta severidade não obtém grandes resultados. Como observará o escritor holandês Sam Waagenaar, em seu *O Gueto do Tibre*, nos três séculos de atividade dessas pregações, apenas um sexto de um por cento dos judeus romanos se converterá ao catolicismo, tendo em conta as conversões arrancadas à força e as crianças "raptadas" ou "compradas", batizadas e instruídas no catolicismo. Esse é propriamente o sistema mais rápido e seguro, adotado pela Igreja de Roma, para converter os judeus.

Por outro lado, no *Código de Direito Canônico* está escrito que "a criança não deve permanecer junto àquelas pessoas que lhe possam ameaçar a vida ou a salvação", como os pais; e com base no IV Concílio de Toledo, é decretado que "os filhos batizados pelos judeus, a fim de que não sejam ameaçados pelos erros dos pais, sejam separados da convivência deles e confiados aos monastérios ou aos cristãos para que lhes tragam os benefícios dos costumes e da fé".

Assim, entre 1636 e 1790, em Roma, se verificam 2.432 conversões forçadas e apenas 196 entre 1813 e 1869. Simbólica é a destacada por Ettore Natali em seu *O Gueto de Roma*, de 1887, e acontecida em 1602: "No dia 25 de setembro, Barnech Aubron é conduzido à casa do padre Cesare Palazzolo e entregue a uma pessoa para que o fizesse cristão. Em 28 de setembro, obstinado, se joga por uma janela do jardim. Em 6 de outubro, monsenhor Diotallevi o conduz à sua casa para convertê-lo, mas, no mesmo dia, Barnech escapa e retorna ao gueto. Os pais o levam de volta à casa do monsenhor. No dia 18, na casa do monsenhor, Barnech declara querer ser cristão. No dia 19 é batizado, crismado e anunciado pelo bispo de Sidone, em São Pedro, ganhando o nome de Francesco Maria".

E ainda, Giosuè Ascarelli, rabino chefe de Roma, em 1600, é segregado com sua família por 43 dias, na Casa dos Catecúmenos. Giosuè e a esposa Débora recusam a conversão e são liberados. Os filhos, Camilla, com 12 anos, Belluccio, com 8, Giuda, com 6, e Marcello, com 4, após diversos dias segregados, são convencidos a se converter e afastados dos pais, os quais nunca mais verão.

Curiosa a conversão que se tem notícia durante o pontificado de Urbano VIII. São raptados, no gueto de Roma, dois filhos do judeu Próspero de Pultro, que declara aceitar o batismo deles apenas se o ritual for oficializado pelo papa, pessoalmente. Urbano VIII, logo que soube da notícia, concede o batismo aos dois De Pultro e os mantêm reclusos na Casa dos Catecúmenos.

Mas o caso mais emblemático de conversão forçada é aquele do bolonhês Edgardo Mortara. Foi raptado em 1858, com 7 anos de idade, da casa paterna, por ordem do inquisidor da Santa Igreja Romana, monsenhor Pier Gaetano Feletti, pelo mais banal dos motivos: o menino não pode ficar em casa de judeus, o que o distanciaria da religião católica em que foi amorosamente doutrinado pela empregada doméstica que o delatou ao inquisidor. O pai Girolamo tenta resgatá-lo, oferecendo uma soma notável de dinheiro, no momento em que a Igreja extorquiu dos judeus dinheiro para a concessão da liberdade comercial. Feletti se diz ofendido com aquela iniciativa; uma questão religiosa não se resolve com o pagamento de uma propina! O resto procede na maneira mais óbvia, com o menino educado na religião católica em Alatri e Roma, até se tornar um sacerdote. Contudo, uma série de intervenções internacionais ocorre, até que surge o "caso Mortara".

A começar por Napoleão III, solicitado pela comunidade israelita de Paris, que fala da questão como gravemente prejudicial aos sacrossantos direitos dos pais. O filantropo nascido em Livorno e naturalizado britânico sir Moses Montefiore vai a Roma, em 1858, pedir em vão para levar de volta o rapaz à casa paterna. Diante dessas queixas, intromete-se na questão a revista dos jesuítas, *La Civiltà Cattolica*, cinicamente denunciando que "os protestos sem precedentes surgiram de um fato não novo no mundo e que nos séculos anteriores teria passado sem despertar surpresa, nem mesmo atenção, uma vez que era comum um pouco de fé, fruto do naturalismo". Em resposta ao artigo dos jesuítas, o abade francês Auguste Delacouture publica, em Turim, em janeiro de 1859, um panfleto com reminiscências e documentações antigas. No momento em que cai o domínio papal sobre Bolonha, o avô de Edgardo Mortara apresenta um protesto contra os autores do rapto. Em 2 de janeiro de 1860, é preso Pier Gaetano Feletti, sob acusação de ter sido o autor moral do rapto. O eclesiástico admite, mas justifica a sua posição por princípios religiosos e o tribunal, por fim, o mantém livre, declarando não haver lugar para processo.

Do caso se ocupa também o artista Moritz Daniel Oppenheim, chamado "o pintor dos Rotschild", que pinta um quadro intitulado *O rapto de Edgardo Mortara*. Em 1862, no Teatro dos Florentinos de Nápoles, é representado um drama de Marco Camoletti, chamado *Uma Família Judia*, enquanto em Turim acontece uma "ação lírico-histórica espetacular" com desenhos humorísticos relativos ao rapto. Em Paris, é representado o drama *La Tireuse de Chartyres*, encenação do sequestro de um menino por parte de um padre que, ao final, foge a cavalo e a criança é entregue à mãe. O drama será representado em 1872 também em Roma, no Teatro Quirino, suscitando protestos por parte da Igreja, tanto que o espetáculo será proibido.

Depois, em 20 de setembro de 1870, Girolamo Mortara faz uma tentativa extrema, junto ao general Alfonso Lamarmora, para reaver o filho, mas sem sucesso. Todavia, Pio Edgardo, como agora se chama o rapaz e que tem 19 anos, não está mais em Roma. O papa, que sempre se mostrou irredutível diante das súplicas e dos protestos, providenciou mandá-lo para o exterior, em várias casas da ordem dos Canônicos Regulares Lateranenses, com a finalidade de torná-lo padre. Uma vez padre, Pio Edgardo se dedica ao ensinamento e à pregação nos mesmos colégios do seu indireto "raptor", ou seja, o papa Pio IX, e testemunhará o processo da sua beatificação junto ao tribunal eclesiástico declarando: "Estou intimamente convicto de que o meu Augusto Protetor e Pai era um Santo".

A oração da Igreja contra os "pérfidos" judeus

"*Oremus et pro perfidis Judaeis*" é uma expressão presente, oficialmente, desde o século VI, na liturgia católica, que passa a ser o *incipt** de uma oração dos

---

*Início, em latim. (N. do T.)

cristãos para a conversão dos judeus. Uma expressão similar já devia estar presente, como resposta à *Birkat Ha Minim*, uma bênção hebraica voltada contra os "nazarenos", isto é, os seguidores de Jesus: "Morram em um instante os nazarenos e os apóstatas". Após o Concílio de Trento, o uso dessa oração é mantido somente na liturgia da Sexta-feira Santa e o texto vem redigido no *Missal Romano*, naturalmente, em latim:

> *Oremus et pro perfidis Judaeis ut Deus et Dominus noster auferat velamen de cordibus eorum; ut et ipsi agnoscant Jesum Christum, Dominum nostrum. Omnipotens sempiterne Deus, qui etiam judaicam perfidiam a tua misericordia non repellis: exaudi preces nostras, quas pro illius populi obcaecatione deferimus; ut, agnita veritatis tuae luce, quae Christus est, a suis tenebris eruantur.*

Que em português soa assim:

> Oremos também pelos *pérfidos* judeus, para que o Senhor e Deus nosso remova o véu de seus corações e que eles conheçam o nosso Senhor Jesus Cristo. Deus onipotente e eterno, que não afaste da sua misericórdia nem mesmo a *perfídia* dos judeus, ouça nossa prece, que vos apresentamos pela cegueira desse povo, para que, conhecida a luz da vossa verdade, que é Cristo, sejam eles libertos das trevas.

As palavras que ferem particularmente são o adjetivo "*pérfidos*" e o substantivo "*perfídia*", que uma tradução politicamente correta poderia interpretar como "aqueles que não creem" e "a não crença", termos que, por outro ponto de vista, parecem forçados. Na verdade, o adjetivo em latim evidencia um desprezo em relação aos judeus que está além da questão da Igreja, tanto que a reza acaba por se tornar um tipo de maldição. De fato, em fevereiro de 1926, a associação eclesiástica romana Amigos de Israel, nascida para promover uma atitude conciliadora com os judeus, com a adesão de 18 cardeais, propõe a Pio XI abolir as duas palavras da reza. O papa interpela a Congregação dos Ritos e esta reage à proposta, em defesa da oração "consagrada por séculos". Ocorre que as palavras "*pérfidos*" e "*perfídia*" são abolidas somente após três décadas, por iniciativa de João XXIII, retirando-as em 1959 durante a celebração da Sexta-feira Santa, presidida por ele próprio.

Contudo, o papa Roncalli, claramente, não fica satisfeito com a troca, mesmo tendo sido feita por ele próprio, na edição do *Missale Romanum*, de 1962 e que, para ser oficial, deverá aguardar ainda alguns anos. Por causa disso, nos últimos dias da sua vida chega até a escrever, na reclusão do seu quarto do palácio apostólico, uma *Oração para os Judeus*, reconhecidos como "irmãos privilegiados", pedindo perdão a Deus "pelas injustiças cometidas contra os judeus", ou seja, "pelas culpas dos cristãos" em relação a eles. Uma oração que antecede o texto conciliador *Nostra Aetate*, a ser aprovado em 1965, para uma abertura ao diálogo da Igreja com os judeus. Um texto que será estranhamente guardado às escondidas e publicado somente em parte, no ano de 1965, em um jornal holandês. Virá à tona e será lido publicamente apenas no dia 21 de dezembro de 2008, no monastério de Santa Cecília, durante um recital para um descendente de João XXIII, o ator Guido Roncalli. Um episódio que cheira à vergonha pela Santa Sé, não permitindo até aquele dia a revelação de um texto, que no entanto exalta, como se ainda fosse necessário, a figura do "papa bom", representante sublime de um vértice da "santa casta".

A discutida oração é oficializada na edição do *Missale Romanum* de 1965, com base na declaração *Nostra Aetae* do Concílio Vaticano II. Evidencia os dons especiais recebidos pelo povo de Israel, excluindo a responsabilidade coletiva dos judeus pela morte de Jesus e condenando toda forma de antissemitismo. A nova oração elimina as palavras tidas como ofensivas, mas faz sempre referência às "trevas". Então, Paulo VI, em 1970, através da nova liturgia em língua vulgar, modifica de novo a reza do seguinte modo:

> Oremos pelos judeus, para que Deus nosso Senhor, que os escolheu primeiro entre todos os homens a acolher sua palavra, os ajude a progredir sempre no amor do seu nome e na fidelidade à sua aliança. Deus onipotente e eterno, que fizestes vossas promessas a Abraão e à sua descendência, escuta a oração da tua Igreja, para que o povo primogênito da tua aliança possa alcançar a plenitude da Redenção.

Mas não termina por aqui, pois, com a possibilidade de celebrar a missa em latim, concedida em 2007, por Bento XVI, com o *motu proprio Summorum Pontifi-*

cum, e com o retorno do *Missale Romanum* tridentino, foi preciso lançar mão do texto em latim. Bento XVI o faz por uma nota da Secretaria de Estado, em 6 de fevereiro de 2008, na qual está o novo texto de onde foi retirada a prioridade dos judeus "entre todos os homens a acolher" a palavra de Deus:

> Oremus et pro Iudaeis. Ut Deus et Dominus noster illuminet corda eorum, ut agnoscant Iesum Christium salvatorem omnium hominum. Oremus. Flectamus genua. Levate. Omnipotens sempiterne Deus, qui vis ut omnes homines salvi fiant et ad agnitionem veritatis veniant, concede propitius, ut plenitudine gentium in Ecclesiam Tuam intrante ominis Israel salvus fiat. Per Christum Dominum nostrum. Amen.

E o texto também é divulgado pela Rádio Vaticana, em italiano, nos seguintes termos:

> Oremos também pelos judeus. Deus nosso Senhor ilumine seus corações para que reconheçam Jesus Cristo Salvador de todos os homens. Deus onipotente e eterno. Tu que desejas que todos os homens se salvem e alcancem o conhecimento da verdade, conceda que, entrando a plenitude dos povos na tua Igreja, todo Israel seja salvo. Por Cristo Nosso Senhor. Amém.

A escravidão

O uso de mão de obra escrava é promovido pelos países católicos à frente da descoberta e colonização do continente americano, desde o início do século XVI. Remonta a um passo do *Requerimiento*, ou seja, do decreto redigido pelos soberanos espanhóis, com o consentimento do papa, que servia aos *conquistadores* como documento de conquista do território e os autorizava também ao extermínio, como descrito no pecado do *Homicídio* (v.). O passo em questão impunha ao *conquistador* ingressar pelo território onde viviam os indígenas em direção ao interior ou em outra zona. Em suma, significava afastá-los da área na qual estavam seus recursos e, portanto, reduzi-los a um estado de indigência.

Em 1502, os reis espanhóis Isabel e Fernando assinam o acordo para escravizar os índios, mais especificamente, os "canibais", porque são perigosos para os colonizadores europeus. Permissão que não é, na verdade, condenada pelo papa Alexandre VI, dando prosseguimento a outras maneiras de escravidão, que da mesma forma não são questionados pelos papas seguintes: Pio III, Júlio II, Leão X e Adriano VI. Qualquer um deles dirá que não tinha conhecimento do fato. Aos *conquistadores* sucedem-se os cidadãos europeus, atraídos pela ideia de desfrutar comercialmente os escravos na Europa: em 1528, registra-se a primeira concessão por parte dos soberanos espanhóis católicos a dois comerciantes alemães, Eynger e Sayller. Chama-se *asiento* e é um verdadeiro contrato comercial, dando início ao tráfico de escravos. O papa reinante, Clemente VII, não fomula nenhuma condenação.

Desde então, é violento o tráfico de escravos trazidos da África para o novo continente. Dessa escravidão, portanto, são considerados culpados os soberanos católicos e os seis papas indicados anteriormente, tanto que se precisa chegar a Paulo III para ter, da Igreja, uma condenação. Ela surge na bula de 1537, a qual lamenta esse "abominável comércio de homens". A bula pode até ser considerado um tipo de pedido de "perdão" aos escravos pela precedente omissão. Àquela bula seguirão outras: de Pio V, em 1568; de Urbano VIII, em 1639; de Bento XIV, em 1741, e de Gregório XVI, em 1839. De início, os missionários acompanhantes dos *conquistadores* se opuseram àquele mercado com obra de caridade, como aquela do jesuíta Pietro Claver (1580-1644), na Colômbia, mas, obviamente, não conseguiram bloqueá-lo.

A condenação da ciência

O presbítero escolápio* Livio Fanzaga, diretor da Rádio Maria, no dia seguinte ao terremoto em Abruzzo, em 6 de abril de 2009, sentiu-se no dever de anunciar, ao microfone da emissora da rádio católica de Como, que aquele evento sísmico não era outra coisa que "uma manifestação específica da vontade divina". A explicação, na sua banalidade, por outro lado, é uma indicação exata da relação que a Igreja tem com a ciência. Não é a ciência quem deve explicar os fenômenos do

*Pertencente à Ordem Religiosa da Escola Pia. (N. do T.)

universo, pois tudo se refere à vontade divina. Segundo aquele anúncio, seria um objetivo para o bem da humanidade. Mas claro que isso é pouco acreditável, especialmente no caso dos abalos em Abruzzo.

O dado de fato é que a Igreja, desde sua origem, em relação à ciência, à comunicação e até mesmo à cultura, tem sempre praticado um tipo de perseguição, estando disposta a acolher apenas o que está em linha com a Sagrada Escritura e a com doutrina de Cristo dela interpretada. Mesmo com o risco de alimentar a ignorância, confortada, em todo caso, pela fé absoluta.

A Igreja, em diversas épocas, tentou processos e retratações forçadas ou condenou cientistas e homens de cultura. Veredictos que em muitos casos, sempre através de longas vicissitudes, sofreram reviravoltas; cientistas e homens cultos foram reabilitados e a Igreja procurou conciliar a verdade científica, demonstrada e aceita pela maioria, com aquela da Sagrada Escritura. Isto também nos casos mais aclamados, a começar pela teoria heliocêntrica, de Copérnico.

A teoria copernicana é a antiga hipótese de um universo heliocêntrico, com a terra descentralizada. Essa visão é introduzida por Nicolau Copérnico em seu tratado *De revolutionibus orbium coelestium*, feito em 1543, e a teoria dá início àquele processo de mudanças científicas que hoje nós chamamos revolução copernicana, amadurecendo em 1687, com o surgimento dos *Philosophiae Naturalis Principia Mathematica*, de Isaac Newton.

A visão copernicana é condenada pela Igreja em 24 de fevereiro de 1616, porque, além do confronto com a bíblica imagem de Josué que "fecha" o sol, o astrônomo polonês coloca a Terra e, portanto, o homem, em posição descentralizada e não fundamental no universo criado por Deus. Esse posicionamento, ao contrário, era assegurado pela teoria geocêntrica, definida por Ptolomeu e defendida pela doutrina cristã de São Tomás; aceitar Copérnico significaria desmantelar alguns pontos de referência básica e interpretá-los de uma maneira nova. Mesmo se na realidade, no sistema solar, a interpretação dos movimentos celestes aparece simplificada e mais clara. A Igreja, condenando a teoria de Copérnico, em 3 de março de 1616, sem dúvida comete o pecado da ignorância ou mesmo da presunção e, portanto, contra a humanidade e o progresso.

Quem sofre as consequências negativas da condenação de Copérnico é Galileu Galilei, constituindo o caso mais impressionante da aversão da Igreja à ciência. Dois dias depois da condenação de Copérnico, o cientista pisano é convocado a Roma para justificar as suas opiniões. O cardeal Roberto Bellarmino, presidente do Santo Ofício, em uma reunião privada, lhe ordena que não defenda a teoria. Galilei promete obedecer, porém, antes de conceder, entrega a Bellarmino uma declaração na qual afirma que não recebeu penitência e que não abjurou, mas que lhe foi somente "incluída" a declaração no *Índex*.

Em fevereiro de 1632, Galileu publica o *Diálogo Sobre os Dois Principais Sistemas do Mundo*, no qual, sob uma aparente neutralidade, se demonstra o fundamento do sistema copernicano contra o ptolomaico. Por outro lado, a obra sai com o *imprimatur*, mesmo porque Galilei, no prefácio, declara aceitar a verdade religiosa segundo a Bíblia. Em 1633, é convocado a Roma e submetido a processo em 12 de abril. É acusado de ter extorquido o *imprimatur* de modo fraudulento, sem ter apresentado o "preceito" e que o *Diálogo* expõe ambos os sistemas, sem mostrar preferência pelo copernicano.

Em um segundo interrogatório, ocorre o "rigoroso exame acima das intenções" e Galilei mantém a sua posição. Em 22 de junho, é declarado "suspeito de heresia, isto é, de ter assumido e acreditado em uma doutrina falsa e contrária às Sagradas Escrituras" e de ter "incorrido em todas as censuras e penas dos cânones sagrados". Disso os juízes aceitam absolvê-lo, caso "abjure, maldiga e repudie esses erros e heresias". É condenado "ao cárcere formal", à vida nas prisões do Santo Ofício; também "para penitências salutares" deverá recitar "por três anos, uma vez por semana, os sete Salmos penitenciais". No mesmo dia, Galilei pronuncia a abjuração no convento. A condenação é logo mudada por Urbano VIII em um isolamento, ou seja, prisão domiciliar. De 26 de junho a 7 de julho, o cientista fica relegado em Roma, na Villa Médici. Depois lhe é concedido retornar à Toscana e vai viver em Siena, junto ao arcebispo Ascanio Piccolomini. Mais tarde, já cego, lhe é concedido retirar-se para sua casa, em Arcetri, perto de Florença, onde morre em 8 de janeiro de 1642. O tribunal de Roma não permite a sua sepultura religiosa na Santa Cruz. Tê-la-á somente depois de 80 anos, em um monumento póstumo.

Em 31 de outubro de 1992, após 359 anos, quatro meses e nove dias, Galilei é reabilitado com o cancelamento da sua condenação, feito por uma comissão pontifícia, presidida pelo cardeal Paul Poupard, com base nas pesquisas de quatro grupos de trabalho. Reconhece-se que o cientista jamais tentou negar a verdade revelada na Bíblia, mas apenas declarou que essa não é um texto científico, inspirado por Deus, para explicar aos homens "como deve ser o céu". Por outro lado, os juízes eclesiásticos o condenaram "em boa fé", pois imaginavam que a adoção da teoria copernicana pudesse minar a tradição católica e, sobretudo, bíblica. Absolvido Galilei com muitos pedidos de "perdão" à humanidade, João Paulo II pessoalmente observa que o único erro do cientista pisano (porque um erro dele era preciso reconhecer) foi ter recusado a sugestão do cardeal Bellarmino de apresentar, como uma hipótese, o sistema copernicano; um modo indireto de salvar a própria figura do santo bispado.

Um outro contraste surgiu entre a Igreja e a ciência com a teoria da evolução de Charles Darwin. Formulada em 1837, com a obra *Sobre a origem das espécies*, sustenta que "grupos" de organismos de uma mesma espécie evoluem gradualmente no tempo através de um processo de seleção natural. A teoria, em suma, renega o criacionismo, que afirma serem as espécies criadas por Deus, perfeitas e imutáveis. A primeira reação ocorre em 1874, por parte do teólogo Charles Hodge, que acusa Darwin de negar a existência de Deus por ter definido os seres humanos como o resultado de um processo natural, em vez de uma criação feita por Deus. Nasce então a polêmica de Darwin com a Igreja anglicana, que se estende depois à toda Igreja cristã.

Na verdade, no início do século XX, o jesuíta francês Pierre Teilhard de Chardin tentou conciliar a teoria da evolução de Darwin com a doutrina católica, observando que, "se o corpo humano tem a sua origem na matéria viva que existia antes disso, a alma espiritual é imediatamente criada por Deus". Mas trata-se de uma posição arranjada, ainda que corajosa, sufocada pela voz oficial da Igreja, que rapidamente condenou a teoria darwiniana da origem das espécies por pressupor o ateísmo. Mais concreta é a declaração de dom Fiorenzo Facchini, docente de antropologia e paleontologia da Universidade de Bolonha, publicada no *Osservatore Romano* de 16 de janeiro de 2006: "É de se criticar como alguns cientistas darwinistas assumem a evolução em sentido totalizante, passando da teoria à ideologia, em uma visão que pretende explicar toda a realidade vivente, incluindo o comportamento humano, em termos de seleção natural, excluindo outras perspectivas, quase como se a evolução pudesse dizer supérflua a criação e tudo pudesse ser autoformado e conduzido pelo acaso. A ciência como tal, com seus métodos, não pode demonstrar e nem tampouco desconsiderar que um desenho superior seja realizado, quaisquer que sejam as razões, a aparência mesmo casual ou existente na natureza".

Em última análise, a teoria darwiniana aparece recusada ainda hoje "como processo sem direcionamento, que não corresponde a um projeto e parte apenas da seleção natural e das variações casuais", segundo um comentário de Bento XVI a uma homilia de São Basílio Magno, na audiência geral de 9 de novembro de 2005. Em sentido mais amplo, o papa Ratzinger observa que "toda forma de pensamento que negue ou procure recusar a enorme evidência de projeto em biologia é ideologia, não ciência [...]. Agora, no início do século XXI, em contraposição aos posicionamentos científicos, como o neodarwinismo e a hipótese de universo paralelo em cosmologia, para evitar a grande clareza de objetivo e projeto que se encontra na ciência moderna, a Igreja católica defenderá novamente a razão humana, proclamando que o projeto inerente e evidente na natureza é real. Teorias científicas que buscam negar a evidência do projeto como resultado do acaso e da necessidade não são de forma alguma científicas, mas, como afirmado por João Paulo II, uma abdicação da inteligência humana".

A última condenação da Igreja em relação à ciência vem da sua oposição às modificações genéticas e aos experimentos com os seres humanos, em relação às células-tronco. A Igreja se opõe totalmente às formas de pesquisa e de intervenções, entre elas o aborto, prevendo o programa de redução da natalidade. O aborto é condenado como contrário à ética cristã, mesmo nos casos de fetos malformados após uma amniocentese. Por outro lado, a vida é preponderante até sobre o direito à liberdade de escolha e por isso a Igreja se opõe, fortemente, a todos os casos de eutanásia, uma vez que se deve manter com vida o ser humano mesmo que somente em estado vegetativo. Isto também é um pecado contra a humanidade.

Bento XVI, no discurso feito em 18 de setembro de 2006 aos médicos católicos participantes do Congresso Internacional sobre o tema "As células-tronco: qual o futuro em relação à terapia?", observou que a pesquisa sobre células-tronco somáticas "merece aprovação e encorajamento quando conjuga felizmente o saber científico, a tecnologia mais avançada em âmbito biológico e a ética que postula o respeito do ser humano em cada estágio da sua existência".

Tudo isso, obviamente, seria dito pela Igreja como norma para os fiéis católicos, mas é fato que, por meio dos representantes políticos leigos de fé católica, sempre tentaram, ao menos na Itália, aplicar leis que tutelassem a moral da Igreja, mesmo no campo científico, como no caso da eutanásia.

A condenação da cultura e da comunicação social

A representação teatral e a escrita, as mais antigas formas de difusão da cultura e do pensamento do homem, são alvo de olhares da Igreja desde a metade do século XVI, com a Contrarreforma. No topo estão as representações das comédias de Platão, Terêncio e Maquiavel, encenadas na corte papal e não consideradas, como disseram, um pecado, mas cometido pelos soberanos pontífices em relação à obscenidade. Há também a invenção da imprensa, tolerada e exaltada pela Igreja quando Gutenberg imprime a *Bíblia de 42 Linhas* com a nova técnica dos caracteres móveis. Ao contrário, em 1515, o V Concílio Lateranense estabelece a censura preventiva dos livros, impondo o *imprimatur*, condição essencial para permitir a circulação dos livros. Paulo IV, diante da iniciativa da publicação dos livros sem o *imprimatur*, decide condenar a leitura sob acusação de ser um meio de difusão de heresias. Assim, em 1559, publica o primeiro *Índice dos Livros Proibidos*, chamado "Índice Paulino". São listadas todas as obras de autores não católicos, mesmo de caráter não religioso, totalizando 126 títulos de 117 escritores e 332 obras anônimas. Entre os escritores incluídos no índice estão até Dante Alighieri pelo *Monarquia*, no qual condena a concessão autônoma do império, mesmo se examinada de acordo com o sacro poder papal. Considera a *Doação de Constantino*, juridicamente, nula. Condena também as 45 edições "clandestinas" da Bíblia em vulgar e sem notas, assim como o trabalho de 61 tipógrafos suíços e alemães. O objetivo é discordar da impresão de qualquer escrita que não esteja de acordo com o catolicismo. É uma repressão cruel, pela qual o *Índice* vale como condenação da cultura e é, na prática, um pecado cometido contra a humanidade a favor da ignorância, continuando a ser a melhor maneira pela qual a Igreja se assegura da cega confiança nos seus ensinamentos.

Tudo piora com o duro Pio V. Em 1571, institui a *Congregação do Índice*, responsável por manter atualizado o índice e enviá-lo, periodicamente, às várias sedes da Inquisição, com a advertência de comunicar aos tipógrafos e livreiros. Além disso, são proibidas as publicações de obras em vulgar, que poderiam ser lidas por um maior número de pessoas, diferentemente daquelas em latim.

Em 1596, sob papa Clemente VIII, é feita a redação de uma nova lista, intitulada *Índice Clementino*, na qual são incluídas obras de autores não italianos, publicadas após 1564. Numerosos são os textos científicos censurados, considerados hereges por não se adequarem à interpretação aristotélico-escolástica e, em 1516, são banidas as obras de Copérnico.

Simultaneamente, é combatido o teatro, considerado uma representação cenográfica da escritura e essa é uma autêntica autoacusação, levando em conta que na corte pontifícia são encenados textos obscenos, ou mesmo censurados, como as comédias de Platão, Terêncio e Maquiavel, bem como a escandalosa *Calandria* do cardeal Bibbiena. As representações teatrais, inicialmente, são proibidas apenas nas cidades do Estado Pontifício, mas, no século XVII, a questão se espalha pela Europa. Na França, em 1641, o rei Luís XIII chega a defender o trabalho dos comediantes diante das perseguições por parte da Igreja, declarando que não deve "ser imputado como negativo nem prejudicar a reputação deles nos relacionamentos públicos". Quem sofre as consequências é Molière, que defende o teatro indepedente do seu valor religioso. Quando ele morre, em 1673, lhe é negado o conforto religioso e o seu funeral ocorre às escondidas.

Estando em vigor a proibição absoluta para as mulheres de recitar e de cantar, os personagens femininos são interpretados no palco por homens travestidos e, no canto, pelos chamados "*castrati*". São totalmente bem vistos pela Igreja, utilizando-se de suas vozes "femininas" ou mesmo "claras" para os cantos religosos, nas celebrações, onde é impensável a mulher cantar. Assim, desde o fim do século XVI, eunucos chegam a Roma para serem cantores no coro da Capela Sistina. A Igreja os tolera, ignorando os seus aspectos físicos, aliás, considerados "contra a natureza" e, portanto, condenáveis, segundo a moral sexual proposta pela Igreja. A horrível castração, ou seja, a remoção dos testículos — contrária à moral cristã — é praticada por açougueiros e barbeiros nos meninos de oito a dez anos, frequentemente sem condições higiênicas adequadas e com altíssima taxa de mortalidade. De qualquer modo, a Igreja comete um pecado, do qual se salva declarando que o castrado é "o mediador mais eficaz e direto entre o homem e Deus". O primeiro cantor castrado a entrar na Capela Sistina é o espanhol Francisco Soto de Langa, em 1562, enquanto o primeiro italiano é Giacomo Spagnoletto, em 1588.

No entanto, a castração deu origem ao comportamento homossexual suspeito de certos cantores, levando, claro, a outro pecado tido pela Igreja como contrário à natureza. Segundo Casanova, muitos deles tinham um aspecto gracioso e suscitavam paixões dentro do Vaticano, onde moravam. Sem contar que às vezes as operações de castração não eram realizadas corretamente. Conta-se que um cantor, certo dia, apresentou ao papa o pedido para poder se casar, justificando-se com o fato de que a sua operação não tinha sido completa como deveria. O papa, implacável, lhe responde: "Castre-se melhor!"

A castração foi abolida por Pio X, em 1903. O atual coro da Capela Sistina é formado por 20 cantores e 25 *Pueri Cantores*, que constituem as chamadas "vozes claras", no lugar dos castrados. Os *Pueri Cantores* são selecionados na terceira série do ensino fundamental de escolas de boa formação e submetidos a uma audiência na Sala Pio XII. São necessários cinco anos de canto (dos quais um preparatório), da quarta série do fundamental até a terceira série do ensino médio, desde que a voz não se masculinize muito. Os *Pueri Cantores* ingressam no coro no dia de Santa Cecília, 22 de novembro, com um juramento em voz alta, na famosa igreja dedicada à Santa. Assim, o pecado da Igreja e aquele presumível dos "castrati" foram cancelados.

Outro problema no âmbito das comunicações é a grande difusão do jornal até o fim do século XIX. A Igreja não consegue impedir a circulação dos jornais em todo o mundo e se limita a condenar os que abertamente proclamam artigos anticlericais. Contudo, o jornal recupera seu crédito quando, em 1º de julho de 1861, nasce o *L'Osservatore Romano*, destinado a se transformar no porta-voz do Vaticano para o mundo. Nesse meio-tempo, o *Índice* continua sua ação com singular severidade e, em 1758, com papa Bento XIV, as normas são revistas para tornar a catalogação mais observada. É eliminada a proibição da leitura da Bíblia no vulgar. A partir de 1917, as competências para a compilação e a atualização passam diretamente para o Santo Ofício. O *Índice* amplia a sua lista e entre os "condenados" estão os poetas Jena de La Fontaine, Vittorio Alfieri, Ugo Foscolo, Giacomo Leopardi e Gabriele d'Annunzio, os narradores Michel de Montaigne, Charles-Louis de Montesquieu, Stendhal, além dos filósofos René Descartes, Blaise Pascal, David Hume, Antonio Spinoza, Imanuel Kant, John Locke, Jean-Jacques Rousseau, Denis Diderot (com toda a *Enciclopédia*) e Voltaire.

Em 1895, os irmãos Lumière inventam o cinematógrafo e Guglielmo Marconi experimenta o telégrafo sem fio, base da técnica radiofônica, e são produzidos os primeiros discos fonográficos. A Igreja se encontra diante de novos meios de comunicação social, os quais, instintivamente, é levada a condenar. Como primeira iniciativa, há um decreto de Pio X, em 1912, proibindo as projeções cinematográficas nas igrejas. Depois aparecem, em todo o mundo, os programas radiofônicos regulares, iniciando na Itália, em 1920, que a Igreja considera voz de Satanás, e por isso se põe a colocar no ar as transmissões religiosas de inspiração rigorosamente católica, contrastando ou anulando aquela voz. Transmite pela primeira vez, em 1926, pela rádio Suíça, por ocasião da Páscoa.

Enquanto isso, o *Índice dos Livros Proibidos* acaba com Émile Zola e Antonio Fogazzaro, Benedetto Croce e Giovanni Gentile, aos quais, na última lista, de 1948, se juntam Simone de Beauvoir, André Gide, Jean-Paul Sartre e Alberto Moravia. Mas a Igreja faz sentir ainda mais a sua voz nas comunicações radiocinematográficas, por parte de Pio XI, em 1929, com um chamado de advertência e condenação sobre os perigos diabólicos existentes. Quando, em 1931, a Rádio Vaticana começa a transmitir, aquele novo instrumento de comunicação é abençoado sob o símbolo de *Christus vincit, Christus regnat, Christus imperat*.

Sobre o cinema se abate a condenação da Igreja através da encíclica *Vigilanti cura*, de Pio XI, promulgada em 1936 e endereçada ao bispado dos Estados Unidos. Os filmes, segundo o papa, não devem "servir apenas para passar o tempo", mas "podem e devem iluminar os espectadores e, de forma positiva, encaminhá-los para o bem". É um modo preciso de estimular o cinema a evitar a representação do mal existente no mundo e a imagem do pecado, diante das imagens santas e religiosas. Exatamente em 1936 faz sua aparição na televisão, cujas transmissões iniciam na Inglaterra, mesmo se dos efeitos desse novo meio de comunicação se dará conta, principalmente, no pós-guerra.

A esse ponto a condenação dos instrumentos de comunicação social passa a ser inoportuna e anacrônica. A Igreja, em 1957, enfrenta o problema no contexto mais geral dos costumes sadios com a encíclica *Miranda prorsus*, de Paulo VI, e em 1971, com a instrução pastoral *Comunio et progressio*, de Paulo VI. O pedido de censura parece despropositado, mesmo se realizado pelo Estado italiano, de governo democrático-cristão, com a proibição de filmes aos jovens com idade inferior aos 18 e aos 14 anos.

Evidentemente, é uma batalha perdida, especialmente no campo dos livros proibidos, cujo *Índice* é definitivamente abolido depois do Concílio Vaticano II, em 1966, por Paulo VI. Parecerá até mesmo ridículo que a Opus Dei pretenda, no entanto, redigir o seu particular *Índice de Livros Proibidos*. Em 2003, chegará a listar 60.541 volumes, muitos dos quais remontam ao *Índice Paulino* de 1559.

Por outro lado, os "livros proibidos" continuam a ser regularmente indicados nos comentários do *L'Osservatore Romano*, do jornal da CEI *Avvenire* e do quinzenal dos jesuítas *La Civiltà Cattolica*, que possui o *imprimatur* da Secretaria de Estado. Além disso, todo mês, na revista *Studi Cattolici*, vizinha da Opus Dei, Mauro Manfredini compila uma lista dos livros sugeridos, conforme os critérios católicos. Dessa forma, também o quinzenal *Il Regno*, dos dehonianos de Bolonha, publica uma ampla resenha dos "Livros do Mês", enquanto em diversos sites e blogs católicos se divulga o elenco dos livros proibidos. Certa censura não tem poupado nem mesmo o cardeal Carlo Maria Martini, com os seus *Diálogos Noturnos em Jerusalém*, lançado pela Mondadori, em 2008. Provavelmente porque o cardeal, em 27 de julho de 2007, em uma entrevista ao jornal *Il Sole 24 Ore*, criticou o *motu proprio Summorum Pontificum*, usado por Bento XVI para liberar a celebração da missa em latim com o ritual tridentino. Mas, esperto, Carlo Maria Martini, em 28 de junho de 2009, no jornal *Corriere della Sera*, assina uma coluna mensal dedicada à fé, respondendo às perguntas enviadas pelos leitores.

A poluição ambiental feita pelo Vaticano

A poluição ambiental é um dos pecados capitais do terceiro milênio, segundo uma graduação listada pela Santa Sé, e o fato acaba por ser um tipo de autoacusação ou mesmo um pecado próprio do Vaticano. Esse pecado se encontra, antes de tudo, na área dos 424 hectares do território de Santa Maria di Galeria, onde vivem 4 mil habitantes, automaticamente expostos a limites de poluição de até 50 V/m-WWF. Daqui se estende um pentágono eletromagnético, no total de 400 pontos de transmissão de rádio, aos quais estão expostos cerca de 250 mil cidadãos, irradiados entre Monte Mario, via Cadlolo, via Teulada, via Apuleio e viale Vaticano, com valores que chegam a 30 V/m-WWF. A área de Santa Maria de Galeria goza de extraterritorialidade, conforme o acordo assinado, em 8 de outubro de 1951, entre o Estado italiano e a Santa Sé para a específica construção do Centro Transmissor para a Rádio Vaticana, inaugurado em 27 de outubro de 1957 por Pio XII. Todavia, o usufruto da extraterritorialidade não significa que o Vaticano pode se dar ao luxo de poluir.

Assim, desde julho de 2000 foi instituída uma comissão bilateral entre a Itália e a Santa Sé para a solução dos problemas ligados à intensidade das emissões eletromagnéticas da estação de rádio. Em 4 de junho de 2007, chega-se a um contencioso resolvido pela Corte de Apelo de Roma, que absolveu os dois réus, padre Pasquale Borgomeo, diretor-geral da Rádio Vaticana até 2005, e o cardeal Roberto Tucci, na época, presidente da Rádio Vaticana, da acusação de "emissão de algo perigoso". Em seguida ao recurso apresentado pela procuradoria de Roma, por algumas associações ambientalistas e pelas famílias de Santa Maria de Galeria, interessadas pelas emissões, a Cassação anulou a sentença de absolvição dos réus, em 13 de maio de 2008. A poluição prossegue e não se vê como possa ser resolvida, se não com o impossível fechamento do centro radiotelevisivo de Santa Maria di Galeria.

De fato, as antenas da Rádio TV de Monte Carlo foram retiradas em 2007, mas substituídas indiretamente no Monte Cavo, que se transformou em um ponto de referência das várias estações radiotelevisivas católicas afiliadas da Rádio Vaticana. Encabeça a lista a *Blu Sat 2000*, estação radiotelevisiva da CEI, localizada na via Aurelia, criada em 1998 com o claro objetivo de servir como um "coletor" para as diversas emissoras locais católicas, diretamente administradas pela diocese ou por voluntários católicos. Entre elas, especialmente, está a Telepace (de Cerna, perto de Verona). Lideram ainda: a Rádio Voce nel Deserto (de Pordenone, em Friuli Venezia-Giulia), Rádio 2001 (de Novara, no Piemonte), Rádio Amicizia (de Conversano-Monopoli, na Apúlia), Rádio Amicizia (de Ventimiglia-Sanremo, na Ligúria), Rádio Amore (de Caltanisetta, na Sicília), Rádio Duomo (de Ancona, nas Marche) e Rádio *E* (de Bérgamo, na Lombardia). Uma série de redes locais que chegam a cobrir o território nacional inteiro, ou seja, poluindo-o.

É o que se verifica com a autônoma Rádio Maria, em Arcelasco d'Erba, na província de Como, coligada à rede televisiva do Vaticano, com uma potência de 18 volts/metro, quando não deveria superar o limite de 6 volts/metro, tanto que em Cesano as frequências ocasionam pane nos instrumentos hospitalares e os 30 mil habitantes da área estão submetidos a uma poluição mortal que provocou um aumento nos casos de tumor.

Parece dramaticamente cômico o lema dessa emissora: "Com a Rádio Maria vá para a natureza e admire a obra de Deus nas montanhas, no mar, no céu e até em uma minúscula flor. Na natureza brilha a potência, a beleza, a ordem e o amor de Deus". Por outro lado, a Rai TV se presta a colaborar, transmitindo a Santa Missa, da qual a Rádio Maria tem a concessão da Rádio Vaticana. Serviço que a radiotelevisão italiana se presta a oferecer, assim como a Telepace, outra grande emissora católica que tem a exclusividade para a audiência pontifícia da quarta-feira e do *Angelus*, além de ser a única televisão autorizada a ter acesso e acompanhar o papa nas viagens internacionais. Dessa forma, a sua poluição é universal, imagem indireta e insalubre de morte pelo Vaticano.

Preguiça

O pecado da preguiça pode ser visto em pleno estado de funcionamento, ou seja, no destino de ofertas e subsídios aos pobres e às missões que deveriam constituir, ao contrário, a primeira finalidade apostólica da Santa Sé em relação à caridade. É inversamente proporcional à exaltação de Mâmon, na Avareza, e ao luxo como manifestação da Soberba, mas é, em suma, uma consequência de todos os seis pecados examinados. De fato, existe uma instituição especial da Santa Sé denominada Esmolaria Apostólica, que remonta ao ano de 1271 e tem como objetivo "exercitar a caridade aos pobres, em nome do papa, mediante modestas doações", onde "modestas" aparece como uma clara indicação de preguiça. Há também o Óbolo de São Pedro, cujo desfrute financeiro é pessoalmente tutelado pelo papa (v. *Avareza*) e não é dito que deve, automaticamente, ser usado em obras de caridade. Portanto, o benefício anual dos Cavaleiros de Colombo também é concedido às finalidades que o papa entender oportunas, para não falar do dinheiro da Opus Dei que, contudo, é administrado autonomamente pela prelazia. Há outros fundos recolhidos pelas Pontifícias Obras Missionárias (POM) que, no entanto, não são administradas por essa instituição totalmente como deveriam e, por fim, os 8% que muitos contribuintes devolvem à Igreja católica*. Na TV, para propagandear essa doação, frequentemente são trasmitidos comerciais com imagens enganadoras relativas aos pobres, desfavorecidos e missionários, aos quais aquele dinheiro seria destinado,

* Do imposto de renda devido ao fisco italiano, o cidadão pode determinar que 8% sejam repassados à Igreja Católica. (N. do T.)

enquanto, pelo contrário, grande parte acaba nos bolsos da Santa Sé, empregando-o para manter a sua estrutura.

A preguiça é um pecado "histórico" da Santa Sé, e como testemunha deste basta lembrar a *Mísera esmola da rica corte de Avignon* e, atualmente, a enganação da *beneficência de esmolas da CEI na forma de empréstimo* ou a constatação de que *nem todas as ofertas e doações para as missões* são, efetivamente, destinadas aos missionários e às suas sedes de apostolado. Como consequência, é espontaneamente aplicado ao Vaticano e à Igreja de Roma o célebre versículo do *Apocalipse* [3,15-16], onde se aponta o dedo contra a Igreja de Laodiceia, a comunidade da Ásia Menor, entusiasmada pelo luxo e imersa em um estupor que anula na preguiça a consciência cristã. Jesus se volta, na verdade, ao anjo que vela sobre aquela Igreja com palavras infernais: "Conheço as tuas obras, que nem és frio nem quente. Quem dera fosses frio ou quente! Assim, porque és morno, e nem és quente nem frio, vomitar-te-ei da minha boca".

A recusa em vender o patrimônio artístico

O pecado da preguiça da Santa Sé se revela, antes de tudo, na falta de vontade de cumprir uma iniciativa que alcançaria enormes fundos econômicos, a fim de exercitar a caridade para todos os pobres do mundo: a venda do patrimônio artístico da Santa Sé, diante da sua inútil ostentação ditada pela *Soberba* [v.]. A começar por todas as obras-primas dos Museus Vaticanos, fazendo referência não tanto aos afrescos, cuja retirada das paredes importaria em despesas notáveis, quanto às esculturas e pinturas. A venda daquelas obras proporcionaria bilhões e bilhões de bilhões de bilhões de euros, que saciariam a fome de grande parte da humanidade indigente, mesmo se isto significasse renunciar a uma entrada gigantesca de dinheiro nos cofres do Vaticano, ou seja, de uma fonte de enriquecimento comentada no capítulo sobre a *Avareza* [v.].

Depois, há ainda as preciosas antiguidades no Tesouro de São Pedro, começando pela coleção de ouros e pratas que o arqueólogo Rodolfo Lanciani calculou, respectivamente, em 3 mil e 30 mil quilos. Por que não vendê-las e destinar o lucro aos pobres? E ainda, externamente aos Museus Vaticanos, existe um lugar secreto e misterioso chamado Sacrário Apostólico, não visível ao público, nem sinalizado por nenhum guia turístico e citado no capítulo sobre o pecado da *Soberba* (v.). Guarda não só os adereços sagrados utilizados uma vez pelo papa nas celebrações litúrgicas, mas também um tesouro de copas, cálices, tiaras, mitras, batinas com pedras incrustadas, totalizando mais de 6 mil artefatos. Eis o *triregnum* de Pio IX, doação de Isabel II da Espanha, com a cúpula em malha de prata, sobreposta por um globo de safiras, contendo 19 mil pedras preciosas, todas encaixadas, das quais 18 mil brilhantes, usado por Pio IX para a proclamação da Imaculada Concepção e reutilizado por João Paulo II na celebração do Ano Mariano de 1987. Eis o *triregnum* de Leão XIII, presenteado pela Juventude Católica, em 1903, pelos 25 anos do seu pontificado. É uma lâmina de prata trabalhada e atravessada por uma coroa de ouro. E, ainda, os seis candelabros com a cruz de ouro de Leão XII e os fechos de ouro com pedras e esmeraldas usados para fechar as batinas. E o que dizer da preciosíssima toalete de viagem de Pio IX? Feita em Londres, em madeira, recoberta de tartaruga e marfim, com forro de veludo vermelho, contém sete barbeadores e sobre cada um deles está marcado o dia da semana.

E, ainda, no especial ambiente interno chamado *Lipsanoteca*, relicários de todo tipo, desde o século XVII até os dias de hoje, doados aos papas em ocasiões de beatificações e canonizações. Por que não vender tudo e dar o lucro aos pobres e famintos da África, justamente indicados por Bento XVI como as vítimas do nosso tempo? No caso das tiaras, deve-se notar que muitas vezes os papas chegaram a vendê-las, utilizando o lucro com finalidades pessoais, como Clemente VII durante o saque dos Lansquenenses, em 1527, agindo pela própria sobrevivência. Poder-se-ia fazer como feito com a de Paulo VI. Após tê-la utilizado para a coroação — a última da história —, foi posta em exposição em várias dioceses dos Estados Unidos, que recolheram as ofertas dos visitantes para poder comprá-la e agora faz parte do museu da Universidade Católica de Washington. Dinheiro recolhido, somando cerca de um milhão de dólares, acaba no *mare magnum* das finanças vaticanas, mas em todo caso a operação resultou positiva e a ser imitada. Por outro lado, o lucro da hipotética exposição e venda dessa tiara, um dos símbolos da *Soberba* (v.) poderia ter sido dado em beneficência, mas isso não aconteceu.

Na frente dos Museus Vaticanos está a Fundação para os Bens e as Atividades Artísticas da Igreja, que "tem o objetivo de colaborar na realização dos fins institucionais da própria comissão", como está escrito no Anuário Pontifício, "com fins de valorização e promoção dos bens culturais e das atividades artísticas nos setores da pintura, escultura, arquitetura, mosaico musical, obras literárias, teatrais e cinematográficas [...], sobretudo com a promoção de eventos artísticos e culturais, como exemplo de valorização eclesiástica do patrimônio histórico e artístico". Na prática, cuida das mostras dentro e fora do Vaticano e, portanto, é uma administração para si mesma, completamente inútil aos fins do apostolado e da caridade. Logo, não teria sentido em existir, salvo os objetos de suas exposições.

Pobre esmola da rica corte de Avignon

Diante da riqueza imperante na corte papal de Avignon, entre 1305 e 1338 (v. *Avareza*) e do luxo no palácio pontifício da cidade francesa (v. *Soberba*), triunfa a preguiça nas obras de caridade. Parecem, quando se lembram de fazê-las, com um tipo de penitência sacramental em uma explosão de suntuosidade. Assim, com a morte de Clemente VI, a Câmara Apostólica doa 200 quilos de pães aos pobres, 700 florins aos monastérios e 425 aos hospitais. João XXII institui um escritório especial de beneficência chamado Pignotta, com muitos administradores e uma dezena de servidores que fornecem aos pobres roupas, vinho e comida, em uma distribuição semanal de outros 65 mil pães. Mas é um jeito bastante simples e sem grande peso de fazer as pazes com Deus e apagar as marcas de uma vida mundana, dado que não representa mais de 6% sobre as divisas da rica administração pontifícia.

Vale como registro de tudo isso o julgamento expresso de Francesco Petrarca sobre Avignon, qualificada como nova Babilônia. "Sempre péssimo [...] aquele lugar me parece [...] pela acolhida que fez da maldade e sujeira do mundo inteiro", lembra em uma carta ao arcebispo de Gênova, e acrescenta: "Se bem que, de fato, para não falar do resto, jamais encontrou lugar a fé e a caridade, e daquele lugar, se assim se pode dizer como já foi dito por Aníbal, nada tem de verdade, nada de sagrado, sem temor a Deus, sem santidade dos juramentos, sem religião."

O benefício da esmola da CEI em empréstimo

Sábado, 31 de março de 2009, a CEI institui um Fundo de Socorro às famílias em dificuldades. É uma manifestação do pecado da preguiça, pois o fundo não provém lucro da venda dos bens da Igreja nem do dinheiro do clero, dado pelo papa ao último sacerdote na forma de caridade verdadeira. Promete-se, de fato, recolher a soma de

30 milhões de euros, através de uma coleta nacional, adiada para 31 de maio, pagável junto à ABI, que completará com mais 270 milhões, totalizando assim 300 milhões. A ABI proporcionará um empréstimo de 500 euros mensais por 12 meses, renováveis por outros 12 e o beneficiário pagará no prazo de cinco anos a uma taxa de 1%, porque se trata, de fato, de um empréstimo. "Na verdade, não é uma prestação assistencial", afirmou o secretário-geral da CEI, monsenhor Mariano Crociata, "porque queremos que seja valorizada a dignidade do indivíduo"; esclarecimento um tanto hipócrita, e não só porque a fórmula inventada evita falar de caridade com o dinheiro da Igreja. Está claro que o banco deve recuperar a soma posta em circulação parecendo beneficência, pela baixa taxa de juros cobrada. Contudo, é uma vergonha a apropriação indevida, pela CEI, dos 30 milhões, fruto das ofertas cuja finalidade é ajudar as famílias e que, como tal, deveria ser concedido e não emprestado nem ser objeto de restituição, pois dessa forma temos o pecado da usura, por menor que seja.

Em 14 de julho de 2009, há uma reformulação e o Fundo de Socorro muda de nome para Empréstimo da Esperança, indicando, claramente, tratar-se de um "empréstimo" e não de uma obra de caridade. É organizado com o Banco Intesa San Paolo. Na sede romana, é representado pelo secretário da CEI, monsenhor Mariano Crociata e, pela administração, o responsável é Corrado Passera, ambos apresentados em uma entrevista à imprensa, mediada pelo monsenhor Domenico Pompile, porta-voz e subsecretário da CEI. A entrevista foi assistida por monsenhor Vittorio Nozza, diretor da Caritas Italiana, e monsenhor Giampietro Fasani, economista da CEI. Trata-se de um fundo de garantia, oriundo das ofertas recolhidas nas paróquias, em 31 de maio, previsto em 30 milhões de euros e o qual "pode sustentar-se inteiramente, no sistema bancário, com uma dotação financeira de 180 milhões", como relata o jornal *Avvenire* assinado por Gianni Cardinale. Mas Corrado Passera "garantiu que o Banco Intesa, por sua vez, aumentará a sua quota de ação — em cerca de 20% do total — de 36 para 100 milhões de euros". O fundo de 30 milhões de euros "garantirá em 50% os empréstimos concedidos, em função de um multiplicador igual a três vezes o seu montante". Irão para famílias pobres que não gozam "de salários nem rendas fora da propriedade da casa de amparo ou do subsídio da caixa de integração, normal ou extraordinariamente que seja". Por outro lado, "o mecanismo estudado prevê uma contribuição máxima de 500 euros mensais, por um ano, em um total de 6 mil euros. A contribuição poderá, todavia, ser renovada, pelo mesmo valor, por outros 12 meses, dependendo dos casos". Fica estabelecido que "a taxa a ser paga por quem receber o Empréstimo da Esperança, iniciado em setembro próximo, não deverá ser superior a 4,5%". Na essência, confirmou a operação de usura, feita com aqueles 30 milhões que não são da CEI, mas fruto das doações e que como tais deveriam ser concedidas e não emprestadas para ser objeto de restituição, como já dito na operação apresentada em 31 de março, em relação à qual se quadruplicou os juros de 1%. Enquanto isso é claro que o Banco Intesa deve retomar a soma posta em circulação e, para a execução da operação bancária, a CEI não deveria reaver nenhum euro.

Nem todas as ofertas e doações vão para as missões

Existem quatro momentos no ano dedicados ao recolhimento mundial das ofertas dos fiéis, consistindo em subsídios e testamentos, junto com as contribuições derivadas das iniciativas particulares dos movimentos missionários. São as Jornadas Missionárias Mundiais, no penúltimo domingo de outubro; a Jornada Mundial do Sofrimento dos Doentes, em 11 de fevereiro; a Jornada Mundial da Infância Missionária, em 6 de janeiro, e o Domingo do Bom Pastor, no quarto domingo da quaresma. A essas se juntam as duas festas dos patronos das missões: a de São Francisco Saverio, como Jornada Missionária dos sacerdotes e religiosos (em 31 de dezembro), e de Santa Teresa do Menino Jesus (em 1º de outubro), como Jornada Missionária das religiosas. As doações e os subsídios da Pontifícia Obra Missionária (POM) superaram, no total, conforme o Balanço 2007, os 200 milhões de dólares, cifra à qual vêm somados "os proventos não contabilizados oficialmente, como os testamentos deixados reservadamente e as doações anônimas", conforme pontuou o jornalista Orazio La Rocca, no *La Reppublica,* de 14 de maio de 2009, um dos 150 delegados missionários, reunidos em conferência, em Roma, de 11 a 16 de maio de 2009, "a portas fechadas, em uma Casa de Exercícios Espirituais dos salesianos, na periferia romana, além do anel viário". O objetivo era disponibilizar as doações e os subsídios do IOR, "em cujos cofres transitam os 200 milhões de dólares americanos", ou seja, "livrar-se da supervisão da Santa Sé na distribuição das ofertas", como destaca La Rocca, "segundo o quanto foi estabelecido na reforma do Estatuto das Pontifícias Obras Missionárias, lançado em 2005, poucos meses antes da morte de João Paulo II".

Não conseguiram fazer.

APÊNDICE
AS PROPRIEDADES DO VATICANO

A propriedade fundamental do Vaticano está constituída pelo território onde fica a Cidade do Vaticano, ou seja, o Estado do Vaticano, mesmo sem uma soberania, atribuída, contudo, àquela pessoa moral de direito público que é a Santa Sé, na qual reina a pessoa do romano pontífice. A cidade se estende sobre os 44 quilômetros quadrados, limitada pelo Muro Vaticano, pela colunata de São Pedro e pelas estradas romanas via de Porta Angélica, praça do Risorgimento, avenida do Vaticano, avenida da Estação Vaticana, largo da Porta da Cavalaria, praça do Santo Ofício e via Paulo VI, até chegar à praça São Pedro. Aqui, no limite da colunata, estende-se circularmente nos limites com a Itália, entre os largos Alicorni e do Colonnato, em frente à praça Pio XII e da via da Conciliação.

Metade do território está coberto pelos Jardins, espalhando-se por campos e bosques no monte Vaticano, entre quiosques e fontes, delimitados ao extremo norte pelo parque de estacionamento e pelo heliporto, no meio dos quais está o Centro Transmissor Marconi, sede original da Rádio Vaticana, e a Torre de São João, transformada em alojamento de luxo para hóspedes ilustres. Em direção ao centro estão a Gruta de Lourdes e o edifício do Colégio Etíope, aos quais seguem o palácio da Direção da Rádio Vaticana e, na extremidade, as Serras dos Jardins e as Lojas. No fundo dos jardins, à direita, está a Estação Ferroviária; no centro, o Palácio da Governadoria e, à esquerda, a Casa de Pio VI, com a sede da Pontifícia Academia das Ciências. Na extrema esquerda começa o grande complexo dos Museus Vaticanos, que cresceram com o passar do tempo, por trás dos muros e entre os pátios da Pinha, do Belvedere, do Marechal, dos Papagaios, diante das diversas torres e da Capela Sistina. Para além desses se desenvolve toda a parte da cidade movimentada por uma série de edifícios antigos e novos: a Biblioteca Apostólica, o Arquivo Secreto, a Caserna da Guarda Suíça, o estacionamento, a farmácia, o mercado, o correio, o quartel dos soldados, a sede do *Osservatore Romano*, a gráfica, a central termoelétrica, o laboratório de restauração das tapeçarias e a igreja de Santa Ana, até a Porta de Santa Ana, um dos pontos de acesso da cidade e ao palácio de Sisto V, atual sede do secretário de Estado e do apartamento do papa, de onde se vê a praça São Pedro, ao lado da basílica. Do outro lado da praça, com acesso pelo Arco dos Sinos, se alastra a parte extrema da cidade que faz fronteira com o largo da Porta da Cavalaria. Aqui surgem a igreja de Santo Estevão dos Abissínios, os palácios do Tribunal, do Arcebispo e de São Carlos, o posto de gasolina, o cemitério teutônico, a casa de repouso e a *domus* de Santa Marta, os edifícios da Fábrica de São Pedro e da sacristia, com o Museu Histório e Artístico, culminando na Sala Paulo VI e no Palácio do Santo Ofício.

As propriedades do Vaticano, ou seja, da Santa Sé, se prolongam também fora da Cidade do Vaticano. Esses imóveis dentro de Roma gozam da extraterritorialidade e da isenção de expropriação e impostos.

Palácio dos Propileus, na via da Conciliação;
Palácio Pio (de escritórios e serviços da Rádio Vaticana), na via da Conciliação;
Palácio dos Convertidos, na via da Conciliação;
Palácio dos Penitentes, na via da Conciliação;
Palácio Rusticucci, na via da Conciliação;
Palácio Serristori, na via da Conciliação;
Palácio Cesi, na via da Conciliação;
Basílica e palácio apostólico lateranense, entre as praças da porta São João e de São João de Latrão;
Edifício da Escada Santa, na praça São João de Latrão;
Basílica de Santa Maria Maggiore, com edifícios anexos na praça homônima;
Basílica de São Paulo, com edifícios anexos;
Palácio da Chancelaria, na praça homônima;
Palácio da Propaganda da Fé, na praça de Espanha;
Palácio de São Calisto, em Trastevere;
Palácio do Santo Ofício e adjacências, na praça do Santo Ofício;
Palácio do Vicariato, na via da Pinha;
Palácio da Academia Eclesiástica, na praça Minerva;
Universidade Gregoriana, na praça da Pilotta;

Instituto Bíblico, na praça da Pilotta;
Palácio dos Santíssimos Apóstolos, na praça homônima;
Palácio anexo à igreja de Santo André do Vale;
Palácio anexo à igreja de São Carlos ai Catinari;
Palácio do Instituto de Arqueologia cristã, na via Napoleão III;
Palácio do Instituto Oriental e do Colégio Lombardo, na praça Santa Maria Maggiore;
Palácio do Colégio Russo, na via Carlo Cattaneo;
Palácio do Apolinário, na praça Santo Apolinário;
Palácio na praça das Cinco Luas;
Palácio adjacente a Santo Agostinho;
Palácio da Casa dos Exercícios para o Clero, junto à igreja dos Santíssimos João e Paulo al Cielo;
Palácio do Pontifício Seminário Menor, na via Aurelia;
Palácio da presidência da CEI, na via Aurelia;
Palácio dos serviços pastorais da CEI, na via Aurelia;
Palácio dos Cavaleiros de Colombo, na praça da Cidade Leonina;
Palácio do Regimento Militar da Itália, na Saída do Grilo;
Centro de produção televisiva Sat2000, da CEI, na via Aurelia.

São propriedades do Vaticano os imóveis no monte Janículo, da porta da Cavalaria, ao longo da avenida Aurelio e da alameda, até Santo Onofre e através da via dos Penitentes e quarteirão do Santo Espírito, até a porta Santo Espírito: Vila Barberini, Colégio de Propaganda da Fé, Palácio Gabrielli (sede do Pontifício Colégio Norte-americano), Hospital do Menino Jesus, o Colégio Pio Romeno (Instituto São João Damasceno, Colégio Ucraniano de São Josafá, Pontifícia Universidade Urbaniana, Área dos Serviços Técnicos da Santa Sé, Colégio Internacional Santa Mônica, Cúria Geral da Companhia de Jesus, Igreja dos Santíssimos Michel e Magno, o Instituto de Maria Menina, o Edifício das Irmãs Calasanzianas e a Casa das Irmãs da Addolorata.

São propriedades do Vaticano os imóveis dentro de Roma como clínicas, casas de recuperação, conventos e hotéis no território das colinas que se abrem ao longo das vias Aurelia, da Nossa Senhora do Repouso e da Torre Vermelha na direção de Selva Candida, de Boccea e das vilas Sacchetti e Carpegna.

Além disso, o Vaticano é proprietário de imóveis em diversos bairros e quarteirões de Roma, referentes a 400 institutos de freiras, 300 paróquias e 200 igrejas não paroquianas, 200 sedes paroquiais, 250 escolas católicas, 90 institutos religiosos, 65 casas de amparo, 50 missões, 43 colégios, 40 monastérios, 20 casas de repouso, 20 seminários, 18 hospitais, 16 conventos, 13 capelas, 10 fraternidades, 6 hospedarias, 20 mil terrenos e edifícios endereçados a 2 mil entidades religiosas.

Somam-se os imóveis fora de Roma, na Itália, relativos a 2.496 santuários, igrejas, conventos, monastérios, seminários, capelas, casas de amparo, hotéis de propriedade da Santa Sé, com extraterritorialidade e isenções de expropriação e impostos, constituindo 23% do patrimônio imobiliário nacional. Em especial, somam 9 milhões de euros as propriedades da Congregação para a Evangelização dos Povos. E ainda: a vila de Castel Gandolfo relativa ao Palácio Pontifício e às vilas Cybo e Barberini; o Centro Radiotransmissor de Santa Maria de Galeria, perto de Cesano; as basílicas da Santa Casa em Loreto, de São Francisco em Assis e de Santo Antônio em Pádua, com prédios anexos; o santuário do Amor Divino, com edifício anexo, no km 12 da via Ardeatina e o santuário de São João Redondo, com anexos e centro televisivo Tele Radio Padre Pio.

Por outro lado, em todo o mundo também existem imóveis de propriedade da Santa Sé, com extraterritorialidade e isentos de expropriação e tributos; são relativos a 4.851 dioceses, 50 prelados, 11 abadias territoriais, 79 vicariatos apostólicos, 45 prefeituras apostólicas, 11 exarcados, dentro dos quais existem 26 mil paróquias, 100 mil igrejas, 30 mil casas paroquiais e santuários, 2.300 museus e bibliotecas; além de escolas, hospitais, casas de amparo e de repouso na ordem de 100 mil unidades, também 2 mil centros de acolhimento e pensionatos, fora 300 livrarias. Em particular se destacam os três santuários, com edifícios anexos, de Jasna Gora, na Polônia, de Fátima, em Portugal, e de Nossa Senhora de Lourdes, na França. Depois, as três basílicas com prédios anexos da Terra Santa, referentes ao Santo Sepulcro de Nazaré [sede do patriarca de Jerusalém], a Anunciação de Nazaré e a Natividade de Belém.

E ainda: as nove Missões *sui iuris*, circunscrições eclesiásticas nos territórios das missões, das quais fazem parte, ao menos nominalmente, a *Missio* das Ilhas Cayman e parte da arquidiocese de Kingston, na Jamaica, da qual está separada. Não é minimamente uma missão, como falado no capítulo sobre o pecado do *Falso Testemunho* [v.], mas um autêntico depósito das finanças pontifícias, centro financeiro *offshore*. A sede é em Walkers Road, Grand Cayman

1102 (tel 345.949-6797; fax 345.945-2594; *e-mail* ignatius@candw.ky). É dirigida pelo cardeal Adam Joseph Maida, arcebispo de Detroit, também membro do IOR, com a função de Superior. Reside lá apenas um único sacerdote, um só diácono e três membros de três instituições religiosas masculinas. Para os 5.541 católicos (dos 52.465 habitantes) não existe uma igreja paroquial, apenas os locais de culto dos três institutos.

São por fim sinalizadas, à margem das propriedades do Vaticano, aquelas do prelado particular da Opus Dei que, por gozar de uma administração autônoma, sem entrar no balanço da Santa Sé e por não estar "circunscrita ao critério da territorialidade", ainda se dedica "às obras apostólicas" da Igreja Católica. Possui uma sede geral em Roma, na avenida Bruno Buozzi; uma sede do vicariato para a Itália, em Milão, na via Alberto da Giusssano; uma sede do vicariato para a Delegação de Roma, na via M. Prestinari, 9. Do prelado fazem parte 1.828 igrejas e centros pastorais, além de inúmeros edifícios das suas instituições culturais de Roma: o SAFI — Instituto Profissional de Seviços Hoteleiros e de Restauração, com sede na via Sebastiano Satta; a ELIS — Escola de Educação-Trabalho-Instrução-Esporte, com sede na via Sandro Sandri; a Pontifícia Universidade da Santa Cruz, com sede na praça Santo Apolinário da Santa Sé e a Universidade Campus Bio-Médico, na via Alvaro del Portillo, em Trigoria. À Opus Dei estão confiadas as paróquias romanas de São José Maria da Paz, Santo Eugênio, Santa Maria Escrivà de Balaguer, São João Batista no Collantino e a basílica de Santo Apolinário.

LISTA CRONOLÓGICA DOS PAPAS E ANTIPAPAS

Os 265 papas

1. S. Pedro, Simão, de Betsaida (Galileia), 30-67
2. S. Lino, de Volterra (Tuscia, Itália), 67-76
3. S. Anacleto, de Roma, 76-88
4. S. Clemente I, de Roma, 88-97
5. S. Evaristo, de Belém (Judeia), 97-105
6. S. Alexandre I, de Roma, 105-115
7. S. Sisto I, de Roma, 115-125
8. S. Telesforo, de Terranuova (Calábria), 125-136

9. S. Higino, de Atenas, 136-140
10. S. Pio I, de Aquileia (Itália), 140-155
11. S. Aniceto, da Síria, 155-166
12. S. Sotero, de Fondi (Itália), 166-175
13. S. Eleutério, de Nicopoli (Épiro, Grécia), 175-189
14. S. Vítor I, da África, 189-199
15. S. Zeferino, de Roma, 199-217
16. S. Calisto I, de Roma, 217-222
17. S. Urbano I, de Roma, 222-230
18. S. Ponciano, de Roma, 230-235
19. S. Antero, da Grécia, 235-236
20. S. Fabiano, de Roma, 236-250
21. S. Cornélio, de Roma, 251-253
22. S. Lúcio I, de Roma, 253-254
23. S. Estevão I, de Roma, 254-257
24. S. Sisto II, da Grécia, 257-258
25. S. Dionísio, de pátria incerta, 259-268
26. S. Félix I, de Roma, 269-274
27. S. Eutiquiano, de Luni (Etrúria, Itália), 275-283
28. S. Caio, da Dalmácia, 283-296
29. S. Marcelino, de Roma, 296-304
30. S. Marcelo I, de Roma, 308-309
31. S. Eusébio, da Grécia, 309-310
32. S. Melquíades, da África, 311-314
33. S. Silvestre I, de Roma, 314-335
34. S. Marcos, de Roma, 336
35. S. Júlio I, de Roma, 337-352
36. S. Libério, de Roma, 352-366
37. S. Damásio, da Espanha, 366-384
38. S. Sirício, de Roma, 384-399
39. S. Anastácio I, de Roma, 399-401
40. S. Inocêncio I, de Albano (Itália), 401-417
41. S. Zósimo, da Grécia, 417-418
42. S. Bonifácio I, de Roma, 418-422
43. S. Celestino I, da Campânia (Itália), 422-432

44. S. Sisto III, de Roma, 432-440
45. S. Leão I, Magno, de Volterra (Tuscia, Itália), 440-461
46. S. Hilário, da Sardenha (Itália), 461-468
47. S. Simplício, de Tívoli (Itália), 468-483
48. S. Félix III, de Roma, 483-492
49. S. Gelásio I, da África, 492-496
50. S. Anastácio II, de Roma, 496-498
51. S. Símaco, da Sardenha (Itália), 498-514
52. S. Hormisdas, de Frosinone (Itália), 514-523
53. S. João I, de Tuscia (Itália), 523-526
54. S. Félix IV, de Sâmnio (Benevento, Itália), 526-530
55. Bonifácio II, de Roma, 530-532
56. João II, Mercúrio ou Mercurial, de Roma, 533-535
57. S. Agapito I, de Roma, 535-536
58. S. Silvério, da Campânia (Itália), 536-537
59. Vigílio, de Roma, 537-555
60. Pelágio I, de Roma, 556-561
61. João III, Catelino (?), de Roma, 561-574
62. Bento I, Bonosio (?), de Roma, 575-579
63. Pelágio II, de Roma, 579-590
64. S. Gregório I Magno, de Roma, 590-604
65. Sabiniano, de Blera (Viterbo, Itália), 604-606
66. Bonifácio III, de Roma, 607
67. S. Bonifácio IV, da Mársica (Itália), 608-615
68. S. Adeodato I, de Roma, 615-618
69. Bonifácio V, de Nápoles, 619-625
70. Honório I, da Campânia (Itália), 625-638
71. Severino, de Roma, 640
72. João IV, da Dalmácia, 640-642
73. Teodoro I, da Grécia, 642-649
74. S. Martinho I, de Todi (Úmbria, Itália), 649-655
75. S. Eugênio I, de Roma, 654-657
76. S. Vitaliano, de Segni (Itália), 657-672
77. Adeodato II, de Roma, 672-676
78. Dono, de Roma, 676-678

79. S. Agatão, de Palermo (Itália), 678-681
80. S. Leão II, da Sicília (Itália), 682-683
81. S. Bento II, de Roma, 684-685
82. João V, de Antioquia (Síria), 685-686
83. Cónon, de pátria incerta, 686-687
84. S. Sérgio I, de Palermo (Itália), 687-701
85. João VI, da Grécia, 701-705
86. João VII, da Grécia, 705-707
87. Sisínio, da Síria, 708
88. Constantino, da Síria, 708-715
89. S. Gregório II, de Roma, 715-731
90. S. Gregório III, da Síria, 731-741
91. S. Zacarias, de S. Severina (Calábria, Itália), 741-752
92. Estevão II, de Roma, 752-757
93. S. Paulo I, de Roma, 757-767
94. Estevão III, da Sicília (Itália), 768-772
95. Adriano I, de Roma, 772-795
96. S. Leão III, de Roma, 795-816
97. Estevão IV, de Roma, 816-817
98. S. Pascoal I, de Roma, 817-824
99. Eugênio II, de Roma, 824-827
100. Valentino, de Roma, 827
101. Gregório IV, de Roma, 827-844
102. Sérgio II, de Roma, 844-847
103. S. Leão IV, de Roma, 847-855
104. Bento III, de Roma, 855-858
105. S. Nicolau I Magno, de Roma, 858-867
106. Adriano II, de Roma, 867-872
107. João VIII, de Roma, 872-982
108. Marino I, de Gallese (Itália), 882-884
109. S. Adriano III, de Roma, 884-885
110. Estevão V, de Roma, 885-891
111. Formoso, de Roma, 891-896
112. Bonifácio VI, de Roma, 896
113. Estevão VI, de Roma, 896-897

114. Romano, de Gallese (Itália), 897
115. Teodoro II, de Roma, 897
116. João II, de Tívoli (Itália), 898-900
117. Bento IV, de Roma, 900-903
118. Leão V, de Ardea (Itália), 903
119. Sérgio III, de Roma, 904-911
120. Anastásio III, de Roma, 911-913
121. Lando, de Sabina (Itália), 913-914
122. João, de Tossignano (Ímola, Itália), 914-928
123. Leão VI, de Roma, 928
124. Estevão VII, de Roma, 928-931
125. João XI, de Roma, 931-935
126. Leão VII, de Roma, 936-939
127. Estevão VIII, de Roma, 939-942
128. Marino II, de Roma, 942-946
129. Agapito I, de Roma, 946-955
130. João XII, Ottaviano, dos condes de Túsculo, de Roma, 955-964
131. Leão VIII, de Roma, 963-965
132. Bento V, de Roma, 964-966
133. João XIII, de Roma, 965-972
134. Bento VI, de Roma, 973-974
135. Bento VII, de Roma, 974-983
136. João XIV, Pietro, de Pavia (Itália), 983-984
137. João XV, de Roma, 985-996
138. Gregório V, Brunone, dos duques de Carinzia, da Saxônia, 996-999
139. Silvestre II, Gerberto, de Belliac (Auvergne, França), 999-1003
140. João XVII, Siccone Sicconi, de Roma, 1003
141. João XVIII, Fasano, de Roma, 1004-1009
142. Sérgio IV, Pietro, de Roma, 1009-1012
143. Bento VIII, Teofilatto, dos condes de Túsculo, de Roma, 1012-1024
144. João XIX, Romano, dos condes de Túsculo, de Roma, 1024-1032
145. Bento IX, Teofilatto, dos condes de Túsculo, de Roma, 1032-1044
146. Silvestre III, Giovanni, de Roma, 1045
147. Bento IX (pela segunda vez), 1045
148. Gregório VI, Giovanni Graziano, de Roma, 1045-1046

149. Clemente II, Suitgero de Morsleben e Hornburg, da Saxônia, 1046-1047
150. Bento IX [pela terceira vez], 1047-1048
151. Damásio II, Poppone, da Baviera, 1048
152. S. Leão IX, Brunone, dos condes de Egisheim-Dagsburg, da Alsácia, 1049-1054
153. Vítor II, Gebeardo, dos condes de Dollnstei-Hierschberg, da Alemanha, 1055-1057
154. Estevão IX, Federico, dos duques de Lorena, da França, 1057-1058
155. Nicolau II, Gerardo, de Chevron [Savóia, Itália], 1059-1061
156. Alexandre II, Anselmo, de Baggio [Milão, Itália], 1061-1073
157. S. Gregório VII, Ildebrando, de Soana [Tuscia, Itália], 1073-1085
158. Vítor III, Desiderio, de Benevento [Itália], 1086-1087
159. Urbano II, Eudes de Lagery, de Chatillon-sur-Marne [França], 1088-1099
160. Pascoal II, Raniero, de Blera [Viterbo, Itália], 1099-1118
161. Gelásio II, Giovanni Caetani, de Gaeta [Itália], 1118-1119
162. Calisto II, Guy, da Borgonha [França], 1119-1124
163. Honório II, Lamberto, de Fiagnano [Ímola, Itália], 1124-1130
164. Inocêncio II, Gregório Papareschi, de Roma, 1130-1143
165. Celestino II, Guidoi, de Cittá di Castello [Itália], 1143-1144
166. Lúcio II, Gerardo Caccianemici, de Bolonha [Itália], 1144-1145
167. Eugênio III, Bernardo, dos Pagannelli de Montemagno [Pisa, Itália], 1145-1153
168. Anastácio IV, Corrado, de Roma, 1153-1154
169. Adriano IV, Nicholas Breakspear, de Langley [Inglaterra], 1154-1159
170. Alexandre III, Rolando Bandinelli, de Siena [Itália], 1159-1181
171. Lúcio III, Ubaldo Allucingoli, de Lucca [Itália], 1181-1185
172. Urbano III, Uberto Crivellli, de Milão [Itália], 1185-1187
173. Gregório VIII, Alberto de Morra, de Benevento [Itália], 1187
174. Clemente III, Paolo Scolari, de Roma, 1187-1191
175. Celestino III, Giacinto Bobone, de Roma, 1191-1198
176. Inocêncio III, Lotário, dos condes de Segni, de Gavignano [Roma], 1198-1216
177. Honório III, Cencio Savelli, de Roma, 1216-1227
178. Gregório IX, Ugolino, dos condes de Segni, de Agnani [Itália], 1227-1241

179. Celestino IV, Goffredo Castiglioni, de Milão [Itália], 1241
180. Inocêncio IV, Sinibaldo Fieschi, de Gênova [Itália], 1243-1254
181. Alexandre IV, Rinaldo, dos condes de Segni, de Jenne [Agnani, Itália], 1254-1261
182. Urbano IV, Jacques Pantaleón, de Troyes [França], 1261-1264
183. Clemente IV, Guy Foulques, de St. Gilles [Nimes, França], 1265-1268
184. Gregório X, Tebaldo Visconti, de Piacenza [Itália], 1272-1276
185. Inocêncio VI, Pierre de Taranteise, de Savoia [Itália], 1276
186. Adriano V, Ottobono Fieschi, de Gênova [Itália], 1276
187. João XXI, Pietro Juliani, chamado Pietro Ispano, de Lisboa, 1276-1277
188. Nicolau III, Giovanni Gaetano Orsini, de Roma, 1277-1280
189. Martinho IV, Simon de Brion, da França, 1281-1285
190. Honório IV, Giacomo Savelli, de Roma, 1285-1287
191. Nicolau IV, Girolamo Masci, de Lisciano [Ascoli Piceno, Itália], 1288-1292
192. S. Celestino V, Pietro Angeleri, de Isernia [Itália], 1294
193. Bonifácio VIII, Benedetto Caetani, de Anagni [Itália], 1294-1303
194. Bento XI, Niccolò Boccassini, de Treviso [Itália], 1303-1304
195. Clemente V, Bertrand de Got, de Villandraut [Gironde, França], 1305-1314
196. João XXII, Jacques-Arnaud d'Euse, de Cahors [França], 1316-1334
197. Bento XII, Jacques Fournier, de Savardin [Foix, França], 1335-1342
198. Clemente VI, Pierre Roger, de Malmont [França], 1342-1352
199. Inocêncio VI, Etienne Aubert, de Mont-Beyssac [França], 1352-1362
200. Urbano V, Guillaume de Grimoard, de Grisac [Auvergne, França], 1362-1370
201. Gregório XI, Pierre Roger de Beaufort, de Rossier-d'Egleton [França], 1371-1378
202. Urbano VI, Bartolomeo Prignano, de Nápoles [Itália], 1378-1389
203. Bonifácio IX, Pietro Tomacelli, de Nápoles [Itália], 1389-1404
204. Inocêncio VII, Cosma Migliorati, de Sulmona [Itália], 1404-1406
205. Gregório XII, Angelo Correr, de Veneza [Itália], 1406-1415
206. Martinho V, Oddone Colonna, de Genazzano [Roma], 1417-1431
207. Eugênio IV, Gabriele Condulmer, de Veneza [Itália], 1431-1447
208. Nicolau V, Tommaso Parentucelli, de Sarzana [Itália], 1447-1455

209. Calisto III, Alonso de Borja, de Játiva (Valência, Espanha), 1455-1458
210. Pio II, Enea Silvio Piccolomini, de Corsignano (Siena, Itália), 1458-1464
211. Paulo II, Pietro Barbo, de Veneza (Itália), 1464-1471
212. Sisto IV, Francesco della Rovere, de Celle Ligure (Savona, Itália), 1471-1484
213. Inocêncio VIII, Giovanni Battista Cibo, de Gênova (Itália), 1484-1492
214. Alexandre VI, Rodrigo de Borja, de Játiva (Valência, Espanha), 1492-1503
215. Pio III, Francesco Todeschini Piccolomini, de Siena (Itália), 1503
216. Júlio II, Giuliano della Rovere, de Albisola (Savona, Itália), 1503-1513
217. Leão X, Giovanni de Médici, de Florença (Itália), 1513-1521
218. Adriano VI, Adriaan Florensz, de Utrecht (Países Baixos), 1522-1523
219. Clemente VII, Giulio de Médici, de Florença (Itália), 1523-1534
220. Paulo III, Alessandro Farnese, de Canino (Viterbo, Itália), 1534-1549
221. Júlio III, Giovanni Maria Ciocchi del Monte, de Roma, 1550-1555
222. Marcelo II, Marcello Cervini, de Montepulciano (Siena, Itália), 1555
223. Paulo IV, Gian Pietro Carafa, de Sant'Angelo della Scala (Avellino, Itália), 1555-1559
224. Pio IV, Giovan Angelo de Médici, de Milão (Itália), 1560-1565
225. S. Pio V, Michele Ghislieri, de Bosco Marengo (Alessandria, Itália), 1566-1572
226. Gregório XIII, Ugo Boncompagni, de Bolonha (Itália), 1572-1585
227. Sisto V, Felice Peretti, de Grottammare (Ascoli Piceno, Itália), 1585-1590
228. Urbano VII, Giovanni Battista Castagna, de Roma, 1590
229. Gregório XIV, Niccolò Sfondrati, de Somma Lombardo (Varese, Itália), 1590-1591
230. Inocêncio IX, Giovanni Antonio Facchinetti, de Bolonha (Itália), 1591
231. Clemente VIII, Ippolito Aldobrandini, de Fano (Itália), 1592-1605
232. Leão XI, Alessandro de Médici, de Florença (Itália), 1605
233. Paulo V, Camillo Borghese, de Roma, 1605-1621
234. Gregório XV, Alessandro Ludovisi, de Bolonha (Itália), 1621-1623
235. Urbano VIII, Maffeo Barberini, de Florença (Itália), 1623-1644
236. Inocêncio X, Giovanni Battista Pamphilj, de Roma, 1644-1655
237. Alexandre VII, Fabio Chigi, de Siena (Itália), 1655-1667
238. Clemente IX, Giulio Rospigliosi, de Pistoia (Itália), 1667-1669

239. Clemente X, Emilio Altieri, de Roma, 1670-1676
240. Inocêncio XI, Benedetto Odescalchi, de Como (Itália), 1676-1689
241. Alexandre VIII, Pietro Ottoboni, de Veneza (Itália), 1689-1691
242. Inocêncio XII, Antonio Pignatelli, de Spinazzola (Bari, Itália), 1691-1700
243. Clemente XI, Giovanni Francesco Albani, de Urbino (Itália), 1700-1721
244. Inocêncio XIII, Michelangelo Conti, de Poli (Palestrina, Itália), 1721-1724
245. Bento XIII, Pier Francesco Orsini, de Gravina (Bari, Itália), 1724-1730
246. Clemente XII, Lorenzo Corsini, de Florença (Itália), 1730-1740
247. Bento XIV, Prospero Lambertini, de Bolonha (Itália), 1740-1758
248. Clemente XIII, Carlo Rezzonico, de Veneza (Itália), 1758-1769
249. Clemente XIV, Gian Vincenzo Antonio Ganganelli, de S. Arcangelo (Rimini, Itália), 1769-1774
250. Pio VI, Giovanni Angelo Braschi, de Cesena (Itália), 1775-1799
251. Pio VII, Barnaba Chiaramonti, de Cesena (Itália), 1800-1823
252. Leão XII, Annibale Sermattei della Genga, de Genga (Ancona, Itália), 1823-1829
253. Pio VIII, Francesco Saverio Castiglioni, de Cingoli (Macerata, Itália), 1829-1830
254. Gregório XVI, Bartolomeo Mauro Cappellari, de Belluno (Itália), 1831-1846
255. Pio IX, Giovanni Maria Mastai Ferretti, de Senigallia (Ancona, Itália), 1846-1878
256. Leão XIII, Gioacchino Pecci, de Carpineto (Anagni), 1878-1903
257. S. Pio X, Giuseppe Sarto, de Riese (Treviso, Itália), 1903-1914
258. Bento XV, Giacomo Della Chiesa, de Gênova (Itália), 1914-1922
259. Pio XI, Achille Ratti, de Desio (Milão, Itália), 1922-1939
260. Pio XII, Eugenio Pacelli, de Roma, 1939-1958
261. João XXIII, Angelo Giuseppe Roncalli, de Brusicco di Sotto il Monte (Bérgamo, Itália), 1958-1963
262. Paulo VI, Giovanni Battista Montini, de Concesio (Brescia, Itália), 1963-1978
263. João Paulo I, Albino Luciani, de Forno di Canale d'Agordo (Belluno, Itália), 1978
264. João Paulo II, Karol Wojtyla, de Wadowice (Cracóvia, Polônia), 1978-2005
265. Bento XVI, Joseph Ratzinger, de Marktl am Inn (Baviera, Alemanha), 2005-

Os 37 antipapas

1. S. Hipólito, de Roma, 217-235
2. Novaciano, de Roma, 251
3. Félix II, de Roma, 355-365
4. Ursino, 366-367
5. Eulálio, 418-419
6. Lourenço, 498 e 501-505
7. Dióscoro, de Alessandria [Itália], 530
8. Teodoro, 687
9. Pascoal, 687
10. Constantino, de Nepi [Viterbo, Itália], 767-769
11. Filipe, 768
12. João, 844
13. Anastásio, 855
14. Cristóvão, de Roma, 903-904
15. Bonifácio VII, Francone, de Roma, 974 e 984-985
16. João XVI, Giovanni Filagato, de Rossano Calabro [Itália], 997-998
17. Gregório, de Roma, 1012
18. Bento X, Giovanni, de Roma, 1058-1059
19. Honório II, Cadalo, de Veronese [Itália], 1061-1072
20. Clemente III, Guiberto, de Parma [Itália], 1080 e 1084-1100
21. Teodorico, bispo de S. Rufina [Itália], 1100-1102
22. Alberto, bispo de Sabina [Itália], 1102
23. Silvestre IV, Maginulfo, de Roma [Itália], 1105-1111
24. Gregório VIII, Maurice Bourdin, da França, 1118-1121
25. Celestino II, Tebaldo Boccadipecora, de Roma, 1124
26. Anacleto II, Pietro Pierleoni, de Roma, 1130-1138
27. Vítor IV, Gregório, de pátria incerta, 1138
28. Vítor V, Ottaviano Monticelli, de Tívoli [Itália], 1159-1164
29. Pascoal III, Guido, de Crema [Itália], 1164-1168
30. Calisto III, Giovanni, abade de Strumi [Arezzo, Itália], 1168-1178
31. Inocêncio III, Lando dos Landi, de Sezze [Itália],1179-1180
32. Nicolau V, Pietro Rainalducci, de Covaro [Rieti, Itália], 1328-1330
33. Clemente VII, Robert de Cenevois, da França [1378-1394]

34. Bento XIII, Pedro de Luna, de Aragão [Espanha], 1394-1423
35. Alexandre V, Pietro Filargo, de Creta [Itália], 1409-1410
36. João XXIII, Baldassare Cossa, de Nápoles [Itália], 1410-1415
37. Félix V, Amedeo VIII, duque de Savóia [Itália], 1440-1449

Os antipapas não reconhecidos pela Santa Sé

1. Clemente VIII, Gil Sánchez de Muñoz, 1423-1426
2. Bento XV, Bernard Garnier de Rodez, 1425-1430
3. Clemente XV, Michel-Auguste-Marie Colin, 1962-1974
4. Gregório XVII, Jean-Grégoire de La Trinité, Gaston Tremblay, 1968-2005
5. Gregório XVII, Clemente Domínguez y Gómez, 1978-2005
6. Emmnauel I, Gino Frediani, 1973-1984
7. Pedro II, Chester Olszewski, na Pensilvânia, 1980-
8. Pedro II, Aimé Baudet, na Bélgica, 1984-
9. Adriano VII, Francis Konrad Schuckardt, Couper d'Alene [EUA], 1984-
10. Pedro II, Pierre Henry Dubois, Bruxelas, 1985-
11. Michele, David Allen Bawden, Kansas, 1990-
12. Timothy Blasio Ahitler, Quênia, 1991-
13. Pedro II, Maurice Archieri, França, 1995-
14. Lino II, Victor von Penz, 1998-
15. Pedro II, Julius Tischler, Alemanha, 1998
16. Pio XIII, Lucian Pulvermacher, 1998-
17. Pio XIV, Thsung Zhong Huai, 1998-2002
18. Gregório XIX, Reinaldus Michael Beniamins, Nova York, 2001-
19. Pedro II, Manuel Corral, Espanha, 2005-
20. Alexandre IX, Joachim Centelles-Bórgia, Sicília [Itália], 2005

Os 112 supostos maçons do Vaticano

Lista publicada no semanal *OP*, em 12 de setembro de 1978 [ano I, nº 21-22] direção de Mino Pecorelli, falecido em Roma, em 20 de março de 1979. [A data se refere ao ano de inscrição; à sigla, à alcunha e ao nome]

Ablondi Alberto: 05/09/1958 — Matrícula 7/2431 — ALA [Bispo de Livorno]

Abrech Pio: 27/11/1967 — Matrícula 63/143 — API [Ajudante de estudo da Congregação dos Bispos]

Acquaviva Sabino: 03/12/1969 — Matrícula 275/69 — SABA [Docente de sociologia religiosa na Universidade de Pádua]

Angelini Fiorenzo: 14/10/1957 — Matrícula 14/005 — ANFI [Monsenhor]

Argentieri Benedetto: 11/03/1970 — Matrícula 298/a — BEA [Laico na administração Patr. da Santa Sé]

Baggio Sebastiano: 14/08/1957 — Matrícula 85/2640 — SEBA [Cardeal Prefeito da Congregação dos Bispos]

Balboni Dante: 23/07/1968 — Matrícula 79/14 — BALDA [Assistente da Biblioteca Vaticana]

Baldassari Salvatore: 19/02/1958 — Matrícula 4315/19 — BALSA [Arcebispo de Ravenna]

Balducci Ernesto: 16/05/1966 — Matrícula 1452/3 — ERBA [Sacerdote escolópio]

Basadona Ernesto: 14/09/1963 — Matrícula 9/243 — BASE [Prelado de honra de Milão]

Battelli Giulio: 24/08/1959 — Matrícula 29/a — GIBA [Laico membro da academia científica]

Bedeschi Lorenzo: 19/02/1959 — Matrícula 24/041 — BELO

Belloli Luigi: 6/04/1958 — Matrícula 22/04 — BELLU [Reitor do seminário lombardo]

Bellucci Cleto: 04/06/1968 — Matrícula 12/217 — CLEBE [Bispo auxiliar de Fermo]

Bettazzi Luigi: 11/05/1966 — Matrícula 1347/45 — LUBE [Bispo de Ivrea]

Bianchi Giovani: 23/10/1969 — Matrícula 2251/11 — BIGI [Ministro da Igreja de Seleuciana]

Bicarella Mario: 23/09/1964 — Matrícula 21/014 — BIMA [Prelado de Vicenza]

Biffi Franco: 15/08/1959 — Matrícula 6423 — BIFRA [Reitor da Universidade Lateranense]

Bonicelli Gaetano: 12/05/1959 — Matrícula 63/1428 — BOGA [Bispo de Albano]

Boretti Giancarlo: 21/03/1965 — Matrícula 0/241 — BORGI

Bovone Alberto: 30/04/1967 — Matrícula 254/3 — ALBO [Subsecretário do Santo Ofício]

Brini Mario: 13/07/1968 — Matrícula 15670 — MABRI [Arcebispo da Pontifícia Comissão para a América Latina]

Bugnini Annibale: 23/04/1963 — Matrícula 1365/75 — BDAN [Pronúncio no Irã]

Buro Michele: 21/03/1969 — Matrícula 140/2 — BUMI [Prelado]
Cacciavillan Agostino: 06/11/1960 — Matrícula 13/154 — ACA [Secretário de Estado]
Cameli Omberto: 17/11/1960 — Matrícula 9/1436 — CAMU [Diretor do escritório para Negócios Eclesiásticos da Itália]
Caprile Giovanni: 05/09/1957 — Matrícula 21/014 — GICA [Diretor da *Civiltà Cattolica*]
Caputo Giuseppe: 15/11/1971 — Matrícula 6125/63 — GICAP
Casaroli Agostino: 28/09/1957 — Matrícula 41/076 — CASA [Ministro de Negócios Exteriores]
Cerruti Flaminio: 02/04/1960 — Matrícula 76/2154 — CEFLA [Chefe do Escritório da Universidade de Estudos Congregacionais]
Chiavacci Enrico: 02/07/1970 — Matrícula 121/34 — CHIE [Docente de Moral da Universidade de Florença]
Ciarocchi Mario: 23/08/1962 — Matrícula 123/a — CLMA [Prelado]
Conte Carmelo: 06/09/1967 — Matrícula 43/096 — CONCA
Csele Alessandro: 25/03/1960 — Matrícula 1354/09 — ALCSE
Dadagio Luigi: 08/10/1967 — Matrícula 43/b — LUDA [Arcebispo de Lero, núncio na Espanha]
D'Antonio Enzo: 21/06/1969 — Matrícula 214/53 — EDA [Bispo de Triveneto]
De Bonis Donato: 24/06/1968 — Matrícula 321/02 — DONDEBO [Prelado no IOR]
Del Gallo di Roccagiovane Luigi: 15/05/1969 — Matrícula 102/61 — DEGAR [Prelado da antecâmara]
Del Monte Aldo: 25/08/1969 — Matrícula 321012 — ADELMO [Bispo de Novara]
Faltin Daniele: 04/06/1970 — Matrícula 9/1207 — FADA
Ferraioli Giuseppe: 24/11/1969 — Matrícula 004/125 — GIFE [Membro do Conselho de Negócios Públicos da Igreja]
Franzoni Giovanni: 02/03/1965 — Matrícula 2246/47 — FRAGI [Ex-abade de São Paulo]
Gemmiti Vito: 25/03/1968 — Matrícula 54/13 — VIGE [Membro da Congregação para os Bispos]
Girardi Giulio: 08/09/1970 — Matrícula 1471/52 — GIGI
Giustetti Massimo: 12/04/1970 — Matrícula 13/065 — GLUMA
Gottardi Alessandro: 13/06/1959 — Matrícula 2437/14 — ALGO [Arcebispo de Trento]

Gozzini Mario: 14/05/1970 — Matrícula 31/11 — MAGO

Graziani Carlo: 23/07/1961 — Matrícula 156/3 — GRACA (Reitor do Seminário Menor do Vaticano)

Gregagnin Antonio: 19/10/1967 — Matrícula 8/45 — GREA (Juiz instrutor no Vicariato, Tribunal de Primeira Instância de Causas Matrimoniais)

Gualdrini Franco: 22/05/1961 — Matrícula 21/352 — GUFRA (Reitor do Nobre Colégio Capranica)

Ilari Annibale: 16/03/1969 — Matrícula 43/86 — ILA (Capelão de Sua Santidade)

Laghi Pio: 24/08/1969 — Matrícula 0/538 — LAPI (Núncio na Argentina)

Lajolo Giovanni: 27/07/1970 — Matrícula 2/1397 — LAGI (Membro do Conselho para Negócios Públicos da Igreja)

Lanzoni Angelo: 24/09/1966 — Matrícula 6/324 — LANA (Chefe da Secretaria de Estado)

Levi Virgilio: 04/07/1958 — Matrícula 241/3 — VILE (Vice-diretor do *Osservatore Romano*)

Lozza Lino: 23/07/1969 — Matrícula 12/768 — LOLI (Chanceler da Academia Romana de São Tomás de Aquino e da Religião Católica)

Macchi Pasquale: 23/04/1958 — Matrícula 5463/2 — MAPA (Membro da Secretaria de Estado, Secretário de Paulo VI)

Mancini Italo: 18/03/1968 — Matrícula 1551/142 — MANI (Capelão de Sua Santidade)

Manfrini Enrico: 21/02/1968 — Matrícula 968/c — MANE (Consultor laico da Pontifícia Comissão para Arte Sacra)

Marchisano Francesco: 04/02/1961 — Matrícula 4536/3 — FRAMA (Subsecretário da Congregação de Estudos)

Marcinkus Paul: 21/08/1967 — Matrícula 43/649 — MARPA (Presidente do IOR)

Marsili Salvatore: 02/07/1963 — Matrícula 1278/49 — SALMA (Abade O.S.B. de Finalpia)

Maverna Luigi: 03/06/1968 — Matrícula 441/c — LUMA (Bispo de Chiavari, assistente geral para a Ação Católica Italiana)

Mazza Antonio: 14/04/1971 — Matrícula 054/329 — MANU (Bispo de Velia, secretário-geral para o Ano Santo 1975)

Mazzi Venerio: 13/10/1966 — Matrícula 052/s — MAVE (Membro do Conselho para Negócios Públicos da Igreja)

Mazzoni Pier Luigi: 14/09/1959 — Matrícula 59/t — PILUM [Membro da Congreção para os Bispos]
Mensa Albino: 23/07/1959 — Matrícula 53/23 — MENA [Arcebispo de Vercelli]
Messina Carlo: 21/03/1970 — Matrícula — 21/045 — MECA
Messina Zanoni Adele: 25/09/1968 — Matrícula 045/329 — AMEZ
Monduzzi Dino: 11/03/1967 — Matrícula 190/2 — MONDI [Regente na Prefeitura da Casa Pontifícia]
Mongillo Dalmazio: 16/02/1969 — Matrícula 2145/22 — MONDA [Dominicano, docente de moral no Instituto *Angelicum* de Roma]
Morgante Marcello: 22/07/1955 — Matrícula 78/0361 — MORMA [Bispo de Ascoli Piceno]
Natalini Terzo: 17/06/1967 — Matrícula 21/44d — NATE [Vice-prefeito adjunto do Arquivo Secreto do Vaticano]
Nigro Carmelo: 21/12/1970 — Matrícula 23/154 — CARNI [Reitor do Seminário Pontifício para Estudos Jurídicos]
Noe Virgilio: 03/04/1961 — Matrícula 43652/21 — VINO [Cerimonialista]
Palestra Vittorio: 09/06/1968 — Matrícula 075/43 — PAVI [Defensor do vínculo à Sacra Rota e promotor de Justiça do Estado Vaticano]
Pappalardo Salvatore: 15/04/1968 — Matrícula 234/07 — SALPA [Cardeal arcebispo de Palermo]
Pasqualetti Gottardo: 15/06/1960 — Matrícula 4/231 — GOPA
Pasquinelli Dante: 12/01/1969 — Matrícula 32/124 — PADA [Conselheiro da Nunciatura de Madri]
Pellegrino Michele: 02/05/1960 — Matrícula 352/36 — PALMI [Ex-arcebispo de Turim]
Piana Giannino: 02/09/1970 — Matrícula 314/52 — GIPI
Pimpo Mario: 15/03/1970 — Matrícula 793/43 — PIMA [Vicariato do Escritório para Assuntos Gerais]
Pinto Pio Vito: 02/04/1970 — Matrícula 3317/42 — PIPIVI ou PIMPI [Responsável pela secretaria do Supremo Tribunal da Assinatura Apostólica]
Poletti Ugo: 17/02/1969 — Matrícula 32/1425 — UPO [Vigário de Sua Santidade]
Rizzi Mario: 16/09/1969 — Matrícula 43/179 — MARI [Chefe do Escritório Congregacional das Igrejas Orientais]
Rogger Igino: 16/04/1968 — Matrícula — 319/13 — IGRO [Capelão de Sua Santidade]

Romita Fiorenzo: 21/04/1965 — Matrícula — 52/142 — FIRO (falecido em 1977, ex-subsecretário da Congregação do Clero)

Rossano Pietro: 12/02/1968 — Matrícula 3421/a — PIRO (Secretário do Secretariado para os não cristãos)

Rovera Virginio: 12/06/1964 — Matrícula 32/14 — ROVI

Sabattani Aurelio: 22/06/1969 — Matrícula — 87/43 — ASA (Arcebispo de Giustiniana, primeiro secretário Supremo da Assinatura Apostólica)

Sacchetti Giulio: 23/08/1959 — Matrícula 0991/b — SAGI (Delegado governador)

Salerno Francesco: 04/05/1962 — Matrícula 0437 I1 — SAFRA (Prelado referendário da Assinatura e membro da Prefeitura para Atos Eclesiásticos)

Santangelo Francesco: 12/11/1970 — Matrícula 32/096 — FRASA (Promotor substituto de Justiça e defensor do vínculo)

Santini Pietro: 23/08/1964 — Matrícula 326/11 — SAPI (Oficial e vice-oficial do Vicariato)

Savorelli Fernanda: 14/01/1969 — Matricula 004/51 — SAFE

Savorelli Renzo: 12/06/1965 — Matrícula 34/692 — RESA

Scanagatta Gaetano: 23/09/1971 — Matrícula 42/023 — GAS CA (Membro da Congregação para o Clero e da Comissão para Pompeia e Loreto)

Schasching Giovanni: 18/04/1965 — Matrícula 6574/23 — GISCHA (Jesuíta)

Schierano Mario: 03/07/1959 — Matrícula 14/3641 — MASCHI (Bispo de Acrida, Militar Ordinário para a Itália)

Semproni Domenico: 16/04/1960 — Matrícula 00/12 — DOSE (Tribunal do Vicariato)

Sensi Giuseppe Maria: 02/11/1967 — Matrícula 18911/47 — GIMASE (Arcebispo de Sardi e núncio em Portugal)

Sposito Luigi: 05/10/1967 — Matrícula 539/02 — SPOLU (Membro da Pontifícia Comissão para os arquivos eclesiásticos para a Itália e administrador do Patrimônio da Sede Apostólica)

Suenens Leo: 15/06/1967 — Matrícula 21/64 — LESU (Bruxelas) (Cardeal arcebispo de Bruxelas)

Trabalzini Dino: 06/02/1965 — Matrícula 61/956 — TRADI (Bispo de Rieti, auxiliar Roma Sul)

Travia Antonio: 15/10/1967 — Matrícula 16/141 — ATRA (Arcebispo de Termini Imerese, esmoler de Sua Santidade)

Trocchi Vittorio: 12/07/1962 — Matrícula 3/896 — TROVI (Laico advogado consistorial e secretário da Consultoria do Estado do Vaticano)

Tucci Roberto: 21/06/1957 — Matrícula 42/58 — TURO [Cardeal, diretor-geral da Rádio Vaticana]

Turoldo David Maria: 09/06/1967 — Matrícula 191/44 — DATU [Sacerdote]

Vale Giorgio: 14/02/1971 — Matrícula 24/326 — VAGI [Capelão de Sua Santidade]

Vergari Piero: 14/12/1970 — Matrícula 3241/6 — PIVE [Grande protocolista da Assinatura]

Vilot Jean Marie: 06/08/1966 — Matrícula 041/3 — JEANVI [Zurique] [Cardeal Secretário de Estado]

Zanini Lino: 05/08/1958 — Matrícula 2/956 — LIZA [Arcebispo Titular de Adrianopoli, núncio Apostólico aposentado, membro da Reverenda Fábrica de São Pedro].

OS PECADOS DO VATICANO EM DOCUMENTOS CONCILIARES

Citação de comparação em juízo, em Roma, dirigida por Oto I a João XII, julgado à revelia no concílio de 6 de novembro de 963.

Ao sumo pontífice e papa universal, senhor João, Oto, por graça de Deus imperador augusto, juntamente com os arcebispos e os bispos da Ligúria, Tuscia, Saxônia e da terra dos Francos, envia a sua saudação, em nome do Senhor. Vindos a Roma para servir a Deus, temos perguntado aos bispos romanos, aos cardeais e aos diáconos, além de todo o povo, o motivo da vossa ausência e da vossa vontade de não se encontrar conosco, patrono vosso e da vossa Igreja. Eles nos disseram sobre vós coisas vergonhosas e torpes, capazes de deixar enrubescido de vergonha até mesmo se se referissem a um comediante. Queremos sinalizar à Vossa Senhoria apenas algumas delas, pois, se enumerássemos todas, um dia apenas seria muito pouco. Saiba, portanto, que não poucos, mas todos, leigos e religiosos, o acusaram de homicídio, de perjúrio, de sacrilégio, de incesto com vossos parentes e com duas irmãs. Eles declararam também outra coisa, que os ouvidos recusam escutar, que vós fizestes um brinde ao diabo e, jogando dados, invocastes Júpiter, Vênus e outros demônios. Por isso, imploramos calorosamente à Vossa Responsabilidade de permanecer em Roma e de se justificar. Mas, se temeis os excessos do povo, vos prometemos solenemente que nada será feito que contradiga os cânones.

Denúncia do bispo Arnolfo de Orleans no Concílio de Verzy, próximo a Reims (17 de junho de 991)

Oh, Roma, digna de ser lamentada! Tu no silêncio trouxeste aos nossos maiores a luz dos Pais da Igreja, enquanto hoje não espalha senão surpresas tenebrosas de cujos séculos futuros conservarão na memória, uma recordação de terror! Isso ocorre, de fato, em nossos dias? Vimos João [XII], sobrenome de Otaviano, emergir da lama das paixões e conspirar contra Oto [I], que ele mesmo havia coroado imperador. João é cassado, indigno que era, e lhe sucede um neófito, Leão [VIII]. Tão logo o imperador deixa Roma, João retorna enquanto Leão foge; João, ávido de sangue, manda cortar o nariz e os dedos da mão direita do diácono Giovanni, que havia consagrado o papa Leão. Assassina muitos nobres e faz na cidade uma bacanal que não pode deixar de vir diretamente das forças do mal. Até que é morto por um popular. Para o seu lugar, os romanos elegem Bento [V], mas Oto volta a Roma e põe novamente o seu Leão no trono, depondo Bento, que envia para a Alemanha em exílio perpétuo. Quando Oto [II] sucede seu pai à cátedra de Pedro, em Roma, sobe Bonifácio [VII], monstro horrível, sujo com o sangue do seu antecessor, superior a todos os perversos por suas maldades. Caçado e condenado por um grande sínodo, volta a Roma após a morte de Oto e cai sobre o primeiro lugar da cidade o papa João [XVI], ou seja, Pietro, já bispo de Pavia; o depõe e o mata após mantê-lo preso. E onde está escrito que os inúmeros sacerdotes de Deus, espalhados pelas cidades terrestres e providos de doutrina e de méritos, devam sucumbir a tais monstros privados de sabedoria humana e divina e vergonha da humanidade?

Carta de Gregório VII ao bispo Sicardo de Aquitânia, na Igreja em decadência [24 de janeiro de 1074]

Nós não ignoramos a tua prudência por tantas ondas de perturbações que têm abatido de todos os lados a Igreja e como está quase ao ponto de naufragar e ficar submersa nas calamidades da sua desolação. Regentes e príncipes desse mundo procuram cada um os próprios interesses e não aquilo que é de Jesus Cristo, posto aos pés todo o sentido de reverência, quase serva desprezível, a oprimem e, para satisfazer à própria cobiça, não têm a menor cerimônia em cobri-la de problemas. Os sacerdotes e aqueles que parecem ter nas mãos o governo da Igreja se colocam, quase completamente, por trás das leis de Deus, defraudando Deus e o rebanho a eles confiado, disso que é o dever do seu ofício. Assim, fazem da dignidade eclesiástica nada mais que um instrumento de glória mundana e o que deveria ser um serviço todo dedicado à utilidade e salvação de muitos, o negligenciam ou, deploravelmente, o exaurem ostentando soberba e grandiosa superficialidade. No entanto, o povo, não guiado pelo caminho da justiça, por nenhuma direção de superiores, com nenhum freio de preceitos; e treinados, ao contrário, com o exemplo de quem está no comando de todo mal e do que é o oposto da religião cristã. Cedem a quase todas as maldades, se jogam em precipícios, levam o nome cristão, não digo apenas sem cumprir as obras, mas quase sem mais nenhum sentimento de fé.

Carta de Gregório VII ao bispo Oto de Constância sobre as decisões do concílio [fevereiro de 1074]

Nós, sob a autoridade dos santos padres, sentenciamos nesse concílio que aqueles que tenham sido promovidos a qualquer grau das ordens sagradas por via de heresia simoníaca, isto é, mediante pagamento, não podem mais exercer, na Santa Igreja, ministério algum. Mesmo aqueles que tenham recebido igreja por dinheiro, as percam; e no futuro não seja lícito a qualquer um fazer semelhante compra ou venda. Assim, portanto, aqueles que se encontrem em delito de impureza com uma mulher não devem celebrar missa nem servir o altar como ministros de Deus. Estabelecemos também que, se esses não quiserem observar nossas prescrições, o povo que não aceite de forma alguma os seus ministérios. Então, aqueles que não se corrigem por amor de Deus e respeito à dignidade dos seus ofícios, se arrependam ao menos por vergonha diante do povo e para a reprovação do povo. Seja, portanto, solícita a tua fraternidade em cooperar de tal modo conosco, para erradicar esses delitos das tuas igrejas de tal modo que tu possas receber, diante de Deus, o mérito do bom pastor e a Igreja romana possa se alegrar de ti como um irmão caríssimo e um cooperador zelante.

OS PECADOS DO VATICANO EM POESIA

▪ DANTE ALIGHIERI

A Igreja

A vós vos figurava o Evangelista,
Quando ao que é sobre as águas assentada
Prostituir-se aos Reis foi dele vista:

Nascera de sete cabeças ornada,
E o valor nos dez cornos possuía,
Enquanto ao esposo sua virtude agrada.

De ouro a vossa cobiça um Deus fazia:
Por um dos que os gentios adoraram
Abrange cento a vossa idolatria.

Constantino! Ah! que males derivaram,
Não do batismo teu, mas da riqueza
Que deste a um Papa e a quem outras se juntaram!"

[*Inferno, XIX 107-118*]

Adriano V [1276]

Scias quod ego fui sucessor Petri

Do meu solar o título altaneiro
Origem teve nesse rio belo,
Que entre Chiaveri e Siestre flui ligeiro.

Em pouco mais de um mês vi que desvelo
Custa guardar o grande manto puro:
Todo outro fardo é pluma em paralelo.

Quanto — ai de mim! — de converter fui duro!
Mas, apenas Pastor em Roma eleito,
Eu soube quanto mente o mundo impuro.

Não gozou paz, nem quietação meu peito;
Mais alto já subir se não pudera:
Então da vida eterna ardi no afeito.

Minha alma, triste e mísera, perdera
De Deus o amor em sórdida avareza:
Esta pena, que vês, bem merecera.

(*Purgatório XIX, 99-114*)

Nicolau III (1277-1280)

Filho de Ursa, de veras, cobiçoso
Em bolsa tudo pus por meus Ursinhos,
Lá ouro, aqui o esp'rito criminoso.

(*Inferno XIX, 70-72*)

Clemente V (1305-1314)

Jasão novo será: condescendente
Teve o outro seu Rei, diz a Escritura,
Da França este o senhor terá potente.

(*Inferno XIX, 85-87*)

▪ PASQUINO

Alexandre VI (1492-1314)

"13 de agosto de 1501. Primeira *pasquinata* fixada no Pasquino. O touro está no brasão dos Bórgia; a Rota simboliza o cardeal de Lisboa, assim como o boiadeiro é o cardeal de Lisboa."

Te previ, touro, que serias papa
Te prevejo: Morrerás, se daquele não te afastares
Verás a Rota que há por trás do boiadeiro

Paulo III (1534-1549)

"Sobre o nepotismo do papa para com o sobrinho Ottavio e o filho Pier Luigi"

Dois varões, padre santo condenados estão
Como a ruína da vossa casa
Um pequenino, que também não é bom
Para compartilhar do seu amoroso carrossel

E um grande, de quem se ouve a voz e o barulho
Que é a infâmia da nossa idade
Esses dois varões lhe farão um dia
Morrer falido com vergonha e imbecilidade

Bento XIII (1724-1730)

"Na morte e seus benefícios para o povo de Benevento"

Fechados nesse sepulcro
Os ossos de um franciscano
Mais que amante dos santos
Protetor dos milicianos

Enganando a seita de Israel
Adorou um bezerro de ouro
De Loyola o sacro coro
Adorou a vaca de ouro
Esta, por certo, em fé minha
É a pior idolatria

Pio IX (1846-1878)

"Última *pasquinata* afixada, em 20 de setembro de 1870, ao lado de um guarda-chuva quebrado"

Santo padre abençoado
Aqui estaria um pobrezinho
Querendo dar-te um regalo
Este guarda-chuva. Bom não está
Mas de melhor nada há
Dirias-me: "De que me vale?"
Soa a nuvem, Santo Velho
E se cai a tempestade?

▪ GIUSEPPE GIOACHINO BELLI

O Estado do Papa

Como há de ficar o Papa sem o Estado
quando ele mesmo é o vigário de Jesus Cristo?
Disse-me o cozinheiro de São Calisto
que até mesmo conversar a respeito é pecado.

Jesus Cristo de tanto fatigado
para fazer tudo quanto vimos
deveria dar também a quem está mais triste
esse pedacinho de mundo consagrado?

Dar coisa nenhuma! Nesse passo
se chegará a tirar Deus do paraíso
para colocar no seu lugar o Diabo!

Assim, ficou bem claro que
neste mundo cão, o Santo Padre tem papel principal
ele pode dizer que sal é mel e mel é sal.

O Nome dos Cardeais

Havia aqui quem aos cardeais
antes chamava *cardi*,
e que depois, o Papa, mais pro final
lhes juntou o termo *nal.*

Por outro lado se encontram outros tais
que se obstinam em dizer que aqueles são mentirosos
e não querem que se conserve este nome
como escrevem agora os escrivães.

Dizem que, em princípio, os cristãos
não se sabe por quais razões
os chamaram assim: os Cães-ladrões.

Mas, depois, com a bagunça da religião
aquelas letras, um pouco hoje e um pouco amanhã
se misturaram e surgiu a confusão.

O Padre

No momento em que um homem se torna padre
esse padre é um homem já santificado
e mesmo que pecasse, o seu pecado
voa como um grilo de uma parede.

E chamar de santo a quem veste as batinas
é como encarcerar a quem está encarcerado,
como excomungar um excomungado
como dizer a quatro ladrões: vocês são quatro?

Certas coisas as pessoas de fé
não as entendem e somente entre nós
se pode encontrar a verdade como ela é.

Somente entre nós os esfarrapados
se sabe quem é um padre. A classe manipulada
confunde sempre grão-de-bico com feijão.

Os Coroinhas

Os coroinhas de Roma? Cruz credo!
Você conhece raça pior que essa?
Um puxa-saco, um gatuno, um espião,
um... enfim, canalha sem pressa.

Jogam na sacristia:
a toda hora bebem das galhetas
querem bem às pessoas que comungam na Páscoa
e vendem o bilhete a quem quer que seja

Na cadeira da bilheteria, enquanto
assediam toda mulher, seja babá,
ou mamãe ou vovó, até o corno no canto

Servem à missa com um triste viso
e temperam em casa a salada
com o azeite das galhetas de Cristo.

Os frades

Isso eu gostaria de saber sem maldades,
que ao mundo confrarias não fazem falta:
que faria este pobre mundo
se ficasse sem os frades.

Quem se cansa por nós? Quem não dorme
para obter o perdão dos nossos pecados?
quem leva a criança ao hospital?
quem limpa o atum e o pargo enorme?

São estes, eh, os cães jacobinos
os preguiçosos e os dissimulados? São esses
os impostores, as harpias, os ferinos?

Tudo é mentira, tudo são protestos
os frades são boníssimos cristãos,
todos servos de Deus justos e honestos.

O Papa

Deus não quer que o papa se case
para no mundo mais papas não ter

de outra forma, aos cardeais, pobrezinhos
não restaria nada a recolher

Mas o Papa, segundo a sua determinação,
pode atar e desatar os nós frouxos e os apertados,
pode nos excomungar, abençoar e
fazer de nós conforme sua decisão.

E além do que ele vai e vem,
carrega duas chaves para nos dar o aviso
que aqui ele abre e fecha o armazém.

Aquele *triregnum* que parece um chouriço
quer dizer que ele comanda e não se importa
com o mundo, o purgatório e o paraíso.

A corrente

O Papa, o Vice-Deus, Nosso Senhor,
é um pai eterno como o Padre Eterno.
Isto é, não morre, ou, para dizer melhor, morre,
mas morre somente do lado externo.

Quando o seu corpo deixa o governo,
a alma permanece com o mesmo teor,
não vai nem ao paraíso, nem ao inferno,
passa imediatamente pro corpo do sucessor.

Assim, pode mudar um pouco a cabeça,
o estômago, as orelhas, o nariz, o pelo;
mas Papa, enquanto Papa, dá na mesma.

E por isso todo corpo destinado
àquela dignidade, cai do céu
sem alma, sendo apenas o suspiro levado.

O Conclave

Ganassa, você já viu aquelas jaulas
onde se veem os animais?
Assim no conclave, em muitos camarins,
são obrigados a ficar ali os Cardeais.

Por toda parte grades, dados,
rodas, cancelas, suíços, oficiais,...
e até caixinhas e urinóis
devem ter salvo-conduto, aliás.

Em uma cesta levam-lhes a comida
e por medo de algum bilhete
até na sopa há uma investida.

Algumas vezes, porém, entre tantos problemas,
poderia passar por este caminho
um doce recheado com sérios dilemas.

O que faz o papa?

O que faz o Papa? Ah, bebe, dorme,
enche a pança, toma café, fica na janela,
diverte-se, satisfaz seus caprichos, solta-se,
e de Roma uma hospedaria a considera.

Ele, não tendo filhos, não tem que se preocupar
em dirigir e afinar bem a orquestra;
porque, bem ou mal, a última sopa
será sempre de quem comandar.

O ar, a água, o sol, o vinho, o pão,
ele os crê coisas suas: *É tudo meu*;
como se neste mundo não existisse nem um cão.

E quase quase gozaria o soberano
em ficar só, como estava Deus
antes de criar os anjos e o ser humano.

Vida de cão

Ah, se chama ócio seus, cães feios?
Nunca faz nada o Papa, eh? não faz nada?
Como ele se cansa dia e noite
Assim não se consegue nada.

Quem fala com Deus o pai onipotente?
Quem absorve tantos filhos de prostitutas?
Quem distribui as indulgências a pauladas?
Quem vai de carruagem abençoar a gente?

Quem conta o seu dinheiro?
Quem ajuda a criar os cardeais?
Os tributos, por deus, não os faz o meeiro?

Somente a fadiga de um carregador
para rasgar memoriais durante o ano
e jogá-los em pedacinhos no ralador!

Gregorio I Magno (594-604)

Havia um certo Papa São Gregório
que sabia falar russo e turco,
que conhecia todo tipo de vinho,
e quantas almas estão no purgatório.

Distinguia o que tinha o ostensório,
ovos com pelo e ovos com pinto:
entendia o tempo, e até explicava
os enigmas de Montecitorio.

Profetizava o dom dos impetigos:
sabia advinhar nas confissões,
e descobrir a idade das velhas mulheres.

E estes belos segredos em conclusão
ele assoprava todos nas orelhas,
adivinha quem? Bravos! O bobão.

Papa Sisto (1585-1590)

Entre todos aqueles que tiveram o posto
de vigário de Deus, nunca se viu
um papa arrogante, um papa insolente,
um papa louco, igual a Papa Sisto.

E não somente é pra se dizer que se deixava meter
por qualquer homem que lhe andava por perto,
não perdoou nem a Cristo,
e nem mesmo o destruiu sem esconder.

Agradeçam a Deus que agora o dano
não pode acontecer, mesmo que venha outro
pôr a Igreja naquele engano

Porque não pode existir tão cedo
um outro papa que pegue o gosto
de se tomar por nome *Sisto Sexto.*

O GLOSSÁRIO DO VATICANO

Abade. Título ou cargo do superior dos monges de uma abadia ou mesmo de um monastério autônomo com clero separado de qualquer diocese, eleito por regras conventuais com confirmação papal. É um coadjuvante na administração das regras conventuais e de um conselho de anciões.

Abade geral dos Cânones Regulares e das Ordens Monásticas. É o superior dos eclesiásticos pertencentes a uma catedral ou a um colegiado.

Abreviador. Delegado na chancelaria pontifícia para compilar e transcrever as bulas e outros atos do papa.

Academia pontifícia. É uma instituição com caráter cultural que promove estudos em vários campos da ciência, da literatura e da arte, segundo os princípios da religião católica. A mais antiga é a Pontifícia Academia das Ciências.

Acta Apostolicae Sedis. Boletim oficial da Santa Sé, contendo os atos do papa.

Adido da antecâmara. Funcionário leigo, originalmente chamado bussolar, que presta serviço na antecâmara, na Sala das Tapeçarias do palácio apostólico, em todas as ocasiões nas quais o papa sai do seu quarto, segundo as ordens transmitidas oportunamente.

Administrador apostólico. É o eclesiástico que tem a responsabilidade pastoral e o governo, em nome do papa, de uma *administração apostólica*, ou seja, "uma determinada porção do povo de Deus que, por motivos especiais e particularmente sérios, não é permanente como diocese".

Advogado consistorial. Leigo que tem a competência de patrocinar as causas matrimoniais junto a todos os tribunais eclesiásticos e exercer funções notariais no Estado da Cidade do Vaticano; sua atividade vai acabar e será substituído pelo *Advogado da Santa Sé* (v.).

Advogado da Santa Sé. Advogado que tem a exclusiva função de defender a administração pública eclesiástica diante dos tribunais da Santa Sé; eleito por cinco anos pelo cardeal secretário de Estado, constituindo o colégio dos advogados *rotais*.

AGESCI. Associação dos Guias e Escoteiros Católicos Italianos, organismo laico, subdividido nas dioceses por departamentos, pertencentes às paróquias, onde são assistidos por um eclesiástico.

Agostiniano. Membro religioso masculino e feminino de uma das diversas ordens que seguem a regra de Santo Agostinho.

Ajudante de câmara. Laico, antigamente chamado cubiculário, empregado do serviço íntimo de Sua Santidade.

Alocução. Discurso que o papa dirige aos fiéis em circunstâncias solenes.

Anátema. A maior excomunhão contra hereges e cismáticos, com expulsão permanente da Igreja.

Anel do pescador. Anel do papa com o qual são selados os documentos; é quebrado após a morte do pontífice.

Angelus. Indica a oração à Nossa Senhora, composta com as palavras da Anunciação, recitado em latim, ao meio-dia e à noite; por extensão, é o som do sino que convida à oração. No caso do papa, refere-se especificamente à reza que todo domingo, ao meio-dia, recita da janela do seu apartamento, junto aos fiéis reunidos na praça São Pedro, com a relativa homilia e bênção.

Anona. Direção dos Serviços Econômicos da Governadoria com supermercado, ao qual se adquire com a carteira anonária dada apenas aos cidadãos aposentados do Vaticano; os produtos são isentos do IVA de 20%.

Ano Santo. É o termo com o qual é chamado cada Jubileu, especialmente aquele que se originou em 1450 e acontece a cada 25 anos.

Anuário Pontifício. Relatório oficial da Igreja católica publicado pela Secretaria de Estado do Vaticano.

Antipapa. É o antagonista do papa, eleito irregularmente; presente na história pontificial até 1449. Segundo o direito canônico, é considerado como tal quem é eleito com normas contrárias àquelas estabelecidas pela constituição pontifícia em vigor. A Igreja de Roma os considera 37, mas, na verdade, existiram 39; após o Concílio Vaticano II, foram eleitos outros de diversas comunidades da Igreja, opostas à Igreja de Roma. Existem também 20 antipapas não reconhecidos pela Santa Sé, 18 dos quais existentes da segunda metade do século XX até hoje.

Apocrisiário. Termo derivado do grego; significa mensageiro ou embaixador. Identificava o enviado do papa a Constantinopla para notificar mensagens ao imperador ou ao representante do papa nos concílios. A função foi abolida no século VIII.

Apóstata. É assim chamado quem renega o batismo após tê-lo recebido.

Apóstolo. Do grego *apostóllein,* "enviar", para indicar aquele que é enviado como missionário para anunciar o evangelho e administrar os sacramentos, como Jesus e os seus 12.

APSA. É a Administração do Patrimônio da Santa Sé, escritório administrativo que gerencia os fundos financeiros da Cidade do Vaticano e da Santa Sé.

Arcebispo. Dignitário da hierarquia, muito mais para uma diocese metropolitana; na ordem e no ministério são pares dos bispos, em respeito ao qual o seu título, frequentemente, tem um valor puramente honorífico. É chamado por Eminência.

Arquiatra pontifício. É o médico da corte pontifícia, além de médico particular do papa. É uma função abolida, assumida por último por Riccardo Galeazzi Lisi, com Pio XII. É costume mais recente cada papa ter sempre o seu médico de confiança.

Arquidiácono. Antigo chefe dos diáconos de uma igreja, que provia a administração; hoje é o primeiro dignitário das regras da catedral.

Assinatura apostólica. Supremo tribunal do ordenamento jurídico da Santa Sé.

Assistente do trono pontifício. São dois príncipes romanos das famílias Colonna e Torlonia que se alternam na representação e prestação de serviços durante as visitas dos chefes de Estado.

Assistente eclesiástico. Sacerdote nomeado por uma autoridade eclesiástica competente para representá-la nas associações católicas.

Assuncionista. Religioso e religiosa pertencente a uma das congregações que recebem o nome de Assunção de Maria; assim, os Agostinianos, as Irmãs da Assunção, as Oblatas da Assunção e as Pequenas Irmãs da Assunção.

Ação católica. Organismo laico católico italiano dividido em seções, que fazem parte das paróquias e é assistido por um eclesiástico.

Alva. Paramento sacerdotal branco de largas mangas, sobre o qual se apoia a estola.

Arquinotário apostólico. É o prelado de duas categorias: pronotário apostólico em número de sete, que registra todos os atos emitidos pela Cúria e arquinotário supranumerário. Esse último é *ad vitam* na pessoa dos cônegos das basílicas papais de Roma e *durante munere* nas pessoas dos cônegos prelados da Congregação Patriarcal de Veneza, das congregações Metropolitanas de Bolonha, Cagliari, Esztergom (Hungria), Florença, Gorízia, Malta, Módena, Palermo, Reggio Calabria, Údine, da catedral de Bérgamo, Concórdia (Itália), Pádua, Treviso, assim como os cônegos do colegiado de Santa Maria *ad Martyres* de Roma e da Capela Palaciana de Palermo, o Reitor da Hofburgkapelle de Viena, os padres superiores da congregação da catedral de Lodi e do colegiado de Brisighella (Faenza, Itália), da paróquia dos Santos Estevão e Martinho em Riolo Terme (Ímola, Itália) e o arquidiácono de Cadore (Itália).

Bandeira do Vaticano. Branca e amarela, com as chaves cruzadas com a mitra papal por cima, formando uma cruz de Santo André; foi adotada em 1808 em substituição à anterior amarela e vermelha.

Barrete. Chapéu quadrangular, alto e cônico, usado pelo papa, por cardeais (roxo púrpura), bispos (vermelho violeta), monsenhores e sacerdotes (pretos).

Basiliano. Monge e monja que se inspiram na regra monástica de São Basílio, de rito grego e latino, tais como a Congregação de Santa Maria de Grottaferrata, a Ordem de São Josafá e a Ordem dos Melquitas.

Basílica. Igreja com planta retangular, dividida em naves separadas por colunas, derivada da antiga basílica pagã, existente próxima ao fórum, edificada, principalmente, como local de sepultura dos mártires e, portanto, daqueles de principal importância. É canônica a distição entre basílica patriarcal ou papal e menor; as patriarcais ou papais em Roma são cinco: São João de Latrão, Santa Maria Maggiore, São Pedro no Vaticano, São Paulo Extramuros e São Lourenço Extramuros.

Beato. Título concedido pela Igreja à pessoa falecida com "traços de santidade", reconhecida como tal com prova de milagre e com a *fama signorum*, ou seja, os "sinais" sobrenaturais. É decretado pela Congregação para as Causas dos Santos, mas com aprovação final do papa.

Beneditino. Monge ou monja de toda família religiosa que seguiu nos séculos a regra de São Bento, reunidos em grande parte na Confederação Beneditina de Santo Anselmo, constituída em 1893.

Bênção *Urbi et Orbi*. Bênção do papa "à cidade de Roma e ao Mundo" em determinadas ocasiões e acompanhada pela indulgência plena.

Bispo. É o sétimo dignitário na hierarquia eclesiástica e tem a alcunha de Monsenhor. Nomeado pelo papa, subdivido em três ordens diocesanas, sendo o chefe de uma diocese. Titular com função de auxiliar ou mesmo de ajudante do bispo diocesano, com direito de sucessão e auxiliar de ajudante do bispo diocesano, mas sem atividades especiais. Emérito quando renuncia à sé ou alcança o limite de idade. Alguns diocesanos podem ser nomeados arcebispos, em realação à sé (arquidiocese ou arcebispado), mas têm nobreza igual aos bispos. Todos os bispos se reúnem em assembleias que recebem o nome de Conferência Episcopal em número de 113 nações. Essas confluem na assembleia internacional com função de consultoria. As reuniões internacionais de conferência episcopal são distribuídas pelos cinco continentes. Mais particulares são os sínodos dos bispos, assembleias de bispos escolhidos em várias partes do mundo que acontecem em determinadas épocas para favorecer uma ligação mais estreita com o papa e os próprios bispos. A Conferência Episcopal Italiana (CEI) é a mais antiga conferência dos bispos, pois remonta à metade do século XIX. Teve um regulamento oficial em 1889, mas com referência a uma territorialidade regional e somente em 1965 foi definida como reunião de todos os bispos da Itália, sendo então regulamentada por um estatuto em 1985. Tem sede em Roma na via Aurelia, 468, onde fica a presidência; e na rodovia Aurelia, 50, os escritórios e serviços pastorais. A CEI detém também o centro de produção televisiva nacional, Sat2000, criado em 1998 na via Aurelia, 796; aqui ficam a redação, os escritórios de produção e os estúdios televisivos.

Bula. Do latim *bulla*, "selo", indica o selo pontifício de chumbo que traz de um lado o nome do papa e de outro a representação das cabeças de São Pedro e São Paulo; vem fixada aos documentos oficiais do papa, redigidos em latim, em pergaminho, pela chancelaria da Cúria. Indica, por extensão, o próprio documento. Pode ser dogmática, como aquela da definição da Imaculada Conceição, ou conter os decretos de canonização, novas instituições de dioceses e nomeações de bispos. Característica era a sua edição para excomunhão.

Breve. É uma carta apostólica de *forma breve*, caracterizada pelo selo de cera vermelha com a impressão do anel do pescador. É usada, entre outras funções, para decretos de beatificação e para a construção de igrejas e basílicas, nomeações, concessões e honrarias. É redigida em papel comum em fonte cursiva.

Breviário. Compêndio das orações diárias para a obrigatória récita litúrgica por parte dos sacerdotes das várias comunidades religiosas. Após o Concílio Vaticano II, recebeu o nome de *liturgia das horas*, com uma divisão das orações em seis momentos do dia.

Camauro. Chapéu pontifício que cobre as orelhas. João XXII o usava muito. Durante um tempo foi sinônimo de mitra.

Câmara Apostólica. O mais antigo escritório administrativo da Santa Sé, um tempo próprio do Tesouro Pontifício. Atualmente cuida dos bens e direitos terrenos da Igreja em Sé Vacante.

Camerlengo da Santa Igreja Romana. É o cardeal dirigente da Reverenda Câmara Apostólica, mas que aplica suas funções principalmente durante o período de Sé Vacante, tendo a administração dos bens e dos direitos terrenos da Santa Sé.

Camiliano. Clérigo regular masculino e feminino da ordem fundada por Camilo de Lellis, em 1584, e aprovado em 1591. A denominação oficial masculina é Ministro dos Enfermos, enquanto as camilianas estão articuladas em diversas comunidades, como Ministras dos Enfermos, Filhas de São Camilo e Missionárias dos Enfermos.

Cânone. Decreto conciliar de caráter dogmático. Para os apóstolos, era a regra em matéria de fé, mas indicava também a lista dos eclesiásticos empregados nas tarefas das igrejas. É também a parte da missa que contém a consagração.

Canônico. Como adjetivo, qualifica o que baseia os fundamentos da Igreja; como substantivo, indica o dignitário eclesiástico que recebe de uma igreja uma renda.

Canonização. Decreto com o qual o papa declara santa uma pessoa que, falecida "com traços de santidade", tenha cumprido mais de um milagre.

Canossiana. Chamada também de Filha da Caridade, constitui a congregação religiosa fundada por Madalena de Canossa, em 1808, e aprovada em 1828.

Capela papal. Função sagrada celebrada pelo papa, solenemente, com cantos e músicas especiais, na presença dos eclesiásticos e da família pontifícia.

Capela pontifícia. É constituída por eclesiásticos que participam das sagradas cerimônias papais com seus hábitos litúrgicos, isto é, os cardeais, os patriarcas, os arcebispos, os bispos, os prelados superiores de congregações e secretariados, os párocos da diocese de Roma e todos os eclesiásticos da família pontifícia; fazem parte também os auditores da Rota, os advogados consistoriais e os familiares do papa.

Capelão de Sua Santidade. Já qualificado como Camareiro Secreto Supranumerário, desenvolve o serviço da capela pontifícia, dependendo do prefeito da casa pontifícia (v.); nomeado pela Secretaria de Estado, fazem parte dele os cânones das Regras dos Santíssimos Cezário e Juliano de Roma e os cânones da Regra de Aprovação. O título não decai em Sé Vacante.

Cardeal. É o mais alto dignitário da Igreja de Roma depois do papa e seus conselheiros. É chamado por Eminência e constitui o colégio cardinalício (v.), subdividido nas três ordens de bispos, presbíteros e diáconos, mas todos com nobreza episcopal. É eleitor do papa, até a idade de 80 anos e é convocado em assembleia pelo papa no *consistório*. Que é de três tipos: "ordinário secreto", para a comunicação da nomeação de novos cardeais ou provisões de dioceses; "ordinário público", para a celebração de solenidades especiais na presença de prelados e representantes diplomáticos; "extraordinário", para tratar de questões particularmente graves. Muitos deles dirigem setores da Cúria Romana ou do Estado da Cidade do Vaticano.

Cardeal sobrinho. Figura originária do secretário de Estado Pontifício, escolhido pelo papa entre os parentes, na época do nepotismo.

Carisma. Do grego *charisma*, "dom da graça", indica os dons do Espírito Santo que concedem ao papa o poder de dotes especiais, na direção da Igreja.

Caritas Internationalis. Nascida em 1951, com o nome de Conferência Internacional Católica da Caridade, hoje é uma confederação de organismos caridosos nacionais.

Carmelita. Religioso masculino e feminino de ordem religiosa que tem como nome o monte Carmelo na Palestina. Fundado por Santo Alberto de Vercelli, em 1209, e aprovado por Honório III, em 1266. De Santa Teresa D'Ávila e São João da Cruz derivam os Carmelitos e as Carmelitas Descalças, ordens aprovadas por Clemente VIII, em 1593.

Carta Apostólica. Documento que o papa endereça em forma de carta a uma determinada pessoa ou comunidade, mas destinado, em perspectiva, para toda a humanidade. Não define uma verdade dogmática, contudo fornece orientações em matéria de fé e moral, em termos muito similares à *Exortação Apostólica*.

Cartuxo. Religioso masculino e feminino da ordem monástica fundada por São Bruno, em 1084, para os homens, enquanto que para as mulheres foi instituído em 1145. Caracterizados por viver em celas separadas, reunindo-se apenas para a reza.

Casa Santa Marta. É um hotel para cardeais e monsenhores.

Casula. Hábito vermelho púrpura dos cardeais.

Cátedra. Cadeira, muitas vezes com dossel, reservada ao papa ou ao bispo quando presidem as celebrações litúrgicas e faz referência ao magistério e à nobreza papal e episcopal.

Catedral. É a igreja principal de uma diocese, reservada ao bispo; aquela de Roma é a de São João de Latrão.

Catolicismo. Deriva do grego e significa "universal". É a Igreja de Roma desenvolvida sob a hierarquia dos bispos romanos, indicados pelos papas.

Cavalheiro de Sua Santidade. Dignitário laico, já reconhecido como Camareiro de Capa e Espada, Mensageiro Mor, Cavalariço Mor, Superintendente-geral dos Correios, Portador da Rosa de Ouro, Secretário para as Embaixadas, Guarda Nobre, Guarda Palaciana, Guarda de Honra de Sua Santidade; fica nas dependências da prefeitura da *Casa Pontifícia* (v.) e participa das cerimônias civis e nas audiências papais, bem como nas recepções dos chefes de Estado. É membro do Círculo de São Pedro (v.).

Cavalo Branco. Em italiano *chinea* era o cavalo branco que os soberanos de Nápoles ofereciam ao papa no dia dos santos Pedro e Paulo, como homenagem feudal de seus reinos, sobre os quais o Estado Pontifício gozava de soberania terrena, desde o século XI. A utilização cessou em 1788.

CEI. A Conferência Espiscopal Italiana ou a assembleia geral de todos os bispos italianos. Tem um presidente nomeado diretamente pelo papa.

Celibato eclesiástico. A obrigação para o clero católico de não se casar, conforme consagrado pelo Concílio de Trento.

Cerimonialista pontifício. Eclesiástico encarregado de organizar as celebrações litúrgicas e preparar os ministros para cumpri-las com decoro e devoção.

Cidade do Vaticano. O território do Estado Pontifício com 44 hectares de extensão por dentro de Roma. Fundado em 11 de fevereiro de 1929 com a assinatura dos Pactos Lateranenses (ou Tratado ou Pacto de Latrão) entre a Itália e a Santa Sé.

Círculo de São Pedro. Associação pontifícia de assistência aos pobres, conhecida pela sua cozinha e os seus albergues na cidade de Roma.

Cisma. Do grego *skhisma* (dividido), vale como separação dentro da Igreja e recusa da submissão ao papa.

Cisterciense. Membro da ordem monástica surgida em Citeaux, por obra de São Roberto, abade em 1098, em observância à regra de São Bento. A ordem foi definida em 1119, pelo abade Estevão Harding e aprovada por Calisto II. Em 1664, se originaram da ordem os *trapistas* por obra de Armand-Jean le Bouthillier de Rancé, abade de La Trappe, e a nova ordem foi aprovada por Clemente XI, em 1795.

Clarissa. Religiosa da segunda ordem franciscana, fundada por Santa Clara, aprovada em 1253 e modificada por Urbano IV, em 1263.

Clérigo. Termo que indica todo religioso membro de uma congregação e diferenciado como *regular*, quando ligado aos votos, e *secular*, quando não ligado aos votos.

Clérigo da capela pontifícia. É o membro da *capela pontifícia* (v.) que assiste ao soberano pontífice nas cerimônias eclesiásticas sob a direção do *cerimonialista pontifício* (v.).

Clero. Termo de origem incerta, designa o conjunto dos eclesiásticos que constituem o organismo da Igreja.

Comandante da Guarda Suíça. É o coronel da Guarda Suíça e faz parte também do contingente dos *Cavalheiros de Sua Santidade* (v.).

Comunhão e Libertação. Comunidade cristã laica de direito pontifício, com seção monástica *Memores Dominis;* em italiano os membros são chamados *ciellini*.

Comunidade de Santo Egídio. Associação internacional laica da Igreja católica. Uma ONG com reconhecimento pontifício, caracterizada por uma atividade missionária.

Conciliábulo. Um concílio realizado por prelados cismáticos e, portanto, não reconhecido pela Igreja.

Concílio. Assembleia dos bispos reunidos para discutir questões referentes à vida da Igreja, deliberando sobre assuntos doutrinais, disciplinares e pastorais. Um concílio ecumênico é uma reunião legítima de todos os bispos e altos prelados representantes da Igreja universal e é convocado pelo papa. Os concílios ecumênicos foram 21: 1) Niceia I (325); 2) Constantinopla I (381); 3) Éfeso (431); 4) Calcedônia (451); 5) Constantinopla II; 6) Constantinopla III (680-681); 7) Niceia II (787); 8) Constantinopla IV (869-870); 9) Latrão I (1123); 10) Latrão II (1139); 11) Latrão III (1179); 12) Latrão IV (1215); 13) Lyon I (1245); 14) Lyon II (1274); 15) Vienne (1311-1312); 16) Constança (1414-1418); 17) Basileia-Ferrara-Florença (1431-1437); 18) Latrão V (1512-1517); 19) Trento (1545-1563); 20) Vaticano I (1869-1870) e 21) Vaticano II (1962-1965). O concílio plenário é aquele celebrado por todas as Igrejas de uma mesma conferência de bispos. O concílio provincial é aquele tido por bispos de uma mesma província eclesiástica.

Conclave. É a reunião dos cardeais para proceder à eleição do papa e indica também o lugar da reunião. Participam apenas os cardeais, em número de 120, que não tenham superado os 80 anos de idade.

Concordato. Tratado entre a Santa Sé e um Estado para regular questões de interesse comum, relativos a pessoas, instituições e bens eclesiásticos.

Conferência episcopal. É o organismo que reúne os bispos de uma determinada nação ou área geográfica. A italiana é a *CEI* (v.).

Congregação cardinalícia. É a comissão estabelecida pelos cardeais na Cúria de Roma que assitem o papa no governo da Igreja. Constituem na prática os departamentos com organização própria de um ministério estatal. São nove e fazem parte da Secretaria de Estado. Em cada uma há um cardeal no papel de prefeito, assistido por um secretário e por um subsecretário.

Congregação religiosa. Instituto religioso cujos membros emitem os votos simples.

Consagração. Ato solene com o qual se dedica a Deus lugares e pessoas. Na missa é o momento da transubstanciação, ou seja, da transformação do pão e do vinho no corpo e no sangue de Cristo.

Conselheiro geral do Estado da Cidade do Vaticano. É um laico com função consultiva similar àquela realizada pelo presidente do Conselho de Estado italiano, que é devido "a dar parecer todas as vezes que seja estabelecido por lei ou quando seja pedido pelo Sumo Pontífice ou pelo Governador". Recebe um salário pela função.

Consistório. É a reunião dos cardeais convocados pelo papa para discutir problemas de especial importância. Pode ser *ordinário*, com a convocação dos cardeais presentes a Roma e ter também um caráter político, e *extraordinário*, com a presença de todos os cardeais.

Consultor do Estado da Cidade do Vaticano. Laico competente em várias matérias econômicas e jurídicas, sobre as quais desenvolve um trabalho de consultor, com base em pedidos expressos pelo governador. Faz parte de diversos escritórios da Santa Sé.

Cúria. Governo central da Igreja de Roma, instituído com uma precisa organização por Sisto V, atualmente constituído por nove congregações, três secretariados, cinco assembleias, 20 comissões; três comitês, três tribunais e sete escritórios administrativos.

Dalmática. Paramento sacro usado pelo papa nas funções solenes. Chega até os joelhos, é aberto nas laterais e tem as mangas curtas e largas.

Decano de sala. Penúltimo laico dos familiares do papa. É o chefe dos ajudantes da antecâmara e durante o serviço veste a casaca com colete preto, calças curtas e meias pretas.

Decano do tribunal da Rota Romana. É o prelado presidente do tribunal apostólico da *Rota Romana* (v.), nomeado apenas por um determinado período pelo sumo pontífice, que o escolhe entre os juízes rotais. É também presidente da Corte de Apelação dos tribunais da *Cidade do Vaticano* (v.) e diretor do *Estudo Rotal* (v.).

Decretal. Constituição papal e decisão do concílio ecumênico que contém normas de direito canônico.

Delegado apostólico. É o delegado do papa sem caráter diplomático e que é responsável por vigiar as condições da Igreja, em alguns Estados.

Delegado pontifício. É o representante do papa junto aos santuários de Pompeia e Loreto e da basílica de Santo Antônio de Pádua. São três arcebispos que supervisionam a gestão eclesiástica e a administração do bem imóvel. Com esse objetivo, estão ligados a um Conselho de Administração e a um Colégio dos Revisores das Contas.

Depositário da Terra Santa. É o Frade Menor da Ordem Franciscana, ao qual é confiada a Custódia da Terra Santa desde o ano de 1333. A partir de 1558 reside no Convento do Santíssimo Salvador, em Jerusalém.

Diácono. Leigo empregado dos escritórios eclesiásticos, isento de votos de castidade e pobreza. Existente nos primeiros séculos do cristianismo, foi restaurado após o Concílio Vaticano II entre os homens casados. Segundo a encíclica *Lumen Gentium*, emitida por Paulo VI, em 16 de novembro de 1964, "compete ao diácono administrar solenemente o batismo, conservar e distribuir a eucaristia, em nome da Igreja. Assistir e abençoar o matrimônio, levar o viático ao moribundo, ler a Sagrada Escritura aos fiéis, instruir e estimular o povo, presidir o culto e a reza dos fiéis, administrar os sacramentos, presidir o rito do funeral e da sepultura".

Dogma. Princípio de fé definido pela Igreja, mas também verdade divina revelada através das Sagradas Escrituras.

Dominicano. Religioso masculino e feminino das ordens dos frades pregadores e monjas missionárias, fundadas por São Domingos de Gusmão e aprovadas, em 1216, por Honório III. Os membros masculinos, docentes de teologia em várias universidades, assumiram a direção dos tribunais da Inquisição.

Ecumênico. Vale como universal e se usa especialmente em referência ao concílio. Também é um título próprio dos patriarcas de Constantinopla.

Ecumenismo. É a base da doutrina que inspira a Igreja com a finalidade de alcançar a união de todos os cristãos.

Encíclica. Chamada também "Carta Encíclica", é a carta circular que o papa envia aos bispos, aos sacerdotes e a todos os católicos para dar uma orientação oficial em matéria de fé e moral, bem como sobre problemas sociais e de interesse universal. Tem um caráter doutrinal, mas não dogmático.

Eminência. Título honorífico para se referir aos cardeais.

Eparca. É o prelado que supervisiona a eparquia, ou seja, a diocese da Igreja Oriental.

Episcopado. A função e o ministério do bispo.

Epíscopo. Termo antigo para bispo.

Escapulário. Uma larga faixa de pano que cobre o peito e os ombros alcançando os pés. Faz parte do hábito religioso de várias ordens.

Escolópio. Pertencente à ordem dos clérigos regulares pobres da Mãe de Deus das Escolas Pias, fundada por Giuseppe de Calasanza, em 1600, aprovada por Paulo V, em 1617, como congregação com votos simples, e por Gregório XI, em 1621, como ordem religiosa com votos solenes.

Escritório filatélico e numismático. Supervisiona a impressão e cunhagem de selos, com estrutura da governadoria do Vaticano.

Esmoler de Sua Santidade. É o prelado responsável pela *esmolaria apostólica* (v.), dirigindo o serviço de assistência aos pobres.

Estado Pontifício. É o Estado da Igreja de Roma cujas origens remontam ao pacto de Quierzy de 754, entre Estevão II e o rei dos francos, Pepino, finalizado em 20 de setembro de 1870, com a tomada de Roma por parte de Estado italiano. Reconstituiu-se depois dos Pactos Lateranenses em 1929, dentro da Cidade do Vaticano, sob a soberania da Santa Sé. Pessoa moral de direito público indissociável da própria pessoa do pontífice romano. Significando que da menor porção de terra onde esteja é o chefe da Igreja universal. A Santa Sé recebe uma série de propriedades dentro de Roma e em várias zonas do mundo, dentro das quais goza de extraterritorialidade.

Estola. Ornamento sacerdotal consistindo em um longo pano caindo pelo pescoço. Faz parte das vestes rituais.

Exarco. É o prelado que exercita a jurisdição nos territórios da Igreja Oriental sob delegação de um patriarca ou de um bispo da Igreja Oriental. É chamado exarco patriarcal e exarco arcebispal. Existem também os exarcos apostólicos e os ordinários que supervisionam os exarcados e os ordinariados, ou seja, as estruturas eclesiásticas geográficas estabelecidas pela comunidade católica oriental, que não possuem hierarquia própria do lugar. São nomeados pela Santa Sé e dependem da Congregação para as Igrejas Orientais.

Ex cathedra. Expressão latina "da cadeira" para qualificar decisões do papa em matéria de fé, onde a *cátedra* (v.) é o lugar do qual o papa, simbolicamente, as anuncia.

Excelência. Título honorífico dos bispos e arcebispos.

Excomunhão. Pena eclesiástica com a qual os fiéis são excluídos da comunhão.

Exortação apostólica. Documento endereçado pelo papa a todos os católicos, diferente da encíclica pelo caráter exclusivamente pastoral e não doutrinal. É com frequência resultado de um sínodo.

Família pontifícia. É o conjunto de eclesiásticos e laicos considerados junto à Santa Sé para exercer diversas funções. Os eclesiásticos são: o substituto da Secretaria de Estado, o secretário do Conselho para os Negócios Públicos da Igreja, o esmoler, o vigário-geral para a Cidade do Vaticano, o presidente da Pontifícia Academia Eclesiástica, o pregador e o teólogo da Casa Pontifícia, os protonotários apostólicos, os prelados da antecâmara, os prelados de honra e os capelões de Sua Santidade. Os laicos são: os assistentes do trono, o delegado especial da Pontifícia Comissão para o Estado da Cidade do Vaticano, o arquiteto dos palácios apostólicos, o comandante da Guarda Suíça, os consultores da Cidade do Vaticano, o presidente da Pontifícia Academia das Ciências, os cavalheiros de Sua Santidade, os procuradores dos palácios apostólicos, os empregados da antecâmara e o ajudante da câmara.

Faldistório. Cadeira com braços e sem encosto, usada pelo papa e pelos bispos nas funções solenes, ao invés do trono.

Fanon. Veste pontifícia consistindo em duas *mozzettas* de seda sobrepostas, com listras brancas e douradas; era usada nos pontificais.

Flabelo. Grande ventarola de penas brancas de pavão que, em cima de uma haste, era conduzida ao lado do papa, nas cerimônias solenes, segundo uma pompa já abolida. A função prática de tal instrumento era *ad refrigerandum aerem* e *ad abigendas muscas*, mas, simbolicamente, representavam os serafins reverentes em volta do trono do vigário de Cristo.

Focolar. Movimento laico católico chamado *Opus Mariae*, mas afirmado com o nome de Focolares em referência às células da vida comunitária das associações homônimas.

Franciscano. Os pertencentes a uma das três ordens da família franciscana: frades, clarissas e laicos. A ordem foi fundada por São Francisco e aprovada definitivamente por Honório III, em 1223. No século XIV, trouxe a divisão entre *Observantes*, rígidos conservadores da regra, e *Conventuais*, mais permissivos, embora os primeiros levassem a melhor e fossem aprovados em 1517. No século XV surge a ramificação dos Capuchinhos.

Freira. Religiosa pertecente a uma congregação feminina.

FUCI. Federação Universitária Católica Italiana. Instituição de laicos fundada em Fiesole, em 1896, como movimento para um trabalho social.

Galero. Chapéu de abas largas, vermelho púrpura com duas asas viradas e apoiadas por um cordão de ouro para o papa; vermelho com cinco tufos de seda vermelhos para o cardeal; preto ou verde com 12 tufos para o bispo. Não está mais em uso.

Governadoria da Cidade do Vaticano. Escritório administrativo da Cidade do Vaticano que supervisiona, entre outros, os correios, os monumentos e os museus pontifícios, além de administrar a Rádio Vaticana, a Farmácia, o Mercado e os Serviços Sanitários da Cidade do Vaticano.

Grupo Abele. É uma ONG católica empenhada na assistência a toxicodependentes, alcoólatras, presos, imigrantes, transexuais e portadores do vírus HIV. São serviços ativos de primeiros socorros. *Abele* significa Abel, em italiano (N. do T.).

Guarda nobre. Corpo militar constituído pelos representantes da aristocracia pontifícia com funções meramente decorativas. Foi abolida por Paulo VI.

Guarda palaciana. Corpo militar formado pelos representantes da alta burguesia romana com funções puramente decorativas. Foi extinta por Paulo VI.

Guarda pontifícia. A polícia do Vaticano, constituída na origem pela Guarda Corsa, atualmente chamada Escritório Central de Vigilância.

Guarda Suíça. Guarda do corpo pontifício, instituída em 1506, por desejo de Júlio II. É formada, principalmente, por católicos recrutados nos cantões suíço-alemães.

Habemus papam. Expressão latina "Temos um papa", com a qual o cardeal decano anuncia, da sacada da basílica de São Pedro, o fim da eleição do papa, à qual segue o nome do eleito e aquele que assume como pontífice.

Heresia. Do grego, para indicar uma "escolha" e em sentido amplo uma opinião preferida a outra. Para a Igreja, indica qualquer afirmação contrária a uma verdade de fé revelada por Deus e como indiscutível referência do Credo.

Hieronimita. Congregação religiosa masculina e feminina que toma o nome por São Jerônimo e segue a regra agostiniana. Difunde-se na Espanha e é aprovada em 1373, por Gregório XI.

Igreja. Comunidade de fiéis que professam a mesma fé e também o edifício sagrado destinado ao culto.

Indulgência. Remissão da pena terrena diante de Deus pelos pecados. Concedida pela autoridade eclesiástica como absolvição para os vivos e sufrágio para os mortos. Pode ser parcial ou plenária, pela liberação limitada ou completa da pena.

Infalibilidade. Dogma da religião católica, segundo a qual o papa, exprimindo-se *ex cathedra*, é tido como inspirado pelo Espírito Santo.

Ínfula. Tira de lã branca que os sacerdotes portam na cabeça em sinal de autoridade.

Inquisição. O tribunal eclesiástico cujas origens remontam aos processos legislativos definidos por Lúcio III, em 1184, para combater as heresias. Redefinida no tempo e confiada por sua jurisprudência aos dominicanos. Foi centralizada em Roma, em 1542, com o Santo Ofício, substituída, em 1965, pela Congregação para a Doutrina da Fé.

Interdito. Censura ou pena eclesiástica que priva os fiéis do uso de alguma coisa sagrada, como sacramentos e sepultura eclesiástica. É o efeito da excomunhão que, lançada contra uma cidade, ocasionava graves consequências econômicas e financeiras, constituindo um tipo de embargo.

IOR. É o Instituto para as Obras Religiosas, na verdade, o banco do Estado do Vaticano.

Irmão da escola cristã. Membro da congregação religiosa dos laicos fundada por São João Batista de La Salle, dedicado à educação e à formação dos rapazes, em escolas especialmente construídas por eles.

Jardim Vaticano. Fica ao norte da Cidade do Vaticano e é possível visitá-lo em duas horas. As visitas guiadas são reservadas junto aos Museus Vaticanos (v.). O custo do bilhete é de € 13,50 euros (com desconto, 9,50).

Jesuíta. Membro da Companhia de Jesus, fundada por Inácio de Loyola e aprovada em 1540.

Jubileu. Celebração religiosa anunciada pelo papa com aquisição de indulgência plena por parte dos fiéis, baseada em condições litúrgicas especiais. Identifica-se mais genericamente com o Ano Santo, contudo, pode ser antes também, sendo qualificado como jubileu extraordinário. Os Anos Santos até agora celebrados foram 26; o primeiro foi conduzido por Bonifácio VIII, em 1300, e o último por João Paulo II, no ano 2000. Os jubileus extraordinários foram 79; o primeiro foi organizado por Pio IV, em 15 de novembro de 1560, para a execução do Concílio de Trento, e o último (anual), por João Paulo II, em 1983, pelo 1950º ano da morte de Cristo.

Legado do Romano Pontífice. Representante diplomático do papa junto aos demais Estados, Igrejas e concílios. Há vários tipos: delegados apostólicos, nomeados com estabilidade junto às outras Igrejas; núncios, com função de embaixadores junto aos

Estados; pró-núncios, substitutos temporários dos núncios; internúncios, ministros com plenos poderes; delegados apostólicos, enviados pela Santa Sé junto a um governo; diretores, representantes pontifícios estáveis, mas no papel de suplente; delegados, representantes em concílios com direito a voto; observadores, representantes em concílio sem direito de voto; legados suplentes, cardeais em missão temporária.

Legio Mariae. Organização de laicos fundada em 1921 com a finalidade de apostolado e a realização da santificação de seus membros.

Legionários de Cristo. Membros de uma congregação religiosa católica de direito pontifício com a missão de estender o Reino de Cristo na sociedade, segundo a justiça e a caridade cristã, em colaboração com os bispos.

Liber pontificalis. Livro da biografia dos bispos de Roma, desde São Pedro até Pio II.

Mantelete. Manto pequeno usado no lugar da *mozzetta*. Longo até os joelhos, sem mangas, vermelho para os cardeais e roxo para os bispos.

Marechal do conclave. O laico que tinha a incumbência de fazer a segurança do lado de fora do conclave. Função anteriormente dada aos Savelli e em seguida aos Chigi. Foi abolido por Paulo VI.

Marista. Membro da Sociedade de Maria fundada por J.C.M. Colin, em 1824, e aprovada em 1836, da qual se originou a ordem das irmãs maristas, aprovada em 1881.

Membro das Associações dos Santíssimos Pedro e Paulo. Ex-membro da Guarda Palaciana, conduz iniciativas de voluntariado, "desejoso em testemunhar uma ação cristã especial de apostolado e de fidelidade à Sede Apostólica". Desenvolve atividades litúrgicas e culturais, com serviço de vigilância durante as cerimônias pontifícias e a assistência aos cursos de catequese e obras de caridade junto aos hospitais do Santo Espírito de Sassia.

Membro dos Capitólios das quatro basílicas papais. É o cônego dos colégios eclesiásticos que supervisiona a celebração do culto divino nas basílicas papais romanas de São Pedro, no Vaticano, São João de Latrão, São Paulo e Santa Maria Maggiore.

Mestre de câmara. Superintendente do apartamento pontifício.

Metropolita. Arcebispo com jurisdição sobre bispos da própria província eclesiástica.

Missionária da caridade. Mais conhecida como freira de Madre Teresa de Calcutá. Ordem fundada em 1950 por Madre Teresa, nascida Agnes Ganxhe Bojaxhiu, missionária na Índia, beatificada em 2003, por estar ao serviço dos "pobres mais pobres".

Missionário. É a pessoa que, segundo a *Redemptoris missio* de João Paulo II, em 1990, "enviado por legítima autoridade, se porta por espírito de fé e de obediência para aqueles que estão longe de Cristo" e que assumem como seu dever específico a tarefa de evangelização.

Missionário *sui iuris*. É o eclesiástico e o membro do instituto religioso nos territórios das missões, não fazendo parte de nenhum vicariato ou prefeitura. Supervisiona no local os empregados missionários do território. Singular missão *sui iuris* é a constituída nas Ilhas Cayman, autêntico depósito das finanças pontifícias, centro financeiro *offshore*.

Lá vivem apenas um sacerdote, um diácono e três membros de três instituições religiosas masculinas.

Mitra. Chapéu ornamental usado pelos bispos, símbolo místico da saúde, com as duas pontas evocando o Antigo e o Novo Testamento; e as duas faixas pendentes sobre as costas, o espírito e a carta da Sagrada Escritura.

Monge. Religioso masculino (monja para o feminino) das ordens monásticas.

Monsenhor. Título reservado aos bispos e aos altos prelados.

Motu proprio. Documento pontifício que leva a conhecimento do mundo uma decisão importante e própria, como o nome diz, do papa.

Mozzetta. Do latim *mutius* (veste), é um manto curto de várias cores com um pequeno capuz e fechado na frente por uma fileira de botões, vestido fora das funções litúrgicas, sobre o roquete. É vermelho para o papa e para os cardeais, e violeta para os bispos e alguns prelados.

Museus Vaticanos. Guardam extraordinárias obras-primas da antiguidade à arte contemporânea. A entrada é pela avenida Vaticano e o custo do bilhete é de 14,00 euros (com desconto, 9 euros).

Neocatecumenal. Movimento comunitário católico que tem por finalidade "criar comunidades cristãs com a Sagrada Família de Nazaré que vivem em humildade, simplicidade e onde o outro é Cristo".

Nepotismo. Política típica de alguns papas do Renascimento, no fim do século XVIII, com base na qual se favoreciam os parentes com funções, dotes e privilégios.

Núncio apostólico. É o legado do papa, ao qual é confiada a representação diplomática particular e em modo permanente junto aos Estados e governos civis, nas diversas nações. O núncio tem a tarefa de "promover e sustentar as relações entre a Santa Sé e a autoridade do Estado, enfrentar as questões que dizem respeito às relações entre Estado e Igreja, tratar de modo particular a estipulação e a atuação dos acordos e de outras convenções semelhantes".

Oblato. Membro de diversas ordens religiosas cujo nome deriva do particípio passado do verbo oferecer, indicando "aquele que se oferece" a Deus.

Óbolo de São Pedro. Oferta em dinheiro que os católicos de todo o mundo fazem ao papa, no dia dos santos Pedro e Paulo.

Opus Dei. Única prelazia pessoal com autonomia jurídica existente na Igreja de Roma, instituída pela Santa Sé para atuações de iniciativas pastorais, em âmbito internacional.

Ordinário militar. É o presidente dos Ordinariados Militares, especialmente bispos, coadjuvante dos escritórios da Cúria e para um proporcional número de Capelães Militares, escolhidos entre o clero secular e regular, para assegurar assistência espiritual aos fiéis empenhados na vida militar. Os Ordinariados estão ligados a um Escritório Central de Coordenação Pastoral, administrado pela Congregação dos Bispos.

Ordem religiosa. Comunidade de pessoas que praticam uma vida religiosa tendo como "regra de vida os ensinamentos de Cristo, propostos pelo Evangelho nas constituições do próprio instituto". Aquela onde se realiza a profissão dos votos de castidade e obediência. As ordens religiosas se dividem em monásticas, canônicas regulares, mendicantes e clérigos regulares; as ordens cujos membros fazem votos simples são chamadas *congregações* (v.).

Ortodoxia. Crença conforme os princípios e as doutrinas proclamadas oficialmente, em geral qualificando a Igreja do Oriente, em oposição às Igrejas sectárias gregas.

Osservatore Romano, L'. Órgão de imprensa da Santa Sé, fundado em 1861.

Ouvidor do Tribunal da Rota Romana. É o prelado que, no papel de juiz, tem a função de desenvolver a instrutoria de uma causa no Tribunal da Rota Roma (v.).

Pacto Lateranense. Acordo estipulado entre a Santa Sé e o Estado italiano, em 11 de fevereiro de 1929, no palácio de Latrão (ou Laterano, N. do T.), determinando também a nova fundação do Estado Pontifício com a Cidade do Vaticano.

Padre. Termo derivado do antigo "presbítero", usado para indicar o sacerdote.

Padre operário. Sacerdote adepto do movimento surgido na França, nos anos 1930, buscando superar a divisão existente entre o mundo operário e a Igreja, estimulando os sacerdotes como operários, em primeiro lugar, no mundo do trabalho. O movimento se exauriu nos anos 1960.

Pálio. Manto circular de lã branca com duas faixas que descem sobre o peito e sobre o dorso, com quatro cruzes negras na área circular e uma cruz sobre cada faixa. Tecido com lã de ovelha, dado ao papa pela Regra Lateranense, na festa de Santa Inês, em 21 de janeiro. Guardado em uma urna de prata, próxima à tumba de São Pedro, é abençoado pelo papa na noite da vigília da festa dos santos Pedro e Paulo.

Palotino. Membro da sociedade missionária do apostolado católico, fundado em 1835, por Vicenzo Palloti, e aprovada em 1904, por Pio X. Trabalha na formação dos adultos, nas instituições para deficientes visuais e nas prisões.

Papa. Termo derivado do grego *pápas* (pai), indicando o bispo de Roma e, como tal, o chefe da Igreja Católica. Foram eleitos 365.

Pároco de Roma. Sacerdote à frente das paróquias, das comunidades dos fiéis que pertencem às igrejas paroquiais da diocese de Roma.

Parúsia. Do grego *parousia* (presença), indica, teologicamente, o retorno de Cristo que coincide com o fim do mundo.

Pasquinata. Escrito satírico anônimo que era afixado, clandestinamente, nas chamadas Estátuas Falantes de Roma, tomando o nome da mais famosa delas: Pasquino. As outras eram *Marforio*, no Campidoglio, *Babuino*, na via homônima, *Abade Luigi*, ao lado da igreja de Santo André do Vale, *Facchino*, na via Lata e *Madame Lucrécia*, na praça São Marcos. A "pasquinata" era endereçada especialmente ao papa e a seus familiares e numerosas eram aquelas escritas durante os conclaves.

Passionista. Religioso masculino e feminino da congregação fundada por São Paulo da Cruz, em 1737.

Pastoral. Bastão empunhado pelo pastor que conduz o rebanho ao pasto. Indica também o alto bastão dos bispos, ornamentado por metais e pedras preciosas, usado nas funções solenes. É símbolo do poder do bispo sobre a diocese.

Pater Patrum. É um dos títulos do pontífice romano, "Padre dos Padres", abreviado na assinatura por PP.

Patriarca. Título concedido aos bispos de algumas sedes historicamente importantes da Igreja Católica e das Igrejas Orientais, mas que não gozam de específico poder de governo, a menos que este venha expressamente concedido a alguns por privilégio apostólico.

Paulano. Frade da ordem dos Mínimos, fundada por São Franciso de Paula em 1435, e o membro da congregação de São Vicente de Paula, chamado também de lazarista.

Paulino. É assim chamado o monge de São Paulo, primeiro eremita da Polônia. O membro da Sociedade São Paulo, fundada em 1914, em Alba por Giacon Alberione e aprovada em 1949, por Pio XII. Justifica a sua atividade na editoração, publicando também a revista *Jesus* e *Família Cristã*. O participante da Companhia de São Paulo, fundada em Milão, em 1920, e aprovada em 1950.

Pedum rectum. O bastão pastoral do papa, em prata, culminando com uma cruz.

Pequena Irmã de Jesus. Comunidade de freiras escolhidas na trilha dos *Pequenos Irmãos de Jesus* (v.), em 1939, no Saara e transformada, em 1947, na congregação de direito episcopal, tendo o reconhecimento papal em 1964.

Pequeno Irmão de Jesus. Comunidade instituída pelo sacerdote francês René Voillaume, em 1933, mas que venera seu fundador Charles de Foucauld. É constituída por membros que desenvolvem suas profissões de fé e se reúnem em vida contemplativa e para o apostolado.

Planeta. Veste litúrgica que o sacerdote usa para celebrar a missa.

Pluvial. Paramento sagrado cuja origem servia como proteção da chuva nas processões ao ar livre. É usado pelo papa, mas também pelos bispos e sacerdotes, bem como por alguns laicos da Família pontifícia, durante as funções solenes.

Pontifical. Missa solene cantada caracterizada por grande pompa, na ostentação imponente do prestígio pontifício, com todos os membros da Família pontifícia, eclesiásticos e laicos. Com uniforme completo no interminável cortejo de abertura e encerramento de uma longuíssima cerimônia, entre sons de trombetas de prata e de sinos no percurso. Toda pompa foi abolida.

Pontificado. Termo relativo à nobreza do papa e ao período histórico da soberania papal.

Pontífice. O antigo *pontifex* dos romanos, passando a termo que distingue o chefe da Igreja Católica.

Prebenda. Direito pertencente à pessoa eclesiástica pela renda de uma igreja.

Prefeito apostólico. É o eclesiático que supervisiona as *prefeituras apostólicas* (v.).

Prefeitura apostólica. Circunscrição eclesiástica estabelecida em locais de missões, perto de assumirem uma hierarquia eclesiástica, determinada como diocese.

Prefeitura da Casa Pontifícia. Escritório especial do cerimonial da corte pontifícia. Pertence a um prelado que assessora a Capela e a Família pontifícia.

Prefeitura dos Assuntos Econômicos da Santa Sé. É um tipo de Corte dos Condes da Santa Sé, pois monitora todos os organismos econômico-financeiros, exceto os do IOR.

Pregador de Sua Santidade. Título e função reservada a um Frade Menor Capuchinho. Tem a oração todas as sextas-feiras da Quaresma e de Advento na Capela *Redemptoris Mater*, no Palácio Apostólico Vaticano e mora na Cúria Geral dos Capuchinhos de Roma.

Prelado. Título concedido a quem "governa a modo de um bispo diocesano", uma *prelazia territorial* (v.) ou uma *prelazia pessoal* (v.). Tem o título honorífico de Monsenhor.

Prelado de antecâmara. É o eclesiástico já chamado Camareiro Secreto, participante da missa do papa, com a supervisão da sua mesa, como guardião dos ornamentos e à disposição do papa na antecâmara.

Prelado de honra de Sua Santidade. Título honorífico atribuído aos clérigos beneméritos, como os familiares do papa. Detém-no o *Pronotário apostólico* (v.), o *auditor da rota* (v.), o *clérigo da câmara apostólica* (v.), o cônego da Primazia de Pisa, a Nobreza da Congregação Metropolitana de Catânia, o cônego da Congregação Metropolitana de Vercelli, o *sênior* dos Cônegos da Célebre Basílica de São Lourenço em Damaso de Roma, o capelão da Capela do Tesouro de São Jerônimo de Nápoles, o padre superior da Congregação dos Santíssimos Celso e Juliano em Roma, os juízes do tribunal da Rota da Nunciatura Apostólica da Espanha, o cônego da Catedral de Siena, o Reitor e o Decano do Colegiado de Prabuty (Polônia).

Prelado superior dos Pontífices Concílios e das Pontifícias Comissões. É o presidente dos Pontífices Conselhos (v.) e das Pontifícias Comissões (v.) que auxiliam o papa no exercício do seu supremo ofício pastoral.

Prelazia pessoal. É "uma estrutura jurisdicional secular, de caráter pessoal, isto é, não circunscrita ao critério da territorialidade, constituída para finalidades pastorais peculiares; é formada por presbíteros e por diáconos do clero secular" com a inserção de leigos dedicados "às obras apostólicas". O prelado que a preside é o "próprio bispo, o qual tem o direito de fundar um seminário nacional ou internacional e de indicar os alunos e promovê-los às ordens com o título de serviço da prelazia. Essa prelazia goza de uma administração autônoma que não entra no balanço da Santa Sé. Existe uma só prelazia pessoal, a Opus Dei (v.).

Prelazia territorial. É "uma determinada porção do povo de Deus, circunscrita territorialmente", dirigida por um prelado.

Primado. É o arcebispo superior dos metropolitanos, abaixo somente do patriarca e do papa; o papa é também o primado da Itália.

Procurador dos palácios apostólicos. Leigo responsável por defender as causas diante do tribunal da Rota Romana; sua atividade irá se extinguir e será substituído pelo *advogado da Santa Sé* (v.).

Protoescrinário apostólico. Primeiro arquivista da chancelaria pontifícia, responsável pela redação dos documentos do papa.

Purpurado. Atributo com o qual também é chamado o cardeal, em referência à cor púrpura do seu hábito.

Redentorista. Pertencente à congregação fundada por Santo Afonso Maria de Liguori, em 1732 e aprovada por Bento XV, em 1749, para os homens com a prescrição dos votos perpétuos;

e em 1750, para as mulheres, com a clausura. Os homens trabalham nas missões de apostolado nos hospitais e na assistência aos toxicodependentes.

Regente da penitenciária apostólica. É o prelado superior do tribunal da *Sagrada penitenciária apostólica* (v.), o qual tem a responsabilidade de prover a administração do departamento.

Religioso. É o homem ou a mulher que consagraram suas vidas a Deus, com os votos de pobreza, castidade e obediência. Os religiosos estão distribuídos nos diversos Institutos de Vida Consagrada. Os Institutos Religiosos masculinos são Cônegos Regulares, Monges, Frades, Ordens Mendicantes, Clérigos Regulares e membros de Congregações Religiosas Clericais, Ordens e Congregações de Vida Apostólica Orientais, sendo o religioso qualificado como *sacerdote* (v.). As mulheres formam as *freiras* (v.) nas Ordens, Institutos com casas autônomas e Institutos centralizados. Entram também nessa classificação os *sacristãos* (v.) e os *diáconos* (v.), leigos que estão isentos dos votos de pobreza e castidade.

Relíquia. É o resto mortuário ou o objeto que teve contato com o corpo de um santo ou de um beato. Foi alvo de comércio entre os séculos VII e XII com a difusão dos fragmentos da cruz e do prepúcio de Jesus, da palha de Belém e dos restos das cabeças dos mártires com inverossímeis multiplicações. O Concílio de Trento qualificou a autenticidade de algumas dessas e o *Código do Direito Canônico* estabeleceu quais são as relíquias "significativas", ou seja, o corpo, a cabeça, o braço, o coração, a língua, a mão e a coxa; e as secundárias, assinando a declaração de autenticidade por um especialista e banindo o seu comércio. Embora, ainda hoje, exista o tráfico de relíquias *on-line,* como as milhares de línguas de Santo Antônio e o pó de Santa Rita de Cássia, até a venda de relíquias das vestes de João Paulo II, em uma loja, na via Del Mascherino, em Roma, a dois passos do Vaticano.

Representante apostólico. É o legado do papa junto às organizações internacionais governamentais, entre as quais a ONU e o Conselho da Europa; e não governamentais, como o Comitê Internacional de Ciências Históricas.

Reverenda Fábrica de São Pedro. Escritório que administra a Fábrica de São Pedro desde as origens da nova basílica.

Roquete. Paramento sacerdotal, semelhante à alva, com mangas curtas. É usado pelo papa, pelo cardeal, bispo e prelados.

Rosário. Prece mariana criada no século XV, com 150 ave-marias divididas em dezenas, intercaladas pelo pai-nosso e a Glória e pela anunciação da vida de Cristo, chamada Mistério, finalizando com uma salve-rainha. Foi aprovada em julho de 1483, por Sisto IV.

Sacerdote. Homem que recebeu o sacramento da ordem com o poder de administrar os sacramentos e celebrar o culto.

Sacra Rota. Tribunal da Santa Sé que estuda as causas de anulação de matrimônio. Recebe o nome do recinto circular no qual se reuniam ou sentavam os chamados ouvidores ou mesmo os magistrados.

Sacristão. Leigo que consagrou sua vida à Igreja, estando isento dos votos de pobreza e castidade. Tem o dever da manutenção das igrejas e das tarefas relativas ao culto.

Sacro Colégio. Agrupamento dos cardeais constituindo uma espécie de Senado do Estado Pontifício.

Sagrada penitenciária apostólica. Tribunal da Santa Sé supervisora dos problemas de consciência, assim como a concessão e o uso das indulgências.

Salesiano. Denominação que qualifica cinco congregações religiosas. Missionário da Ordem de São Franciso de Sales, fundada por J. Rej e P. Mermier, em 1838, como pastoral entre os pobres e os adolescentes, reconhecida por Gregório XVI, em 1843. Sociedade de São Franciso de Sales, fundada por Giovanni Bisci, em 1859, e aprovada por Pio IX, em 1874. Oblato da Ordem de São Francisco de Sales, fundada por A. Brisson, em 1873, e aprovada em 1887, por Leão XIII. Irmã de dom Bosco, fundada em 1872 por dom Bosco e Maria Mazzarello com o nome de Filhas de Maria Auxiliadora. Pia Associação dos Cooperados Salesianos, fundada por dom Bosco, em 1850, e aprovada por Pio IX, em 1876.

Santa Sé. Sede apostólica da Igreja Católica. Juridicamente é uma pessoa moral de direito público que exerce a soberania do Vaticano e é indissociável da pessoa do papa.

Santidade. Título honorífico do papa.

Santo padre. Alcunha do papa em referência à nobreza de "vigário de Cristo" na Terra.

Secretário da Secretaria do Estado para as Relações com os Estados. É o eclesiástico responsável pelas relações da Santa Sé com os outros Estados, no papel de "ministro do exterior".

Secretário das congregações. É o secretário de nove *congregações* da Cúria romana (v.).

Secretário de Estado. É o cardeal que preside a Secretaria de Estado da Santa Sé. Homem de especial confiança do Sumo Pontífice e seu "maior colaborador no governo da Igreja universal", segundo uma definição de João XXIII. É uma espécie de primeiro ministro do papa e o expoente máximo da atividade política da Santa Sé.

Secretário do Supremo Tribunal da Assinatura Apostólica. É o bispo que registra oficialmente o estabelecido pelo tribunal da Assinatura Apostólica (v.) na correta administração da justiça na Igreja.

Secretário-geral do Sínodo dos Bispos. É o arcebispo que preside o *sínodo dos bispos* (v.), na ausência do papa.

Sé vacante. O período de intervalo entre a morte de um papa e o novo eleito.

Sedia gestatoria. Cadeira na qual o papa era transportado nos cortejos e que representava um símbolo do seu prestígio. Foi abolida por João Paulo II.

Serviço assistencial do Santo Padre. É o escritório que supervisiona a distribuição das esmolas, antes chamado esmolaria.

Servita. Membro da Ordem dos Servos de Maria, fundada em 1233, por sete mercadores florentinos com base na regra agostiniana. Aprovado por Bento XI, em 1304. As mulheres são Servas de Maria, instituição do século XIII, segundo a regra agostiniana, renovadas pela ordem das "Mantellate" fundada por Giuliana Falconieri, em 1341, e dedicadas, principalmente, à assistência aos enfermos.

Servus servorum Dei. Frase latina como "servo dos servos de Deus", com a qual o papa assina os documentos oficiais. Foi usada pela primeira vez por Gregório Magno.

Simonia. Pecado de quem comercializa objetos sacros, derivado de Simão Mago, pelo seu pecado de ter pedido a Pedro para lhe vender a capacidade de fazer milagres.

Sínodo. Assembleia dos bispos reunidos em tempos determinados para aprofundar as questões relativas à atividade da Igreja no mundo. Presta ajuda com o próprio conselho ao papa, a cuja autoridade o sínodo está submetido.

Sociedade de Vida Apostólica. É a associação de direito pontifício cujos membros "sem votos religiosos, buscam o fim apostólico da Sociedade, conduzindo a vida fraterna em comum e segundo um estilo próprio. Tendem à perfeição da caridade mediante a observação das constituições. Entre essas estão as sociedades cujos membros assumem os conselhos evangélicos com qualquer vínculo definido pela constituição". Essa sociedade é, portanto, clerical e laica, também de pessoas casadas, homens e mulheres. Fazem parte desta classificação os *neocatecúmenos*, os *Legionários de Cristo*, os *Focolares*, *Comunhões e Libertações* (v.).

Sócio do Círculo de São Pedro. É o membro efetivo do Círculo de São Pedro (v.) que assiste a prefeitura da casa pontifícia nas cerimônias papais. Veste o fraque com colete negro.

Solidéu. É o chapéu de cor branca do papa, vermelho púrpura dos cardeais e vermelho violeta dos bispos.

Somasco. Pertencente à Companhia dos Servos dos Pobres, fundada em 1528 pelo leigo Girolamo Miani, com sede em Somasca, perto de Bérgamo, onde se denominam de Somascos os seus membros. Aprovados como clérigos por Paulo III, em 1530, até a aprovação da companhia como ordem segundo a regra agostiniana, por Pio V, em 1568. O ramo feminino foi criado em 1680, em Gênova, trabalhando na assistência aos órfãos e pobres.

Subdecano de Sala. Último dos familiares do papa, vigário do decano de sala (v.) com atuação na antecâmara pontifícia.

Substituto da Secretaria de Estado. Segundo expoente da Secretaria de Estado para Assuntos Gerais e principal coauditor do cardeal secretário de Estado.

Sumo Pontífice da Igreja Universal. É o primeiro dignitário da "santa casta" como Vigário de Cristo na Terra. O atual é Bento XVI, nascido Joseph Ratzinger, eleito em 19 de abril de 2005. Os seus títulos são: Bispo de Roma, Sucessor do Príncipe dos Apóstolos, Primaz da Itália, Arcebispo e Metropolita da Província Romana, Soberano do Estado da Cidade do Vaticano, Servo dos Servos de Deus. Tem a alcunha de Santo Padre e Papa, esse último deriva do grego *pápas* (pai), concedido pela primeira vez ao bispo de Roma Marcellino (296-304) e evidenciado por Gregório VII, no *Dictatus Papae,* em 1075, onde o adjetivo de papa foi indicado como "*quod hoc unicum est nomen in mundo*".

Superior-geral das Ordens Mendicantes. É o superior das ordens que baseiam a vida religiosa sob rigorosa pobreza, sem a observância de uma residência conventual fixa.

Talar. Veste longa dos padres que chega até o calcanhar, hoje substituída pelo *clergyman*.

Teatino. Ordem dos clérigos que seguem a regra agostiniana. Fundada em 1524, por Gaetano da Thiene e Gian Pietro Carafa, aprovada no mesmo ano por Clemente VII. A ordem feminina remonta à Congregação das oblatas da Virgem Imaculada Maria, fundada por Úrsula Benincasa, em 1583, e à Congregação das eremitas, fundada em 1617, aprovadas por Gregório XV, em 1623, e reunidas na congregação da ordem dos teatinos, em 1633.

Te Deum. Solene hino litúrgico de agradecimento a Deus, cantado especialmente hoje, nas liturgias de fim de ano.

Teólogo da casa pontifícia. Prelado nomeado pelo Santo Padre para supervisionar os estudos teológicos da casa pontifícia.

Terciário. Homem ou mulher reunido em associações e congregações agregadas às ordens religiosas como pertencentes a uma "ordem terceira" que seguem, à primeira masculina e à segunda feminina. Após o Concílio Vaticano II foram qualificados no *Código do Direito Canônico* como fiéis que "conduzem uma vida apostólica à perfeição cristã, participando no mundo ao carisma de um instituto religioso".

Tiara. Chapéu alto, rígido, coberto de pedras, chamado também de *triregnum*, pelas três coroas sobrepostas que o caracterizam, simbolizando as três Igrejas: padecente, militante e triunfante. Usava-o o papa, mas foi abolido por Paulo VI.

Título. Do latim *titulus*, indica a tabuleta posta na parte externa da casa com o nome do proprietário. Para a Igreja primitiva, simbolizava os proprietários dos fundos onde eram construídas as catacumbas e os primeiros lugares de culto. Alguns dos quais foram privilegiados na administração dos sacramentos, com a responsabilidade de um sacerdote, chamado *cardinalis*. Daí o título cardinalício, ou seja, as igrejas de Roma onde está preposto um cardeal.

Trapista. Monge da ordem dos Cistercienses da estreita observância, fundada por Arman-Jean Le Bouthillier de Rancé, em 1664, no monastério de Soligny-la-Trappe (Normandia), de onde vem o seu nome. Foi aprovada por Clemente XI, em 1705. As monjas remontam à Congregação das Cistercenses da estreita observância, fundada também por Le Bouthillier, em 1689, e renovada por Augustin de Lestrange, no fim do século XVIII, em 1834, na Congregação dos monges cistercenses de Nossa Senhora de Trappe, da qual surge, em 1892, a nova Congregação dos Cistercenses reformados de Nossa Senhora de Trappe, aprovada somente em 1925, por Pio XI, e atualizada após o Concílio Vaticano II.

Triregnum. v. *Tiara*

Ursulina. Irmã da ordem de Santa Úrsula, fundada em Brescia, em 1535, por Angela Merici e aprovada em 1544.

Vice-camerlengo da Santa Igreja Romana. É o prelado diretamente colaborador do *camerlengo* (v.) como auxiliar na administração das temporalidades pontifícias.

Vicentino. Laico dedicado ao apostolado relativo à *Confrerie des Dames de la Charité*, fundada em 1617 por Vicente de Paula e por ele renovada na congregação Filhas da Caridade, em 1634, aprovada por Inocêncio X em 1654. É chamada também de Filhas do Amor cristão, bem como Irmãs da Misericórdia. Trabalham, sobretudo, nos hospitais e nos asilos.

Vigário apostólico. É o eclesiástico, geralmente bispo, no papel de governador, em nome do papa, dos vigários apostólicos, ou seja, das circunscrições eclesiásticas estabelecidas em locais de missões, onde ainda não está organizada a hierarquia eclesiástica.

Visita *ad limina*. Visita "aos túmulos", às tumbas dos apóstolos Pedro e Paulo, que todo bispo faz quando vai a Roma, como visita simbólica em homenagem ao papa.

Visitandina. Freiras da Ordem da Visitação de Maria, fundada em 1610 por santa Joana Francisca de Chantal, seguindo a regra agostiniana e aprovada por Paulo V em 1618. Devotas do Sagrado Coração de Jesus, dedicam-se à assistência aos pobres e aos enfermos, bem como à contemplação.

Votante do Supremo Tribunal da Assinatura Apostólica. Prelado que auxilia os cardeais juízes nas causas do tribunal da *Assinatua Apostólica* (v.).

BIBLIOGRAFIA

AA.VV. *Avvenimenti in Roma, codice secoli XVI-XVIII*, Roma 1700.
AA.VV. "L'Osservatore Romano", 1861-2007.
AA.VV. *100 punti caldi della storia della Chiesa*, Roma 1982.
AA.VV. "Jesus", janeiro 1986.
AA.VV. *L'impero del papa*, "LiMes", n. 1, Roma 2000.
AA.VV. *Annuario Pontificio 2009*, Cidade do Vaticano 2009.
Sergio Abbiati-Attilio Agnoletto-Maria Rosario Lazzati (org.), *La stregoneria*, Milão 1984.
Michele Ainis, *Chiesa padrona*, Milão 2009.
Dante Alighieri, *La Divina Commedia* (org. N. Sapegno), Florença 1959.
John Allen, *Opus Dei*, Roma 2006.
Mario Almerighi (org.), *I banchieri di Dio*, Roma 2002.
David Alvarez, *I servizi segreti del Vaticano*, Roma 2008.
Maria Luisa Ambrosini, *L'Archivio Segreto Vaticano*, Milão 1972.
Ammiano Marcellino, *Rerum Gestarum*, Londres 1939.
Gabriele Amorth, *Un esorcista racconta*, Roma 1990.
Giulio Andreotti, *La sciarada di papa Mastai*, Milão 1967.
Julio de Andres, *Anecdota graeca et latina*, Nápoles 1816.
Anônimo, *Historia della Sacra Maestà di Cristina Alexandra Regina di Svetia*, Roma 1656.
Anônimo, *Contro Ratzinger*, Milão 2006.
Anônimo do séc. XVII, *Istoria degli Intrighi galanti della Regina Cristina di Svezia e della sua corte durante il di lei soggiorno a Roma* (org. Jeanne Bignami Odier e Giorgio Morelli), Roma 1979.
Pietro Aretino, *Sonetti lussuriosi e pasquinate* (org. Maria Beatrice Sirolesi), Roma 1980.
Sissi Aslan, *Le Madonnelle*, Roma 1994.
Corrado Augias-Mauro Pesce, *Inchiesta su Gesù*, Milão 2008.
Corrado Augias-Remo Cacitti, *Inchiesta sul Cristianesimo*, Milão 2008.
Corrado Augias-Vito Mancuso, *Disputa su Dio e dintorni*, Milão 2009.
Marina Baldassari, *Bande giovanili e "vizio nefando"*, Roma 2005.
Giuseppe Gioachino Belli, *Tutti i sonetti romaneschi* (org. Marcello Teodonio), Roma 1998.
Benedetto XVI, *Messaggio per la celebrazione della giornata Mondiale della Pace*, Cidade do Vaticano, 8 de dezembro de 2008.

Karl Benrath (org.), *Lettera a Paolo III*, "La rivista cristiana", II, 1874.
Roberto Beretta, *Chiesa padrona. Strapotere, monopolio e ingerenze nel cattolicesimo italiano*, Milão 2006.
Marco Besso, *Roma e il papa nei proverbi e nei modi di dire*, Milão 1903.
Aurelio Bianchi Giovini, *Storia dei papi da san Pietro a Pio IX*, Milão 1864.
Paola Boccardi Storoni, *Guida insolita alla storia, ai segreti, ai monumenti e alle curiosità della basilica di San Pietro*, Roma 1999.
Michele Bocci, *Eutanasia, allarme del Vaticano*, "La Repubblica", 29 de outubro de 2008.
Giovanni Bockeneym, *La cucina di Martino V*, Milão 1995.
Giulio Boero, *Conversioni alla fede cattolica di Cristina di Svezia, di Carlo II Re d'Inghilterra e di Federico Augusto Duca ed Elettore di Sassonia*, Módena 1874.
Leonard Boff, *Un papa difficile da amare*, Roma 2005.
Francesco Bonazzi, *Otto per mille per cinque*, "L'Espresso", 30 de julho de 2007.
Ugo Boncompagni Ludovisi, *Roma nel Rinascimento*, Albano Laziale 1928.
Emilio Bonomelli, *I papi in campagna*, Roma 1953.
Tony Braschi, *Il libro nero del Vaticano*, Roma 2007.
Charles de Brosses, *Viaggio in Italia*, Bari 1973.
Giovanni Burcardo, *Alla corte dei papi* (org. Luca Bianchi), Milão 1988.
Marina Cafiero, *Battesimi forzati*, Roma 2004.
Davide Canfora (org.), *La libertà al tempo dell'Inquisizione*, Milão 1999.
Gian Costanzo Caraccioli, *Vita del papa Benedetto XIV Prospero Lambertini*, Veneza 1783.
Mario Caravale-Alberto Caracciolo, *Lo Stato Pontificio da Martino V a Pio IX*, Milão 1978.
Luigi Cardella, *Memorie storiche de Cardinali*, Roma 1973.
Gianni Cardinale, *Prestito della speranza*, "Avvenire" , 15 de julho de 2009.
Sandro Carocci, *Il nepotismo nel Medioevo*, Roma 1999.
Carla Casagrande-Silvia Vecchi, *I sette vizi capitali. Storia dei peccati nel Medioevo*, Turim 2000.
Antonio Casariego, *Los papas pecadores*, Madri 1992.
Giovanni Cassiano, *Conferenze ai monaci* (org. Lorenzo Dattrino), Roma 2000.
Baldassarre Castiglione, *Il libro del Cortegiano*, Milão 1982.
Nigel Cawthorne, *La vita sessuale dei papi*, Milão 1997.
Filippo Ceccarelli, *Il letto e il potere*, Milão 2007.
Id., *I peccati della Chiesa*, "La Repubblica", 17 de março de 2009.
Marino Cecchetti, *Alberoni a San Marino*, 17-29 de outubro de 1739, San Marino 2003.
Felice Cenci, *La Chiesa nel primo Medioevo*, Roma 1942.
Agostino Chigi, *Il tempo del papa-re . Diario 1830-1855*, Roma 1966.
Filippo Clementi, *Il Carnevale di Roma*, Città di Castello 1939.
Francesco Clementi, *Città del Vaticano*, Bolonha 2009.
Jacques-Albin-Simon Collin de Plancy, *Dizionario delle reliquie e delle immagini miracolose*, Roma 1982.
Francesco Colzi, *La fortuna dei papi. Il gioco del Lotto nello Stato Pontificio tra Sette e Ottocento*, Nápoles 2004.

Fabrizio Cruciani, *Il Teatro del Campidoglio e le feste romane del 1513*, Milão 1968.

Giacomo Emilio Curatulo, *L'arte di Juno Lucina in Roma*, Roma 1901.

Edmondo De Amicis, *Le tre capitali*, Turim 1911.

Raffaele De Cesare, Roma e lo Stato del Papa (1850-1870), Milão 1970.

Jean-Pierre Dedieu, *L'Inquisizione*, Cinisello Balsamo 1990.

Italo de Feo, *Sisto V*, Milão 1987.

Delacouture abate, *Roma e l'opinione pubblica d'Europa nel fatto Mortara*, Turim 1859.

Dario Delcuratolo, *Storia della Guardia Svizzera Pontificia*, Varese 2006.

Niccolò Del Re (org.), *Mondo Vaticano. Passato e presente*, Cidade do Vaticano 2006.

Giuseppe Del Ton, *Verità su Angeli e Arcangeli*, Pisa 1985.

Karleinz Deschner, *Storia criminale del Cristianesimo*, vol. 1-8. Gênova 2000-2007.

Antonio Di Pierro, *Il sacco di Roma*, Milão 2002.

A. Di Soragnas, *Notizie su Costanza Farnese e sui suoi rapporti colla comunità di Parma*, "Aurea Parma", XXVI, 1942.

Cesare D'Onofrio, *Roma val bene um'abiura*, Roma 1976.

Id., *La papessa Giovanna*, Roma 1979.

Léon Dorez, *La cour du pape Paul III, d'après les registres de la trésorerie secrète*, Paris 1932.

Bernardo Dovizi da Bibbiena, *La Calandria*, Rimini 1526.

Veronique Duborgel, *In fuga dall'Opus Dei*, Milão 1982.

Léon Duchesne, *I primi tempi dello Stato Pontificio*, Turim 1947.

Fiorenzo Facchini, *Tra l'Intelligent Design e Darwin*, "L'Osservatore Romano", 16 de janeiro de 2006.

Carlo Falconi, *Storia dei papi*, Milão 1967.

Id., *I Papi del ventesimo secolo*, Milão 1967.

Giulia Farnese, *Testamento in A.S.N.*, "Carte farnesiane", busta 2071, fasc. 3, c.3v.

Lucien Febvre, *Martin Lutero*, Bari 1969.

José A. Ferer Benimeli-Giovanni Caprile, *Massoneria e Chiesa cattolica*, Roma 1982.

Umberto Folena, *La vera questua*, Milão 2008.

Jean-Claude de Fontbrune, *Le profezie dei papi*, Milão 1986.

Barbara Frale, *Il Papato e il processo ai Templari*, Roma 2003.

Eric Frattini, *L'Entità*, Roma 2008.

Giancarlo Galli, *Finanza bianca. La Chiesa, i soldi, il potere*, Milão 2004.

Ernesto Gallina, *Il Vaticano è di tutti*, Cidade do Vaticano 1991.

Jean Gallotti, *Le palais des Papes*, Paris 1949.

Giacinto Gigli, *Diario Romano (1608-1670)*, Milão 1958.

Maria Teresa Gigliozzi, *I palazzi del papa*, Roma 2003.

Raffaello Giovagnoli, *Passeggiate Romane*, Milão 1879.

Francesco Gligora-Biagia Catanzaro, *Storia dei papi*, 2 vol., Pádua 1989.

Domenico Gnoli, *La Roma di Leone X*, Roma 1938.

Ferdinand Gregorovius, *Le tombe dei Papi*, Roma 1931.

Id., *Storia della città di Roma nel Medioevo*, 6 vol., Roma 1972.

Hartmann Grisar, *Lutero. La sua vita e le sue opere*, Turim 1943.
Mario Guarino, *Santo impostore. Controstoria di Padre Pio*, Milão 2004.
Id., *I mercanti del Vaticano*. Milão 1998.
Richard Hammer, *The Vatican Connection*, Roma 1983.
Augustus Hare, *Walks in Rome*, Londres 1883.
Paul Hofman, *O Vatican!*, Nova York 1984.
Luca Iezzi, *Resort e hotel a quattro stelle, ma per lo Stato sono esentasse*, "La Repubblica", 30 de agosto de 2007.
Luigi Incitti, *Delitto colposo o doloso la morte di papa Luciani?*, Roma 1995.
Stefano Infessura, *Diario*, Roma 1890.
Ignazio Ingrao, *La meritocrazia entra in Vaticano*, "Conquiste del Lavoro", 30 de novembro de 2007.
Id., *I cardinali sono senza casa*, "Panorama", 5 de novembro de 2007.
Livio Jannattoni, *Roma fine Ottocento*, Roma 1979.
David Kertzer, *I papi contro gli ebrei*, Milão 2002.
Heirich Kornamann, *Linea Amoris*, Frankfurt 1610.
Hans Kung, *La chiesa cattolica*, Milão 2001.
Orazio La Rocca, *Il conclave*, Milão 2005.
Id., *"Avevo fame... Avevo sete". L'ostello "Don Luigi Di Liegro"*, Roma 2005.
Id., *I papa dei best seller vale 2 milioni di euro*, "La Repubblica", 6 de junho de 2008.
Id., *Rivoluzione in Vaticano*, "La Repubblica", 4 de novembro de 2008.
Id., *Giovanni XXIII. Prego per gli ebrei*, "La Repubblica", 20 de dezembro de 2008.
Id., *Offerte, lasciti e donazioni: le missioni si ribellano al Vaticano*, "La Repubblica", 14 de maio de 2009.
Benni Lay, *Il papa non eletto*, Bari 1993.
Id., *I segreti del Vaticano da Pio XII a papa Wojtyla*, Bari 1994.
Leopold Ledl, *Per conto del Vaticano*, Nápoles 1997.
Renato Lefèvre, *"Madama" Margarita d'Austria*, Roma 1986.
Gregorio Leti, *Il Puttanismo Romano* (org. Emanuela Bufacchi), Roma 2004.
Philippe Levillain-François Charles Uginet, *Il Vaticano o le frontiere della Grazia*, Milão 1985.
Rudolf Lill, *Il potere dei papi*, Roma-Bari, 2008.
Antonio Lombatti, *Il culto delle reliquie*, Milão 2007.
Jean-Pierre Longchamp, *Il caso Galileo*, Cinisello Balsamo 1990.
Sergio Luzzatto, *Padre Pio. Miracoli e politica nell'Italia del Novecento*, Milão 2007.
Id., Padre Pio, *Il giallo delle stimmate*, "Corriere della Sera", 24 de outubro de 2007.
Costantino Maes, Curiosità romane, Roma 1885.
Id. (org.) *Il Cracas. Diario di Roma (1887-1894)*, 7 vol., Roma 1887-94.
Sandro Magister, *Chiesa extraparlamentare*, Nápoles 2001.
Id., *Sua Santità il bestseller*, "L'Espresso", 30 de julho de 2007.
Curzio Maltese, *La questua*, Milão 2008.
Giuseppe Manfroni, *Sulla soglia del Vaticano. 1870-1901*, Milão 1971.

Caterina Marrone, *I geroglifici fantastici di Athanasius Kircher*, Viterbo 2002.
Arturo Martini, *Arti, mestieri e fede nella Roma dei Papi*, Bolonha 1965.
Valerio Marucci (org.), *Pasquinate del Cinque e Seicento*, Roma 1988.
Gian Luigi Masetti Zannini (org.), *Il Circolo San Pietro*, Roma 1969.
Rossend Doménech Matillò, *Marcinkus. L'avventura delle Finanze Vaticane*, Nápoles 1998.
Jenner Meletti, *Suore. Monastero addio*, "La Repubblica", 24 de outubro de 2008.
Antonio Menniti Ippolito, *Il tramonto della Curia nepotista*, Roma 1999.
I Millenari, *Via col vento in Vaticano*, Milão 1999.
I Millenari, *Fumo di Satana in Vaticano*, Milão 2001.
Robert Mickens, *Church with a Midas touch*, "Tablet", 30 de setembro de 2008.
Gabrielle Mira Marq, *Preti pedofili in Brasile*, "Isto é", 15 de agosto de 2007.
Georges Mollat, *Les Papes d'Avignon (1305-87)*, Paris 1964.
Michel de Montaigne, *Viaggio in Italia*, Bari 1991.
Francesco Montanari, *Il cardinale Lambertini Benedetto XIV fra la leggenda e la storia*, Milão 1943.
Marina Montesano, *Le streghe*, Florença 1996.
Ottorino Montenovesi, *Beatrice Cenci davanti alla Giustizia dei suoi tempi e della storia*, Roma 1928.
Charles-Louis de Secondat de Montesquieu, *Viaggio in Italia*, Roma-Bari I 990.
Gaetano Moroni, *Dizionario di erudizione storico-ecclesiastica*, 105 vol., Veneza 1840-79.
Luisa Muraro, *Guglielma e Maifreda. Storia di un'eresia femminista*, Milão 1985.
Ettore Natali, *Il Ghetto di Roma*, Roma 1887.
Terzo Natalini-Sergio Pagano-Aldo Marini (org.), *L'Archivio Segreto Vaticano*, Florença 1991.
Silvio Negro, *Vaticano minore*, Vicenza 1963.
Id., *Seconda Roma 1850-70*, Vicenza 1966.
Antonio Nibby, *Roma nell'anno 1838*, 4 vol., Roma 1838-41.
Nostradamus, *Centurie e presagi*, Milão 1982.
Gialuigi Nuzzi, *Vaticano S.p.A.*, Milão 2009.
Domenico Orano, *Liberi pensatori bruciati in Roma*, Foggia 1980.
Corrado Pallenberg, *Le finanze del Vaticano*, Milão 1969.
Peter Partner, *Duemila anni di Cristianesimo*, Turim 2002.
Ludwig von Pastor, *Storia dei papi dalla fine dei Media Evo*, Roma 1910-34.
Federico Pastore, *La fabbrica delle streghe*, Údine 1997.
Enrico Pedemonte, *Carissimi pedofili*, "L'Espresso", 30 de julho de 2007.
Piero Petrosillo. *Il Cristianesimo dalla A alla Z*, Roma 1995.
Michael Phayer, *Il papa e il diavolo*, Roma 2001.
Carlo Pietrangeli (org.), *Il palazzo Apostolico Lateranense*, Florença 1991.
Ferruccio Pinotti, *Poteri forti*, Milão 2005.
Id., *Opus Dei segreta*, Milão 2006.
Platina, *Le vite de' Pontefici* (com anotações de Onofrio Panvinio), Veneza 1715.
Marco Politi, *Io, prete gay*, Milão 2006.

Id., *Papa Wojtyla. L'addio*, Bréscia 2007.
Id., *I protestanti non sono Chiesa*, "La Repubblica", 11 de julho de 2007.
Id., *Intervista al cardinale Scola sul dialogo con l'Islam*, "La Repubblica", 30 de julho de 2007.
Id., *I soldi sono niente, solo Dio è sicuro*, "La Repubblica", 7 de outubro de 2008.
Id., *Caccia ai cristiani in Iraq, migliaia in fuga*, "La Repubblica", 13 de outubro de 2008.
Id., *Anche le donne annuncino il Vangelo*, "La Repubblica", 26 de outubro de 2008.
Id., *Non possumus*, "La Repubblica", 14 de dezembro de 2008.
John F. Pollard, *Money and the Rise of the Modern Papacy*, Cambridge 2005.
Bernard Quilliet, *Cristina regina di Svezia*, Milão 1985.
François Rabelais, *Le cinquisme livre. Lettres et écrits divers*, Paris 1929.
Gianfranco Ravasi, *Le porte del peccato. I sette vizi capitali*, Milão 2007.
Claudio Rendina, *I papi, Storia e segreti*, Roma 1983-2007.
Id., *Il Vaticano. Storia e segreti*, Roma 1986-2007.
Id., *Pasquino statua parlante*, Roma 1991.
Id., *La papessa Giovanna*, Roma 1994.
Id., *Mastro Titta il boja di Roma*, Roma 1994.
Id., *Il papa. Sacro e profano*, Roma 1995.
Id., *Guida insolita dell'Anno Santo*, Roma 1999.
Id., *Papè Satàn*, Roma 1999.
Id., *Guida insolita ai misteri, alle curiosità, alla storia e ai luoghi di Roma dell'Anno Santo*, Roma 1999.
Id., *La Roma di Belli*, Roma 2002.
Id., *Le grandi famiglie di Roma*, Roma 2004.
Id., *Storie della città di Roma*, Roma 2005.
Id., *Cardinali e cortigiane*, Roma 2007.
Id., *Roma giorno per giorno*, Roma 2008.
Id., *La vita segreta dei papi*, Roma 2008.
Id., *La Santa Casta della Chiesa*, Roma 2009.
Roberto Ridolfi, *Vita di Girolamo Savonarola*, Florença 1997.
Mariangela Rinaldi-Mariangela Vicini, *Di Giubileo in Giubileo. Buon appetito Santità*, Milão 1998.
Sergio Romano, *Il salario dei parroci. La storia della congrua*, "Corriere della Sera" 2 de junho de 2008.
Enzo Romeo, *Come funziona il Vaticano*, Milão 2008.
Giovanni Ruggeri, *Gli affari del Presidente*, Milão 1994
Agostino Saba-Carlo Castiglioni, *Storia dei papi*, 2 vol., Turim 1966.
Bernard Sache, *1350-1450. Le Siècle de Ripaille*, Montmélian 2007.
Donathien-Alphonse de Sade, *Viaggio in Italia*, Roma 1974.
Antonio Salza, *Pasquiniana. I Farnesi al Tribunale di Maestro Pasquino*, "Giornale Storico della letteratura Italiana", XLIII, 128, 129, 1904.
Jane Sayers, *Innocenzo III*, Roma 1997.
Eugenio Scalfari, *Andreotti ha ceduto*, "L'Espresso", 30 de março de 1958.

Id., *Missionario nell'Europa miscredente*, "La Repubblica", 21 de abril de 2005.
Bartolomeo Scappi, *Opera dell'Arte del Cucinare*, Arnaldo Forni, Bolonha 1981.
Martha Schad, *La signora del Sacro Palazzo*, Cinisello Balsamo 2008.
Bernhard Schimmelpfennig, *Il Papato*, Roma 2006.
Franz Xavier Seppelt-George Schwaiger, *Storia dei papi*, 3 vol., Roma 1964.
José Maria Serrano Ruiz, *La nuova legge sulle fonti del diritto*, "L'Osservatore Romano", 30 de dezembro de 2008.
Carmelo da Sessano, *Padre Pio, Uomo santo di Dio*, Martina Franca 2002.
Fernando e Renato Silenzi (org.), *Pasquino. Quattro secoli di satira romana*, Florença 1968.
David Silvagni, La corte e la Società romana nei secoli XVIII e XIX, 3 vol., Roma 1881.
Lillo Spadini , "Orizzonti", 2 de novembro de 1985.
Johann Theodor Sprenger, *Roma nova*, Frankfurt 1660.
Gian Antonio Stella, *Cortigiane e amanti, la storia segreta del potere*, "Corriere della Sera", 21 de setembro de 2007.
Stendhal, *Passeggiate romane*, Roma 1964.
Giuseppe Tomassetti, *La campagna romana ântica, medioevale e moderna*, Roma 1910.
Tommaso d'Aquino, *I vizi capitali* (org. Umberto Galeazzi), Milão 1906.
Silvio Tramontin, *Profilo di storia della Chiesa italiana dall'unità ad oggi*. Turim 1980.
Fabio Troncarelli (org.), *La città dei segreti*, Milão 1985.
Cesare Vaiani, *La via Crucis di san Leonardo da Porto Maurizio*, Milão 2003.
Francesco Valesio, *Diario di Roma (1700-1742)*, 6 vol., Milão 1979.
Susan Vandiver Nicassio, *Imperial City* (Prefácio de C. Rendina), Welwyn Garden City 2005.
Giovanni Maria Vian, *La donazione di Costantino*, Bolonha 2004.
Saam Waagenaar, *Il ghetto sul Tevere. Storia degli ebrei di Roma*, Milão 1972.
Hubert Wolf, *Il papa e il diavolo*, Roma 2008.
Alain Woodrow, *I gesuiti*, Roma 1991.
Roberto Zapperi, *Tiziano, Paolo III e i suoi nipoti. Nepotismo e ritratto di Stato*, Turim 1990.
Id., *La leggenda del papa Paolo III*, Turim 1998.
Luciano Zeppegno-Franco Bellegrandi, *Guida ai misteri e piaceri del Vaticano*, Milão 1974.
Daniello Maria Zigarelli, *Storia degli Antipapi*, Nápoles 1859.
Giancarlo Zizola, *L'utopia di papa Giovanni*, Roma 1976.
Id., *Nel basso dei cieli*, Milão 1985.
Id., *La restaurazione di papa Wojtyla*, Bari 1985.
Id., *Il microfono di Dio*, Milão 1990.
Id., *L'iniormazione in Vaticano*, Villa Verucchio, 2002.
Id., *Il conclave*, Roma 2005.

Este livro foi composto na tipologia Conduit ITC, em corpo 11,5/15,1,
e impresso pela Gráfica Singular, em papel offset 75g/m².